Interkulturelle Öffnung

Ein Lehrbuch

von

apl. Prof. Dr. Christiane Griese

TU Berlin

und

Prof. Dr. Helga Marburger

TU Berlin

Oldenbourg Verlag München

Bibliografische Information der Deutschen Nationalbibliothek

Die Deutsche Nationalbibliothek verzeichnet diese Publikation in der Deutschen
Nationalbibliografie; detaillierte bibliografische Daten sind im Internet über
http://dnb.d-nb.de abrufbar.

© 2012 Oldenbourg Wissenschaftsverlag GmbH
Rosenheimer Straße 145, D-81671 München
Telefon: (089) 45051-0
www.oldenbourg-verlag.de

Lektorat: Anne Lennartz
Herstellung: Constanze Müller
Titelbild: thinkstockphotos.de
Einbandgestaltung: hauser lacour
Gesamtherstellung: Grafik & Druck GmbH, München

Dieses Papier ist alterungsbeständig nach DIN/ISO 9706.

ISBN   978-3-486-70694-9
eISBN   978-3-486-71690-0

Inhaltsverzeichnis

Vorwort

Zwei gesellschaftliche Entwicklungstrends haben dazu geführt, dass ein Bedarf nach Lehr- und Studienmaterialien zum Thema „Interkulturelle Öffnung" entstanden ist:

Einerseits gibt es bereits seit einiger Zeit einen öffentlich geführten Diskurs über notwendige Veränderungen in der Gesellschaft in Bezug auf die Multikulturalität ihrer Mitglieder. Sozio-ökonomisch sowie politisch und sozial wird in diesem Zusammenhang von Integration gesprochen. Damit ist ein gesamtgesellschaftlicher Auftrag in Bezug auf die Gewährleistung von Partizipation an der Gesellschaft und ihrer Institutionen für alle Gesellschaftsmitglieder – unabhängig von ihrer ethnischen und kulturellen Herkunft – formuliert. Historisch begann diese Entwicklung hin zur multikulturellen Verfasstheit der bundesrepublikanischen Gesellschaft mit dem Zuzug der ersten „Gastarbeiter" seit Mitte der 1950er Jahre.

Andererseits ergibt sich daraus notwendigerweise auch ein Anspruch an Organisationsentwicklungsprozesse. Interkulturelle Öffnung kann als ein aktuell besonders bedeutsames Steuerungsinstrument der Organisationsentwicklung gelten, um der *kulturellen* Vielfalt von Mitarbeiterinnen und Mitarbeitern sowie Adressaten und Adressatinnen einer Organisation gerecht zu werden. Dabei geht es darum, die interkulturelle Ausrichtung einer Organisation sowohl strukturell als auch im organisatorischen Ablauf der Handlungsprozesse professionell und permanent zu verankern. Insofern geht die Strategie der Interkulturellen Öffnung über den Anspruch nach interkultureller Kompetenzbildung des Einzelnen weit hinaus und zielt grundlegend auf Organisationsentwicklung bzw. institutionellen Umbau ab. Diese Entwicklung setzte erst in der Mitte der 1990er Jahre mit entsprechenden Initiativen im Bereich der sozialen Arbeit ein, hat aber inzwischen – in unterschiedlichem Ausmaß – zahlreiche Sektoren von pädagogischen, gesundheitlichen, kulturellen, behördlichen und administrativen Dienstleistungen erreicht.

Eine Besonderheit für eine systematische Analyse des Konzepts der Interkulturellen Öffnung besteht darin, dass es sich eben gerade nicht um ein zuerst theoretisch entwickeltes und fach-disziplinär legitimiertes Phänomen handelt. Vielmehr kann Interkulturelle Öffnung zuerst beschrieben (beobachtet) werden als eine in den (sozialen) Organisationen – normativ – formulierte Zielkategorie, die als Strategie zur Überwindung von gesellschaftlichen Dispari-täten bzw. zur Beseitigung von Zugangsbarrieren für nichtdeutsche Bürger bzw. Bürger mit migrantischem Hintergrund basalen strukturellen Wandel von (lernenden) Organisationen legitimieren sollte. Das heißt, in den Organisationen, ihren Abläufen, entstand zunehmend Handlungs- (wohl auch Leidens-)druck, weil soziale Dienstleistungen potenzielle Abneh-mer/Zielgruppen nicht (mehr) erreichten oder weil zunehmend „parallele" Konkurrenzanbie-ter von Migrantengruppen sich etablierten. Konzepte Interkultureller Öffnung etablierten sich somit im Spannungsfeld von „sozialpolitischem Muss" und „marktorientiertem Wettbewerb" entsprechend den je gültigen Logiken, Regularien und Interessenslagen des jeweiligen Handlungsfeldes.

Das Lehrbuch stellt nun erstmals das Konzept der Interkulturellen Öffnung in seiner histori-schen, gesellschaftlichen sowie fachdisziplinären Genese als interkulturell gerichtete Organi-sationsentwicklung dar. Außerdem wird das Konzept anhand von Handlungsfeldern – aufga-benspezifisch operationalisiert – veranschaulicht. Dies impliziert notwendigerweise eine interdisziplinäre Herangehensweise: Einerseits sind an der Legitimation, curricularen Ausge-staltung, an den Begriffsbildungsprozessen verschiedene Disziplinen beteiligt: kultur- und kommunikationstheoretische Wissensbestände, erziehungs- und bildungswissenschaftliche Ansätze, Diskurse in der Migrations- und Organisationssoziologie, Modelle und Konzepte aus der Psychologie und Betriebswirtschaftslehre. Diese Disziplinen fungieren im Konzept der Interkulturellen Öffnung als handlungsfeldübergreifender Referenzrahmen. Andererseits werden Konzepte interkultureller Öffnung fundiert durch handlungsfeld-fachspezifische Theorieansätze einer je spezifischen Organisation: Erziehungswissenschaft, Sozialpädago-gik/-arbeit, Pflegewissenschaft, Medizin, Medienwissenschaft, Kulturwissenschaft und Ver-waltungswissenschaft.

Diese beiden Säulen ergeben das je konkrete praxisorientierte Handlungskonzept zur Imple-mentierung von Strategien zur Interkulturellen Öffnung in einer je spezifischen Organisation.

Entsprechend adressieren die Texte zwei Schwerpunkte:

In vier grundlegenden Beiträgen werden die Entwicklung, Prozesse und Diskurse sowie der begriffliche Referenzrahmen (Kultur und Interkulturalität, Organisations- und Personalent-wicklung) von Interkultureller Öffnung dargelegt. Dazu gehört zuerst die einführende Dar-stellung der sozioökonomischen sowie gesellschaftlichen Bedingungen der Herausbildung der Strategie der Interkulturellen Öffnung. Hier wird auch ein erster knapper Überblick über Daten zur Einwanderung gegeben. Detailliertere bzw. spezifische Daten folgen dann in den handlungsfeldbezogenen Texten.

Domänen übergreifend werden anschließend die zentralen Begriffe und Kategorien Kultur, Interkulturalität, Organisation und Integration sowie grundlegende Aufgaben, Instrumente und Methoden der Organisations- und Personalentwicklung erörtert.

Im Rahmen des zweiten Schwerpunktes werden konkrete Arbeitsfelder bzw. Organisationen sondiert: Schule und Hochschule, Kinder- und Jugendhilfe, Altenpflege/-hilfe, Gesundheits-versorgung, Kultureinrichtungen, Medien, kommunale Verwaltung, Frauenhäuser.

Ausgewählt wurden explizit solche Handlungsfelder, deren Aufgaben öffentlich (verfas-sungsgemäß) verantwortet werden, d. h. entweder unmittelbar in staatlichen Händen liegen oder durch staatliche Gelder (mit)finanziert werden. Sie alle stehen somit in besonderem Maße unter der gesetzlichen Verpflichtung, allen Personen gleiche Zugangs- und Partizipati-onschancen zu gewährleisten.

Die Beiträge umfassen einerseits nach einer Skizzierung von Rahmenbedingungen und Grundstruktur des Handlungsfeldes die Darstellung dessen allgemeiner wie spezifischer durch Interkulturalität bedingter struktureller wie personeller Veränderungsbedarfe und da-rauf bezogener strategischer wie operativer Lösungsansätze und Maßnahmebündel. Anderer-seits beinhalten sie aber auch exemplarisch gelungene Beispiele bzw. aktuelle Erfahrungen bei der Umsetzung von Interkultureller Öffnung im Sinne von „Best Practice". Dabei gelang es, eine eindrucksvolle Anzahl an Konzeptionen, Initiativen und Aktivitäten zu präsentieren. Damit verbunden ist auch das Anliegen, über die Dokumentation hinaus gegebenenfalls Synergieeffekte zu initiieren und Anschlussfähigkeit für andere Domänen aufzuzeigen. Das scheint sinnvoll insbesondere deshalb, weil es sich bei der Gewährleistung von gesellschaftlicher Teilhabe um eine gesamtgesellschaftliche Aufgabe handelt.

Jedem Text sind begleitende Aufgaben für Anregung von Transfer, Reflexion und Recherche in Lehr-Lernprozessen angefügt. Diese können direkt vom Lehrenden und Lernenden für die Gestaltung der Lehrveranstaltungen genutzt und umgesetzt werden.

Die Texte wurden einerseits von in Wissenschaft und Lehre ausgewiesenen Fachvertreterinnen und -vertretern verfasst, andererseits konnten Professionals aus den betreffenden Handlungsfeldern gewonnen werden, die jeweils als Expertinnen und Experten ihren Bereich präsentieren.

Adressatinnen und Adressaten des Lehrbuches sind Studierende an Universitäten und Hochschulen insbesondere in Studiengängen der Bildungs- und Kulturwissenschaften, der Sozialarbeit, der Pflegewissenschaften, der Verwaltungswissenschaften und der Betriebswirtschaftslehre. Ebenfalls angesprochen sind Lehrende und Lernende in der Fort- und Weiterbildung im Rahmen sozialer Einrichtungen, Behörden und Kultur-/Bildungsinstitutionen. Darüber hinaus ist zunehmend zu beobachten, dass auch in den neu konzipierten Masterstudiengängen im Wirtschaftsingenieurswesen mindestens im Wahl(pflicht)bereich Module zur Thematik zu belegen sind, um künftige Managementfunktionen in Organisationen jeglicher Art entsprechend den Anforderungen kultureller Heterogenität erfüllen zu können.

Die Herausgeberinnen   September 2012

1 Interkulturelle Öffnung – Genese, Konzepte, Diskurse

Christiane Griese und Helga Marburger

1.1 Einleitung

Gegenwärtig leben in der Bundesrepublik Deutschland rund 16 Millionen Menschen mit einem Migrationshintergrund[1], das sind rund 20 Prozent der hiesigen Bevölkerung (Datenreport 2011). Ihre Anwesenheit hat nicht nur einen demografischen Wandel der Gesellschaft bewirkt, sondern auch nachhaltig gesamtgesellschaftliche Veränderungen und Bedarfslagen erzeugt, die zwar zunächst über einen weiten Zeitraum ausgeblendet oder bagatellisiert wurden, inzwischen jedoch unter der Devise „Interkulturelle Öffnung" auf breiter Basis sowohl diskursiv erörtert als auch zunehmend handlungsleitend werden.

Im Folgenden wird das Konzept der Interkulturellen Öffnung in seiner Genese, theoretischen Fundierung und Ausdifferenzierung im Spannungsfeld von gesamtgesellschaftlichen wie handlungsfeldbedingten Prozessen und Diskursen interdisziplinär diskutiert und verortet.

Ein erster Zugriff erfolgt mittels Google-Recherche. Hier finden sich unter dem Begriff „Interkulturelle Öffnung" gegenwärtig rund 330.000 Einträge. Bei einer vorläufigen Durchsicht fällt auf, dass die Provenienz dieser Quellen vorrangig als handlungsfeld- bzw. organisationsbezogen eingeschätzt werden kann. Das heißt, es finden sich kaum fachwissenschaftlich legitimierte Texte, vielmehr ist typisch für diese Quellen, dass die Relevanz sowie Ausrichtung des Begriffs im Kontext aktueller Forderungen an das jeweils adressierte Handlungsfeld, quasi bottom-up, als Organisationsentwicklungsstrategie formuliert wurden und werden.

Interkulturelle Öffnung ist somit als Strategiekonzept primär praxisorientiert. Außerdem ist die Entwicklung von Konzepten der Interkulturellen Öffnung in hohem Maße eingebettet in gesellschaftspolitische Debatten um Integration von Migranten und damit (partei)politisch konnotiert wie auch emotional aufgeladen: „Interkulturelle Öffnung (IKÖ) ist inzwischen ein anerkanntes Paradigma in der Integrationspolitik. Dass der Begriff im Nationalen Integrationsplan (NIP) rund dreißigmal genannt und für alle integrationspolitisch relevanten Handlungsfelder immer wieder als Ziel formuliert wird, belegt nicht nur definitiv seine Politikfä-

---

[1] Das Statistische Bundesamt zählt zu den Personen mit Migrationshintergrund „alle nach 1949 auf das heutige Gebiet der Bundesrepublik Deutschland Zugewanderten sowie alle in Deutschland geborenen Ausländer und alle in Deutschland als Deutsche Geborenen mit zumindest einem zugewanderten oder als Ausländer in Deutschland geborenen Elternteil."

higkeit, sondern es zeigt auch, dass mit dem Ansatz Hoffnungen von Integrationspolitischer Relevanz verbunden werden" (Curvello 2009, 247).

Historisch betrachtet setzt die konzeptionelle Entwicklung der Interkulturellen Öffnung Mitte der 1990er Jahre ein. Hinz-Rommel (1994, 1995b) gilt als Protagonist für die Etablierung von Begriff und Konzeption. Die von ihm formulierten „Empfehlungen zur interkulturellen Öffnung sozialer Dienste" (1995b) bilden bis heute mehr oder weniger explizit den Referenzrahmen für Begründung, Initiierung und Implementierung von Konzepten Interkultureller Öffnung in mittlerweile nahezu allen Sektoren öffentlich verantworteter Organisationen: von der Kinder- und Jugendhilfe bis zur Altenhilfe, von der Erziehungs-/Bildungsarbeit und Kultur-/Medienarbeit bis zur Gesundheitsversorgung, von Ämtern, Beratungs- und Kriseneinrichtungen bis hin zu Polizei und Feuerwehr. Gleichwohl ist der Entwicklungsstand in den einzelnen Bereichen doch sehr unterschiedlich. Während die sozialen Dienste aber auch öffentliche Verwaltungen inzwischen auf zehn- bis fünfzehnjährige Erfahrungen zurückblicken können, steht etwa das Handlungsfeld Schule trotz bereits langjährig vorliegender Konzepte erst am Anfang der praktischen Umsetzung. Andere Bereiche wie das Gesundheitssystem, der Kultur- und Medienbetrieb befinden sich noch weitgehend in der Phase der Konzeptbildung und Projekterprobung. Ursachen für diese temporären Verschiebungen sind die diese Domänen zeitversetzt erreichenden bzw. zeitversetzt dort als nachhaltig wahrgenommenen Auswirkungen von Zuwanderung, demografischem Wandel und damit einhergehenden gesellschaftlichen Bedarfslagen.

1.2   Migrationsprozesse, demografischer Wandel und gesellschaftliche Bedarfslagen als Bezugsgrößen von Interkultureller Öffnung

Die erstmalige öffentlichkeitswirksame Datierung von „Interkultureller Öffnung" als programmatische Forderung und strategisches Konzept von sozialen Diensten in der Mitte der 1990er Jahre (Hinz-Rommel 1995b) mag als auffällig späte Reaktion auf die doch zahlenmäßig unübersehbare Anwesenheit von migrantischer Bevölkerung mit bereits langfristiger Aufenthaltsdauer bzw. klar prognostizierbaren Verstetigungstendenzen verwundern.

Arbeitsmigrantinnen und -migranten

Die Populationsgruppe der *Arbeitsmigranten* war mehrheitlich bereits in den Jahren zwischen 1960/61 und 1973 als sog. *„Gastarbeiter"* auf der Basis von bilateralen Anwerbeverträgen zwischen der BRD und ihren Herkunftsstaaten Italien (1955), Spanien, Griechenland (1960), Türkei (1961), Portugal (1964), Jugoslawien (1968) nach Deutschland eingereist. Hintergrund war der Arbeitskräftebedarf in der florierenden bundesdeutschen Wirtschaft jener Zeit („Wirtschaftswunder"), und zwar insbesondere im Bergbau, der Stahl- und Autoindustrie sowie im Hoch- und Tiefbau, der durch den einheimischen Arbeitskräftemarkt u.a. bedingt durch Arbeitszeitverkürzungen, Ausbildungszeitverlängerung, Aufbau der Bundeswehr nicht mehr gedeckt werden konnte. Obwohl alle Akteure – Regierungen der Entsendeländer, Regierung der BRD, Wirtschaft wie auch die wandernden Einzelpersonen – ursprünglich sowohl von der Kurzfristigkeit der individuellen Wanderung als auch von einem grundsätzlich temporären Phänomen zur Regulierung der Arbeitsmärkte (Entlastung der Entsendeländer, Bedarfsdeckung des BRD-Marktes) und nicht von Einwanderung resp. Auswanderung ausgingen, kam es in vielen Fällen zu einer *Verstetigung des Aufenthaltes.* Der Zeitpunkt der Rückkehr wurde sukzessive hinausgeschoben – Sparleistungen für eine Existenzgründung im Herkunftsland hatten sich nicht wie geplant realisieren lassen bzw. die Situation auf dem heimatlichen Arbeitsmarkt, aber auch die allgemeinen Lebensbedingungen zum Teil – wie etwa in der Türkei – noch verschlechtert. Viele Betriebe wiederum revidierten ihre ursprünglichen „Rotations"-vorstellungen, die Segmentierung des Arbeitsmarktes, die Konzentration der ausländischen Beschäftigten in den oben genannten Branchen, erforderten zudem deren Daueranwesenheit.

Mit der steigenden Verweildauer der – mehrheitlich männlichen – Arbeitsmigranten begann dann auch der Prozess des *Familiennachzuges,* der sich zusätzlich verstärkte, nachdem die Bundesregierung 1973 einen bis heute geltenden *Anwerbestopp* für ausländische Arbeitskräfte erlassen hatte. Seitdem ist der Zugang von Ausländern in die BRD außer EU-Angehörigen in der Regel[2] nur noch Familienangehörigen bereits eingewanderter Personen aus ehemaligen Anwerbeländern gestattet.

Dem Anwerbestopp vorausgegangen waren Jahre expansiver Ausländerbeschäftigung. Denn als in den 1960er Jahren sich die geburtenschwache Phase der letzten Kriegs- bzw. frühen Nachkriegsjahre in der bundesdeutschen Wirtschaft bemerkbar machte, gleichzeitig, bedingt durch den Bau der Berliner Mauer, der Zustrom an DDR-Fachkräften nahezu vollständig versiegte, hatte die westdeutsche Industrie in verstärktem Maße von der Möglichkeit Gebrauch gemacht, ausländische Arbeitskräfte ins Land zu holen: 1960 erst 300.000, zählten sie 1965 bereits über eine Million, 1971 wurde die Zwei-Millionen-Grenze überschritten, Ende 1973 lag die Zahl bei zweieinhalb Millionen. Damit lag der Ausländeranteil an allen Beschäftigten bei rund 12 Prozent.

Grund für den Anwerbestopp war die einsetzende Wirtschaftsrezession verbunden mit strukturellen Veränderungen insbesondere im industriellen Sektor (z.B. Rationalisierungen, Ersatz von manueller Fließbandarbeit durch computergesteuerte Fertigung, Ablösung der Kohle als Energieträger durch Öl bzw. Atomenergie, …) und damit sich abzeichnende Arbeitslosigkeit vor allem im Bereich un- und angelernter Tätigkeitsfelder, Arbeitsplätze, die insbesondere auch von ausländischen Arbeitskräften wahrgenommen wurden. Mehr oder weniger repressive Personalpolitik, aber auch Rückkehrprämien in Verbindung mit gestiegenen Arbeitsmarktchancen in den Herkunftsländern (insbesondere jene mit EG/EU-Zugehörigkeit) führten zu einer Rückkehrbewegung und damit zu einer Reduzierung der Zahl der ausländischen Erwerbspersonen. Dennoch kam es zeitgleich zu einer deutlichen Erhöhung der Zahl der *ausländischen Wohnbevölkerung:* Jene Arbeitskräfte, die sich eben nicht zur dauerhaften Rückkehr entschlossen, holten nun „sicherheitshalber" möglichst umgehend ihre Familien (Ehepartner und minderjährige Kinder) nach und verlagerten damit nachhaltig ihren Lebensmittelpunkt – ließ der Anwerbestopp sie doch weitere Restriktionen auch für den Zuzug von Angehörigen fürchten.

Lag bis zum Anwerbestopp der Anteil der Erwerbspersonen bei den zuziehenden Ausländern und Ausländerinnen bei rund 80 Prozent, erfolgte seit Mitte der 1970er Jahre eine klare Verschiebung zugunsten des Anteils an Kindern und Jugendlichen und damit die kontinuierliche demografische Umwandlung in „normale" Wohnbevölkerung mit entsprechenden Bedarfen

---

[2] Ausnahmen bilden z.B. besonders nachgefragte Fachkräfte etwa im IT-Bereich oder im medizinischen Sektor sowie hochrangige Wissenschaftler und Spitzenkräfte der Wirtschaft.

an den Wohnungsmarkt, den Bildungs- und Ausbildungssektor, die gesundheitliche Versorgung, den Kultur- und Freizeitbereich sowie die sozialen Einrichtungen.

Ausländische Arbeitnehmer

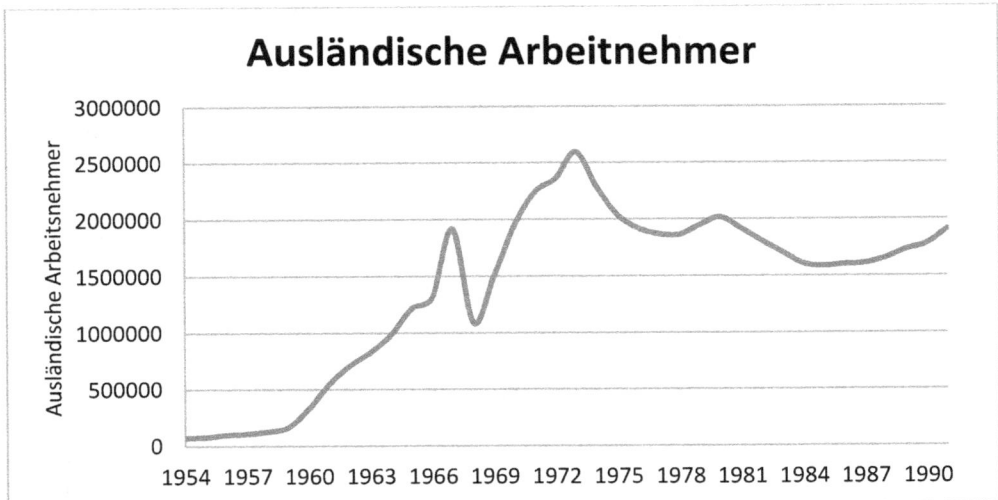

Abb. 1.1:   Ausländische Arbeitnehmer (Informationen zur politischen Bildung H 237, 5)

Asylbewerberinnen und -bewerber

Auch die relativ langfristige Verweildauer von *Asylbewerberinnen und -bewerbern* im Asylverfahren bzw. im Status der Duldung oder der Anerkennung („Asylberechtigte") von jährlich etwa hunderttausend Neuantragstellern mit zunehmend steigender Tendenz war seit den frühen 1980er Jahren unübersehbar. Neben der weltweiten Zunahme von Menschenrechtsverletzungen, Krieg und Folter forcierte nicht zuletzt der Anwerbestopp von 1973, der Nicht-EU-Ausländern die legale Einreise zur Arbeitsaufnahme in die BRD unterband, dass nun vermehrt von der Möglichkeit der Einreise mit Bezug auf Artikel 16 Absatz 2 Satz 2 des Grundgesetzes („Politisch Verfolgte genießen Asylrecht") Gebrauch gemacht wurde.

So stellten 1992 438.000 Menschen einen individuellen Asylantrag in der BRD, die Hauptherkunftsländer dieser Antragsteller waren Rumänien, Türkei, Irak, Jugoslawien, Afghanistan, Vietnam. Hinzu kamen ebenfalls Anfang der 1990er Jahre die kontingentierte[3] Aufnahme von rund 345.000 bosnischen und 35.000 kroatischen Bürgerkriegsflüchtlingen aus dem ehemaligen Jugoslawien sowie jüdischer Immigranten aus den Ländern der ehemaligen Sowjetunion. Auch mit Blick auf diese Migrantengruppen konnte mehrheitlich durchaus von unumkehrbarer Einwanderungsrealität ausgegangen werden.

---

[3]   Der Rechtsstatus von Kontingentflüchtlingen entspricht weitgehend dem von Asylberechtigten, ohne dass sie ein individuelles Asylverfahren durchlaufen müssen.

Tab. 1.1:   Entwicklung der Asylbewerber- und Asylbewerberinnenzahl (Datenreport 2011, 20)

Jahr	Asylbewerber
1975	9627
1980	107818
1985	73832
1990	193063
1992	438191
1995	127937
2000	78564
2005	28914
2009	27649
2010	41332

Aus-/Spätaussiedlerinnen und Aus-/Spätaussiedler

Nicht unter die Bezeichnung „Ausländer", doch gleichwohl in die Kategorie der Personen mit Migrationserfahrungen bzw. migrantischem Hintergrund fällt die Zuwanderungsgruppe der *Aussiedler bzw. Spätaussiedler*[4]. Sie sind Angehörige deutscher Minderheiten aus Staaten Ost-, Ostmittel- und Südosteuropas, die den „Vertriebenen" aus den ehemals deutschen Ostgebieten in den Jahren unmittelbar nach Kriegsende (1945–1951) rechtlich gleichgestellt wurden, da auch sie aufgrund der faschistischen Politik und der Kriegsfolgen jahrzehntelang unter erheblichen Repressionen und Zwangsumsiedlungen zu leiden hatten bzw. zum Teil immer noch unter „Vertreibungsdruck" stehen.

Bereits bis Mitte der 1990er Jahre hatte die BRD rund 3,5 Millionen Aussiedler und Spätaussiedler auf Basis des Bundesvertriebenengesetzes bzw. Kriegsfolgenbereinigungsgesetzes aufgenommen. Zu Zeiten des Kalten Krieges wurden jährlich vergleichsweise wenige (im Mittel zwischen 20 und 60 Tausend) Ausreiseanträge genehmigt, Hauptausreiseländer waren Polen, Rumänien, Ungarn und die ehemalige Tschechoslowakei. Die Öffnung des Ostblocks und die Auflösung der Sowjetunion bewirkte jedoch einen rasanten Anstieg der Aussiedlerzahlen, die in den Jahren 1989 mit 377.055 und 1990 mit 397.067 ihren Höhepunkt erreichten, bis Mitte der 1990er bei rund 200 Tausend pendelten und dann unter die 100 Tausend-Marke fielen. Erstmals konnten nun auch Russlanddeutsche in nennenswertem Umfang einreisen.

Während bis 1989 die Ausreisenden aus Polen die größte Zuwanderungsgruppe waren, stellen seit den 1990er Jahren die Aus-/Spätaussiedler aus den Nachfolgestaaten der ehemaligen SU die größte Gruppe.

---

[4]   Das Bundesvertriebenengesetz unterscheidet zwischen Aussiedlern (denjenigen, die vor dem 1.1.1993 nach Deutschland gekommen sind) und Spätaussiedlern (denjenigen, die nach diesem Datum eingereist sind).

Tab. 1.2:   Aus-/Spätaussiedlerinnen und Aus-/Spätaussiedler (Datenreport 2011)

| | Insgesamt | Darunter aus | | |
| | | der Sowjetunion | Polen | Rumänien |
	Anzahl			
1950–1959	438.225	13.604	292.157	3.454
1960–1969	221.516	8.571	110.618	16.294
1970–1979	355.381	56.583	202.718	71.417
1980–1989	984.087	176.565	632.803	151.161
1990–1999	1.291.112	911.407	199.614	171.900
2000–2004	738.064	718.634	4.455	14.440
2005	417.493	413.596	2.382	1.396
2006	35.522	35.396	80	39
2007	7.747	7.626	80	40
2008	5.792	5.695	70	21
2009	4.362	4.301	44	16
2010	3.360	3.292	45	23
	2.350	2.297	34	15

Migrationsdienste und Regeldienste

Obwohl nach dem rechtlichen Status deutsche Staatsbürger und damit gegenüber den anderen Zuwanderergruppen in einem privilegierten Status verfügten auch Aus-/Spätaussiedler herkunftslandbedingt über differente Sozialisationsmuster und kulturelle Standards sowie oftmals auch – insbesondere die junge Generation – über andere mutter-/erstsprachliche Orientierungen. Insofern entsprach es durchaus der von Eppenstein und Kiesel (2008, 42 ff.) beschriebenen Logik sozialarbeiterischen Handelns in den 1960er, 1970er und 1980er Jahren auch auf diese Wanderungsgruppe analog wie auf die Wanderungstypen „Arbeitsmigration" und „Flucht und Asyl" lediglich mit einem zielgruppenspezifischen Angebot und methoden- bzw. problemorientierten Spezialisierungen zu reagieren, die an das Regelsystem sozialer Dienste und Hilfen als mehr oder weniger temporäres Provisorium angehängt wurden. Diese Praxis, so die Einschätzung von Eppenstein und Kiesel, verlängerte einerseits (ungewollt) „eine Segregation von Zuwanderergruppen entlang nationaler, sprachlicher, kultureller, sozialer oder statusbezogener Einordnungen" (2008, 44) und verstellte andererseits den Blick, dass „sich realiter allgemeine Problemlagen und Anlässe für sozialarbeiterische Interventionen nicht mehr von Kontexten der Migration und Einwanderung trennen ließen" (a.a.O., 42).

Zugleich spiegelten diese migrationsbezogenen Konzepte wie Praxen der sozialen Arbeit als Sonderdienste die herrschende und immer wieder parteienübergreifend propagierte politische Maxime, wonach die BRD kein Einwanderungsland sei und faktisch stattfindende Prozesse von Einwanderung und dauerhafter Etablierung negiert wurden. Erst Anfang des 21. Jahrhunderts beginnt mit dem neuen Staatsbürgerschaftsrecht (2000) und dem Zuwanderungsgesetz (2005) die politische Anerkennung der irreversiblen Einwanderungsrealität.

Mit Blick auf diese zeitliche Datierung können die 1994 im Rahmen einer Fachtagung in Ravensburg-Weingarten von Vertretern der Wohlfahrtsverbände, der Fachbasis, der Ausbildungsstätten für soziale Fachkräfte und der Sozialverwaltung erarbeiteten und von Hinz-Rommel formulierten „Empfehlungen zur interkulturellen Öffnung sozialer Dienste" nicht nur im sozialpolitischen, sondern auch im migrations-/integrationspolitischen Diskurs durchaus Signal- und Vorreiterfunktion beanspruchen. Dafür spricht auch die anschließende Veröffentlichung der Empfehlungen durch die damalige „Beauftragte der Bundesregierung für die Belange der Ausländer" Cornelia Schmalz-Jacobsen.

Die wesentlichen Eckpunkte der Empfehlungen sind (Hinz-Rommel 1995b, 130–147):

- Anerkennung der faktischen und irreversiblen Einwanderungssituation als Handlungsgrundlage und Referenzrahmen sozialer Dienstleistungen
- Feststellung von erheblichen Ungleichgewichten bei der aktuellen Inanspruchnahme sozialer Dienste durch Migranten (Unterversorgung) sowie von Migranten auf der Beschäftigungsebene der Leistungsanbieter
- Ursachenidentifizierung in unzureichender (defizitärer) struktureller und personeller Qualifizierung der Regeldienste sozialer Arbeit für die Bedürfnisse der migrantischen Bevölkerung sowie der sozialen Bedarfslagen einer von Migration geprägten Gesellschaft
- Zuweisung von Interkultureller Öffnung als Aufgabe/Anforderung an alle Akteure: die Träger, die Verantwortlichen auf den einzelnen Ebenen behördlicher und verbandlicher Verwaltung, die Einrichtungen der Aus- und Fortbildung sowie die jeweiligen Mitarbeiterinnen und Mitarbeiter einer Einrichtung
- Rückbindung von Interkultureller Öffnung an notwendige gesetzliche Rahmenbedingungen und das von ihnen beeinflusste Klima in der Gesellschaft, in dem soziale Dienste ohne Angst und gleichberechtigt von allen Bürgern in Anspruch genommen werden können.

Klar benannt wird von Hinz-Rommel auch die *doppelte Motivation* hinter dem sich in den „Empfehlungen zur Interkulturellen Öffnung" ausdrückenden *Paradigmenwechsel:* „Interkulturalität ist – angesichts eines stetigen Zuwachses der Quote der dauerhaft in der Bundesrepublik lebenden Ausländer und der Notwendigkeit ihrer verbesserten Versorgung – nicht mehr nur ein sozialpolitisches Muss, das einer stärkeren Nachfrage gerecht werden muss, sondern zunehmend auch ein Marketing-Plus für Unternehmen und Dienstleistungseinrichtungen" (1995a, 9).

Auch diese zweifache Ausrichtung in der Positionierung Interkultureller Öffnung – einerseits *demokratisch-bürgerschaftlich legitimiertes Teilhabegebot,* andererseits *marktorientiertes Wettbewerbshandeln* – findet sich in mehr oder weniger ausgeprägter bzw. explizit gemachter Form in allen Folgekonzepten zur Interkulturellen Öffnung, und zwar quer durch alle Handlungsfelder.

Interkulturelle Öffnung als multikausale Antwort

Die auch weiterhin anhaltende Aufenthaltsverstetigung in Verbindung mit kontinuierlichem absoluten wie prozentualen Anwachsen der Migrantenpopulation aufgrund von Familiennachzug bzw. Heiratsmigration sowie im Vergleich zu nicht-migrantischer Bevölkerung erhöhter Geburtenrate und einer rascheren Generationsfolge ließen die Diskrepanz der durch Einwanderung veränderten Bevölkerungsstruktur und einer analogen Repräsentanz von Einwanderern bei der Inanspruchnahme bzw. Personalstruktur „sozialer Dienstleistungen" immer offensichtlicher werden. Die sich andererseits ebenso unübersehbar abzeichnende Überalterung der autochthonen Bevölkerung wie auch ein damit einhergehender mittel- und langfristiger Mangel an Fachkräften in nahezu allen Wirtschaftssparten verstärkten ebenfalls den (funktionalen) Blick auf die migrantische Population als nicht länger randständige, sondern gezielt und dauerhaft gleichberechtigt einzubeziehende Bevölkerungsgruppe.

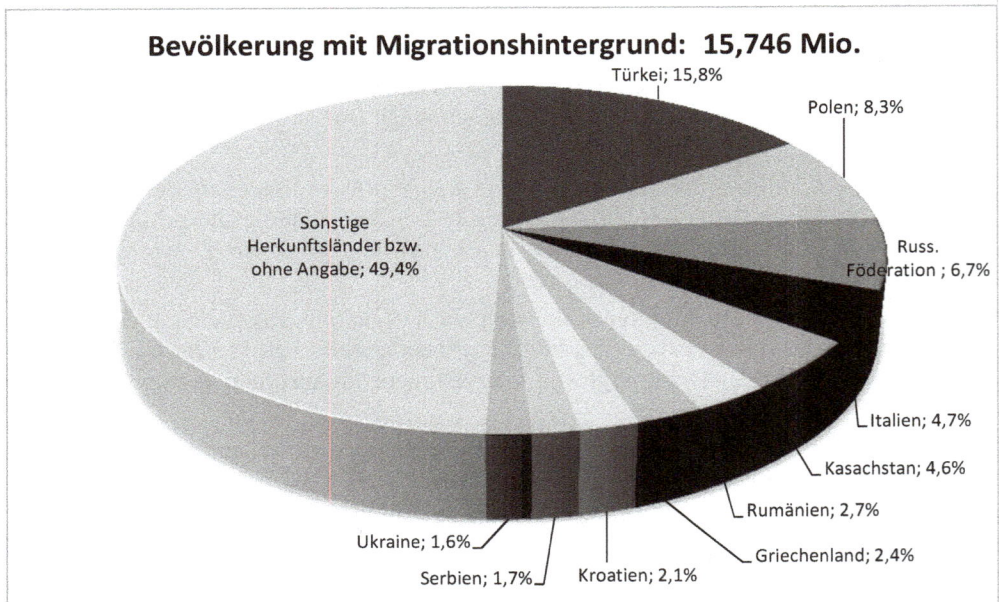

Abb. 1.2:   Anteil der Bevölkerung mit Migrationshintergrund nach Herkunft (Migrationsbericht 2010, 192)

Die gemeinsame Stoßrichtung von *einwanderungspolitischem, sozial- und wirtschaftspolitischem Umdenkungsprozess* bringt im Jahr 2003 die in dem gemeinsamen Positionspapier „Anforderungen an eine moderne Integrationspolitik" der Bundesarbeitsgemeinschaft der Freien Wohlfahrtspflege und der Beauftragten der Bundesregierung für Migration, Flüchtlinge und Integration getroffene Feststellung exemplarisch auf den Punkt: „Bildung und Entwicklung von sprachlicher, sozialer und professioneller Kompetenz jedes Einzelnen [sind] eine Investition in die Zukunft" (28.10.2003) (zit. n. Fischer u.a. 2005, 7).

Altersstruktur der Bevölkerung mit und ohne Migrationshintergrund 2009

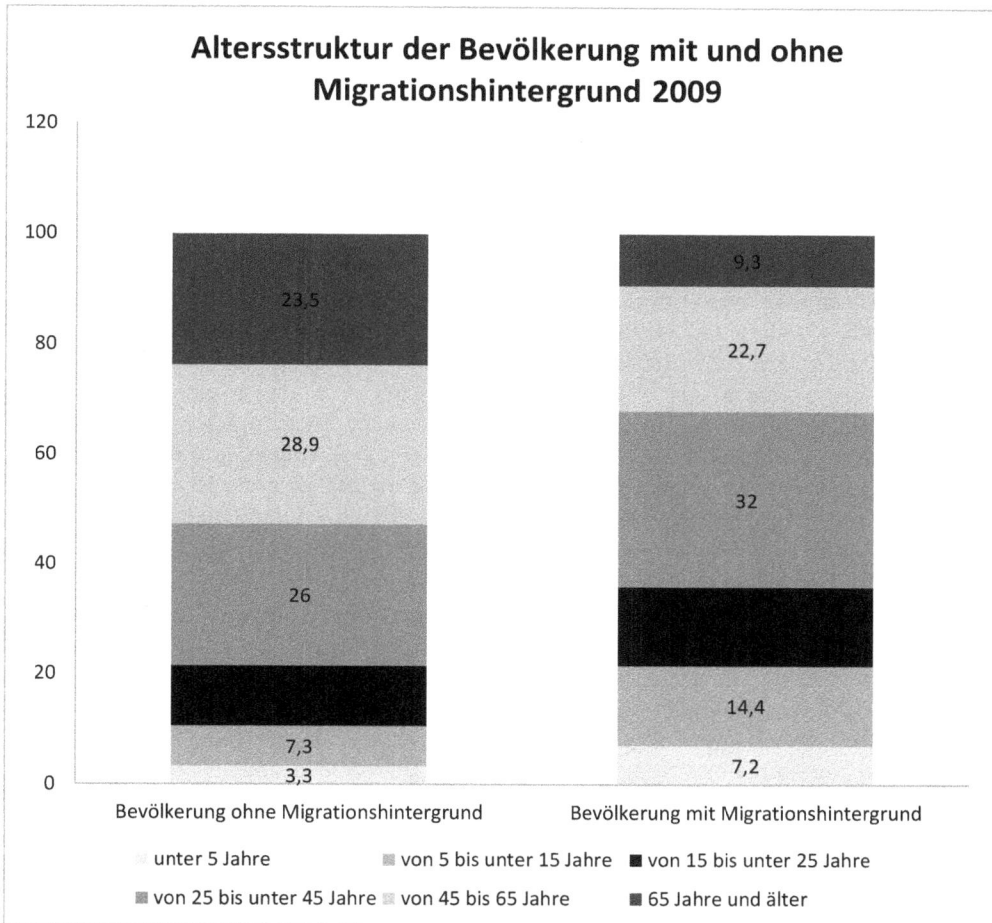

Abb. 1.3: Altersstruktur der Bevölkerung mit und ohne Migrationshintergrund 2009 (Mikrozensus: Statistisches Bundesamt 2010, 60ff)

Entstehung und sukzessives Aufgreifen bzw. Aneignen der programmatischen Forderung nach Interkultureller Öffnung in nahezu allen Sektoren öffentlich (mit)verantworteter Organisationen und Funktionsbereiche sind somit als multikausal begründete Antwort auf sehr unterschiedliche gesellschaftliche Phänomene und Bedarfslagen zu deuten:

* Als *sozialpolitische Antwort* auf die drohende Abkoppelung eines großen Teils der migrantischen Bevölkerung von der sozialen Infrastruktur aufgrund von Exklusionsmechanismen und Hemmschwellen für die Nutzung sozialer und kommunaler Dienste und Leistungsangebote, und zwar durch u.a.:
    – mangelnde Information über das vorhandene Hilfesystem,
    – nicht vorhandene oder unzureichende Deutschkenntnisse,
    – Angst vor möglichen Sanktionen oder anderen negativen Konsequenzen bei der Inanspruchnahme der sozialen Dienste,

- schlechte Erfahrungen mit institutionellen Kontakten, unhöfliche Behandlung, mangelnder Respekt, Zweifel an der Empathiefähigkeit der Bediensteten,
- Probleme mit der Bürokratie,
- Angst vor Ressentiments und Vorurteilen seitens des Personals der sozialen Dienste,
- Probleme mit sprachlastigen Bearbeitungsansätzen,
- Abwehrhaltung gegenüber bevormundenden Lösungsstrategien
- bzw. auf Institutions-/Organisationsseite:
- fehlendes fremdsprachliches und/oder migrantisches Personal,
- Ausblendung oder unzureichende Berücksichtigung von Nutzungsmustern, Ressourcen und Bedarfslagen der migrantischen Klientel (Fischer 2005a, 27, Seifert 2000, 24, Gaitanides 2004, 19).

• Als *bildungspolitische Antwort* auf Disparitäten in der Verteilung schulischer Abschlüsse und geringere Chancen im Zugang zu weiterführenden Schulen aufgrund struktureller wie individueller Diskriminierungstatbestände wie die durchgängig monolinguale Prägung („monolingualer Habitus") von Schule und die ethnozentrische bzw. eurozentrische Ausrichtung der Bildungsinhalte (Curricula), Methoden und Umgangsformen, aber auch stigmatisierende Etikettierungs- und Wahrnehmungsmuster von Lehrkräften (Gogolin 1993).

• Als *ausbildungs-/arbeitsmarktpolitische Antwort* auf eine erhebliche Unterrepräsentanz von Jugendlichen mit Migrationshintergrund auf dem Ausbildungssektor aufgrund von individuell (z.B. ethnisierenden Zuschreibungen von Personalverantwortlichen) und strukturell (z.B. kultureller Bias von Auswahlverfahren) bedingten Zugangsbarrieren. Aber auch unzureichende Qualifikationsvoraussetzungen, mangelnde Informationen, fehlende Netzwerke bzw. Gatekeeper seitens der Betroffenen sind als ursächlich zu nennen.

• Als *gesundheitspolitische Antwort* auf Ungleichgewichte in der Inanspruchnahme von medizinischer Versorgung, Pflege, Beratung und Vorsorge durch migrantische Bevölkerung aufgrund kulturell und kommunikativ bedingter Zugangs- und Nutzungsschwellen, und zwar u.a.

- sprachliche und körpersprachliche Verständigungsprobleme,
- deckungsungleiche Gesundheits- und Krankheitsvorstellungen,
- differente Konzepte von Ernährung, Hygiene, Nutzung von Raum, Familienzentriertheit usw. in besonders sensiblen Lebens- oder Übergangsphasen (Geburt, Sterben, Tod),
- unzureichende Einrichtungsinfrastruktur zur Berücksichtigung religiöser Bedürfnisse und Gebote (Gebetsräume, Familien- oder Abschiedszimmer) (Falge, Zimmermann 2009).

• Als *kultur- und medienpolitische Antwort* auf Schieflagen in Präsenz bzw. Visibilität von Migranten, Migrations- und Integrationsprozessen sowohl auf der Akteursebene (Nutzer wie Personal) als auch auf der Produkt-/Formatebene (z.B. kulturelle Planungsprozesse, Programmgestaltung, Film-, TV-, Theaterproduktionen, mediale Berichterstattung usw.) aufgrund von „hochkultureller" und/oder „mehrheitskultureller" Grundausrichtung.

• Und nicht zuletzt als *marktorientierte Antwort* auf Engpässe in den öffentlichen Haushalten und Sozialsystemen mit dem Ziel der ökonomischen Effizienzsteigerung bei gleichzeitiger Sicherung von Qualitätsstandards und optimaler Nutzung von materiellen und personellen Ressourcen zu einer möglichst breiten Bedarfsdeckung in den zu verantwortenden gesellschaftlichen Funktionsbereichen.

1.3   Kulturtheoretischer Referenzrahmen von Interkultureller Öffnung

Zum Kulturbegriff

Im Kontext von Interkultureller Öffnung kann der *Kulturbegriff* als grundlegend gelten, benennt er doch diejenige Heterogenitätsdimension, die zur Formulierung von Bedarfen, Intentionen und Zielen einer interkulturellen Öffnung von Organisationen führt. Das heißt, es ist die These der Bedeutsamkeit unterschiedlicher kultureller Zugehörigkeiten für die Sozialisation des Individuums und der Gestaltung einer multikulturellen Gesellschaft, die Initiativen und Impulse für eine Interkulturelle Öffnung der Gesellschaft und ihrer Organisationen und Funktionsbereiche auslösten und legitimierten bzw. legitimieren.

Dabei erfolgte der Rekurs auf „Kultur" als Kernkategorie in den ersten Positionspapieren und Statements zur interkulturellen Öffnung kaum in systematisch-theoriegeleiteter Auseinandersetzung mit kulturwissenschaftlichen Kenntnisbeständen, gleichwohl enthalten diese frühen Publikationen doch bereits die wesentlichen Eckpunkte der auch heute noch in den aktuellen Beiträgen zur Interkulturellen Öffnung zugrunde gelegten Kultursemantik.

So zeigen die Ausführungen ein Abrücken von dem in den 1970er und 1980er Jahren gerade in der praktischen Ausländerarbeit/-pädagogik noch vorherrschenden statischen Kulturverständnis von einander *dichotom* gegenüberstehender homogener „Herkunftskultur" und „Aufnahmekultur", wonach etwa die Lebenssituation von jungen Migranten deklariert wird als „Kinder zwischen zwei Welten" (Cropley 1979) bzw. „Leben zwischen Kulturen und im Widerstreit von Kulturen" (Bundesministerium für Frauen und Jugend 1990, 18). Stattdessen erfolgt die Orientierung an einem *prozesshaft-dynamischen* Kulturbegriff (Hinz-Rommel 1994, 39). Konkret wird dies etwa in den Empfehlungen zur Interkulturellen Öffnung, wenn Hinz-Rommel sich beispielsweise gegen die Vermittlung von Länderkunde und kulturellen Hintergrundinformationen zu einzelnen Herkunftsländern in sozialpädagogischen Fort- und Weiterbildungen wendet, „Migrantenkultur" dezidiert nicht als arithmetisches Mittel aus Herkunfts- und Aufnahmelandkultur beschreibt, sondern als spezifisch neue Ausdrucksformen, Interessen und Bedürfnisse, die im gesellschaftlichen Handeln entstehen (1995a, 9 f.).

Des Weiteren erfolgt mit der Abwendung von einem statischen Kulturbegriff auch die Abkehr von einem *wertenden (elitären)* Kulturbegriff mit einer Aufteilung in höher- und niedrigrangigere Kulturen zugunsten eines *egalitären* Kulturbegriffs, der alle Kulturen prinzipiell auf eine Stufe stellt (Hinz-Rommel 1994, 40).

Zudem wird ein *erweiterter* Kulturbegriff zugrunde gelegt, der Kultur nicht einseitig und damit essentialistisch an ein Phänomen wie Nation, Ethnie, Religion bindet und damit Individuen auf „Träger" von National- bzw. Ethnokulturen reduziert, sondern von einem breiten Spektrum ganz verschiedener Facettierungen ausgeht, die optional wahrgenommen und skaliert werden können (Filtzinger 1995, 112).

Zugleich wird jedoch auch die Ambivalenz von Kultur als Leitkategorie zur Situationswahr-
nehmung und -deutung problematisiert, wenn Filtzinger in seinem Beitrag in dem von Barwig und Hinz-Rommel herausgegebenen Tagungsband zur Vorsicht rät: „Leicht werden dabei
wichtige Charakteristika der gegenwärtigen Migrationsgesellschaft, wie zum Beispiel die
ökonomische, politische und soziale Ungleichheit ausgeblendet oder unterbelichtet. Es ist
offenkundig, dass beim Blickwinkel ‚Kultur‘ Probleme wie Beschäftigung, Wohnung, politische Beteiligung sowie institutionelle und persönliche Diskriminierung, welche das Alltags-
leben und die Existenz der MigrantInnen weitaus stärker bestimmen, eher in den Hintergrund
treten" (a. a. O.). Gewarnt wird somit auch vor einer Überbewertung des Kulturellen bzw.
einer *Kulturalisierung* von ursächlich sozialen, wirtschaftlichen und politischen Problemlagen.

Inhaltlich umrissen wird *„Kultur"* von Hinz-Rommel (1994, 39f.) als „Orientierungssystem"
einer Gesellschaft oder gesellschaftlichen Gruppe mit einem „Repertoire an Symbolbedeu-
tungen" mit der Funktion „alltägliches Handeln nach Maßgabe von Traditionen und sozialen
Kontexten [zu] steuern" in „Abhängigkeit von den gesellschaftlichen Gegebenheiten" und in
kontinuierlicher Anpassung an sich ändernde Lebensverhältnisse durch Aufnahme von Impulsen über die Alltagspraxis ihrer Mitglieder. Mit diesen Bedeutungsaspekten von Kultur
greift Hinz-Rommel Überlegungen von Auernheimer im Kontext dessen konzeptioneller
Rahmung einer „Interkulturellen Erziehung" (1990) auf, die ihrerseits wiederum auf im damaligen kultursoziologischen und kulturpsychologischen Diskurs sich etablierende und auch
aktuell noch prominente Kultur(funktions)bestimmungen von Clarke, Hall, Jefferson und
Roberts (1979) sowie Thomas (1988) rekurrieren.

So definierten Clarke, Hall, Jefferson und Roberts:

„Die ‚Kultur‘ einer Gruppe oder Klasse umfaßt die besondere und distinkte Lebensweise
dieser Gruppe oder Klasse, [als] die Bedeutungen, Werte und Ideen, wie sie in den Institutionen, in den gesellschaftlichen Beziehungen, in Glaubenssystemen, in Sitten und Bräuchen,
im Gebrauch der Objekte und im materiellen Leben verkörpert sind. Kultur ist die besondere
Gestalt, in der dieses Material und diese gesellschaftliche Organisation des Lebens Ausdruck
findet. Eine Kultur enthält die ‚Landkarten der Bedeutung‘, welche die Dinge für ihre Mitglieder verstehbar machen. Diese ‚Landkarten der Bedeutung‘ trägt man nicht einfach im
Kopf mit sich herum: sie sind in den Formen der gesellschaftlichen Organisationen und Beziehungen objektiviert, durch die das Individuum zu einem ‚gesellschaftlichen Individuum‘
wird. Kultur ist die Art, wie die sozialen Beziehungen einer Gruppe strukturiert und geformt
sind; aber sie ist auch die Art, wie diese Formen erfahren, verstanden und interpretiert werden. […] So bilden die bestehenden kulturellen Muster eine Art historisches Reservoir – ein
vorab konstituiertes ‚Feld der Möglichkeiten‘ –, das die Gruppen aufgreifen, transformieren
und weiterentwickeln" (1979, 40 f.).

In der Grundausrichtung ähnlich – allerdings im Unterschied zu den Soziologen Clarke, Hall,
Jefferson und Roberts mit stärkerer Fokussierung auf die Rolle des Individuums im kulturellen Bedingungsgefüge – formulierte der Psychologe Thomas:

„Kultur ist ein universelles, für eine Gesellschaft, Organisation und Gruppe aber sehr typi-
sches Orientierungssystem. Dieses Orientierungssystem wird aus spezifischen Symbolen
gebildet und in der jeweiligen Gesellschaft usw. tradiert. Es beeinflußt das Wahrnehmen,
Denken, Werten und Handeln aller ihrer Mitglieder und definiert somit deren Zugehörigkeit

zur Gesellschaft. Kultur als Orientierungssystem strukturiert ein für die sich in der Gesellschaft zugehörig fühlenden Individuen spezifisches Handlungsfeld und schafft damit die Voraussetzungen zur Entwicklung eigenständiger Formen der Umweltbewältigung. [...] Zentrale Merkmale des kulturspezifischen Orientierungssystems lassen sich als sogenannte ‚Kulturstandards' definieren. Unter Kulturstandards werden alle Arten des Wahrnehmens, Denkens, Wertens und Handelns verstanden, die von der Mehrzahl der Mitglieder einer bestimmten Kultur für sich persönlich und andere als normal, selbstverständlich, typisch und verbindlich angesehen werden" (1993, 380 f.).

Bilanzierend können für Interkulturelle Öffnung als wesentliche Parameter im Bedeutungsradius von Kultur trotz disziplinär- und/oder handlungsfeldbedingter Differenzen folgende Gemeinsamkeiten konstatiert werden:

• Kultur als kollektives Phänomen (Gruppe, Institution, Nation, soziale Schicht usw.),
• Kultur als dynamischer, auf Wandel angelegter Prozess,
• Kultur als Produkt gesellschaftlichen Handelns,
• Symbolcharakter von Kultur,
• Kultur als Orientierungssystem,
• Individuen sind gleichzeitig Teil unterschiedlicher kultureller Orientierungs-/Bezugssysteme (Nation, Region, Organisationen, Generation usw.).

Interkulturelle Kompetenz

Die zeitliche Reihenfolge der beiden von Hinz-Rommel verantworteten bzw. mitverantworteten Publikationen zur Etablierung von Begriff und Konzeption der Interkulturellen Öffnung ist kein Zufall, sondern sie dokumentiert die Logik seiner – und damit auch die der Profession von sozialer Arbeit – Problemwahrnehmung, der Suche nach Lösungswegen und der anschließenden Zielfindung.

So erschien zuerst – 1994 – die Monografie mit dem Titel „Interkulturelle Kompetenz. Ein neues Anforderungsprofil für die soziale Arbeit", ein Jahr später folgte dann der Sammelband „Interkulturelle Öffnung sozialer Dienste". Das heißt, zunächst im Blick stand die Mitarbeiterqualifizierung als persönliche Voraussetzung für angemessenes und erfolgreiches Handeln in kulturell heterogenen Domänen der sozialen Arbeit, dann wurden im zweiten Schritt diese Qualifizierung auf die strukturelle Ebene ausgeweitet und individuelles und organisationales Lernen miteinander verknüpft.

Für seine Einführung der Zielkategorie „Interkulturelle Kompetenz" rekurriert Hinz-Rommel auf anglo-amerikanische Literatur (1994, 56 ff.) zu Konzepten von „cross-cultural competence" (Ruben 1989), „intercultural competence" bzw. „intercultural communication competence" (Imahori/Lanigan 1989). Er adressiert damit ein Bündel an Teilkompetenzen bestehend aus Kenntnissen (knowledge), Einstellungen/Haltungen (attitudes) und Fähigkeiten/Fertigkeiten (skills). Zur inhaltlichen Operationalisierung verweist er auf ein von Filtzinger und Johann (1992) entwickeltes Ausbildungsprogramm für Fachkräfte im Elementarbereich, das auf kognitiver Ebene u.a. Wissen über Migrations- und Integrationsverläufe, fremdkulturelle Orientierungssysteme, Handlungs- und Verhaltensmuster enthält, auf emotionaler Ebene u.a. auf die Vermittlung von Selbstreflexivität, Empathie, Toleranz, Konfliktfähigkeit und Kooperationsbereitschaft zielt und auf psychomotorischer Ebene u.a. den Umgang mit unterschiedlichen Interaktions- und Kommunikationsformen/-stilen adressiert (1994, 68f.).

Diese Zielkategorie erwies sich trotz bzw. auch aufgrund ihrer Vagheit als in vielfacher Weise anschlussfähig, so dass sie im aktuellen Diskurs als Schlüsselqualifikation in allen beruflichen und gesellschaftlichen Handlungsfeldern ihren Eingang gefunden hat. So wurde sie zum einen von Hinz-Rommel selbst bereits in einen Bildungszusammenhang gestellt und als lebenslange Lern- und Entwicklungsaufgabe formuliert: „Man kann zusammenfassend sagen, dass die Vermittlung von interkultureller Handlungskompetenz nur im Rahmen eines umfassenden, reflexiven, bewussten, komplexen und andauernden Prozesses von Wissensaneignung und Persönlichkeitsentwicklung zu verwirklichen sein wird" (1994, 72).

Zahlreiche inzwischen vorliegende sogenannte Listen- und Strukturmodelle zum Interkulturellen Lernen dokumentieren, wie breit dieser Ansatz im Bildungssektor rezipiert und ausdifferenziert wurde (Auernheimer 2002). Beispielhaft kann hier auf das in der Literatur etablierte sowie gerade auch interkulturelle Trainings grundlegende Phasenmodell von Grosch und Leenen (1998) verwiesen werden.

„Phasen interkulturellen Lernens

Die generelle Kulturgebundenheit menschlichen Verhaltens erkennen und akzeptieren können,

Fremdkulturelle Muster als fremd wahrnehmen können, ohne sie (positiv oder negativ) zu bewerten,

Eigene Kulturstandards identifizieren und ihre Wirkung in der Begegnung mit einer Fremdkultur abschätzen können (own-culture-awareness),

Deutungswissen über bestimmte fremde Kulturen erweitern; relevante Kulturstandards identifizieren und weitergehende Sinnzusammenhänge in der Fremdkultur herstellen können,

Verständnis und Respekt für fremdkulturelle Muster entwickeln können,

Erweiterung der eigenen kulturellen Optionen: mit kulturellen Regeln flexibel umgehen können, selektiv fremde Kulturstandards übernehmen können, zwischen kulturellen Optionen situationsadäquat und begründet wählen können,

Zu und mit Angehörigen einer fremden Kultur konstruktive und wechselseitig befriedigende Beziehungen aufbauen, mit interkulturellen Konflikten praktisch umgehen zu können" (Grosch, Leenen 1998, 40).

Zum Zweiten attribuiert Hinz-Rommel interkulturelle Handlungskompetenz nicht nur als individuelles Qualifikationsprofil, sondern auch als Qualitätsmerkmal auf struktureller Ebene von Trägern und Einrichtungen sozialer Dienste. Als wichtigste Kennzeichen interkulturell kompetenter sozialer Institutionen werden neben der interkulturellen Handlungskompetenz der Mitarbeiterschaft von ihm genannt (1994, 99):

- „Interkulturelle Orientierung der Einrichtungsgrundsätze und der Konzeption,
- Beseitigung versteckter Ausgrenzungsmechanismen,
- Methodenvielfalt/angemessene Umgangsformen,
- Sprachenvielfalt/Sprachkompetenz,
- Gemeinwesenorientierung/Öffnung in das Gemeinwesen,
- Fortbildung der Mitarbeiter,
- Öffentliche Sichtbarkeit der interkulturellen Orientierung,
- Orientierung des Angebots an den Bedürfnissen aller potenziellen Klienten."

Komplexität wie Interdependenz von individuellen und strukturellen Veränderungs- bzw. Qualifizierungsbedarfen zur Umsetzung von Interkultureller Öffnung mit ihren jeweiligen Anforderungen an Mitarbeiterschaft, Träger/Organisationen und Aus- und Fortbildungseinrichtungen veranschaulicht Hinz-Rommel mit seinem Schaubild „Eckpunkte des Bedingungsgeflechts interkultureller Öffnung" (1994, 108).

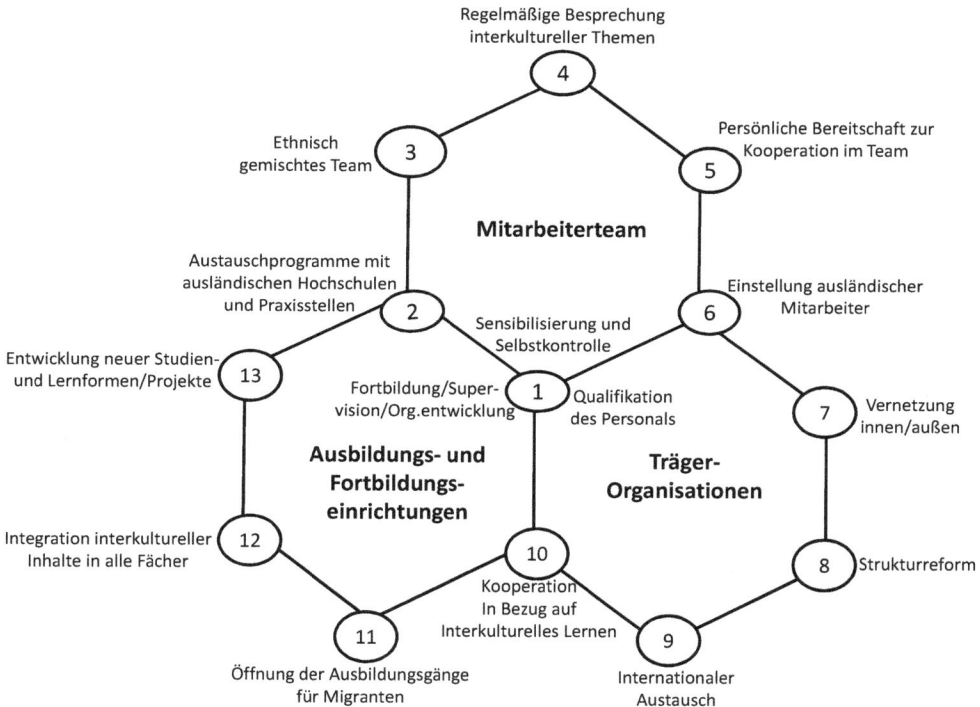

Abb. 1.4:   Eckpunkte interkultureller Öffnung

Resümierend stellt Hinz-Rommel (1994, 97 f.) fest: „Faktisch sind die interkulturelle Handlungskompetenz der Mitarbeiter und die Interkulturelle Öffnung einer Einrichtung dicht miteinander verwoben, aber weder ist die Öffnung eine Folge der Handlungskompetenz der Mitarbeiter, noch kann deren Handlungskompetenz als Funktion der Öffnung betrachtet werden. Beide bedingen sich gegenseitig und beschreiben so einen Prozeß, der ... sich verstetigen und mit der sich wandelnden Praxis Schritt halten (muß)."

1.4   Interkulturelle Öffnung als Organisationsentwicklung

Hinz-Rommels Postulat der Notwendigkeit sich wechselseitig bedingender individueller und struktureller interkultureller Qualifizierungsprozesse begünstigte Überleitung und Weiterentwicklung seiner Programmatik der Interkulturellen Öffnung in Richtung eines Organisationsentwicklungskonzepts auf *systemisch-konstruktivistischer* Basis. Kennzeichnend für diesen *organisationstheoretischen Ansatz* (Focali hier Kap. 3.6) ist die Ausgangsprämisse, dass die *Organisation* als emergentes *Sozialsystem* in Verarbeitung von Umwelterfordernissen und Umwelterwartungen sich entwickelt und „lernt". Dies *organisationale Lernen* dient der eigenen Sicherung und dem eigenen Fortbestand angesichts gesellschaftlichen Wandels. Dabei vollzieht sich das Lernen auf der Ebene ihrer Kommunikationsstrukturen, ihrer kommunikativ erzeugten Leitbilder und Handlungsmuster wie ihrer organisationsspezifischen Regel- und Orientierungssysteme. Zugleich beeinflussen sich Struktur- und personale Ebene fortlaufend und befinden sich somit in einem permanenten Wechselspiel. Rollenmuster, Handlungsabläufe und Entscheidungsmodi sind verinnerlichte Strukturen, andererseits werden durch diese Verinnerlichungen Strukturen auch wieder generiert.

Organisationen, die die genannten externen Faktoren – äußere Bedarfslagen, Ansprüche, Erwartungshaltungen – *gezielt* aufnehmen und in ihre Strukturen und Prozesse integrieren bzw. Letztere modifizieren und diesen Faktoren anpassen, werden als „*Lernende Organisationen*" bezeichnet. Vor diesem *organisatorischen Referenzrahmen* erscheint Interkulturalität als „*Umwelteinfluss*", der durch eine Lernende Organisation konstruktiv aufzugreifen ist und perspektivisch zur Interkulturellen Öffnung führen soll. In der Logik dieser Theorie lernt die Organisation sich an die durch Einwanderung veränderte Umwelt anzupassen und erfolgreich mit Migrantinnen und Migranten bzw. kulturell heterogenen Gruppierungen intern wie extern zu interagieren. Auf diese Weise befriedigt die Organisation nicht nur äußere Anforderungen, sondern sichert zugleich ihre eigene Kontinuität und Stabilität bzw. – wie Hinz-Rommel zu Diskursbeginn bereits vermerkte – ihre Wettbewerbsfähigkeit auf dem Markt.

Diese organisationstheoretische Verankerung von Interkultureller Öffnung und strukturell gefasster Interkultureller Kompetenz lässt sich seit rund zehn Jahren in den einschlägigen Publikationen registrieren. Der Titel eines Aufsatzes von Jakubeit (2005) ist hier Programm: „Interkulturelle Öffnung von Organisationen oder ‚Wie lassen sich Ansätze aus der Organisationsentwicklung und des Managements von Veränderungen für Interkulturelle Kompetenz von Organisationen nutzen?'" Die folgende Definition zur Interkulturellen Öffnung von Schröer (2007, 83) kann exemplarisch für die aktuelle Sichtweise stehen:

„Interkulturelle Öffnung wird zusammenfassend verstanden als ein bewusst gestalteter Prozess, der (selbst-)reflexive Lern- und Veränderungsprozesse von und zwischen Menschen, Lebensweisen und Organisationsformen ermöglicht, wodurch Zugangsbarrieren und Abgrenzungsmechanismen in den zu öffnenden Organisationen abgebaut werden und Anerkennung ermöglicht wird".

Hier wird auch deutlich, dass Interkulturelle Öffnung nicht mehr nur auf einen bestimmten Sektor – wie den in der historischen Genese fokussierten sozialen Dienstleistungsbereich – begrenzt ist, sondern eine generelle *strategische Ausrichtung* für *alle* Organisationen darstellt.

Diese Ausrichtung, so Handschuck und Schröer (2012, 2) „hat Auswirkungen auf die Strukturen, die Prozesse und Ergebnisse sozialen Handelns. Interkulturelle Öffnung führt zur Veränderung von Aufbau- und Ablauforganisation, um beispielsweise Zugangsbarrieren für Minderheiten abzubauen." „Sie umfasst", so Fischer (2004, 14), „die Organisation als Ganze und basiert auf einem Gesamtkonzept, das bestimmten Qualitätsstandards entspricht. Letztlich soll dieser Prozess dazu beitragen, dass alle Dienste und Angebote einer Organisation für jeden, unabhängig von seiner Herkunft, Religion, Weltanschauung, Lebensweise etc. offen stehen."

Interkulturelle Öffnung beinhaltet somit weit mehr als die Abstimmung der Angebote auf die Interessen und Bedürfnisse von nicht-deutscher Klientel bzw. Adressatinnen und Adressaten. Unter dem Motto „Von Förderprogrammen zu Mainstreaming-Strategien" (Friedrich-Ebert-Stiftung 2003) wird dezidiert angeknüpft an Entwicklungen im gleichstellungspolitischen Bereich und „*Cultural Mainstreaming*" als Leitmaxime des organisationalen Umbaus gefordert. Terkessidis operationalisiert diesen Anspruch in seiner breit und intensiv rezipierten Schrift „Interkultur" (2010) in folgender Weise:

„Es reicht eben nicht, freundliche Verlautbarungen über die Wertschätzung der Vielfalt zu veröffentlichen und eine Person mit Migrationshintergrund einzustellen, die dann für alle ‚Ausländer' zuständig ist. Der Kern der Organisation ... muss auf den Prüfstand – es gilt zu untersuchen, ob dieser Kern im Sinne von Gerechtigkeit und Chancengleichheit mit der gesellschaftlichen Vielfalt korrespondiert. Wenn in diesen Tagen allerorten die Freiheit und die Eigenverantwortlichkeit der Individuen gefordert und gefördert wird, dann müssen auch die Voraussetzungen dafür erfüllt werden, dass Freiheit und Eigenverantwortlichkeit gelebt werden können – und das bedeutet die Herstellung von Barrierefreiheit. Dazu wird in vier verschiedenen Hinsichten eine Veränderung der Institutionen benötigt:

1.) die Kultur der Institution (Verfassung, Regeln und Normen)

2.) den Personalbestand

3.) den materiellen Apparat

4.) die grundsätzliche Ausrichtung der Strategien der Institution. ...

Eine interkulturelle Gestaltung der Institution, die den Namen auch verdient, muss in all diesen Dimensionen buchstäblich ‚ans Eingemachte' gehen" (Terkessidis 2010, 142).

1.5   Gleichbehandlungsrechtlicher Referenzrahmen

Die deutlich zunehmende Etablierung von Konzepten der interkulturellen Öffnung in nahezu allen öffentlich (mit)verantworteten Bereichen in den letzten fünf Jahren hat ihre Ursache auch in gesetzlichen Vorgaben.

Als richtungsweisend sind hier zunächst die *europarechtlichen Vorgaben* zum *Diskriminierungsverbot* zu nennen. Ein erster wichtiger Schritt ist hier die auf dem EU-Gipfel in Nizza im Dezember 2000 proklamierte *Charta der Grundrechte der Europäischen Union*[5], die in Artikel 21 ein umfassendes Diskriminierungsverbot enthält:

---

[5] Rechtskraft erlangte die Charta – nach dem Scheitern des Europäischen Verfassungsvertrages – jedoch erst am 1. Dezember 2009 gemeinsam mit dem Inkrafttreten des Vertrages von Lissabon.

Artikel 21

Antidiskriminierung

(1) Diskriminierung insbesondere wegen des Geschlechts, der Rasse, der Hautfarbe, der ethnischen oder sozialen Herkunft, der genetischen Merkmale, der Sprache, der Religion oder der Weltanschauung, der politischen oder sonstigen Ausrichtung, der Zugehörigkeit zu einer nationalen Minderheit, des Vermögens, der Geburt, einer Behinderung, des Alters oder der sexuellen Ausrichtung sind verboten.

(Amtsblatt der Europäischen Gemeinschaften 2000 C 364/1)

Dieses Verbot richtet sich an den europäischen Gesetzgeber, d.h. das *Staatshandeln* steht im Blick. Eine konkretere Ausdifferenzierung und Ausweitung erhält dies Diskriminierungsverbot in vier europäischen Richtlinien aus den Jahren 2000 bis 2004, die ihrerseits ebenfalls Staatshandeln adressieren, darüber hinaus aber das Gleichbehandlungsgebot auf das *Verhältnis zwischen Privaten* ausdehnen. Dabei handelt es sich um folgende Richtlinien:

- Richtlinie 2000/43/EG des Rates vom 29. Juni 2000 zur Anwendung des Gleichbehandlungsgrundsatzes ohne Unterschied der Rasse oder der ethnischen Herkunft (ABl EG Nr. L 180 vom 19.7.2000) – so genannte Antirassismus Richtlinie
- Richtlinie 2000/78/EG des Rates vom 27. November 2000 zur Festlegung eines allgemeinen Rahmens für die Verwirklichung der Gleichstellung in Beschäftigung und Beruf (ABl EG Nr. L 303 vom 2.12.2000) – so genannte Rahmenrichtlinie Beschäftigung
- Richtlinie 2002/73/EG des Europäischen Parlaments und des Rates vom 23. September 2002 zur Änderung der Richtlinie 76/207/EWG des Rates zur Verwirklichung des Grundsatzes zur Gleichbehandlung von Männern und Frauen hinsichtlich des Zugangs zur Beschäftigung, zur Berufsbildung und zum beruflichen Aufstieg sowie in Bezug auf die Arbeitsbedingungen (ABl EG Nr. L 269 vom 5.10.2002) – so genannte Gender-Richtlinie
- Richtlinie 2004/113 EG vom 13. Dezember 2004 zur Verwirklichung des Grundsatzes der Gleichbehandlung von Männern und Frauen beim Zugang zu und bei der Versorgung mit Gütern und Dienstleistungen (ABl Nr. L 373 vom 21.12.2004)

Neben der Auferlegung des staatlichen Gleichbehandlungsgebots auf alle Privaten und der Betrachtung von Diskriminierungstatbeständen beim Zugang zum Arbeitsmarkt wird vor allem mit der Fokussierung auf *Benachteiligungen beim Zugang zu und der Versorgung mit Gütern* und Dienstleistungen juristisches Neuland beschritten.

Die Umsetzung der Richtlinien erfolgte in Deutschland im Rahmen eines Bundesgesetzes – dem *Allgemeinen Gleichbehandlungsgesetz* (AGG), das am 18. August 2006 in Kraft trat. Mit diesem Gesetz erhalten die durch das Gesetz geschützten Personen Rechtsansprüche gegen Arbeitgeber und Private, wenn diese ihnen gegenüber gegen die gesetzlichen Benachteiligungsverbote verstoßen. Das AGG verbietet Benachteiligungen, wenn sie an eines der folgenden *personenbezogenen Merkmale* anknüpfen:

- Rasse und ethnische Herkunft
- Geschlecht
- Religion und Weltanschauung
- Behinderung

- Alter
- Sexuelle Identität (AGG, § 1).

Im Anwendungsbereich (AGG, § 2) werden als unzulässig gelistet Benachteiligungen in Bezug auf:

- die Bedingungen für den Zugang zu Erwerbstätigkeit sowie für den beruflichen Aufstieg, einschließlich Auswahlkriterien und Auswahlbedingungen
- die Beschäftigungs- und Arbeitsbedingungen
- den Zugang zu Berufsberatung, Berufs(aus)bildung, -weiterbildung, Umschulung
- Mitgliedschaft und Mitwirkung in einer Beschäftigten- oder Arbeitgebervereinigung
- den Sozialschutz, einschließlich der Sozialen Sicherheit und der Gesundheitsdienste
- die sozialen Vergünstigungen
- die Bildung
- den Zugang zu und die Versorgung mit Gütern und Dienstleistungen, die der Öffentlichkeit zur Verfügung stehen.

Als Formen der Benachteiligung definiert das AGG die unmittelbare und die mittelbare Benachteiligung[6]:

„(1) Eine unmittelbare Benachteiligung liegt vor, wenn eine Person wegen eines in § 1 genannten Grundes eine weniger günstige Behandlung erfährt, als eine andere Person in einer vergleichbaren Situation erfährt, erfahren hat oder erfahren würde. ...

(2) Eine mittelbare Benachteiligung liegt vor, wenn dem Anschein nach neutrale Vorschriften, Kriterien oder Verfahren wegen eines in § 1 genannten Grundes gegenüber anderen Personen in besonderer Weise benachteiligen können, es sei denn die betreffenden Vorschriften, Kriterien oder Verfahren sind durch ein rechtmäßiges Ziel sachlich gerechtfertigt und die Mittel sind zur Erreichung dieses Ziels angemessen und erforderlich".[7]

Relevanz und Schubkraft der hier skizzierten rechtlichen Vorgaben für die aktuelle und künftige Ausweitung und Verstetigung von Interkultureller Öffnung in allen öffentlich (mit)verantworteten Bereichen liegen auf der Hand. Die dezidierte Auflistung der Anwendungsbereiche (AGG § 2) sowie die Differenzierung in mittelbare und unmittelbare Benachteiligung und deren konkrete Operationalisierung erfordern die umfassende Überprüfung aller öffentlichen bzw. mit öffentlichen Mitteln (mit)finanzierten Einrichtungen, Dienste und Dienstleistungen auf explizite und implizite Ausgrenzungs-/Benachteiligungsfaktoren/-mechanismen auf struktureller wie individueller Ebene sowie Schaffung und Gewährleistung von entsprechender Abhilfe.

Auch die jüngste Gesetzgebung auf Länderebene weist klar in diese Richtung. So hat das Bundesland Berlin mit Wirkung vom 28. Dezember 2010 das „Gesetz zur Regelung von Partizipation und Integration in Berlin (PartIntG)"[8] verabschiedet, das zentral die verbesserte

---

[6]   Des Weiteren werden im AGG § 3 aufgeführt „Belästigung", „sexuelle Belästigung" und „Anweisung zur Benachteiligung einer Person".

[7]   Beispiel für ein „rechtmäßiges Ziel": Für ein Balletttheater wird gezielt in einer Stellenausschreibung eine Balletttänzerin gesucht.

[8]   Verkündet im Gesetz- und Verordnungsblatt für Berlin am 28. Dezember 2010.

Teilhabe von Menschen mit Migrationshintergrund[9] adressiert und dazu das Prinzip der Interkulturellen Öffnung gesetzlich festschreibt.

§ 1 *„Ziele und Grundsätze des Gesetzes"* lautet:

(1) Das Land Berlin setzt sich zum Ziel, Menschen mit Migrationshintergrund die Möglichkeit zur gleichberechtigten Teilhabe in allen Bereichen des gesellschaftlichen Lebens zu geben und gleichzeitig jede Benachteiligung und Bevorzugung gemäß Artikel 3 Absatz 3 Satz 1 des Grundgesetzes und Artikel 10 Absatz 2 der Verfassung von Berlin auszuschließen.

§ 3 *„Geltungsbereich"* legt fest:

(1) Dieses Gesetz gilt für die Berliner Verwaltung …, für landesunmittelbare öffentlich-rechtliche Körperschaften, Anstalten und Stiftungen …, für den Präsidenten des Abgeordnetenhauses von Berlin, den Rechnungshof von Berlin und den Berliner Beauftragten für Datenschutz und Informationsfreiheit.

(2) Soweit das Land Berlin Mehrheitsbeteiligungen an juristischen Personen des Privatrechts unmittelbar oder mittelbar hält oder erwirbt, hat es darauf einzuwirken, dass die Ziele und Grundsätze dieses Gesetzes auch von diesen beachtet werden.

§ 4 *„Gleichberechtigte Teilhabe und interkulturelle Öffnung"* formuliert in sechs Absätzen die Eckpunkte zur Verknüpfung von Partizipation und interkultureller Öffnung:

(1) Alle Einrichtungen im Geltungsbereich dieses Gesetzes haben die Aufgabe, im eigenen Zuständigkeitsbereich für gleichberechtigte Teilhabe und interkulturelle Öffnung zu sorgen. …

(2) Bei Gesetzes- und Verordnungsvorhaben ist zu prüfen, ob die Ziele und Grundsätze dieses Gesetzes berücksichtigt werden.

(3) Interkulturelle Kompetenz ist eine auf Kenntnissen über kulturell geprägte Regeln, Normen, Wertehaltungen und Symbole beruhende Form der fachlichen und sozialen Kompetenz. Der Erwerb von und die Weiterbildung in interkultureller Kompetenz sind für alle Beschäftigten durch Fortbildungsangebote und Qualifizierungsmaßnahmen sicherzustellen. Die interkulturelle Kompetenz soll bei der Beurteilung der Eignung, Befähigung und fachlichen Leistung im Rahmen von Einstellungen und Aufstiegen der Beschäftigten im öffentlichen Dienst grundsätzlich berücksichtigt werden.

(4) Der Senat strebt die Erhöhung des Anteils der Beschäftigten mit Migrationshintergrund entsprechend ihrem Anteil an der Bevölkerung an. Bei Stellenausschreibungen ist darauf hinzuweisen, dass Bewerbungen von Menschen mit Migrationshintergrund, die die Einstellungsvoraussetzungen erfüllen, ausdrücklich erwünscht sind.

(5) Der Senat legt Zielvorgaben zur Erhöhung des Anteils der Beschäftigten mit Migrationshintergrund und Maßnahmen zur interkulturellen Öffnung fest. Eine Überprüfung der Zielerreichung erfolgt über ein einheitliches Benchmarking. …

(6) In den Gremien aller Einrichtungen ist eine stärkere Beteiligung von Vertreterinnen und Vertretern mit Migrationshintergrund anzustreben.

---

[9]   Als „Menschen mit Migrationshintergrund" bestimmt das PartIntG in § 2:
       1. Personen, die nicht Deutsche im Sinne des Artikel 116 Absatz 1 des Grundgesetzes sind,
       2. im Ausland geborene und nach 1949 nach Deutschland ein- und zugewanderte Personen und
       3. Personen, bei denen mindestens ein Elternteil die Kriterien der Nummer 2 erfüllt.

Dieses Gesetz lässt sich durchaus als eine Zusammenführung der hier entfalteten Entwicklungslinien und Diskursstränge lesen. Mit diesem Regelungswerk sind die wichtigsten Parameter und Prozessabläufe zu einer umfassenden und nachhaltigen Interkulturellen Öffnung in allen Bereichen gesellschaftlichen Lebens juristisch gesetzt: von der Verordnungs- und Gesetzesebene über die organisationale Ebene von Einrichtungen, Diensten und Dienstleistungen, die Rekrutierungs- und Qualifizierungsebene über gezielte Interessenvertretungen und spezifische Adressierungen bis hin zum Evaluations- und Berichtswesen auf allen genannten Stufen.

1.6 Ausblick

Es ist davon auszugehen, dass weitere Bundesländer vergleichbare Landesgesetze zur Partizipation und Integration wie Berlin verabschieden werden und damit in Ergänzung zum Allgemeinen Gleichbehandlungsgesetz (AGG) nicht zuletzt der juristische Druck zeitnah zu einer flächendeckenden Inangriffnahme bzw. Fortführung bzw. Ausdehnung und Verstetigung von Interkultureller Öffnung in den adressierten Bereichen mit den damit verbundenen Anforderungen im Organisations- und Personalentwicklungsbereich führen wird.

Dies hat Konsequenzen für den Bildungssektor. Die Vermittlung von Interkultureller Kompetenz wird zur Querschnittaufgabe im allgemeinen Bildungssystem und zur berufsqualifizierenden Aufgabe im Aus-, Fort- und Weiterbildungsbereich für eine große Spannbreite von Tätigkeitsfeldern in integraler Verbindung von interkulturellen und je fach-/handlungsfeldspezifischen Wissensbeständen, Fähigkeiten und Fertigkeiten. Dies betrifft akademische wie nicht akademische Berufe ebenso wie Berufe im Dienstleistungs-, Verwaltungs- und Produktionsbereich. Letzteres wiederum bedingt auf breiter Basis ein entsprechendes Aus-, Fort- und Weiterbildungsangebot bzw. die Modifizierung, Ergänzung und Erweiterung bestehender Studiengänge sowie die Etablierung neuer Bachelor-/Master-Programme mit Ausrichtung auf Interkulturelle Öffnung im Kerncurriculum.

1.7 Vertiefungsaufgaben und -fragen

1. Sie haben in dem Beitrag erfahren, welche gesetzlichen Rahmenbedingungen in der Bundesrepublik Deutschland in den letzten Jahren maßgeblich für den interkulturellen Umbau von öffentlichen Einrichtungen und ihren Diensten wurden. Gleichzeitig ist deutlich geworden, dass die ersten diesbezüglichen Vorgaben auf der Ebene der Europäischen Union erlassen wurden. Recherchieren Sie für zwei ausgewählte europäische Länder, wie sich dort ausgehend von der Charta der Grundrechte der Europäischen Union, Artikel 21 „Antidiskriminierung" die landesbezogene Gesetzgebung verändert hat.

2. Organisationstheoretisch lässt sich „Interkulturalität" als „Umwelteinfluss" fassen, der von Lernenden Organisationen konstruktiv aufzugreifen ist. Dies gilt auch im internationalen Kontext. Recherchieren Sie für Schweden und Italien, wie sich dort Interkulturalität von Gesellschaft und ihren Organisationen konkret dokumentieren lässt (Einwanderung, demografischer Wandel, Diskurse).

3. Sammeln Sie Informationen zu Konzepten „Interkultureller Öffnung" für Österreich und die Schweiz und vergleichen Sie diese mit denen in der Bundesrepublik Deutschland.

Formulieren sie Gemeinsamkeiten und Unterschiede zwischen den Konzepten in Deutschland, Österreich und der Schweiz (Genese, Referenzrahmen, Ziele, Inhalte).

1.8   Literatur

Auernheimer, G. (1990): Einführung in die interkulturelle Erziehung. Wissenschaftliche Buchgesellschaft, Darmstadt.

Auernheimer, G. (2002): Interkulturelle Kompetenz – ein neues Element pädagogischer Professionalität? In: Auernheimer, G. [Hrsg.]: Interkulturelle Kompetenz und pädagogische Professionalität. Opladen, S. 183–205.

Barwig, K. und W. Hinz-Rommel [Hrsg.] (1995): Interkulturelle Öffnung sozialer Dienste. Lambertus, Freiburg im Breisgau.

Bundesamt für Migration und Flüchtlinge (2012): Migrationsbericht 2010.

Bundesministerium für Frauen und Jugend [Hrsg.] (1990): Achter Jugendbericht. Bonn.

Clarke, J., S. Hall, T. Jefferson und B. Roberts (1979): Subkulturen, Kulturen und Klasse. In: Clarke, J. u.a.: Jugendkultur als Widerstand. Syndikat, Frankfurt a. M., S. 39–131.

Cropley, A. J. (1979): Erziehung von Gastarbeiterkindern. Kinder zwischen zwei Welten. Otto Maier, Ravensburg.

Curvello, T. L. (2009): Für einen Paradigmenwechsel in der Praxis der Interkulturellen Öffnung. In: Gesemann, F. und R. Roth [Hrsg.]: Lokale Integrationspolitik in der Einwanderungsgesellschaft. Migration und Integration als Herausforderung von Kommunen. Wiesbaden, S. 247–263.

Datenreport 2011. Ein Sozialbericht für die Bundesrepublik Deutschland. Statistisches Bundesamt (Destatis) und Wissenschaftszentrum für Sozialforschung (WZB), Zentrales Datenmanagement.

Eppenstein, T. und D. Kiesel (2008): Soziale Arbeit interkulturell. Theorien – Spannungsfelder – reflexive Praxis. Kohlhammer, Stuttgart.

Falge, Ch. und G. Zimmermann [Hrsg.] (2009): Interkulturelle Öffnung des Gesundheitssystems. Nomos, Baden-Baden.

Filtzinger, O. (1995): Gesellschaftliche Entwicklungstendenzen und interkulturelle Öffnung. In: Barwig, K. und W. Hinz-Rommel [Hrsg.]: Interkulturelle Öffnung sozialer Dienste. Lambertus, Freiburg im Breisgau, S. 103–121.

Filtzinger, O. und E. Johann (1992): Interkulturelle Pädagogik im Elementarbereich. Ein Projektbericht. Schriften des European Centre for Community Education – ECCE e.V. Koblenz.

Fischer, V. (2004): Migrationssozialarbeit geht alle an. In: neue caritas. H. 8, S. 14–17.

Fischer, V. (2005): Gesellschaftliche Rahmenbedingungen für die Entwicklung migrationsbedingter Qualifikationserfordernisse. In: Fischer, V., M. Springer und I. Zacharaki [Hrsg.]: Interkulturelle Kompetenz. Fortbildung – Transfer – Organisationsentwicklung. Wochenschau, Schwalbach/Ts., S. 11–30.

Fischer, V., M. Springer und I. Zacharaki [Hrsg.] (2005): Interkulturelle Kompetenz. Fortbildung – Transfer – Organisationsentwicklung. Wochenschau, Schwalbach/Ts.

Friedrich-Ebert-Stiftung [Hrsg.] (2003): Von Förderprogrammen zu Mainstreaming Strategien. Migrant/innen als Kunden und Beschäftigte des öffentlichen Dienstes. Bonn.

Gaitanides, S. (2003): Ergebnisse der wissenschaftlichen Begleitung eines Projektes zur Einführung des Qualitätsmanagements in der interkulturellen Kinder-, Jugend- und Familienarbeit in München. In:

Landeshauptstadt München/Sozialreferat/Stadtjugendamt [Hrsg.]: Offen für Qualität. Interkulturell orientiertes Qualitätsmanagement in Einrichtungen der Migrationssozialarbeit. München, S. 53–104.

Gogolin, I. (1993): Der monolinguale Habitus der multilingualen Schule. Waxmann, Münster.

Grosch, H. und W. R. Leenen (1998): Bausteine zur Grundlegung interkulturellen Lernens. In: Bundeszentrale für politische Bildung [Hrsg.]: Interkulturelles Lernen. Arbeitshilfen für die politische Bildung. Bonn, S. 29–46.

Handschuck, S. und H. Schröer (2012): Interkulturelle Orientierung und Öffnung von Organisationen. Strategische Ansätze und Beispiele der Umsetzung. http://www.i-iqm.de/dokus/interkulturelle_orientierung_oeffnung.pdf (Abgerufen am 13.04.2012).

Hinz-Rommel, W. (1994): Interkulturelle Kompetenz. Ein neues Anforderungsprofil für die soziale Arbeit. Waxmann, Münster, New York.

Hinz-Rommel, W. (1995a): Kompetenz und Öffnung. Die Debatte um interkulturelle Öffnung im Kontext. In: Barwig, K. und W. Hinz-Rommel [Hrsg.]: Interkulturelle Öffnung sozialer Dienste. Lambertus, Freiburg im Breisgau, S. 9–22.

Hinz-Rommel, W. (1995b): Empfehlungen zur interkulturellen Öffnung sozialer Dienste. In: Barwig, K. und W. Hinz-Rommel [Hrsg.]: Interkulturelle Öffnung sozialer Dienste. Lambertus, Freiburg im Breisgau, S. 129–147.

Imahori, T. T. und M. L. Lanigan (1989): Relational Model of Intercultural Communication Competence. In: International Journal of Intercultural Relations. Vol. 13, p. 269–289.

Jakubeit, G. (2005): Öffnung von Organisationen oder „Wie lassen sich Ansätze aus der Organisationsentwicklung und des Managements von Veränderungen für Interkulturelle Kompetenz von Organisationen nutzen?". In: Fischer, V., M. Springer und I. Zacharaki [Hrsg.]: Interkulturelle Kompetenz. Fortbildung – Transfer – Organisationsentwicklung. Wochenschau, Schwalbach/Ts., S. 237–254.

Landeszentrale für politische Bildung [Hrsg.] (1992): Informationen zur politischen Bildung 1992. Ausländer. Bonn.

Ruben, B. D. (1989): The Study of Cross-Cultural Competence. Traditions and Contemporary Issues. In: International Journal of Intercultural Relations. Vol. 13, pp. 229–240.

Schröer, H. (2007): Interkulturelle Orientierung und Öffnung: Ein neues Paradigma für die soziale Arbeit. In: Archiv für Wissenschaft und Praxis der sozialen Arbeit. H1, S. 80–91.

Seifert, M. (2000): Kommunikation und Kommunikationsprobleme zwischen Migranten und Behörden. In: Landeszentrum für Zuwanderung [Hrsg.]: Dokumentation der Werkstatt Weiterbildung. Interkulturelle Öffnung sozialer Dienste. 23. und 24. September 1999, Redaktion Dr. S. Jungk und J. Malte, S. 21–33.

Terkessidis, M. (2010): Interkultur. Suhrkamp, Berlin.

Thomas, A. (1993): Psychologie interkulturellen Lernens und Handelns. In: Thomas, A. [Hrsg.]: Kulturvergleichende Psychologie. Eine Einführung. Hogrefe, Göttingen, Bern, Toronto, Seattle, S. 377–424.

Thomas, A. [Hrsg.] (1988): Interkulturelles Lernen im Schüleraustausch. Saarbrücken, Fort Lauderdale.

2 Psychologische Bedingungen gelingender Integrationsprozesse

Haci-Halil Uslucan

2.1 Einleitung

Die gesellschaftliche Integration von Menschen mit Migrationshintergrund bzw. Zuwanderungsgeschichte (ein in Nordrhein-Westfalen stärker verwendeter Terminus) hat sich als eine der zentralen gesellschaftlichen Herausforderungen erwiesen. Gegenwärtig leben in der Bundesrepublik etwas mehr als 16 Millionen Menschen, deren mindestens ein Elternteil nach 1950 außerhalb der Bundesrepublik geboren worden ist oder die selber im Ausland geboren worden sind. Vor dem Hintergrund dieser Definition sind also ein Großteil von ihnen keine Neuzuwanderer, sondern leben bereits seit mehreren Jahrzehnten hier. Dabei ist die sozialwissenschaftliche Verwendungsweise des Begriffes Integration alles andere als klar und verbindlich. Vielfach wird Integration als eine Angleichung, als Eingliederung, als Aufnahme neuer Elemente in ein bestehendes System verstanden, wobei die Vorstellung eines Fixums und beweglicher Einheiten, die sich in und um das Fixe herum gruppieren, dominant ist.

Wenn jedoch sozialpolitische Debatten um Migrationsfragen kreisen, denken wir in erster Linie an die ursprüngliche Gastarbeitergeneration, die seit Mitte der 1950er Jahre angeworben wurde und in der Tat einen provisorischen Aufenthalt in Deutschland im Blick hatte. Dennoch ist aber nolens volens ein Großteil dieser Zuwanderer hier geblieben, haben hier Nachkommen bekommen und sind zum Neubürger geworden.

So hat beispielsweise den Schätzungen des Zentrums für Türkeistudien und Integrationsforschung (ZfTI) zufolge bei Türkeistämmigen ca. ein Drittel noch eine eigene Zuwanderungsgeschichte (Halm, Sauer 2009). Obwohl das politische Selbstverständnis der Bundesrepublik kaum das eines Einwanderungslandes war, ist sie dennoch wider Willen zu einem Einwanderungsland geworden. Dieses Manko, de facto eine Einwanderungssituation zu haben, ohne sich als ein Einwanderungsland zu verstehen und dementsprechend nur zögerliche Bemühungen für eine Integration unternommen zu haben, hat der renommierte Migrationsforscher Klaus Bade auf den Punkt gebracht: „Ein Einwanderungsland wider willen sollte sich über gelegentliche widerwillige Einwanderer nicht wundern" (Bade 2007, 34).

Daher bleibt die Frage der Integration von Migranten virulent; denn immer dort, wo Migrations- und Integrationspolitiken misslungen sind, zeigen sich auch gravierende Konsequenzen für die ökonomische, berufliche und soziale Situation der Zuwanderer. Darüber hinaus hat eine misslungene Integration auch Auswirkungen auf den sozialen Alltag und auf die wechselseitigen Perzeptionen von Einheimischen und Zugewanderten.

Obwohl die Diskussion um Migration und Integration oft defizitorientiert läuft, gilt es zu bedenken, dass Mobilität in der Moderne ein positiv besetzter Begriff und in diesem Sinne Migranten eine äußerst mobile Population darstellen. In einer etwas weiteren Fassung des Begriffs wird klar, dass nicht nur Migranten Gegenstand von Integrationsüberlegungen sein können, sondern – wenn man den Begriff von seinem Gegenteil, der Desintegration her denkt – auch „einheimische" Gruppen. Vor diesem Hintergrund lässt sich Integration weitestgehend als Befähigung zur Teilhabe am gesellschaftlichen Leben verstehen, die weder nur die lange hier ansässigen Migranten, noch unmittelbar die Ankunftssituation der „Neubürger", sondern alle gesellschaftliche Gruppierungen betreffen kann.

Auch wenn im folgenden Beitrag auf psychologische bzw. individuelle Faktoren eingegangen wird, ist jedoch festzuhalten, dass eine gelungene Integration von Zuwanderern keineswegs nur von der Integrationsfähigkeit und -willigkeit der Menschen mit Zuwanderungsgeschichte abhängt, sondern weitestgehend auch von den Exklusions- und Inklusionsmechanismen der Mehrheitsgesellschaft und seiner Strukturen determiniert wird.

Exkurs: Parallelgesellschaften

Hin und wieder taucht insbesondere in den feuilletonistischen Debatten um die Integration der Begriff der „Parallelgesellschaften" auf, der auf ein loses Nebeneinander-Leben mit einem potenziellen Bedrohungsszenario für die Mehrheitsgesellschaft abzielt, weil dabei scheinbar unversöhnliche, inkompatible Lebensentwürfe aufeinander treffen und die Gefahr einer kulturellen Überfremdung provozieren.

Wird dieser kritische Blick seinerseits unter die Lupe genommen, so ist anzumerken:

- Parallelgesellschaften müssen nicht immer eine Bedrohung sein bzw. in einer Bedrohung der „Mehrheitsgesellschaft" münden. Sie können der bestehenden Gesellschaft quasi als ein utopischer Entwurf auch einen kritische n Spiegel vorhalten und aus der Innenperspektive kaum wahrnehmbare problematische Lebensverhältnisse aufzeigen.
- Es steht überhaupt zur Diskussion, in wieweit es inhaltlich gerechtfertigt ist, von „Parallelgesellschaften" zu sprechen, wenn in einigen Stadtteilen eine Ballung von migrantischen Freizeit-, Wohn- und Geschäftskomplexen vorzufinden ist. Verkürzen wir hier nicht unseren Gesellschaftsbegriff auf Teestuben, Moscheen, Obst- und Gemüseläden sowie Migrantenvereine? Findet hier tatsächlich eine Doppelung zentraler gesellschaftlicher Institutionen wie Justiz, Finanzwesen, Bildungswesen etc. statt?
- Die empirischen Daten zeigen ein ganz anderes Bild als die aufgeregten medialen Debatten: Migranten in Deutschland sind weitestgehend an ihrer Integration interessiert und wünschen sich keine Parallelgesellschaften (Salentin 2004). Denn eine andere Option wäre auch in einem wohlverstandenen Eigeninteresse absurd, weil mit einer Integration auch für sie der Zugang zu wichtigen Ressourcen im Leben wie etwa Wohnung, Arbeit, Bildung, politische Partizipation etc. verbunden ist.
- Die jüngste Studie des Zentrums für Türkeistudien und Integrationsforschung (ZfTI) zeigt, dass der Anteil der völlig segregiert leben wollenden Türken, also jener, die von sich aus Parallelgesellschaften bevorzugen bzw. freiwillig Kontakte auf verschiedenen Ebenen (Nachbarschaft, Arbeit, Wohnung) ablehnen, gerade einmal 2% beträgt, statistisch also eine völlig vernachlässigbare Gruppe bilden. Diese Form der Ausreißer gibt es in jeder einiger Maßen normalverteilten Population (NRW Mehrthemenbefragung 2010).

- Auf der anderen Seite könnte eine „ideale" Integration daran fest gemacht werden, dass in zentralen Bereichen des Lebens die Verteilung von Migranten dem selben Muster gehorcht wie dem der Einheimischen; d.h. sowohl die Erwerbs- und Bildungsbeteiligung als auch die Erfolge darin, aber auch das Ausmaß an Pathologie, Anomie und Devianz statistisch keine bedeutsame Abweichung von der Verteilung in der einheimischen Bevölkerung aufweist, also eine Angleichung auf der strukturellen Ebene vorhanden ist.

Nach dieser kurzen begrifflichen Annäherung sollen im Folgenden Integrationsprozesse wesentlich aus einer stärker psychologischen Perspektive betrachtet werden.

2.2 Die psychologische Perspektive auf Integration

Integration als Folge bewältigten Akkulturationsstresses

Wenn Menschen mit anderen kulturellen Verwurzelungen in einem neuen geographischen/kulturellen Kontext mit Anforderungen wie etwa der Organisation des Alltags sowie der Beteiligung am öffentlichen, politischen Leben konfrontiert werden und dabei die eigenen kulturellen Überzeugungen nicht aufgeben möchten, zugleich aber auch spüren, dass sie die erforderlichen Fähigkeiten und Kompetenzen des neuen kulturellen Kontextes (noch) nicht erworben haben, so wird diese Problemkonstellation – die insbesondere bei der Begegnung mit Einheimischen bzw. Institutionen der Mehrheitsgesellschaft entsteht – als *Stress bzw. Akkulturationsstress* wahrgenommen. Das Gefühl der Herausforderung, das Leben auch in neuen Kontexten zu meistern, weicht dann dem Gefühl der Überforderung (Lazarus, Folkman 1987).

Generell entsteht Stress, wenn Menschen im Umgang mit Anforderungen in persönlich wichtigen Bereichen wie Familie, Beruf oder auch Sozialbeziehungen nicht über ausreichende Bewältigungsressourcen verfügen. Ein Überblick über die verschiedenen Modelle und Konzeptualisierungen des Akkulturationsstresses findet sich bei Zick (2010).

Entwicklungspsychologisch lässt sich festhalten, dass Integrationsprozesse keineswegs ein allmähliches Ablösen von herkunftskulturellen Bezügen und eine bruchlose Annahme der Lebensentwürfe der neuen Gesellschaft bedeuten, sondern dass sowohl erwachsene Migranten, aber auch ihre in Deutschland geborenen Kinder im Prozess ihrer Akkulturation und Sozialisation, d. h. bei der allmählichen Aneignung von Schlüsselkompetenzen und Verhaltensstandards der Aufnahmekultur, stets in mindestens doppelte soziale Bezugsnetze – manchmal sogar auch transnationale, also in die Heimat ihrer Eltern hineinreichende – involviert sind. Sie stehen vor der Anforderung, das Verhältnis zur eigenen Ethnie bzw. zur Herkunftsethnie der Eltern, andererseits auch ihr Verhältnis zur Aufnahmegesellschaft bzw. zu den Einheimischen, eigenaktiv gestalten zu müssen. Dabei können wir in Anlehnung an Berry, Kim, Minde und Mok (1987) vier idealtypische Formen auseinander halten: Integration, Assimilation, Separation und Marginalisierung.

Formen der Akkulturationsorientierung

Bei den *Akkulturationsorientierungen „Integration"* und *„Assimilation"* sind die Handlungsoptionen des Individuums deutlich stärker auf die aufnehmende Gesellschaft bezogen. Hingegen ist die Orientierung *„Separation"* durch eine klare Abgrenzung zur Mehrheitsgesellschaft und der gleichzeitigen Hinwendung zur eigenen Ethnie bzw. dem ethnischen Hintergrund der Eltern gekennzeichnet. „*Marginalisierung*" deutet schließlich auf eine teils willentliche, teils auch erzwungene Abgrenzung sowohl von intra- als auch interethnischen Beziehungen, d.h. Abwendung von mehrheitskulturellen Lebensentwürfen als auch den Lebensentwürfen der eigenen (oder elterlichen) Herkunftsgesellschaft.

Diese Optionen sind jedoch nicht statisch und ein für alle mal als Orientierung festgelegt; sie können vielmehr bereichsspezifisch variieren.

Und sie sind nicht nur voluntaristisch als Präferenzen des Einzelnen zu verstehen, sondern hängen weitestgehend auch von den Erfahrungen mit Handlungsopportunitäten und –barrieren in der Aufnahmegesellschaft, so etwa erfahrenen Diskriminierungen und Ausgrenzungen zusammen, die dann beispielsweise eher eine Reethnisierung, eine Rückwendung zur eigenen Gruppe, zur Folge haben.

Auch kann beispielsweise die sprachliche und soziale Integration gut gelungen, aber die Integration in den Ausbildungs- und Arbeitsmarkt eher misslungen sein. Denkbar ist auch der Fall, dass z. B. durch Selbstständigkeit eine gute berufliche Integration erfolgt bzw. hergestellt ist, jedoch eine (gewünschte) Einbindung in multiethnische Vereine, Verbände, Freundschaften, Partnerschaften weniger gelungen ist. Das verdeutlicht also: Integration ist kein „Sekt-oder-Selters" Phänomen. Nicht zuletzt ist – in Anlehnung an Bommes (2007) – festzuhalten: Auch die psychologische Integration (von Mehrheiten wie Minderheiten) ist stets ein temporäres Phänomen, d. h., dass Menschen stets in bestimmten für sie bedeutsamen sozialen Konstellationen in gesellschaftliche Zusammenhänge integriert sind, aber darüber hinaus auch Freiräume jenseits enger sozialer Einbindung genießen. Vor diesem Hintergrund ist es nur selbstverständlich bzw. muss auch Migranten gestattet sein, einfache „Couch-potatoes" zu sein, d.h. sich nicht immer und zu allen Fragen gesellschaftlich positionieren zu müssen und ihren „integrativen Anteil", ihren Integrationswillen zu dokumentieren, sondern sich temporär in individuelle Nischen zurückziehen zu können.

Tabellarisch lassen sich die oben skizzierten unterschiedlichen Akkulturationsorientierungen von Migranten und Einheimischen und ihre denkbaren Konsequenzen in einem von Bourhis u. a. (1997) leicht modifizierten Konzept veranschaulichen.

Im Zentrum dieses Modells stehen die Interaktionsbeziehungen zwischen Migrantengruppen und der aufnehmenden Mehrheitskultur. Dabei wird von einer dynamischen Sichtweise ausgegangen, die sowohl die Aufnahmebereitschaft der Mehrheitskultur als auch die Anpassungsbereitschaft der Einwanderergruppe gleichermaßen berücksichtigt.

Tab. 2.1:   Das Interaktive Akkulturationsmodell (IAM)

Aufnehmende Gesellschaft	Orientierung von Migranten			
	Integration	Assimilation	Separation	Marginalisation
Integration	*Konsens*	Problematisch	Konflikt	Problematisch
Assimilation	Problematisch	*Konsens*	Konflikt	Problematisch
Segregation	Konflikt	Konflikt	Konflikt	Konflikt
Exklusion	Konflikt	Konflikt	Konflikt	Konflikt

Zum einen wird hier modellhaft veranschaulicht, mit welchen Alternativen die aus psychologischer Sicht wünschenswerte Akkulturationsorientierung „Integration" theoretisch zu konkurrieren hat und welche Konsequenzen aus den verschiedenen Orientierungen ableitbar sind: So zeigt die Tabelle, dass lediglich das Aufeinandertreffen von integrations- oder assimilationsorientierten Haltungen der jeweiligen Mitglieder relativ unproblematisch erfolgt; alle anderen Konstellationen dagegen latent problembehaftet sind, so z. B. wenn Migranten eine eher integrationsorientierte Haltung favorisieren, d.h. Schlüsselelemente der eigenen Kultur beibehalten wollen und gleichzeitig die Bereitschaft zeigen, Schlüsselelemente der Aufnahmekultur zu erwerben, die Aufnahmegesellschaft jedoch von ihnen eher eine Assimilation erwartet, d.h. eine Aufgabe eigenkultureller Bezüge und eine Adaptation der Normen und Werte der Aufnahmekultur wünscht.

Dennoch hat auch dieses recht komplexe Modell einige Schwächen. Ich möchte auf folgende fünf Schwächen hinweisen:

- So ist aus entwicklungspsychologischer Sicht die Dimension der zeitlichen Variabilität der Orientierungen nicht mitbedacht; es weckt den Anschein, als ob voluntaristisch eine bestimmte Orientierung „gewählt" bzw. sich für diese entschieden und dann diese auch durchgehalten wird. Es wird nicht klar, unter welchen Bedingungen Haltungen und Einstellungen auch gewechselt werden. Hier fehlt die Anbindung an die psychologische Einstellungsforschung, die genau jene Bedingungen (Intensivierung, aber auch biografischer Wandel von Einstellungen) in den Blick nimmt.
- Darüber hinaus ist auch kritisch zu erwähnen, dass in diesem Modell der Begriff der „Integration" etwas unscharf formuliert ist. Zwar ist in den Forschungen von Berry Integration die präferierte Akkulturationsorientierung von Migranten (Überblick in Berry, Sam 1997), aber dieser Begriff weist eine enorme semantische Bandbreite auf: So hat Integration auch oft die Konnotation von Assimilation, und nicht nur die Vorstellung des gleichmäßigen Zugriffs auf Potenziale der Herkunfts- und der Aufnahmegesellschaft. Deshalb wird in jüngeren Diskussionen gelegentlich auch auf den Begriff der „Inklusion" ausgewichen, der m.E. jedoch durch seine starke Nähe zur Inklusionspädagogik Migranten semantisch in die Nähe von Personen mit Behinderungen rückt und deshalb etwas problematisch ist.
- Ferner ist der hier verwendete Integrationsbegriff dahingehen kritisch zu hinterfragen, ob er sich etwa auf eine komplette Übernahme der Mehrheitskultur und auch auf ein komplettes Beibehalten der Herkunftskultur oder auf eine irgendwie geartete 50%-Übernahme und ein 50%-Beibehalten richtet (Mavreas, Bebbington, Der 1989). Da Migranten bei einer gelungenen Integration Zugang zu beiden Kultursystemen haben und je nach Kontext von einem zum anderen wechseln, könnte sich Integration auch auf das Schaffen einer „neuen Kultur" beziehen. Hierbei wird oft auch von einer „Hybridität" oder einer „hybriden Identität" gesprochen (Foroutan, Schäfer 2009).
- Methodologisch ist anzumerken, dass sich die Akkulturationsorientierungen nicht komplett ausschließen, also im statistischen Sinne orthogonal sind, sondern, wie einige empirische Befunde es nahe legen, miteinander im Zusammenhang stehen bzw. korreliert sind. Während beispielsweise Integration und Marginalisierung negativ korrelieren, stehen Separation und Marginalisierung in vielen Studien in einem positiven Zusammenhang (Berry, Kim, Power, Bujaki 1989). In einer eigenen Studie (Uslucan 2009; Daten eigens hierfür ausgewertet) konnten beispielsweise die Korrelationen ermittelt werden, die in Tab. 2.2 dargestellt sind. So zeigt sich zum einen unerwartet, dass Assimilation signifikante Korrelationen mit der Marginalisierung aufweist, also eine höhere Assimilation

mit einer stärkeren Marginalisierung einhergeht und zum anderen erwatungsgemäß Separationsorientierungen mit stärkeren Marginalisierungsorientierungen einhergehen. Hiervon abweichende Ergebnisse, und zwar eine starke positive Korrelation zwischen Assimilation und Segregation ($r = .79**$) und einer negativen Korrelation zwischen Integration und Assimilation ($r = -.37**$), berichtet Zick (2010).

Tab. 2.2:   Korrelation der Akkulturationsorientierungen türkischer Jugendlicher (N = 215)

Orientierungen	(1)	(2)	(3)	(4)
(1) Integration	1	.11	−.00	−.03
(2) Assimilation		1	−.07	.42**
(3) Separation			1	.23**
(4) Marginalisierung				1

***: p<.001; **: p<.01; *:p<.05

• Trotz der Vorzüge des Berry-Modells, wie etwa seiner empirischen Operationalisierbarkeit, seiner Verwendung in vielen Studien und damit der wissenschaftlichen Vergleichbarkeit, seiner Überwindung der Dichotomie von „Integration" vs. „Desintegration" ist aber kritisch festzuhalten, dass auch dieses Modell eine homogenisierende Sicht auf Mehrheiten wie Minderheiten suggeriert: Denn weder die Mehrheit verfolgt eine klar identifizierbare Orientierung gegenüber Minderheiten, noch zeigen Migrantengruppen eine einheitliche Orientierung; ganz im Gegenteil: Zum einen weisen sie eine enorm hohe Varianz untereinander auf (Phinney, Ong, Madden 2000), zum anderen zeigen sich sogar innerhalb derselben Gruppe, wie etwa der Türkeistämmigen, beträchtliche Unterschiede. So sind beispielsweise die Integrationsperspektiven von Aussiedlern von denen klassischer Migranten wie etwa Italienern, Spaniern, Griechen und Türken unterschieden, da diese sich teilweise subjektiv deutsch fühlen bzw. sich eher als Deutsche identifizieren, auch juristisch Deutsche sind und damit größeren Zugriff auf gesellschaftliche Ressourcen haben (Fuchs, Schwietring, Weiß 1999). Auch wird vermutet, dass bei Aussiedlern, im Vergleich beispielsweise zu türkischen Jugendlichen, in den Familien mit zunehmender Aufenthaltsdauer stärker Deutsch gesprochen wird, während dies in türkischen Familien weniger erfolgt.

Stresstheoretische Sicht auf Integrationsprozesse

In einem umfassenden stresstheoretischen Modell hat Berry (2003) versucht, die Bedingungen einer langfristigen psychologischen Integration (bei ihm Akkulturation bzw. Adaptation), und zwar verstanden als ein Gleichgewicht in der „neuen Heimat" zu skizzieren. Dabei werden sowohl die Bedingungen auf einer Makroebene als auch auf der Mikroebene, auf der Ebene des Individuums, berücksichtigt.

Group level

Individual Level Variables

Society of Origin
- Political Context
- Economic Situation
- Demographic Factors

Moderating Factors Prior to Acculturation
- Age, gender, Education, Pre-acculturation
- Status, Migration, Motivation, Expectations
- Cultural Distance (Language, Religion, etc.)
- Personality (Locus of control, Flexibility)

Group Acculturation
- Phyisical
- Biological
- Economic
- Social
- Cultural

| Acculturation Experience Life Events | Appraisal of Experience Stressors | Strategies Used Coping | Immediate Effects Stress | Long Term Outcomes Adapation |

Society of Settlement
- Attitudes
  - MC Ideology
  - Ethnic Attitudes
- Social Support
  - Larger Society
  - Ethnic Society

Moderating Factors During Acculturation
- Phase (length of time)
- Acculturation Strategies: Attitudes & Behaviours
- Coping: Strategies & Resources
- Social Support
- Societal Attitudes: Prejudice & Discrimination

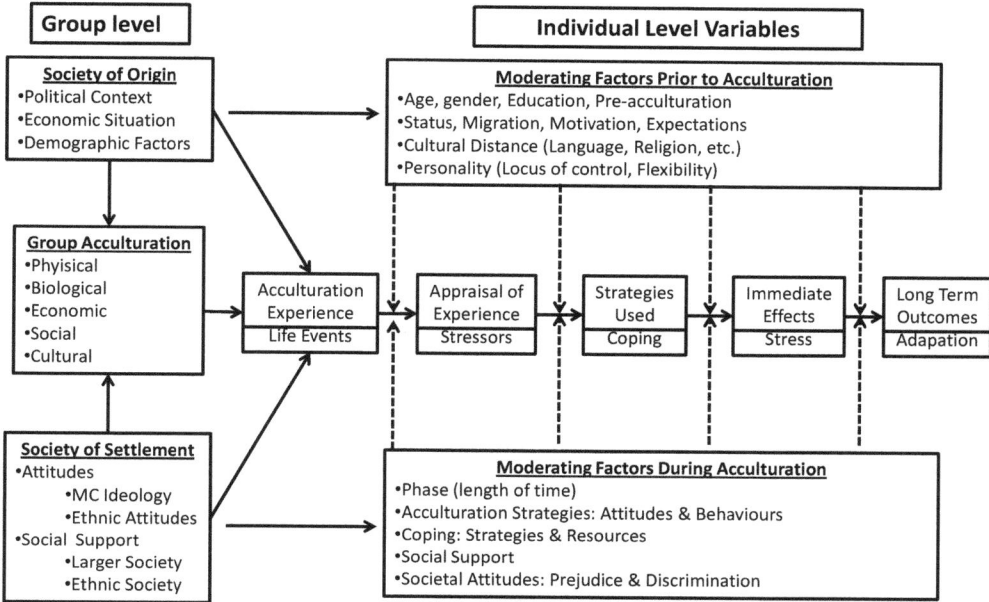

Abb. 2.1:   Die stresstheoretische Sicht auf Integrationsprozesse (Berry 2003)

Ich werde hier nicht auf alle Aspekte des Modells eingehen, sondern später eher genuin psychologische Konstrukte, so etwa das „Kontrollbewusstsein" und die „erlernte Hilflosigkeit" als wichtige psychologische Dimensionen genauer diskutieren.

Doch der Vollständigkeit halber ist zu erwähnen, dass jenseits der individuellen Wirkfaktoren auch auf der Gruppenebene sogenannte Makrobedingungen wirksam sind, die auf die Herkunftsgesellschaft von Migranten hinweisen und den Ausgang von Akkulturationsprozessen mit beeinflussen. Denn der Mensch nimmt immer auch eine spezifische Geschichte seines Landes, seiner Kultur, mit. Sowohl der politische, als auch der ökonomische Kontext sind hier relevant: Kommen Menschen aus eher demokratisch verfassten oder aus autoritären Regimen nach Deutschland? Welche (bösen) Erfahrungen haben sie mit staatlichen Institutionen, Behörden etc. gemacht, die ihre (misstrauische) Haltung zum Staat beeinflussen? Wie groß ist das ökonomische Gefälle zwischen Herkunftsland und der neuen Heimat? Welche soziale Position hatten sie in der „alten" Heimat und welche haben sie in der „neuen" Heimat?

Die Geschwindigkeit und der Modus der Integration hängen nicht zuletzt auch von Faktoren wie kultureller Distanz zwischen Aufnahme- und Entsendeland ab: Je größer die Distanz, je unähnlicher die sozialen Kontexte einander sind, desto schwieriger wird die Integration. Beispielsweise müssen türkische Migranten nicht nur einen Prozess der lebensweltlichen Reorientierung in Deutschland durchmachen, sondern in der Regel auch ein höheres Maß an technologischem Entwicklungsgefälle sowie symbolisch-kulturellen Distanzen (Sprache, religiöse Orientierung, Wertvorstellungen etc.) überbrücken als spanische oder italienische Migranten. Zwar ist generell betrachtet der Akkulturationsstress dort stärker, wo die Diskrepanzen zwischen Herkunft- und Aufnahmeland größer sind, jedoch ist zu erwähnen, dass gerade pluralistische Gesellschaften wie die Bundesrepublik, die eine hohe Toleranzschwelle für andersartige Lebensweisen haben, andere Norm- und Moralvorstellungen erlauben, einen Teil des Stresses auch abpuffern.

Der Akkulturationsstress lässt sich jedoch auch durch einen Rückzug in landsmannschaftliche Gruppen mindern, weil dort ein Stück weit die kulturellen Habitualisierungen fortgeführt werden können und wenig Änderungsdruck besteht. Insbesondere in der Anfangsphase der Migration können solche eigenethnischen Netzwerke recht funktional sein; langfristig jedoch, wenn die dort erworbenen und gestärkten Ressourcen sich in mehrheitsgesellschaftliche Netze nicht übertragen lassen, ist die Gefahr der Isolation und Segregation von der Aufnahmegesellschaft groß. Eine andere Form der Stressminderung bzw. Stärkung des Kontrollbewusstseins können ethnische Communities ausüben, indem sie zu Organen der Interessenverarbeitung der Minderheiten werden und Druck auf die Mehrheitsgesellschaft ausüben, um Vorurteile und Diskriminierungen zu verringern. Damit stärken sie die kollektive Handlungskompetenz von Minderheiten und sind daher als eine wichtige Ressource zu sehen (Gaitanides 1992).

Der Akkulturationsstress wird bei Berry sowohl von Moderatoren, die der Ankunft vorangehen, als auch von Moderatoren, die während des Aufenthaltes im neuen Land wirksam sind, beeinflusst. Möglicherweise zu optimistisch allerdings ist seine Schlussfolgerung, dass „in the long run" sich das neue Gleichgewicht einstellt. So konnte Uslucan bei einer eigenen Studie an türkischen Migranten in Berlin feststellen, dass auch nach mehr als 30 Jahren Aufenthalt in Deutschland ein Großteil von ihnen an Heimweh litt und keineswegs diese Adaptation erreicht hatte (Uslucan 2005a). Diese waren u. a. Menschen mit geringer Bildung, die im Kontext der Arbeitsmigration Ende der 1960er Jahre nach Deutschland kamen. Die Forschung hat bereits früh (Padilla 1980) festgestellt, dass Akkulturationsgrad hoch mit Bildung korreliert, denn im Prozess der Akkulturation erfolgen anspruchsvolle kognitive Prozesse. Nicht nur müssen wichtige Elemente der neuen Kultur erlernt, erworben werden; es müssen auch Elemente der eigenen Kultur, die sich in dem neuen Kontext als dysfunktional erwiesen haben, aufgegeben werden (Schönpflug 2003).

Silbereisen und Schmitt-Rodermund (1999) haben, mit Blick auf das Berry-Modell, in der bisherigen Forschung einige Moderatoren identifiziert, die den Akkulturationsstress lindern und damit die Integration erleichtern:

- Welche Kenntnisse der jeweiligen Landessprache und wie viel Wissen sind über das neue Land vorhanden?
- Gibt es bereits Netzwerke, Freunde, Verwandte in dem neuen Land? Vor allem können diese in der ersten Phase der Ankunft den Stress enorm lindern und Solidarpotenziale entfalten. Darüber hinaus ist aber denkbar, dass Pioniermigranten sich stärker an die Aufnahmegesellschaft wenden als Kettenmigranten, die auf bereits existierende Netzwerke und Verbindungen mit Mitgliedern der Herkunftskultur stoßen.
- Ist die Migration freiwillig oder ist der Druck zur Auswanderung so groß gewesen, dass keine Alternative zum Bleiben gesehen wurde? Je nachdem, wie stark der Einzelne in die Migrationsentscheidung selbst eingebunden war, ist auch mit unterschiedlicher Verantwortungsübernahme für den Erfolg der Migration und der Integration zu rechnen. So kann beispielsweise eine unfreiwillige Migration etwa als Jugendlicher ein Hinweis auf eine starke hierarchische Familienform sein, was eine Integration erschwert, während die Freiwilligkeit der Migration Offenheit für neue Erfahrungen signalisieren kann. Auch eine unfreiwillige Migration etwa als Flüchtling kann Schwierigkeiten bereiten, weil eine Vorbereitung im eigenen Land in der Regel fehlte (Silbereisen, Schmidt-

Rodermund 1999). Eine proaktive, eigeninitiierte Migration ist eher mit einem gelingen-den Akkulturationsverlauf assoziiert als eine reaktive, unfreiwillige Migration (Rich-mond 1993). Denn bei einer eigeninitiierten Migration ist das Kontrollbewusstsein, auf das unten noch eingegangen wird, stärker in der Person verankert.

- Wie realistisch/überzogen sind die mit der Auswanderung bzw. Einwanderung verbun-denen Erwartungen? So hatte zum Beispiel ein Großteil der türkeistämmigen Migranten die Vorstellung, nach einigen Jahren wieder zurück zu kehren; zugleich sah auch die Einwanderungspolitik der Bundesrepublik in den ersten Jahren einen nur zweijährigen Aufenthalt vor, was einer Verwurzelung in dem neuen Land, einer Herstellung und In-tensivierung sozialer Kontakte, Freundschaften, Bekanntschaften etc. eher hinderlich ist.
- Welche schulische/berufliche Bildung wird mitgebracht, die als Ressource dienen kann und die eine schnelle soziale Platzierung erlaubt?
- Wie stark sind individuelle psychologische Merkmale, wie etwa Selbstwirksamkeitser-fahrungen, Ängstlichkeit, Coping-Strategien sowie Kontrollbewusstsein etc. ausgeprägt?

Akkulturation und Kontrollbewusstsein

Aus psychologischer Sicht kommt hierbei m. E. dem Konstrukt des *Kontrollbewusstseins* eine erklärungsmächtige Funktion zu: Denn eine Migration, die Individuen zur Einnahme neuer sozialer Rollen sowie zu einer Veränderung des Verhaltens und zur Herstellung eines neuen Gleichgewichts mit der sozialen Umwelt nötigt, ist unbestritten ein kritisches Lebens-ereignis. Das Verlassen eines vertrauten Kontextes zu Gunsten eines unbekannten bringt in der Regel auch einen Verlust an Kontrolle mit sich. Viele verinnerlichte soziale und kulturel-le Verhaltensweisen werden in der neuen Umgebung nicht mehr erwartet oder auch abge-lehnt. Dies kann zu Verunsicherungen führen, da die Kontrolle über die persönliche Umwelt als geschrumpft erlebt wird.

Dabei hängen die Belastungen bzw. die Intensität von kritischen Lebensereignissen u.a. von zwei Aspekten ab: a) der Vorhersehbarkeit des Eintretens dieses Ereignisses und b) wie stark die Person trotz des Stressors die Kontrolle über die Situation beibehalten kann (Krampen 1982). (Insofern könnten beispielsweise Vorbereitungskurse im eigenen Land, Maßnahmen bei der Ankunft auch einen Beitrag zum Gelingen der Integration beitragen).

Generell können Kontrollinstanzen, also die Frage, wer oder was als verantwortlich für die Handlungsfolgen betrachtet wird, innerhalb oder außerhalb der eigenen Person liegen. Im letzten Fall kann weiterhin differenziert werden, ob das eigene Leben als von „Schicksal" oder Glück gesteuert erlebt wird, oder ob die Kontrollinstanzen anderen, wichtigen Personen zugeschrieben werden. Nicht nur Migranten, sondern alle Menschen unterscheiden sich in dem Ausmaß, wie sehr sie Kontrollmöglichkeiten in der eigenen Person oder außerhalb der eigenen Person sehen. Diese Zuschreibungen werden als Kontrollüberzeugungen bezeichnet. In vielen Studien zeigt sich, dass ein höherer sozioökonomischer Status oft auch mit erhöhter Internalität einher geht (Krampen 1982). Minderheiten, die einen geringeren Zugang zu Res-sourcen haben und durch ihren „Minderheitenstatus" oft auch sozioökonomisch benachteiligt sind, müssten, so die Annahme, in ihren Kontrollüberzeugungen demnach oft stärker external orientiert sein.

In einer empirischen Arbeit hat Ott (2008) den Zusammenhang von zwei für diese Fragestel-lung relevanten Konstrukte, und zwar der Akkulturationsorientierungen (Berry 1997) und der Kontrollüberzeugungen (Levenson 1972, Rotter 1966) in einer Migrantenstichprobe überprüft. Ferner wurden dabei auch der Einfluss zentraler soziodemografischer Variablen (wie Einreisealter, Migrationsmotivation, Herkunft, usw.) auf die Akkulturationsorientierungen und Kontrollüberzeugungen von Migranten geprüft.

Die Untersuchung selbst wurde von Februar bis April 2008 in den Berliner Bezirken Kreuzberg, Neukölln und Wedding durchgeführt. Die Teilnahme war freiwillig und erfolgte ohne eine finanzielle oder materielle Aufwandsentschädigung. Insgesamt nahmen 105 Probanden an der Studie teil.

In ihren Ergebnissen konnte die Autorin zunächst zeigen, dass bei den Akkulturationsorientierungen die Integration mit großem Abstand die stärkste Ausprägung aufweist (Mittelwert von $M = 3.27$, was bei einem Maximalwert von 4 als sehr hoch zu werten ist). Die zweitgrößte Ausprägung zeigte hingegen die Separation mit einem Mittelwert von 2.01, gefolgt von Assimilation mit $M = 0.66$ und Marginalisierung mit $M = 0.42$.

Was das zweite Konstrukt, die Kontrollüberzeugungen betrifft, so hatte die Internalität mit einem Mittelwert von 3.84 die höchste Ausprägung. Die externalen Kontrollüberzeugungen, wie etwa, dass das eigene Leben von „mächtigen Anderen" (P) oder vom „Schicksal" (C) beeinflusst wird, lagen mit Mittelwerten von je 1.86 und 1.65 nahe beieinander, aber deutlich unter der Internalität.

Was den Zusammenhang zwischen Akkulturationsorientierungen und Kontrollüberzeugung betrifft, so wurde angenommen, dass internale Kontrollüberzeugung positiv mit der Akkulturationsorientierung Integration korrelieren. In der Tat erwies sich diese Korrelation mit $r = .50$ ($p < .001$) als höchst signifikant. Und entlang der Annahme zeigten sich zwischen Externalität und Separation positive Zusammenhänge; d.h. also, je höher Menschen die Ereignisse auf ihre Leistungen oder auf ihr Versagen zurückführen, desto eher neigen sie auch zu integrativen Einstellungen zur Mehrheitsgesellschaft; je stärker sie sich als fremdbestimmt erleben, die Ursachen von Ereignissen in der Außenwelt lokalisieren, desto stärker hängen sie an separationistischen Haltungen zur Mehrheitsgesellschaft.

Als eine eindeutige Implikation dieser Studie kann also festgehalten werden: Die internalen Kontrollüberzeugungen von Migranten zu erhöhen, verstärkt auch ihre gesellschaftliche Integration und ist auch als Puffer gegen Separation zu sehen. Wie lässt sich nun Internalität erhöhen und Externalität verringern bzw. gar nicht erst aufkommen lassen? Veränderungen von Internalität im Sinne therapeutischer Interventionen herbeizuführen scheidet – aus auf der Hand liegenden Gründen – aus, da es sich bei türkischen Migranten nicht um eine klinische Population handelt. Stattdessen müssten zur langfristigen Veränderung von Kontrollüberzeugungen grundlegende Änderungen der Lebensumstände erfolgen (Mielke 1982). Eine höhere Kontrolle der Lebenswelt wie etwa politische Partizipation, Einflussnahme und Steuerungsmöglichkeiten durch Wahlrechte etc., höhere Transparenz des sozialen Alltags sowie eine höhere Selbstwirksamkeit sind hierfür Beispiele.

Obwohl es im Allgemeinen plausibel erscheint, dass Migranten und Migrantinnen, die in der neuen Umgebung an objektiver Kontrolle verlieren, dieses auch subjektiv so erleben und somit höhere Externalitätswerte aufweisen als Personen, die in einer vertrauten Umgebung bleiben (Dyal 1983), sind die Befunde zu Untersuchungen von Kontrollüberzeugungen mit Migranten nicht einheitlich (siehe zusammenfassend Dyal 1983). Als generelle Zusammenfassung lässt sich jedoch sagen, dass subjektive Kontrollerwartungen mit tatsächlichen Kontrollumständen tendenziell korrespondieren, d. h., dass Migranten und Migrantinnen im Allgemeinen höhere Externalitätswerte aufweisen als Nicht-Migranten, was jedoch nicht unmittelbar als eine Verzerrung ihrer Persönlichkeit oder als ein spezieller Persönlichkeitszug zu werten ist, sondern durchaus eine realistische Attribution bildet, weil Migranten auch tatsächlich geringere objektive Kontrolle haben.

Theorie der Erlernten Hilflosigkeit als Erklärungsansatz

Dem Kontrollbewusstsein inhaltlich nahe, doch mit einer anderen Schwerpunktlegung (der Rekurs auf bisherige Erfahrungen und die Projektion dieser Handlungsausgänge auf künftiges Handeln) ist hier die Theorie der Erlernten Hilflosigkeit (Seligman 1975) zu erwähnen, die gelungene bzw. misslungene Integrationsprozesse zu erklären vermag. Sie kann die angebliche „Integrationsverweigerung" von Migranten auf eine verständliche Ebene bringen.

Doch was bedeutet Hilflosigkeit in diesem Kontext? Hilflosigkeit wird erlebt, wenn der Ausgang eines Ereignisses völlig unabhängig von den willentlichen Reaktionen der Person ist und dieses Ereignis für die Person eine hohe Relevanz hat; denn wir erleben viele Ereignisse, die wir nicht steuern können, die jedoch völlig irrelevant für unseren Alltag sind.

Folge von Hilflosigkeitserfahrungen sind Angst, Belastungserleben und massiver Stress, der seinerseits sowohl die Leistungsfähigkeit als auch die Motivation zum Handeln negativ beeinflusst. Darüber hinaus wird langsamer gelernt, dass eigene Reaktionen Konsequenzen bewirken können, und es kann zu emotionalen Störungen wie etwa Depressionen kommen. Langfristig sind Menschen dann nicht bereit und fähig, auch jene Aufgaben in Angriff zu nehmen, die sie mit ihren Fähigkeiten und Kompetenzen eigentlich bewältigen könnten, weil sie sich bislang in ähnlichen Kontexten als hilflos erlebt haben und dies auch auf die neue bzw. aktuelle Situation übertragen. Denn die Ausprägung der Hilflosigkeit wird vielmehr von der subjektiven Erwartung und nicht den objektiven Bedingungen der Situation, die kontrollierbar oder unkontrollierbar sein können, determiniert.

Die entwicklungspsychologischen Ursachen können vielfältig sein, so etwa eine Kindheit, in der das Kind vielen hilflosen Situationen ausgesetzt war, aber auch eine Kindheit, die einen sehr stark verwöhnt hat und in der nur wenige Stressbewältigungskapazitäten ausgebildet wurden, und jetzt im Erwachsenenalter nun fehlen. Bei Migranten können auch reale Hilfsigkeitserfahrungen in den Heimatländern gegenüber staatlichen Institutionen, Verwaltung, Behörden, Willkürjustiz etc. wirksam sein, die ihr gegenwärtiges Handeln beeinflussen. Wenn sich also Migranten im behördlichen Alltag gelegentlich als unmotiviert, unbeteiligt etc. zeigen, so ist, statt der geläufigen schnellen Diffamierung als „integrationsunwillig" zu fragen, inwieweit diese Haltung mit früheren Erfahrungen der Hilflosigkeit assoziiert ist.

Werden jedoch herkunftsspezifische oder frühkindliche Erfahrungen immer transferiert? Hier zeigt die Forschung, dass nur unter bestimmten Umständen die „gelernte Hilflosigkeit" generalisiert, also auf andere Situationen und Aufgaben übertragen wird (So zeigten beispielsweise in einem Experiment Versuchspersonen alle Symptome von gelernter Hilflosigkeit beim Abstellen der unangenehmen Töne, auch wenn sie mit einer ganz anderen Aufgabenstellung, nämlich der Lösung von Denksportaufgaben, "auf Hilflosigkeit trainiert" worden waren.), die Übertragbarkeit und die Generalisierung glücklicherweise auch ihre Grenzen hat: Denn zum einen ist entscheidend, ob die Betroffenen die beiden Situationen als ähnlich ansehen; und zum anderen gibt es interindividuelle Variationen bei der Anfälligkeit für Hilflosigkeit: Einige Menschen sind hierfür beinahe völlig immun.

2.3   Interkulturalität als Chance

Im Folgenden soll nun auf einige Chancen und Voraussetzungen von Interkulturalität eingegangen werden:

LaFromboise u. a. (1998) haben in einem recht ausdifferenzierten Modell folgende Dimensionen heraus gearbeitet, die sich als wirksam erwiesen haben, um mit bikulturellen Bezügen
effektiv umzugehen und eine Integration zu erleichtern (Uslucan 2005a):

- *Verfügbarkeit und Wissen über kulturelle Werte und Grundüberzeugungen:* Dieses kulturelle Wissen beinhaltet das Ausmaß der Kenntnisse, die eine Person über die Geschichte,
  Institutionen, Religion, Rituale, Interaktionsformen und Alltagspraktiken der Aufnahmekultur besitzt; d.h. so etwas wie „kognitive Integration". Von einer kulturell-
  kompetenten Person wird erwartet, dass sie den Grundüberzeugungen der Mehrheitskultur gegenüber positiv eingestellt ist und ein Teil dieser „Weltsicht" auch verinnerlicht
  hat.
- *Positive Einstellungen beiden Gruppen gegenüber:* Bikulturalität sollte sowohl von der
  Mehrheit wie der Minderheit als eine wünschenswerte Form akzeptiert und anerkannt
  werden; Rhetoriken, die „Multikulti ist tot" etc. proklamieren, sollten nicht die Grund-
  überzeugung bilden. Denn im Allgemeinen scheinen multikulturelle Erfahrungen die
  Kreativität zu fördern. So konnte zum Beispiel gezeigt werden, dass Personen, die Aus-
  landserfahrungen hatten, im Vergleich zu Daheimgebliebenen kreativer in entsprechenden Testsituationen waren. Aber auch bei Personen, die bilingual aufwachsen, ließen
  sich höhere Kreativitätswerte zeigen (Lee, Kim 2011). Und diese höheren Werte waren
  alters- als auch geschlechtsunabhängig, gleichwohl ist einschränkend darauf hinzuweisen, dass die Korrelationen nur um $r = .2$ variieren, aber durchgehend positive Werte haben.

Bikulturalität und Bilingualität erweisen sich als exzeptionelle Entwicklungschancen, die
natürlich auch aktiv genutzt werden müssen. Beispielsweise konnten in einer experimentellen Situation Benet-Martinez u. a. (2002) nachweisen, dass Bikulturelle je nach Situation und
Kontext in der Lage waren, ihre kulturelle Perspektive zu wechseln und je nach Situation ein
independentes bzw. interdependentes Selbst, individualistische und kollektivistische Orientierungen, zeigten. Dies lässt sich als ein Hinweis verstehen, dass kulturelles Wissen domain-
spezifisch, quasi als eine implizite soziale Theorie, angeeignet wird und kulturelle Identitäten
in bestimmten Kontexten „wachgerufen" werden (Verkuyten, Pouliasi 2002).

Und zuletzt haben bereits sehr frühe empirische Studien zeigen können, dass bilinguale Personen sowohl im Bereich der allgemeinen Intelligenz als auch in den kognitiven Stilen und
den metalinguistischen Fähigkeiten sich monolingualen überlegen erweisen (Bialystok 1988,
Clarkson, Galbraith 1992, Baker 1993). Bilingual erzogene Kinder neigten beispielsweise
weniger dazu, Begriff und Referent zu verwechseln, d. h. die Differenz zwischen Wort und
Gegenstand war ihnen eher gegenwärtig, weil sie durch ihre Zweisprachigkeit eher eine
gewisse Distanz zu der eigenen und der erworbenen Sprache entwickeln und erkennen, dass
sprachliche Symbole für die Bezeichnung von Gegenständen und Ereignissen etc. auswech-
selbar sind.

Die Annahme ist dabei, dass im Leben von bilingual aufwachsenden Kindern ein doppelter sprachlicher Input ihre metasprachlichen Fähigkeiten fördert, so z. B. die oben erwähnte Einsicht in die Arbitrarität des Zeichens erleichtert und dadurch insgesamt dem Abstraktionsvermögen zugutekommt (Uclucan 2005a).

- *Bikulturelle Wirksamkeit:* analog der Selbstwirksamkeitsüberzeugung von Bandura (1997) erweist sich bereits die Überzeugung, in einen effektiven interpersonalen Dialog mit Interaktionspartnern und Institutionen der Mehrheitsgesellschaft treten zu können, als positiv assoziiert mit der Fähigkeit, tatsächlich auch bikulturelle Kompetenz zu entwickeln. Diese Überzeugungen bestimmen das Ausmaß, in dem ein Individuum ein wirksames Rollenrepertoire und Rollenperformanz in der Zweitkultur erwirbt. Mit Rollenrepertoire ist die Fähigkeit angesprochen, situationsspezifische Verhaltensweisen in der jeweiligen neuen Gesellschaft erkennen und anwenden zu können.
- *Kommunikationsfähigkeiten:* Sprachfertigkeiten stellen unbezweifelt eine der wichtigsten Schlüsselelemente bikultureller Kompetenz dar. Kommunikationsfähigkeiten umfassen dabei sowohl die Fähigkeit, eigene Gefühle und Gedanken verbal mitteilen zu können, als auch die geläufige non- und paraverbale Kommunikation der Aufnahmekultur verstehen und einsetzen zu können (LaFromboise u. a. 1998). Sie setzen also auch ein angemessenes Verständnis von Gesten und Symbolik voraus, für die es keine offiziellen „Skripte" und Lernanleitungen gibt.
- *Soziale Netzwerke in beiden Kulturen:* Die Möglichkeit, auf externe soziale Stützsysteme in beiden Kulturen zugreifen zu können und in diese eingebettet zu sein, vermindert den Akkulturationsstress und schützt vor psychopathologischen Erkrankungen wie etwa einer Depression (Berry 1997). In diesem Sinne lässt sich eine gute soziale Integration auch als eine gesundheitliche protektive Ressource deuten. Mit einer starken Stressbelastung und einer Anfälligkeit für Erkrankungen ist insbesondere die unfreiwillige Marginalisierung assoziiert (Zick 2010). Bochner u. a. (1977) haben recht früh darauf aufmerksam gemacht, dass Migranten nicht in zwei, sondern eigentlich in drei Netzwerken leben: im Netzwerk der Herkunftsgesellschaft, in einem bikulturellen Netzwerk, das aus Mitgliedern der Herkunftsgesellschaft und der Aufnahmegesellschaft besteht, sowie in einem dritten, und zwar in einem multikulturellem Netzwerk, das Mitglieder verschiedener ethnischer Gruppen umfasst (Schönpflug 2003)

In verschiedenen Studien sind Tadmor, Tedlock, Peng (2009) dem Zusammenhang von *Akkulturationsstrategien* und *„integrative complexity"* nachgegangen. Mit *„integrative complexity"* meinen die Autoren die Kapazität und die Bereitschaft des Einzelnen, die Legitimität verschiedener, rivalisierender Ansprüche anzuerkennen und diese verschiedenen Perspektiven auch verbinden zu können, d. h. legitime Ansprüche einer kulturellen Weltordnung aus einer Innenperspektive zu deuten. Insbesondere stand die Frage im Mittelpunkt, welche kognitiven Implikationen Bikulturalismus hat. Die Autoren konnten dabei einigermaßen konsistent darlegen, dass bikulturell aufgewachsene Menschen in verschiedenen Domänen über höhere *„integrative complexity"* verfügten.

Die Voraussetzung, dass Bikulturalität positive kognitive Effekte zeigt, war jedoch daran gebunden, dass zwischen der Herkunftskultur und der neuen Kultur einige funktionelle Äquivalente existierten. Mit Blick auf die oben erwähnten Akkulturationsstrategien wurde festgestellt, dass bikulturell Orientierte Konflikte noch komplexer zu lösen vermochten als separationistisch oder assimilatorisch eingestellte Personen.

Denn bikulturell Orientierte können auf vielfältige Problemlösemechanismen zurückgreifen; sie können vorhandene Probleme durch ihre stärkere Einbettung in zwei Kulturen von ihrem ursprünglichen Kontext eher lösen und das Problem „isoliert" betrachten, was zu einer Entmischung der Problemlage und zu einer effizienteren Lösung führt (Tadmor, Tedlock, Peng 2009).

„The finding of greater levels of integrative complexity in bicultural individuals but not in assimilated or separated individuals further suggests that mere exposure to a second culture is insufficient to bring about the cognitive benefits associated with multiculturalism. Rather, it is how individuals internally represent the different culture is the key" (a. a. O., 132).

Diese Komplexität erklärt, warum in vielen Studien multikulturelle Menschen höhere Imaginationskraft, höhere intellektuelle Flexibilität, eine höhere Fähigkeit, mit Ambiguität umzugehen, haben. Was die Förderung dieser Fähigkeit betrifft, hat sich gezeigt, dass moderate Formen des Stresserlebens diese integrative Komplexität durchaus stimulieren können.

Die Vielzahl der empirischen Studien zusammenfassend ist also festzuhalten: Jenseits des gewohnten Elendsdiskurses über Migration und Integration lassen sich hohe Potenziale und Chancen, sowohl für den Einzelnen als auch für die Gesellschaft, erkennen.

Denn vergessen wir nicht: Allen Migrantengruppen ist gemeinsam, dass sie eine hochselektive und mobile Gruppe darstellen, die es wagte, in der Hoffnung auf ein besseres Leben ihr Land zu verlassen und Mut genug bewiesen hat, die Herausforderung der kulturellen und sprachlichen Distanzen auf sich zu nehmen. Diese Situation stellt sie vor Entwicklungsaufgaben, die anspruchsvoller sowohl als derjenigen nichtmigrierter Familien in der Heimat als auch der Mehrheitskultur sind und die es verdienen, gesondert gewürdigt zu werden.

2.4   Vertiefungsaufgaben und -fragen

1. Durch welche Maßnahmen der Aufnahmegesellschaft lässt sich Akkulturationsstress reduzieren?
    a)   Maßnahmen auf personaler Ebenen
    b)   Maßnahmen auf struktureller Ebene

2. Suchen Sie Beispiele für interkulturelle Lernherausforderungen im Akkulturationsprozess für folgende drei Bereiche: im *objektiven Bereich* der Aufgaben und des beobachtbaren Verhaltens, im *sozialen Bereich* der gegenseitigen Beziehungen und Empfindungen und im *subjektiven Bereich* der Denkkonzepte, die von den Beteiligten in eine Interaktion hineingetragen werden.

3. Recherchieren Sie in der psychologischen und pädagogischen Fachliteratur Stufen- und Phasen-Modelle zum Interkulturellen Lernen und diskutieren Sie deren jeweilige Reichweite.

2.5   Literatur

Bade, K. J. (2007): Integration: versäumte Chancen und nachholende Politik. Aus Politik und Zeitgeschichte. 22–23, S. 32–38.

Bandura, A. (1997): Self-efficacy: The exercise of control. New York.

Baker, C. (1993): Foundations of Bilingual Education and Bilingualism. Clevedon: Multilingual Matters (Vol. 95).

Berry, J. W. (1997): Immigration, acculturation, and adaptation. Applied Psychology: An International Review, 46, pp. 5–68.

Berry, J. W., Kim, U., Power, S. Young, M. und M. Bujaki (1989): Acculturation Attitudes in Plural Societies. Applied Psychology, 38, pp. 185–206.

Berry, J. W., Kim, U., Minde, T., und D. Mok (1987): Comparative studies of acculturative stress. International Migration Review, 21, pp. 491–511.

Berry, J. W., und D. L. Sam (1997): Acculturation and adaptation. In: Berry, J. W., Segall, M. H. und C. Kagitcibasi [Eds.]: Handbook of cross-cultural psychology: Vol. 3. Social behavior and applications 2nd ed. Boston, pp. 291–326.

Berry, J.W. (2003): Conceptual approaches to acculturation. In: Chung, K., Balls-Organista, P. und G. Marin [Eds.]: Acculturation: Advances in Theory, Measurement, and Applied Research, (pp. 17–37). Washington.

Bialystok, E. (1988): Levels of bilingualism and levels of linguistic awareness. Developmental Psychology, 24, pp. 560–567.

Bochner, S., McLeod, B. M., und A. Lin (1977): Friendship patterns of overseas students: A functional model. International Journal of Psychology, 12, pp. 277–297.

Bommes, M. (2007): Integration – gesellschaftliches Risiko und politisches Symbol. Aus Politik und Zeitgeschichte, 22–23/2007, S. 3–5.

Bourhis, R. Y., Moise, C. L., Perreault, S., und S. Senécal (1997) : Immigration und Multikulturalismus in Kanada: Die Entwicklung eines interaktiven Akkulturationsmodells. In: Mummendey, A. und B. Simon (1997), Identität und Verschiedenheit. Zur Sozialpsychologie der Identität in komplexen Gesellschaften. Bern, S. 63–108.

Clarkson, Ph. C. und P. Galbraith (1992): Bilingualism and mathematics learning: Another perspective. Journal of Research in Mathematics Education, 23, pp. 34–44.

Dyal, J. A. (1983): Cross-cultural research with the locus of control construct. In: H. M. Lefcourt [eds.]: Research with the locus of control construct (Vol.3). Extensions and Limitations. Orlando, Florida, pp. 209–306.

Foroutan, N. und I. Schäfer (2009): Hybride Identitäten – muslimische Migrantinnen und Migranten in Deutschland und Europa. Aus Politik und Zeitgeschichte (ApuZ), 5, S. 11–18.

Fuchs, M., Schwietring, A. und J. Weiß (1999): Varianten erfolgreicher Akkulturation. In: Silbereisen, R. K., Lantermann, E.-D. und E. Schmitt-Rodermund [Hrsg.]: Aussiedler in Deutschland. Akkulturation von Persönlichkeit und Verhalten Opladen, S. 335–363.

Gaitanides, S. (1992): Psychosoziale Versorgung von Migrantinnen und Migranten in Frankfurt am Main. Gutachten im Auftrage des Amtes für Multikulturelle Angelegenheiten. IZA – Zeitschrift für Migration und Soziale Arbeit, 3/4, S. 127–145.

Krampen, G. (1982): Die Differenzialpsychologie der Kontrollüberzeugungen. Göttingen.

LaFromboise, T., Coleman, H. L. und J. Gerton (1998): Psychological Impact of Biculturalism. Evidence and Theory. In: Balls, P., Organista, K. M. Chun, und G. Marin [Eds.]: Readings in Ethnic Psychology. London, pp. 123–155.

Lazarus, R. S. und S. Folkman (1987): Transactional theory and research on emotions and coping. European Journal of Personality, 1, pp. 141–169.

Lee, H., und K. H. Kim (2011): Can speaking more languages enhance your creativity? Relationship between bilingualism and creative potential among Korean American students with multicultural link. Personality and Individual Differences, 50, pp. 1186–1190.

Levenson, H (1972): Distinctions within the concept of internal-external control: Development of a new scale. Proceedings of the 80th Annual Convention of the American Psychological Association, 7, pp. 261–262.

Mavreas, V., Bebbington, P. und G. Der (1989): The structure and validity of acculturation. Analysis of an acculturation scale. Social Psychiatry and Psychiatric Epidemiology, 24, pp. 233–240.

Mielke, R. [Hrsg.]. (1982): Interne/externe Kontrollüberzeugung. Theoretische und empirische Arbeiten zum Locus of Control-Konstrukt. Bern, Stuttgart, Wien.

NRW-Mehrthemenbefragung (2010): Ergebnisse der elften NRW-Mehrthemenbefragung. Online in Internet: http://www.deutsch.zfti.de/downloads/down_mehrthemenbefragung-2010_langfassung.pdf (Stand 20. 3. 2012).

Ott, A. (2008): Akkulturationsorientierung und Kontrollüberzeugung,. Unveröffentlichte Diplomarbeit an der Technischen Universität Berlin.

Padilla, A. (1980.): Acculturation: Theory, Models and some new findings. American Anthropologist, New Series, Vol. 84, No. 2 (Jun., 1982), pp. 466–467.

Phinney, J. S., Ong, A., und T. Madden (2000):. Cultural Values and Intergenerational Value Discrepancies in Immigrant and Non-Immigrant Families. Child Development, 71, pp. 528–539.

Richmond, A. (1993): Reactive Migration: Sociological Perspectives on Refugee`s Movement. Journal of Refugee Studies, 10, pp. 7–24.

Rotter, J. B. (1966): Generalized expectancies for internal versus external control of reinforcement. Psychological Monographs, 80 (1, Whole No. 609).

Salentin, K. (2004): Ziehen sich Migranten in „ethnische Kolonien" zurück? In: Bade, K. J., Bommes, M. und R. Münz [Hrsg.]: Migrationsreport 2004. Frankfurt, S. 97–116.

Sauer, M. und D. Halm (2009): Erfolge und Defizite der Integration türkeistämmiger Einwanderer. Entwicklung der Lebenssituation 1999 bis 2008. Wiesbaden.

Schönpflug, U. (2003): Migration aus kulturvergleichender psychologischer Perspektive. In: A. Thomas [Hrsg.]. Kulturvergleichende Psychologie. Göttingen, S. 515–541.

Seligman, M. E. P. (1975): Helplessness. New York.

Silbereisen, R. K. und E. Schmitt-Rodermund (1999): Wohlbefinden der jugendlichen Aussiedler. In: Silbereisen, R. K., Lantermann, E.-D. und E. Schmitt-Rodermund [Hrsg.]: Aussiedler in Deutschland. Akkulturation von Persönlichkeit und Verhalten. Opladen, S. 257–275.

Tadmor, C. T., Tetlock, P. E. und K. Peng (2009): Acculturation Strategies and Integrative Complexity. The Cognitive Impact of Biculturalism. Journal of Cross Cultural Psychology, 40, pp. 105–139.

Uslucan, H.- H. (2005a): Chancen von Migration und Akkulturation. In: Fuhrer, U. und H. H. Uslucan [Hrsg.]: Familie, Akkulturation & Erziehung, Stuttgart, S. 226–242.

3   Organisation und Interkulturalität

Ergin Focali

3.1   Einleitung

Wenn im Rahmen eines Lehrbuches zu interkultureller Öffnung die Begriffe Organisation und Interkulturalität aufeinander bezogen und in ein Verhältnis gesetzt werden, so geschieht dies aufgrund zweier grundsätzlicher Argumente. Erstens bezieht sich Interkulturelle Öffnung immer auf einen Wandel von Strukturen von Organisationen, der durch interkulturell bedingte gesellschaftliche Veränderungen – z. B. Migrations- und Internationalisierungsprozesse – notwendig geworden ist. Für ein Verständnis solcher struktureller Veränderungsprozesse ist es notwendig, zumindest über organisationstheoretische Grundkenntnisse, sowie ein allgemeines Verständnis über das, was im fachlichen Kontext unter Interkulturalität verstanden wird, zu verfügen. Das zweite weitreichendere Argument aber ist, dass es sich bei beiden Phänomenen, Organisation und Interkulturalität, um wesentliche konstitutive Merkmale heutiger (globalisierter) moderner Gesellschaften handelt. So durchziehen Organisationen als „soziale Formation" (Luhmann 2006, 11) in modernen, funktional differenzierten, arbeitsteiligen Gesellschaften alle Lebensbereiche (Focali 2011, 39). Sie strukturieren und stabilisieren soziale Lebensvollzüge und bieten Sicherheit und Orientierung. Gleichzeitig müssen sich Organisationen an fortlaufenden Wandel anpassen, müssen gesellschaftliche Wandlungsprozesse verarbeiten und somit auch selbst wandlungsfähig bleiben.

Eine wesentliche „Wandlungsaufforderung" heute ergibt sich aus Globalisierungs- und Internationalisierungs-Prozessen sowie aus Migrationen, also „Wanderungen", die sich räumlich aber auch sozial vollziehen. Phänomene dieses für Gesellschaften der globalisierten Moderne konstitutiven Wandels können mit dem Begriff der Interkulturalität bezeichnet werden. Interkulturalität ist ein Begriff, durch den Wandlungen von Handlungs-/Orientierungsmustern beschrieben werden können, die mit der hieraus entstehenden aktuellen „Vielheit" nicht mehr übereinstimmen (Terkessidis 2010, 131).

Die Sondierung der Phänomene „Organisation und Interkulturalität" vollzieht sich also in einem Spannungsfeld von „Stabilisierung und Wandel", was im Rahmen eines Lehrbuches zu „Interkultureller Öffnung" transparent und für die Praxisreflexion zugänglich gemacht werden soll. Stabilisierungs- und Wandlungsdynamiken in gesellschaftlichen Funktionssystemen bzw. in sozialen Systemen, für die Organisationen hier exemplarisch stehen, sollen aus soziologischer bzw. organisationstheoretischer Perspektive verständlich gemacht werden. Hierzu wird auf die nachfolgenden grundsätzlichen Modelle bzw. theoretischen Bezugsrahmen zurückgegriffen und deren Semantik auch für den weiteren Rahmen des Lehrbuches geklärt.

Ausgangspunkt ist die Darstellung des Zusammenhangs moderner Gesellschaften und ihrer Organisation(en), was im ersten Abschnitt aufgezeigt wird. Moderne Gesellschaften sind funktional-differenziert und arbeitsteilig organisiert. D.h., dass unterschiedliche Funktionssysteme unterschiedliche Aufgaben und Funktionen für Gesellschaft aber auch Individuen innehaben, diese Funktionssysteme manifestieren sich aber in konkreten Organisationen.

Um Dynamiken von Organisationen im Spannungsfeld von „Stabilität und Wandel" zu sondieren, ist es im Weiteren notwendig, ein Verständnis darüber zu erlangen, was unter „Organisation" verstanden werden kann. Hierzu wird im Rückgriff auf systemtheoretische bzw. organisationstheoretische Zugänge ein Dreiecksverhältnis vorgeschlagen, aus dem heraus Organisationen beschrieben werden können: das Verhältnis von „äußerer Systemik", „innerer Systemik" und Umwelt. „Äußere Systemik" meint hierbei die „Formal- bzw. Strukturebene" von Organisationen.

Eine Bank hat andere Formalziele als eine Schule oder ein Krankenhaus. Diese Formalziele (z. B. durch Kreditvergabe Zinserlöse zu erzielen) erfordern andere Strukturen (Ausstattung, Know-how, Organisationshierarchien, Kundenakquise durch Werbebudget) als beispielweise bei Formalzielen der Wissensvermittlung bei öffentlicher Finanzierung notwendig sind. Hierzu gehören auch andere Mitarbeiterstrukturen also eine andere Auswahl bzw. andere Qualifikation der Mitarbeiter. Dieser Aspekt zielt auf die „Innere Systemik", auf die personale Ebene ab, also auf den Umstand, dass es sich bei Organisation immer auch um Prozesse handelt, diese Prozesse aber durch Personen, durch Individuen initiiert und durchgeführt werden, die eigene Ziele, Motivationen ebenso haben, wie z. B. Ängste vor Veränderungen. Hierauf bezieht sich Personalführung bzw. Personalmanagement. Schließlich vollziehen sich Prozesse immer in einer konkreten Umwelt. Organisationen müssen sich gegenüber einer ständig verändernden Umwelt stabilisieren und gleichzeitig Umweltanforderungen aufnehmen und sich entsprechend wandeln. So ist heute eine Ausgrenzung aufgrund der Geschlechterzugehörigkeit an Hochschulen undenkbar, bis Anfang des zwanzigsten Jahrhunderts waren aber beispielweise Frauen an deutschen Hochschulen nicht zugelassen.

Organisationen sind von daher wesentliche gesellschaftliche Schnittstellen, an denen die Aushandlungs- bzw. Ausbalancierungsprozesse im Spannungsfeld von Stabilität und Wandel stattfinden. Organisationen – wenn sie denn bestehen wollen – müssen die Fähigkeit aufweisen, Anforderung an Stabilisierung und Wandlungsnotwendigkeit aufnehmen und adäquat verarbeiten zu können.

Ein wesentlicher Aushandlungsprozess heute dreht sich im Zuge von Globalisierung und Internationalisierung um den Aspekt von Interkulturalität. Deshalb sollen im weiteren Verlauf Zugänge zu der Frage, was überhaupt unter Interkulturalität verstanden werden kann, aufgezeigt werden. Hierbei zielt eine kulturtheoretisch fundierte Argumentationslinie – vor allem auf der Ebene innerer Systemik, also der personalen Ebene – auf die Fähigkeit ab, mit Vielfalt und Differenzen konstruktiv umgehen zu können. Weitere Zugänge verweisen in hohem Maße auf die strukturellen, gesellschaftlichen Ursachen für Ungleichheiten – auch im Zusammenhang mit interkultureller Lebenswirklichkeit.

Struktur und Personalebene – äußere und innere Systemik – stehen in Wechselwirkung miteinander. Handlung bringt Struktur hervor, ebenso wie Strukturen Handlungen bedingen. Dies lässt sich am Beispiel des strukturellen Beharrungsvermögens von Organisationen, deren Widerstände gegen Veränderung im Zusammenhang mit Interkulturalität, sowohl auf Struktur- als auch auf Personalebene, aufzeigen. So gibt es in Organisationen (auch zum Teil unbewusste) strukturelle, institutionelle und interaktionsbedingte Mechanismen, die zur Marginalisierung und Exklusion z. B. von Migranten führen. Vor dem Hintergrund heutiger interkultureller Lebenswirklichkeit gilt es, Wandlungsprozesse in Organisationen zu initiieren, wollen Organisationen nicht selbst von der gesellschaftlichen Lebenswirklichkeit abgekoppelt und durch andere Organisationen ersetzt werden. Diese notwendigen Änderungen müssen, so der hier vertretene Zugang, sowohl an der Grundhaltung jedes Einzelnen, als auch an Strukturen von Organisationen ansetzen, die auf Grundhaltungen und Handlungen zurückwirken. Entsprechende Methodiken werden handlungsfeldbezogen im weiteren Lehrbuch entfaltet.

3.2 Moderne Gesellschaft und Organisation

Organisationen[10] sind eine fundamentale Grundlage modernen Zusammenlebens. Deshalb erfolgt ein Zugriff auf die Frage, was Organisationen ausmacht, über eine kurze Darstellung des Zusammenhangs von moderner Gesellschaft und Organisation(en), beides sind aufeinander verweisende Begrifflichkeiten. So ist ein Verständnis über das, was moderne Gesellschaften ausmacht, ohne ein Verständnis der ihr zugrundeliegenden Organisationsformen und ohne ein Verständnis der sie konstituierenden Organisationen nicht möglich, gleiches gilt umgekehrt. Organisationen sind eben kein „Universalphänomen jeder Gesellschaft", sondern „eine evolutionäre Errungenschaft, die ein relativ hohes Entwicklungsniveau voraussetzt" (Luhmann 1997, 827), sie sind „ein Produkt von Modernisierungsprozessen" (Hasse, Krücken 2005, 72).

Dabei gehört es zum „Kernbestand soziologischen Denkens", unter Modernisierung der Gesellschaft eine arbeitsteilige (Aus-) Differenzierung zu verstehen (Seitz 2002, 127), die durch die Entstehung von industriellen Großbetrieben und Ausweitung von Verwaltungsstrukturen ausgelöst wurde. Merkmal moderner Gesellschaften ist ihre Arbeitsteiligkeit und ihre funktionale Differenzierung.

Unterschiedliche Funktionen für die Gesellschaft aber auch für das Individuum werden durch unterschiedliche Funktionssysteme wahrgenommen (z. B. Bildungs-/Erziehungsfunktion durch das Bildungssystem, Gesundheitsfürsorge durch das Gesundheitssystem oder die Schutzfunktion durch die staatliche Gewalt usw.). Diese funktionale Differenzierung manifestiert sich aber in konkreten Organisationen, die in den jeweiligen Teilbereichen tätig sind (z. B. Schule, Krankenhaus, Gericht). So können Organisationen als Systeme begriffen werden, deren Vorteil darin liegt, „dass Menschen arbeitsteilig arbeiten können", die also „genutzt werden, um arbeitsteilige Aktivitäten zu organisieren" (Jones, Bouncken 2008, 28ff.).

Diese Arbeitsteilung führt – und hier wird das unauflösbare Verhältnis von Organisation und moderner Gesellschaft sichtbar – zu organisatorischen und gesellschaftlichen Rollendif-

---

[10] Oftmals werden die Begriffe Institution und Organisation synonym verwendet. Mit Institution ist aber ein „gesellschaftlich anerkanntes bzw. bekanntes Regelwerk" (Terhart 2001, 49) gemeint, wie es zum Beispiel die Institution „Kirche" darstellt, wohingegen Organisationen soziale Gebilde darstellen, „ die dauerhaft ein Ziel verfolgen, eine formale Struktur aufweisen und mit deren Hilfe die Aktivitäten der Mitglieder auf das verfolgte Ziel ausgerichtet werden sollen' (Kieser, Kubicek 2006, 15). Hiermit wäre im vorliegenden Beispiel die konkrete Kirchengemeinde mit ihrer Struktur (Gebäude, Ausstattung) und ihren Mitgliedern gemeint.

ferenzierungen, die den Erfordernissen einer arbeitsteiligen Gesellschaft Rechnung tragen. Die Kundenberaterin der Bank, der Erzieher, die Justizvollzugsbeamtin handeln im Rahmen ihrer Organisation nicht primär auf Grundlage von subjektiven Eigeninteressen, sie entscheiden nicht, wie sie es gerade wollen, sondern richten sich nach objektiven „Formalzielen", die sich verallgemeinern lassen. Diese Abstraktion von (kurzfristigen, egoistischen, subjektiven) Eigenbedürfnissen hin zu verallgemeinerbaren („objektiven", „vernünftigen") Zielen, genauer den Organisationszielen, wird mit dem Begriff der Rationalität bezeichnet: „Mit Rationalität wird von Eigenbewertungen abstrahiert" (Luhmann 2006, 445). Diese Rationalität durchzieht alle Bereiche der Organisation praktischer Lebensführung in modernen Gesellschaften (Stark, Lahusen 2002, 19f.).

Dies gilt auch für gesellschaftliche Stellungen und Positionen, für Prestige, Macht und Herrschaft, wie sich im Rückgriff auf Max Weber als Wegbereiter der modernen Organisationstheorie aufzeigen lässt (Weber 1976, 120ff.). So markieren unterschiedliche Organisationszugehörigkeiten und Organisationsrollen auch unterschiedliche gesellschaftliche Positionen bzw. Hierarchien (Bankdirektorin/Kundenberater, Universitätsprofessorin/Erzieher, Richter/Justizvollzugsbeamtin). Diese gesellschaftlichen Hierarchien sind aufgrund ihrer sachlich-formalen Organisation, also aus dem Umstand heraus, dass sie sich aus rationalen Kriterien speisen, legitim. Und so entsteht im Rahmen von arbeitsteiliger Organisation ein System klar festgelegter Zuständigkeiten und eindeutiger Hierarchien, die Verlässlichkeit, Sicherheit und Stabilität garantieren. Für moderne Gesellschaften sind Organisationen konstitutiv, weil sie „formal-rationale Strukturen" bilden (Hasse, Krücken 2005, 22) und hierdurch gesellschaftliche Verteilung, gesellschaftliche Ordnung und gesellschaftliche Einheit legitimieren. Organisationen strukturieren und stabilisieren moderne Gesellschaften und bieten Sicherheit und Orientierung.

3.3   Organisation: Definitorische Zugänge

Organisationen sind für moderne Gesellschaften und modernes (Zusammen-)Leben konstitutiv und unentbehrlich. Sie durchziehen von der Geburt (medizinisch organisiertes Vorsorgesystem, organisatorische Verwaltungsakte, Geburtsurkunde etc.) über die Kindheit (Frühuntersuchungen, frühpädagogische Einrichtungen, Schule usw.) den gesamten biografischen Verlauf modernen Lebens (Ausbildung, Berufsleben, Rente) bis hin zum Tod (Beerdigungsinstitut). Bezogen auf die Fragen, was Organisationen genau sind, wie sie funktionieren, sich (und die Gesamtgesellschaft) stabilisieren oder wie es zu organisationalem Wandel kommt, gibt es aus organisationstheoretischer Sicht dennoch kein allgemeingültiges Theorieangebot, sondern zahlreiche unterschiedliche Zugänge. Anders ausgedrückt, sind die Arten von Organisationen (z. B. ein Fußballverein oder eine Bank) so unterschiedlich wie die Gesamtgesellschaft, die sie umgibt, was sich auch in einer Vielzahl von Organisationstheorien widerspiegelt (Greving 2008, 15).

Diese Heterogenität findet sich schon in der Alltagsverwendung des Begriffes wieder. So kann Organisation sowohl den Prozess des Organisierens bezeichnen („Wer übernimmt die Organisation unserer Weihnachtsfeier"), als auch ein stabiles Gebilde mit einer festen (wenn auch veränderbaren) Struktur meinen (z. B. OSZE – Organisation für Sicherheit und Zusammenarbeit in Europa). Im Rahmen von Organisationstheorien meint Organisation letztlich immer Prozess und Struktur, die Schwerpunkte der Betrachtung innerhalb von Organisationstheorien sind, hierauf bezogen, aber recht unterschiedlich. So kann man Organisationen als „soziale Gebilde" definieren, „die dauerhaft ein Ziel verfolgen, eine formale Struktur aufweisen und mit deren Hilfe die Aktivitäten der Mitglieder auf das verfolgte Ziel ausgerichtet werden sollen" (Kieser, Kubicek 2006, 15).

Auf diese Definition kann im vorliegenden Kontext zurückgegriffen werden. Organisationen, die in arbeitsteiligen Gesellschaften Funktionen für Gesellschaft und Individuum innehaben, müssen zur „Erfüllung" dieser Funktionen (Organisationsziele) Strukturen entwickeln, auf deren Basis man sie formal beschreiben und von anderen Organisationen unterscheiden kann. Diese Ebene wird im Folgenden als Formal- oder Strukturebene bzw. „äußere Systemik" bezeichnet. Darüber hinaus bestehen Organisationen (ebenso wie Gesellschaften) auf der Handlungsebene betrachtet letztlich immer aus Menschen, die die Organisationsprozesse initiieren und durchführen. Diese Ebene wird im Folgenden als „personale Ebene" oder „innere Systemik" bezeichnet. Im Kontext dieser „personalen Ebene" finden die jeweiligen persönlichen Ziele, Interessen, Handlungsweisen, aber auch Ängste, Befürchtungen der Mitglieder einer Organisation Berücksichtigung.

Schließlich agieren Organisationen immer auch in Abhängigkeit und im Austausch, also in einem Spannungsverhältnis von Abgrenzung und Koppelung, mit der umgebenden äußeren Umwelt. Veränderungen in der gesellschaftlichen Umwelt – z. B. durch Internationalisierungs-, Globalisierungs-, Migrationsprozesse – müssen von Organisationen aufgenommen und verarbeitet werden. Und so ist in einer sich ständig wandelnden gesellschaftlichen Umwelt zur Erreichung eines Organisationszieles Stabilität notwendig. Andererseits müssen sich in einer sich ständig wandelnden Umwelt Organisationen auch verändern. Neben der Notwendigkeit organisationaler Stabilisierung gehört Wandel zum permanenten Normalzustand, wobei man sogar fragen kann, wie es vor dem Hintergrund fortlaufenden Wandels überhaupt zu „Phasen relativer Stabilität" kommt (Hasse, Krücken 2005, 89). Dies kann zunächst durch die Betrachtung der Formal- bzw. Strukturebene, der „äußeren Systemik" von Organisationen erläutert werden.

3.4   Organisation als funktionales System

Organisationen können in einem „Dreiecksverhältnis" von Formal-/Strukturebene („äußerer Systemik"), personaler Ebene („innerer Systemik") und Umwelt (alle „äußeren" Einflüsse, auf die sich die Organisation beziehen muss) beschrieben werden.

Betrachtet man Organisationen auf der Formalebene als Systeme, die in arbeitsteiligen Gesellschaften bestimmte Funktionen innehaben, also auf konkrete Ziele hin ausgerichtet sind, so benötigen sie zur Erreichung der Ziele eine spezifische Struktur. „Die Organisationsstruktur ist das formale System [...], um die Ziele der Organisation zu erfüllen" (Jones, Bouncken 2008, 42). Versteht man, im Anschluss an Niklas Luhmann, Organisationen als soziale Systeme, also als spezifische gesellschaftliche Funktionssysteme, so bestehen ihre Formalstrukturen nicht in erster Linie aus äußerlich sichtbaren Manifestationen (Arbeitsverträge, Gebäude, Fuhrpark, Leitbild). Diese gehören zwar auch zur „äußeren Systemik". Dennoch ändern sich z. B. durch einen Umzug/Firmensitzwechsel Organisationen in ihrer Formalstruktur nicht fundamental, auch bleiben z. B. die Deutsche Bank, die TU- Berlin oder das Landgericht München auf der Formalebene betrachtet die gleichen Organisationen, wenn es zu Mitarbeiter- oder gar Führungswechsel kommt. Vielmehr macht es die Organisation als Sozialsystem aus, dass sie an für sie spezifische Entscheidungsmodalitäten gebunden ist. So kann beispielsweise eine Bank einen Kredit nicht aufgrund persönlicher Sympathie gewähren, sondern aufgrund der Entscheidungsmodalität Bonität/Nichtbonität, eine Schule/Universität gewährt einen Bildungsabschluss nicht gegen eine zu entrichtende Gebühr, sondern vor dem Hintergrund der Leitdifferenz Bestanden/Nichtbestanden, eine strafrechtliche Verurteilung erfolgt nicht auf Grund moralischer Grundsätze (Gut/Böse), sondern auf Grundlage von Recht/Unrecht.

Funktionssysteme sind also formal an Entscheidungsmodalitäten gebunden (bzw. manifestieren sich als entsprechende Organisation überhaupt erst durch diese Gebundenheit), die man als Leitdifferenz bezeichnet. Organisationen treffen in ihrem jeweiligen Arbeitsbereich Entscheidungen, die an einer spezifischen Leitdifferenz, Luhmann spricht von einem binären Code, orientiert sind. Jedes Funktionssystem braucht zur Beschreibung und Etablierung seiner Funktion einen solchen binären Code (Luhmann 1997, 748), durch den anschlussfähige Kommunikation auf Grundlage der für das Teilsystem spezifischen Rationalitätskriterien gewährleistet wird.

Dabei sind Organisationen als soziale Systeme sich selbsterhaltende Systeme, sie grenzen sich von ihrer Umwelt durch ihre spezifische Leitdifferenz ab und stabilisieren sich dadurch nach innen, man spricht im systemtheoretischen Duktus auch von Autopoiesis (selbsterhaltend). Da Systeme (z. B. psychische Systeme, also Menschen, aber auch soziale Systeme, also z. B. Organisationen) im systemtheoretischen Duktus immer selbsterhaltend und selbsterzeugend (selbstreferenziell) konstituiert sind, ist es naheliegend, dass Systeme auf Änderungen mit Widerstand reagieren. Das System selber hat das Ziel, sich (stabil) zu erhalten. Äußere Einflüsse werden als Störungen (Perpetuationen) wahrgenommen, die es gilt, in eigene Kommunikationsschemata zu übersetzen.

Da Organisationen also auf Grundlage ihrer eigenen Logik bzw. entlang ihrer eigenen Leitdifferenz operieren, durch die sie ihre spezifische Form der Rationalität entwickeln, müssen Impulse aus der Umwelt in systeminterne Kommunikationsmodi übersetzt bzw. transformiert werden, um entsprechend verarbeitet zu werden. Also muss ein unmoralisches, aber nicht gesetzeswidriges Verhalten erst in einem entsprechenden Gesetz als „Unrecht" dargestellt werden, um im Rechtssystem wirksam zu werden; notwendige Veränderungen im Bereich der Umwelttechnologie müssen wirtschaftliche Rentabilität aufweisen, um entsprechende Produktionsprozesse in Gang zu setzen; neue Studienabschlüsse müssen als vergleichbar zertifiziert werden, um Legitimität zu erlangen. Mit anderen Worten müssen neue Entscheidungsmodalitäten in die Organisation implementiert werden, damit Organisationen Wandel adäquat verarbeiten können. Auf der Formalebene können dies neue Gesetze/neue Rechtsgrundlagen ebenso wie Quotenregelungen oder neue Rentabilitätskriterien sein.

Organisationen müssen immer gesellschaftliche Umwelteinflüsse aufnehmen und in ihrer Struktur integrieren, die an sie aus anderen gesellschaftlichen Subsystemen, z. B. dem Rechts-, Finanz- oder politischen System, herangetragen werden, um ihre Legitimität nach außen zu erhalten. So verteilen Bildungsorganisationen Bildungsabschlüsse, die „nach außen" ebenso legitimiert sein müssen, wie Entscheidungen „vor Gericht". Organisationen, die gesellschaftlichen Wandel nicht integrieren, verlieren ihre Legitimation bzw. ihre Funktion, werden also dysfunktional. Das staatsrechtliche Konstrukt „Monarchie", in dem über Recht/Unrecht nicht auf „rationaler Grundlage", sondern auf Grundlage von Macht durch Traditionslinie entschieden wurde, verlor im Zuge eines erstarkenden Bürgertums zunehmend an Legitimität und wurde dort, wo es sich notwendigen Wandlungsaufforderungen versperrte, abgeschafft. Eine Universität, die, wie um 1900 üblich, Frauen institutionell ausschließen würde, könnte heute keine Legitimität mehr erzielen, was sich u.a. auch in Gender/Frauenquoten widerspiegelt. Das Beharren auf der Atomtechnologie nach Fukushima würde für Parteien zu massivem Wählerverlust führen, Energiekonzerne würden den Anschluss an den Markt verlieren. Organisationen, die notwendige Wandlungsaufforderungen nicht verarbeiten, werden letztlich von der gesellschaftlichen Praxis abgekoppelt und durch andere Organisationen ersetzt.

3.5   Organisation als Prozess

Wie dargestellt, können Organisation als soziale Systeme aufgefasst werden, die sich verschiedener Kommunikationsmedien bedienen, um eine Struktur aufzubauen. Allerdings können Organisationen nicht nur aus dieser spezifischen Eigen- bzw. Rationalitätslogik heraus verstanden werden. Vielmehr wohnen Organisationen immer verschiedene (Rationalitäts-) Logiken inne. So handelt es sich bei Prozessen des Organisierens immer um soziale Prozesse von Menschen, die als Mitglieder einer Organisation auch ihre jeweils eigenen, spezifischen Interessen und Ziele verfolgen. Akteure in Organisationen (und somit letztlich die Organisation) handeln und bewegen sich auch im Rahmen ihrer jeweils eigenen personalen Rationalität bzw. ihrer eigenen Logik. Dies ist gemeint, wenn der Organisationstheoretiker Karl E. Weick davon spricht, dass, wann „immer Organisationen handeln", es Individuen sind, „die handeln" (Weick 2006, 244).

Wenn Menschen in Organisationen agieren und reagieren, so geschieht dies nicht nur auf Grundlage „objektiv"-rationaler Entscheidungen (sonst würden sich immer alle Menschen gleich entscheiden), sondern auf Grundlage zur Verfügung stehender Informationen und – in hohem Maße – auf Basis von Emotionen und inneren Impulsen. Menschen greifen, um Entscheidungen zu treffen, auf Vorerfahrungen und vorhandene Handlungsschemata zurück, neue Informationen werden dabei in vorhandene Muster übersetzt und eingeordnet. Dies geschieht, ähnlich wie vorab für Organisationen als Sozialsysteme beschrieben, durch „Übersetzung", also Interpretation von Wahrgenommenem in die eigenen „inneren psychischen und emotionalen Strukturen". Das dahinterstehende (konstruktivistische) Weltbild unterstellt, dass wir nie die „wirkliche Welt" erkennen, sondern uns immer ein Bild von ihr machen, indem wir Wahrgenommenes auf Grundlage unserer Vorerfahrungen interpretieren und strukturieren (Focali 2011, 51).

Die Art und Weise, wie eine Leitungsperson in ihrer (Organisations-)Rolle handelt (z. B. partizipativ oder autoritär), sagt mehr über die psychische Struktur dieser Person, über ihre Vorerfahrungen aus, als über die eigentliche organisatorische Situation. Die Bedeutung der personalen Ebene für Organisationsprozesse ist dabei schon seit den 20er Jahren des 19. Jahrhunderts bekannt und in die Managementlehre eingegangen. Wohlbefinden der Arbeiterschaft steigert die Produktivität eines Unternehmens (Sanders, Kianty 2006, 64f.).

Umgekehrt können Widerstände und Abwehrreaktionen z. B. gegen organisationale Veränderungen bzw. externe Impulse auf personaler Ebene z. B. durch Vorurteile, Ängste usw. ausgelöst werden. Diese „innere", personale Ebene gilt es zu berücksichtigen. Hier Prozesse zu initiieren, die auf Haltungsänderung abzielen, ist Leitungsaufgabe. Nach der Implementierung neuer Entscheidungsmodi – Abkehr von der Atomenergie nach Fukushima durch entsprechende Gesetzesänderung – also der Verarbeitung eines „Umwelteinflusses" auf „Formalebene", müssen nun Mitglieder der betreffenden Organisation (CDU) mitgenommen werden. Die Nichtberücksichtigung der personalen Ebene, der jeweiligen Ziele, Motivationen aber auch Ängste und Befürchtungen von Mitgliedern erzeugt Schwierigkeiten und Probleme in den jeweiligen Organisationen.

Organisation im Sinne der Gestaltung und Veränderung von (Organisations-)Prozessen heißt also auch, innere (psychische) Strukturen bewusst bzw. sichtbar zu machen, um so Perspektivwechsel zu ermöglichen und festgefahrene Muster zu überwinden. Letztlich kann man eine Organisation nicht gegen ihre innere Logik bzw. gegen ihre inneren Logiken gestalten, sondern muss an diesen anknüpfen, also Mitgliedern einer Organisation Prozesse transparent machen und sie bei Entscheidungen „mitnehmen".

3.6   Organisation und Umwelt

Organisationen müssen, wollen sie Bestand haben und anschlussfähig bleiben, eine Formalstruktur aufbauen und auf Basis ihrer spezifischen Leitdifferenz, ihrer Systemrationalität Entscheidungen treffen. Gleichzeitig müssen bei der Gestaltung von Organisationsprozessen personale Faktoren Berücksichtigung finden. Die äußere Formalstruktur ist es, die Legitimierung, Anschlussfähigkeit und somit Umweltanpassung ermöglicht, die innere Aktivitätsstruktur hingegen stellt das eigentliche „Expertenpotenzial" der Organisation dar. Struktur- und personale Ebene beeinflussen sich fortlaufend und befinden sich somit in einem dauerhaften Wechselspiel. Rollenmuster (Chef/Angestellter) aber auch Entscheidungen („Ich würde Ihnen gerne den Kredit bewilligen, aber Sie haben leider keine Sicherheiten.") sind verinnerlichte Strukturen. Gleichzeitig werden durch diese Verinnerlichungen Strukturen auch wieder hervorgebracht.

Diese Wechselspiele sind sowohl für die Betrachtung der Organisation, als auch für den Bestand der Organisation von maßgeblicher Bedeutung und müssen z. B. bei Veränderungsaufforderung durch Umwelteinflüsse berücksichtigt werden. Die Verarbeitung von Umwelterfordernissen und Umwelterwartungen ist zur Sicherung und für den Fortbestand der Organisation unabdingbar. Eine Bildungseinrichtung kann heute Menschen aufgrund ihrer Geschlechterzugehörigkeit nicht mehr strukturell ausgrenzen, eine Entscheidung z. B. über eine Haftstrafe kann nicht mehr auf Basis von Macht getroffen werden, sondern durch unabhängige, an das Rechtssystem gebundene und deshalb legitimierte Gerichte.

Zur Umweltanpassung der Organisation, zur Gestaltung von Struktur und Prozessen, gibt es dabei unterschiedliche Strategien. Eine Strategie zur Gestaltung auf der Formalebene ist die der Übernahme und Kopie (Brüsemeister 2008, 119). Diese Angleichung der Organisation an andere „erfolgreiche" Organisationen wird als „Mimetic isomorphism" bezeichnet. Es handelt sich also um einen Anpassungsprozess, in dem Organisationen gesellschaftlich legitimierte und institutionalisierte Elemente in ihre eigene Formalstruktur integrieren. Beispielsweise kann die Aufforderung zur Erhöhung der „Frauenquote" in Dax-Unternehmen durch gesellschaftlichen Druck bzw. veränderte gesellschaftliche Realität dazu führen, dass Unternehmen zur Verbesserung ihrer Legitimität entsprechende Organisationsvorgaben, wie sie z. B. in bestimmten politischen Parteien schon gegeben sind, übernehmen. „Mimetic isomorphism" also das Kopieren anderer erfolgreicher Organisationen kann wie eine Blaupause aufgefasst werden. Strukturen werden nicht von innen aus der Organisation heraus und auf diese abgestimmt entwickelt, sondern von außen auf diese aufgelegt und übertragen.

Gleichzeitig ist es wichtig, bei äußerer Isomorphie auch eine innere Einheit zu sichern und somit auf der personalen Ebene wirksam zu werden. Ein Instrumentarium bietet der Organisationskulturansatz an (Jones, Bouncken 2008, 43f.). Mit Organisationskultur ist die Selbstbeschreibung einer Organisation gemeint, die bei gleichzeitiger Reflexion der Bedingungen der Selbstbeschreibung, Identität, also Einheit nach innen und Transparenz und Vergleichbarkeit nach außen, schafft. So muss beispielsweise Interkulturalität als Umwelteinfluss, als Impuls von außen, also aus der organisationalen Umwelt, in die „Organisationskultur" integriert werden. Organisationen, die gezielt solche äußeren Einflüsse aufnehmen und in ihre Struktur integrieren, deren Merkmal also ständige Veränderungsbereitschaft ist, nennt man „Lernende Organisationen". Im Rahmen von Konzepten „Lernender Organisationen" wird fundamental davon ausgegangen, dass es Menschen innerhalb der Organisationen sind, die lernen, nicht die Organisation als solche.

Hier wird abermals die Bedeutung der personalen Ebene im Kontext von organisationalem Wandel und Stabilität deutlich. So können unterschiedliche Entscheidungen innerhalb von Organisationen auf Betroffene völlig unterschiedliche Wirkung haben und unterschiedlich bewertet werden. Die Entwicklung einer Organisationskultur stellt also immer auch einen organisationalen Aushandlungsprozess um Deutungsansprüche und Interessen bzw. einen „Kampf um die jeweilige Deutungsmacht", also eine (Neu-)Ausbalancierung von Positionen, Hierarchien, Relationen, dar. Von daher können Organisationen als gesellschaftliche Subsysteme auch als Schnittstellen aufgefasst werden, an denen sich exemplarisch gesellschaftliche Aushandlungsprozesse vollziehen.

3.7   Zum Tatbestand der Interkulturalität

Ein wichtiger Aushandlungsprozess bewegt sich heute in der globalisierten Moderne um das Phänomen der Interkulturalität. Ein Grund hierfür sind die für nahezu alle modernen Gesellschaften zu verzeichnenden Migrationen, also Ein- und Auswanderungen. So besitzt beispielsweise fast ein Fünftel der Bevölkerung in der Bundesrepublik Deutschland, das sind rund fünfzehn Millionen Menschen, einen Migrationshintergrund. Es sind aber nicht nur Migrationsbewegungen, sondern eine Vielzahl von Einflussfaktoren, z. B. mediale, globale und internationale Vernetzungen, die dazu führen, dass moderne Gesellschaften heute multiethnisch und multiethisch und somit durch unterschiedliche Lebensweisen und Lebensbedingungen gekennzeichnet sind. Neben Migrations- und Internationalisierungsprozessen sind es in hohem Maße auch soziale Differenzen und Ungleichheiten, die zu moderner gesellschaftlicher Heterogenität beitragen (Hamburger 2009, 107). Dieser Heterogenität wird mit dem Begriff der Interkulturalität Rechnung getragen.

In diesem Sinne reagieren interkulturelle Ansätze „nicht allein auf die Migrationstatsache […], sondern [wissen] kulturelle Differenz und soziale Benachteiligung zusammen zu sehen (Zacharaki, Eppenstein, Krummacher 2009, 9). Dabei wird in den (oftmals stark emotional aufgeladenen) Auseinandersetzungen um Interkulturalität – im Alltag ebenso wie im gesellschaftspolitischen Bereich – Vielfalt im Sinne kultureller Heterogenität, pluralisierter Lebensentwürfe und Lebensweisen nicht immer positiv bewertet, sondern oftmals als Problematik angesehen. Ursachen hierfür sind sowohl auf der Interaktionsebene (persönlicher Umgang mit kulturellen Differenzen/Kulturschock/kulturelle Missverständnisse) als auch auf der Strukturebene (soziale, ökonomische Schieflagen/Ethnisierung, Kulturalisierung von Konflikten) zu verorten. Das Spektrum interkultureller Theoriebildung umfasst von daher sowohl Zugänge, die – kulturtheoretisch fundiert – vor allem auf die Fähigkeit (jedes einzelnen) zum konstruktiven Umgang mit Vielfalt und die Initiierung entsprechender Lernprozesse – vor allem auf der personalen Ebene – abzielen (z. B. Auernheimer 1996), als auch solche, die vor allem auf soziale Ungleichheiten und deren Ursachen fokussieren und so z. B. auch Dynamiken verständlich machen, aus denen heraus sich Ablehnungen von kultureller Pluralität und Widerstände gegen Interkulturalität ergeben. Diese sind vor allem auf struktureller Ebene zu verorten (u.a. Dittrich, Radtke 1990). Aus beiden Zugängen – Kenntnisse über die Initiierung interkultureller Lernprozesse und Wissen über strukturelle Gründe sozialer Ungleichheit, die Dynamiken von Widerständigkeiten auslösen können – gilt es, organisationstheoretische Rückschlüsse im Hinblick auf Interkulturelle Öffnung zu ziehen, zumal sich beide Ebenen in ihrer gegenseitigen Bedingtheit in Organisationen abbilden.

3.8   Kulturtheoretische Zugänge zu Interkulturalität

Ausgangspunkt der Auseinandersetzung um Interkulturalität ist zunächst eine begriffliche Präzisierung und theoretische Verortung der zugrundegelegten Kultursemantik, zumal es für diese keine allgemeingültige Definition gibt und ein oft unscharfer Gebrauch, bzw. eine Vermischung und Überlappung mit Begriffen Ethnizität und Nationalität (Menschen aus anderen Kulturen – gemeint ist ein anderes Land/deutsche Kultur, türkische Kultur usw.) zu konstatieren ist. Im interkulturellen Kontext wird zumeist auf einen erweiterten Kulturbegriff zurückgegriffen, wie er im Anschluss an Alexander Thomas (1996) formuliert werden kann. Danach ist Kultur ein Orientierungssystem, das aus spezifischen Symbolen, sogenannten Kulturstandards, gebildet wird und das Wahrnehmen, Denken, Werten und Handeln der Mitglieder der jeweiligen Kultur beeinflusst und steuert. Die Kulturstandards, also alle Arten von Wahrnehmen, Denken, Werten und Handeln innerhalb eines kulturspezifischen Orientierungssystems, werden von den Mitgliedern der jeweiligen Kultur als normal, selbstverständlich, typisch und verbindlich angesehen (Thomas 2003).

Dieser Zugang bietet zahlreiche Anschlussmöglichkeiten (z. B. auch an den hier vorliegenden Kontext „Organisationstheorie"), weil hierdurch kollektive Verhaltensmuster, Verhaltenserwartungen, Einstellungsmuster usw., wie sie sich in allen Gruppenzusammenhängen, z. B. in Organisationen (Organisationskultur), in Familien (Familienkultur), in Jugendgruppen (Jugendkultur) finden, verständlich und bewusst gemacht werden können. Ethnische bzw. Nationalkulturen sind nur ein (möglicherweise der unschärfste) Teil der jeweils eigenen Kollektividentitäten. Das jährliche Weihnachtsfest ist Teil (nicht nur) der deutschen Kollektividentität. Wie das Weihnachtsfest aber begangen wird, im Betrieb, in der Familie, in der Jugendgruppe kann recht unterschiedlich sein.

Menschen in heutigen Gesellschaften sind immer Teil verschiedener kultureller Orientierungssysteme (Berufsgruppe, Generation, Region, Familie, Nationalität usw.). Deshalb spricht man hier von einem erweiterten Kulturbegriff. Gleichzeitig sind Kulturen in ständigem Wandel, sie sind nicht homogen, sondern dynamisch und veränderbar. So ändern sich Familienkulturen von Generation zu Generation, ebenso wie sich Organisationskulturen ändern (müssen). Gleiches gilt für größere kulturelle Zusammenhänge. Im Sinne des Sozialphilosophen Wolfgang Welsch lässt sich konstatieren, dass Kulturen heute nicht mehr als voneinander abgegrenzte Inseln aufgefasst werden können, sondern gekennzeichnet sind von

Durchdringung und Vernetzung (Welsch 1996, 276). Ziel interkultureller (Lern-)Prozesse ist letztlich die Anerkennung und die Fähigkeit zum konstruktiven Umgang mit dieser Vielfalt.

Das (individuelle) Gefühl, Teil einer Kultur zu sein, konstituiert sich dadurch, dass sich Individuen in spezifischen kulturellen Bedeutungssystemen zurechtfinden. Z. B. kennt man nach einer bestimmten Zeit die Spezifika einer Organisationskultur, man kennt Abläufe, Strukturen, Erwartungen aber auch Organisationrituale. Gleichzeitig bringt man durch Teilnahme an diesen Abläufen, durch entsprechende Handlungen die (Organisations-)Kultur auch wieder hervor. In diesem Sinne ist Kultur sowohl verinnerlichte Struktur (Habitus) als auch durch bzw. in Strukturen sichtbar gewordene (objektivierte) Haltung und Einstellungsmuster.

Und so besteht, analog zu den für Organisationen beschriebenen äußeren und inneren Systemiken, Kultur als Orientierungssystem aus (äußerlich) sichtbaren Standards (z. B. Handlungen, Kleidung, Sprache) und nicht sichtbaren Standards (z. B. Werte, Empfindung). Die meisten dieser Standards sind unbewusst und verinnerlicht (oftmals in der frühen Sozialisation also im frühkindlichen Alter, man spricht hier von Enkulturation). Durch den Prozess der Enkulturation wird der Mensch zum gesellschaftlichen Wesen und findet sich in dem spezifischen Orientierungssystem (Kultur) zurecht, deren Standards er erlernt hat. Diese erlernten Standards werden dabei als „natürlich", „selbstverständlich" und „normal" angesehen, Abweichungen hingegen als „befremdlich", „irritierend" und „falsch" wahrgenommen. Diese Art und Weise, die Welt durch die eigene „kulturelle Prägung" wahrzunehmen, wird als „Kulturzentrismus" bezeichnet.

Kultur meint also die Wahrnehmungs-, Denk- und Handlungsschemata, mit denen Menschen sich in kollektiven Zusammenhängen orientieren. Kultur stellt Handlungserwartungen zur Verfügung („Wie haben meine Angestellten zu reagieren, wenn ich als Leitung eine Anweisung gebe?", „Wie habe ich als Angestellter auf Anweisungen zu reagieren?", „Wie habe ich mich auf der Weihnachtsfeier zu verhalten?", aber auch – zumeist unbewusst – „Wie habe ich mich bei einer Begrüßung zu verhalten?"). Zu Irritationen und Konflikten kann es dort kommen, wo Handlungserwartungen nicht entsprochen wird. Ein Grund dafür können unterschiedliche Kulturstandards sein. So können beispielsweise Beratungsansätze in „Sozialen Diensten für Migranten", die auf Erarbeitung von Lösungen durch Selbstreflexion abzielen, für einen Teil des Klientels als Inkompetenz wahrgenommen werden (Gaitanides zit. n. Kulbach 2009, 131).

Konflikte, die durch das Aufeinandertreffen unterschiedlicher Kulturstandards entstehen, nennt man interkulturelle Konflikte. Da die Beteiligten an solchen Konflikten ihre verinnerlichte Haltung, also ihre Standards, als selbstverständlich und normal ansehen, ist eine konstruktive Konfliktlösung oft schwierig. Eine (meist negative) Bewertung fremder Standards erfolgt dadurch, dass sie immer aus der eigenen Normalitätsvorstellung heraus vorgenommen wird. Fremde Standards werden deshalb immer als „nicht normal", „falsch" oder gar „unangenehm" aufgefasst. „Probleme in der interkulturellen Verständigung entstehen nicht allein durch die Konfrontation mit Unbekanntem, sondern durch die Einordnung, Interpretation und Bewertung des Fremden nach den eigenkulturellen Erwartungsstrukturen" (Grosch/Leenen 2000, 32). Interkulturelle Lern- und Aushandlungsprozesse setzen an der Bewusstmachung (der Wirkung) eigener Standards, der Bewusstmachung des eigenen Kulturzentrismus und im Weiteren an der Überwindung einer kulturzentristischen Perspektive an. In diesem Sinne ist interkulturelles Lernen ein Prozess, „in dessen Verlauf sich der Umgang mit eigener und fremder Kultur verändert" (a. a. O. 2000, 37), um letztlich „flexible und wechselseitig befriedigende interkulturelle Interaktionen" zu ermöglichen (a. a. O. 2000,

42)[11]. Bloßer Umgang zwischen unterschiedlich enkulturierten Personen (Kulturkontakt) reicht dabei nicht aus, so die einhelligen Befunde (a. a. O. 2000, 30). Vielmehr sind Lernarrangements (z. B. Interkulturelle Kompetenztrainings) notwendig, um kulturzentristische Haltungen zu überwinden. Diese Trainings sind wesentlicher Baustein interkultureller Öffnung in Organisationen, da sie an der Haltung der beteiligten Personen, der personalen Ebene bzw. der inneren Systemik ansetzen.

Darüberhinausgehende Maßnahmen zur Initiierung interkultureller Aushandlungsprozesse müssen in hohem Maße an den Strukturen (z. B. von Organisationen) ansetzen, da Kultur (z. B. Organisationkultur) sowohl aus Habitus im Sinne verinnerlichter Struktur als auch aus Strukturen sichtbar gewordener (objektivierter) Haltungen besteht. So bilden Organisationen gerade vor dem Hintergrund bzw. im Zusammenhang mit Interkulturalität strukturelle Exklusionsmechansimen. Diese werden im letzten Abschnitt skizziert.

Zunächst soll aber das Zusammenwirken von gesellschaftlichen Strukturbedingungen und innerer Haltung gerade vor dem Hintergrund von Migration und Interkulturalität aufgezeigt werden, auch um spezifische Widerständigkeiten zu verdeutlichen, die sich aus Veränderungsaufforderungen im Kontext von Interkulturalität ergeben.

3.9   Widerständigkeiten

Um also das Zusammenspiel von (gesellschaftlichen) Strukturbedingungen und „innerer Systemik", also der personalen Logik, zu verstehen, die Veränderungsaufforderungen potenziell entgegenwirken können, ist abermals ein Rückgriff auf die Dynamiken moderner Gesellschaften hilfreich, die als „innere Ordnung" im sozialen Zusammenleben Gesellschaft und Individuum in ein Verhältnis setzen.

Analog zu den für arbeitsteilige Organisationen beschriebenen Rollen, Zuständigkeiten und Hierarchien (Arzt, Pfleger) gibt es in der Gesellschaft Positionen, Relationen, letztlich Hierarchien, die „Machtverhältnisse" darstellen und als legitim angesehen werden. Entscheidend für diese Machtverhältnisse oder Positionen im sozialen Raum ist die Teilhabe an gesellschaftlichen Werten, an Kapitalen, die „ungleich verteilt" und aufgrund „ihrer Knappheit von hohem Wert sind" (Nassehi, Nollmann 2004, 11). Im Anschluss an Pierre Bourdieu sind es in modernen Gesellschaften vor allem ökonomisches Kapital (materielle Güter/Einkommen/Vermögen), kulturelles Kapital (Bildung/Bildungsabschlüsse) und soziales Kapital (z. B. Beziehungen). Die Verfügbarkeit über ökonomisches Kapital und Bildungska-

---

11   Hierzu schlagen Grosch und Leenen (2000) folgende Schritte vor:
- Akzeptanz der generellen menschlichen Kulturgebundenheit.
- Fähigkeit fremdkulturelle Muster als fremd zu erkennen, ohne diese sofort positiv oder negativ bewerten zu müssen.
- Fähigkeit eigenen Kulturstandards zu identifizieren und ihre Wirkung auf anderskulturell sozialisierte Menschen abschätzen zu können.
- Wissen über fremde Kulturen erweitern.
- Entwickeln von Respekt und Verständnis für fremdkulturelle Verhaltensmuster.
- Erweitern der eigenen kulturellen Optionen.
- Fähigkeit mit kulturellen Regeln flexibel umzugehen.
- Selektive Übernahme fremder Kulturstandards.
- Fähigkeit zwischen verschiedenen kulturellen Optionen zu wählen.

pital entscheidet maßgeblich über die Rolle und Stellung im gesellschaftlichen Raum. Diese werden in gesellschaftlichen Organisationsbereichen (Schule, Arbeitsmarkt) strukturell hervorgebracht und reproduziert. So werden „Rollen im modernen Schichtungssystem" organisatorisch rationalisiert (Hasse, Krücken 2005, 10).

Ein Vermögensmillionär hat aufgrund des für ihn verfügbaren Kapitals eine bestimmte Stellung im sozialen Raum, gleiches gilt für Universitätsprofessoren, die über ein hohes kulturelles Kapital verfügen. Die hieraus resultierenden sozialen Verhältnisse werden als Habitus, also als Wahrnehmungs-, Einstellungs-, Denk- und Handlungsmuster inkorporiert, also verinnerlicht. Als Habitus verinnerlicht werden z. B. ästhetische Empfindungen („ein guter Wein"), politische Meinungen („liberal") oder z. B. ein spezifisches Freizeit- oder Konsumverhalten („Golfspielen"), die die jeweilige gesellschaftliche Stellung „repräsentieren". Gesellschaftliche Verhältnisse, Relationen werden als individuelle Denk-, Wahrnehmungs- und Handlungsweisen „habitualisiert", der Habitus ist „verinnerlichte Struktur" (a. a. O. 2005, 92).

Menschen befinden sich also im sozialen Raum in Relationen zueinander, oder im Sinne von Norbert Elias, in Verhältnissen fortlaufender und wechselseitiger Verflechtungen, in Beziehungs- bzw. sogenannten Interdependenzgeflechten (Treibel 2008a, 18), die sich, ebenso wie die gesellschaftliche Realität, permanent verändern und in „Feinen Unterschieden" (Bourdieu) sichtbar werden.

Aufgrund der „rationalen" Verfasstheit moderner Gesellschaften und ihrer Organisation(en) haben zumindest der Idee nach alle Mitglieder einer Gesellschaft die gleichen Rechte auf Partizipation. Gesellschaftliche Verhältnisse, Prestige und Macht hängen nicht wie in vormodernen Gesellschaften von Herkunft und Vererbung ab, sondern von „rationalen Kriterien", genauer der eigenen Leistung. Ob Frau oder Mann, ob evangelisch oder katholisch, ob vom Land oder aus der Stadt, Ost oder West, jeder hat das gleiche Recht auf organisationale und gesellschaftliche Partizipation – sofern die eigene Leistung stimmt.

Vor dem Hintergrund von Veränderungen, wie sie im Kontext von Interkulturalität Kennzeichen aller moderner Gesellschaften sind, kommt nun aber eine weitere „gesellschaftliche Positionszuschreibung" hinzu, die man – wie die Untersuchungen von Norbert Elias gezeigt haben – „zwischen Gruppen von Neuankömmlingen, Zuwanderern, Ausländern und Gruppen von Alteingesessenen überall auf der Welt entdecken" kann (Elias, Scotson 1993, 247). Dieses Verhältnis von „Etablierten und Außenseitern", wie Elias/Scotson es nennen, greift nun nicht mehr auf „rationale" Kriterien moderner Gesellschaften zurück, sondern auf Phänomene der sogenannten Unterschichtung bzw. neofeudaler Absetzungen. Unterschichtung meint, dass Zugewanderte (Außenseiter) im Schichtungssystem der Einwanderungsgesellschaft vorwiegend untere Positionen einnehmen und es so zur Bildung einer neuen sozialen Schicht kommt (Treibel 2008, 80f.). Im Gegenzug kommt es zum sozialen und finanziellen Aufstieg der Einheimischen, sie besetzen die gesellschaftlich höheren Positionen und schreiben den ethnisch fremden Gruppen die tiefen Positionen zu.

Dieses Phänomen trifft man überall dort an, wo hohes ökonomisches oder hohes kulturelles Kapital von Zugewanderten auf Verwunderung, Irritation oder Ablehnung stößt („Wie können die sich das bloß leisten?", „Alle Achtung, dass Sie als Ausländer das geschafft haben."). Hier enthalten moderne Gesellschaften ein traditionelles Element, das als neofeudale Absetzung bezeichnet wird.

Besonders relevant wird diese Absetzung, wenn es in Gesellschaften zu ökonomischen Schieflagen kommt (z. B. hohe Arbeitslosigkeit/Wirtschaftskrise). So führt, wie z. B. auch Wilhelm Heitmeyer in Langzeitstudien (zuletzt 2010) nachweisen konnte, die Angst (der Einheimischen) vor drohendem Abstieg zur Abgrenzung nach unten: Wenn auf die „rationalen/legitimen" Kriterien der „modernen/kapitalistischen" Gesellschaften (Qualifikation, Leistung) nicht zurück gegriffen werden kann, kommt es zum Zugriff auf das Kriterium der ethnischen Zugehörigkeit. Dittrich/Radtke sprechen hier von der Ethnisierung bzw. Kulturalisierung von sozialen Problemen. Durch diese ethnische Abgrenzung werden gesellschaftliche Konfliktlinien von dort, wo sie verlaufen bzw. ursächlich anzusiedeln wären, z. B. entlang der Klassenunterschiede (Bürgerliche/Arbeiter), zwischen Etablierte (Einheimischen) und vermeintlichen Außenseitern (Zugewanderten) verschoben.

Das anomische Potenzial, also z. B. soziale Schieflagen, Arbeitslosigkeit usw., bleibt allerdings bei dieser neofeudalen Absetzung vorhanden. Leistungen werden zwar von den Zugewanderten eingefordert (z. B. Bildungsanstrengungen, Integrationsleistungen etc.), Aufstiegsorientierung bzw. tatsächlich erfolgter Aufstieg bzw. tatsächlich erfolgte „Eingliederung" hingegen nicht goutiert, nicht gutgeheißen.

In der medialen Öffentlichkeit wurde die „Deutsche Fußballnationalmannschaft" zur Weltmeisterschaft 2010 als „Mulitkulti-Truppe" und als Sinnbild für die neue Offenheit Deutschlands gefeiert. Kurz darauf fand die, mit nachweislich falschen Zahlen (Foroutan 2010) untermauerte These „Deutschland schaffe sich ab" millionenfachen Absatz auf dem Bestsellermarkt (Sarrazin 2010). Da halfen auch die zahlreichen „prominenten Migranten" nicht, die versuchten, ein „anderes Bild" von dieser gesellschaftlich markierten Gruppe „Migranten" aufzuzeigen. Diese werden als Ausnahmen wahrgenommen, da die eigentliche zugewanderte Mehrheit einer spezifischen gesellschaftlichen Schicht zugeordnet wird. Diese Zuordnung geschieht abermals auch auf Grundlage „Feiner Unterschiede" wie Sprache (z. B. Akzent), Kleidungsstandards (z. B. Kopftuch) oder Aussehen (z. B. südländisch).

Durch neofeudale Schichtung, also der Festlegung auf ethnische Zugehörigkeit, werden somit gesellschaftliche Positionen legitimiert. Komplementär findet in diesem Beziehungsgeflecht ein Prozess bei den Zugewanderten statt, nämlich die Akzeptanz des Schichtungssystems der Einwanderungsgesellschaft: „Mit der Zeit verinnerlichen die Neuankömmlinge das schlechte Image, das ihnen die Etablierten aufdrückten; sie blieben Außenseiter und nahmen sich selbst als Außenseiter wahr" (Treibel 2008a, 81). Erst mit dieser Reaktion sind die Grundlagen einer neofeudalen Gesellschaft geschaffen. Die dargestellten „Feinen Unterschiede", die zur Unterscheidung von Etablierten und Außenseitern letztlich zur Konstruktion von Fremdgruppen beitragen, können besonders gut in den Strukturen aber auch Alltagshandlungen von bzw. in Organisationen aufgezeigt werden.

3.10   Organisationstheoretische Rückschlüsse

Die dargestellten Aspekte der Unterschichtung und neofeudalen Absetzung können als strukturelle, institutionelle und alltagsbedingte Ausgrenzung auf organisationaler Ebene aufgezeigt werden. Gemeint ist jene organisationale „Ungleichbehandlung bzw. Diskriminierung von Menschen", die rational erklärt und legitimiert wird, obwohl „die Gesellschaft von der prinzipiellen Gleichheit aller Menschen ausgeht" (Rommelspacher 2009, 26). Hierbei besitzen Organisationen neben ihren „sichtbaren" Anteilen (formale Entscheidungsebene, Personalstruktur usw.) immer auch einen „Sub-Text", der ihre Prozesse durchzieht und zu Widersprüchen im organisationalen Umgang mit Interkulturalität führt. Dieser „Sub-Text" stabilisiert Positionen, Relationen und Hierarchien und ist eine wesentliche Ursache für die Entstehung und Etablierung von sozialen Ungleichheiten (auch) im Zusammenhang mit Interkulturalität. Gemeint ist die „Legitimation ökonomischer, politischer und kultureller Dominanzverhältnisse mithilfe ‚naturalisierter Gruppenkonstruktionen'". Hierdurch werden „bestimmte Gruppen vom Zugang zu materiellen und symbolischen Ressourcen" ausgeschlossen, um „der ausschließenden Gruppe einen privilegierten Zugang zu sichern" (a. a. O. 2009, 25f.).

Zur Legitimation von gesellschaftlichen Hierarchien, die auf der Diskriminierung von als fremd angesehenen bzw. konstruierten Gruppen basieren, entwickeln Systeme bzw. Organisationen strukturelle und institutionelle Strategien, die als Exklusions- also Ausgrenzungsmechanismen wirken, sofern nicht anders lautende „Entscheidungen" in die entsprechenden Organisationen implementiert werden.

Strukturelle Strategien sind dabei z. B. Rechtsvorstellungen und Bestimmungen, die bestimmte Gruppen ausschließen. Dies geschieht bei Ausschreibungen, die eine bestimmte Konfessionszugehörigkeit oder Staatsangehörigkeit fordern („Die Zugehörigkeit zur christlichen Glaubensgemeinschaft wird erwartet."). Institutionelle Strategien sind Strukturen von Organisationen, feste Gewohnheiten, etablierte Wertvorstellungen (z. B. die Auswahl der Fest-/Feiertage/Kleiderordnung). Schließlich kommen Strategien der Ausgrenzung auch auf personaler Ebene z. B. in persönlichen Einstellungen und Handlungen zum Ausdruck.

Entscheidend ist, dass diese verschiedenen Mechanismen zusammenwirken (Haltung und Struktur) und Unterscheidungslinien erzeugen, die die jeweiligen Organisationen ebenso wie die Gesellschaft durchziehen. Diese Unterscheidungs- bzw. Segregationslinien werden durch die „Markierung als Fremdgruppe" erzeugt und führen letztlich dazu, dass Menschen unterschiedliche Bedeutungen (kulturelle Segregation), unterschiedliche Rechte [politische Segregation] und unterschiedliche Chancen (ökonomische Segregation) in Organisationen und in der Gesellschaft haben.

Die Markierung der „Fremdgruppe" geschieht dabei – in Anschluss an Rommelspacher – in vier Schritten. Zunächst werden soziale und kulturelle Differenzen (Relationen) zwischen Menschen als „Wesenseigenschaften" unveränderlich dargestellt, sie werden naturalisiert („So sind die halt, die Südländer, das liegt denen im Blut."). Die so markierte Gruppe wird weiterhin als homogen zusammengefasst („Wir haben viele türkische Kinder in der Klasse, deshalb ist es immer so unruhig.") (Homogenisierung). Die als homogen konstruierten Merkmale werden darüber hinaus in einen Gegensatz zur eigenen Mehrheitsgruppe konstruiert („Unsere deutschen Kinder werden dadurch auch ganz unruhig.") (Polarisierung) und schließlich in eine Rangordnung gebracht („Ruhe muss sein") (Hierarchisierung).

Die Unterscheidung zwischen „Wir und Ihr", zwischen „Freund und Feind", wie Zygmunt Bauman es nennt, zeigt sich z. B. in sogenannten Identifikationsritualen wie den Fragen: „Woher kommen Sie?" „Wie macht man denn das so bei Ihnen?". Ein Anrufer beim Jugendradio vom RBB mit dem Namen Birol wurde gefragt, ob dies ein Phantasiename sei, er legte empört auf. Gleichzeitig kommt es zur Marginalisierung, zum „unwichtig Machen der ‚Anderen'". In welcher Organisation, sei es eine Schule oder das Bürgeramt, weiß man schon, wann Bayram (hohes islamisches Fest) ist? So werden „Themen, die die „Anderen" betreffen, kaum beachtet, es sei denn, sie dienen der Problematisierung der „Anderen" und ihrer Ausgrenzung". „Prestige besitzt, wer dazugehört". Für die „Markierten" bleibt am Ende die Erkenntnis: „Du kannst machen, was du willst, du wirst nie dazugehören" (Rommelspacher 2009). Die Stabilisierung und Ritualisierung von Exklusion geschieht also durch das Zusammenwirken von strukturellen, institutionellen und alltagsritualisierten Unterscheidungsstrategien, durch Markierung als Fremdgruppe und Marginalisierung.

3.11   Zusammenfassung

Moderne Gesellschaften weisen eine für sie spezifische Struktur auf: Sie sind funktional differenziert, d.h. unterschiedliche Funktionssysteme übernehmen unterschiedliche Aufgaben und Funktionen für Gesellschaft und Individuen. Diese arbeitsteilige Differenzierung manifestiert sich in konkreten Organisationen, die für ihre jeweiligen Funktionen notwendige Strukturen entwickeln. Entsprechend ihrer Aufgaben und Funktionen operieren Organisationen auf Grundlage ihrer jeweils eigenen Rationalitätslogiken. Sie treffen Entscheidungen zweckrational. Organisationen, als soziale Systeme verstanden, unterscheiden sich durch ihre zweckrationale Ausrichtung und ihre jeweilige „äußere" Formalstruktur von ihrer Umwelt bzw. von anderen Organisationen. Daraus folgt auch, dass sich Organisationen auf der Formalebene immer notwendigerweise stabilisieren müssen. Gleichzeitig befinden sich moderne Gesellschaften u.a. durch Zu- und Abwanderung, technologische Veränderungen, Internationalisierung und Globalisierung, transnationale Vernetzungen immer im Wandel. Organisationen müssen, wollen sie dauerhaft bestehen, Wandlungen verarbeiten.

Organisationen, die Wandlungsimpulse gezielt und fortlaufend in ihre Struktur einbauen, nennt man „Lernende Organisation". Dabei gehen Organisationstheorien davon aus, dass, wann immer Organisationen lernen, es Menschen sind, die lernen. Auf dieser zweiten personalen Ebene, auf der Organisationen im vorliegenden Kontext beschrieben wurden, bestehen sie aus Menschen mit ihren jeweils eigenen Zielen, Ängsten und Bedürfnissen. So stabilisieren auch Personen Organisationsstrukturen, in dem sie, z. B. um Besitzstand, Positionen oder Gewohnheiten zu bewahren, Wandlungsaufforderungen nicht umsetzen. Umgekehrt kann Wandlung nur durch ein Zusammenspiel von Formal- und Personalebene wirksam werden. Diese Wechselwirkung äußerer und innerer Systemik (Formal- und Personalebene) ist dadurch komplex, dass Prozesse oftmals unbewusst bzw. „nicht sichtbar" ablaufen. Man spricht auch von verinnerlichter Struktur (z. B. Habitualisierung von Rollenmustern/Hierarchien). Dies gilt es bei der Initiierung von organisationalem Wandel zu berücksichtigen.

Organisationen können von außen verändert werden, indem man neue Entscheidungsmodalitäten implementiert. Dies ist z. B. bei Genderquoten in öffentlichen Ausschreibungen der Fall, wenn Frauen bei gleicher Qualifikation bevorzugt werden. Eine analoge Quote, wonach „Migranten bei gleicher Qualifikation bevorzugt werden", könnte hingegen bei Belegschaften in Betrieben oder Organisationen bzw. in der dominanten Mehrheitsgesellschaft zu Widerständen führen. Hier gilt das organisationstheoretische Motto: Man kann ein System nicht gegen seine innere Logik führen, bzw. man muss Mitglieder einer Organisation bei Entscheidungen „mitnehmen" und Gründe für Entscheidungen transparent machen. Hierzu würde (ebenso wie der Umstand, dass der ca. fünfzigprozentige Anteil von Frauen in der Gesellschaft, in gesellschaftlichen Organisationen repräsentiert sein muss) ein betriebliches bzw. gesellschaftliches Bewusstsein gehören, dass zwanzig Prozent der Bevölkerung, also jeder fünfte, – in der jüngeren Altersgruppe jeder dritte – einen Migrationshintergrund besitzt, dies sich in relevanten gesellschaftlichen Organisationsfeldern hingegen nicht widerspiegelt. Dieser Aspekt (Inklusion/Exklusion aufgrund ethnisch/kultureller Heterogenität) wurde hier als interkulturelle Thematik behandelt, eine Thematik, die einen wesentlichen gesellschaftlichen Aushandlungsprozess in allen globalisierten modernen Gesellschaften darstellt. Dabei ist Interkulturalität – also ein konstruktiver Aushandlungsprozess zwischen den Menschen mit unterschiedlichen Handlungs-, Denk- und Orientierungsmustern, bzw. ein konstruktiver und für alle Seiten befriedigender Umgang mit einer für heutige Gesellschaften obligatorischen Vielheit von Lebens- und Einstellungsmustern – nicht durch bloßes Nebeneinander oder nur auf Basis von Quotenregelungen zu erreichen. Interkulturelle Kompetenz erfordert interkulturelles Lernen. Dieser Prozess ist als Kernkompetenz in der heutigen Gesellschaft Teil interkultureller Öffnungsbestrebungen und Öffnungsnotwendigkeiten in Organisationen. Interkulturelle Öffnung in Lernenden Organisationen heißt somit auch Interkulturelle Fort- und Weiterbildungsangebote in Organisationen zu implementieren. Dies gilt verstärkt vor dem Hintergrund der dargestellten Etablierten-Außenseiterproblematik und den hieraus resultierenden Ängsten und Widerständigkeiten.

Die gesellschaftlichen Aushandlungsprozesse finden statt. Organisationen, die diese Impulse konstruktiv verarbeiten, werden am ehesten in der Lage sein, sich in dieser wandelnden Situation wieder zu stabilisieren. Organisationen, die diese Impulse hingegen ignorieren, werden – gemäß dem Diktum „Wer zu spät kommt, den bestraft das Leben" – entweder von einem relevanten Teil der Gesellschaft abgekoppelt oder durch andere Organisationen ersetzt. Aus der Gesellschaft heraus müssen Entscheidungsmodalitäten in Organisationen implementiert und gleichzeitig ein Bewusstsein über Notwendigkeiten, Selbstverständlichkeiten und positive Effekte dieser Entscheidungen erzeugt werden. Die Gesellschaft entscheidet über den Umgang mit Interkulturalität. Die Art und Weise, wie Interkulturelle Öffnung in allen gesellschaftlich relevanten Organisationen gelingt und wie in Organisationen mit Interkulturalität umgegangen wird, entscheidet aber auch über die Zukunft der Gesellschaft.

3.12   Vertiefungsaufgaben und -fragen

1. Welche Bedeutung haben Organisationen für die Gesellschaft, worin liegt der Zusammenhang zwischen moderner Gesellschaft und Organisation?
2. Was ist eine Organisation, auf welchen „Ebenen" können Organisationen beschrieben werden?
3. Wie ist die Gesellschaft als sozialer Raum „organisiert"? Wie stehen Menschen innerhalb der Gesellschaft in Beziehungen zueinander?
4. Was kann unter Interkulturalität verstanden werden, welche Faktoren führen zu interkulturellen Veränderungsnotwendigkeiten?
5. Wie stabilisieren sich Verhältnisse bzw. wie verändern sich gesellschaftliche Hierarchien und Beziehungen (Relationen)?

3.13   Literatur

Arnold, R. (2007): Einführung in die systemische Pädagogik. Vorlesung an der TU Kaiserslautern. Auditorium Netzwerk, Mühlheim Baden.

Auernheimer, G. (2007): Einführung in die Interkulturelle Pädagogik. Darmstadt.

Bourdieu, P. (1982): Die Feinen Unterschiede –Kritik der gesellschaftlichen Urteilskraft. Frankfurt a.M.

Bourdieu, P. (1976): Entwurf einer Theorie der Praxis. Suhrkamp, Frankfurt a.M.

Bourdieu, P. (1998): Praktische Vernunft. Frankfurt a.M.

Brüsemeister, T. (2008): Bildungssoziologie – Einführung in Perspektiven und Probleme. Wiesbaden.

Bundesregierung (2007): Der Nationale Integrationsplan. Berlin.

Dittrich, E. und F.-O. Radtke (1990): Der Beitrag der Wissenschaft zur Konstruktion ethnischer Minderheiten, in Ethnizität, Wissenschaft und Minderheiten. Opladen.

Elias, N. (1981): Über den Prozess der Zivilisation, 2 Bd. Frankfurt a. M.

Elias, N. und J. Scotson (1993): Etablierte und Außenseiter. Frankfurt a. M.

Focali, E. (2011): Organisation. In: Griese, C. und H. Marburger [Hrsg.] 2011: Bildungsmanagement – Ein Lehrbuch. München.

Focali, E. (2007): Pädagogik in der globalisierten Moderne. Ziele, Aufgaben und Funktion von Pädagogik im Spannungsfeld von Globalisierung und Regionalisierung. Münster.

Focali, E. (2009): Sprachen und Kulturen sichtbar machen – Interkulturelle Bildungsarbeit mit Kleinstkindern. Troisdorf.

Foroutan, N. [Hrsg.] (2010): Sarrazins Thesen auf dem Prüfstand – Ein empirischer Gegenentwurf zu Thilo Sarrazins Thesen zu Muslimen in Deutschland, Universitätsbibliothek der Humboldt-Universität zu Berlin, Berlin.

Greving, H. (2008): Management in der Sozialen Arbeit. Bad Heilbrunn.

Griese, C. und H. Marburger [Hrsg.] (2011): Bildungsmanagement – Ein Lehrbuch. München.

Grosch, H. und W. Leenen (2000): Bausteine zur Grundlegung interkulturellen Lernens in Interkulturelle Bildung. Bundeszentrale für Politische Bildung, Bonn.

Groth, T. und A. Nicolai (2002): Klassiker der Organisationsforschung (1) James G. March, Organisationsentwicklung. In: Zeitschrift für Organisationsentwicklung, Heft 4-02.

Hamburger, F. (2009): Abschied von der Interkulturellen Pädagogik – Plädoyer für einen Wandel sozialpädagogischer Konzepte. Weinheim München.

Hasse, R. und G. Krücken (2005): Neo-Institutionalismus. Bielefeld.

Heitmeyer, W. (2010): Deutsche Zustände: Folge 9. Berlin.

Jones, G. und R. Bouncken (2008): Organisation. Theorie, Design und Wandel. München.

Kieser, A. und H. Kubicek (1978): Organisationstheorien. Kohlhammer, Stuttgart.

Kieser, A. (1995): Organisationstheorien, 3. Aufl. Stuttgart.

Kulbach, R. (2009): Organisation und Verankerung interkultureller Arbeit in sozialen Einrichtungen. In: Zacharaki, I., Eppenstein, T. und M. Krummacher: Interkulturelle Kompetenz vermitteln, vertiefen, umsetzen – Theorie und Praxis für Aus- und Weiterbildung. Schwalbach.

Kuper, H. (2009): Organisationen im Erziehungssystem. In: Zeitschrift für Erziehungswissenschaften, Ausgabe 1/2001.

Luhmann, N. (1997): Gesellschaft der Gesellschaft, 2 Bde. Frankfurt a.M.

Luhmann, N. (2006): Organisation und Entscheidung, 2.A.. Wiesbaden.

Luhmann, N. (2004): Schriften zur Pädagogik. Frankfurt a.M.

March, J. [Hrsg.] (1990): Entscheidungen und Organisation: kritische und konstruktive Beiträge, Entwicklung und Perspektiven. Wiesbaden.

Nassehi, A. und G. Nollmann [Hrsg.] (2004): Bourdieu und Luhmann – Ein Theorievergleich; Frankfurt a. M.

Rommelspacher, B. (2009): Was ist eigentlich Rassismus? In: Melter, C. und P. Mecheril [Hrsg.]: Rassismuskritik Bd. 1. Schwalbach/Ts.

Sanders, K. und A. Kianty (2006): Organisationstheorien – Eine Einführung. Wiesbaden.

Schreyögg, Georg [Hrsg.] (1999): Organisation und Postmoderne. Grundfragen-Analysen-Perspektiven. Wiesbaden.

Seitz, K. (2002): Bildung in der Weltgesellschaft, Gesellschaftstheoretische Grundlagen Globalen Lernens. Hannover.

Stark, C. und C. Lahusen (2002): Theorien der Gesellschaft. Einführung in zentrale Paradigmen der soziologischen Gegenwartsanalyse. München/Wien.

Terhart, E. (2001): Die Veränderung pädagogischer Organisationen. In: Liebau, E. & Schuhmacher-Chilla, D. und C. Wulf [Hrsg.] (2001): Anthropologie pädagogischer Institutionen. Weinheim.

Terkessidis, M. (2010): Interkultur. Berlin.

Thomas, A. (1993): Kulturvergleichende Psychologie. Eine Einführung. Göttingen.

Treibel, A. (2008): Die Soziologie von Norbert Elias: Eine Einführung in ihre Geschichte, Systematik und Perspektiven. Wiesbaden.

Treibel, A. (2008): Migration in modernen Gesellschaften. Weinheim.

Weber, M. (1976): Wirtschaft und Gesellschaft. Grundriss der Verstehenden Soziologie. Tübingen.

Weick, Karl (1985): Der Prozess des Organisierens. Suhrkamp, Frankfurt a.M.

Welsch, W. (1996): Grenzgänge der Ästhetik. Stuttgart.

Zacharaki, I., Eppenstein, T. und M. Krummacher (2009): Interkulturelle Kompetenz vermitteln, vertiefen, umsetzen – Theorie und Praxis für Aus- und Weiterbildung. Schwalbach.

4 Strategien und Instrumente der Organisationsentwicklung zur Interkulturellen Öffnung

Tim Hagemann und Susanne Vaudt

4.1 Organisationsentwicklung als Brücke zwischen interkultureller Orientierung und Öffnung

Wie Focali im vorausgegangenen Lehrbuchartikel beschreibt, bezieht sich die Interkulturelle Öffnung einer Organisation stets auf einen Wandel von Organisationsstrukturen, der durch Migrations- und Internationalisierungsprozesse notwendig geworden ist. Die Thematik organisationalen Wandels bildet innerhalb der Organisationstheorie einen eigenen Zweig: Nachdem unter wissenschaftlicher Begleitung in den 1950er Jahren erste Unternehmen wie ESSO mit dem Training von Gruppen statt Individuen zur Durchsetzung organisationaler Veränderungen begannen, ist die Organisationsentwicklung (OE) spätestens seit den 1970er Jahren anerkannter Zweig der angewandten Verhaltenswissenschaften (Schreyögg 2000, 499). Durch Verwendung von Ansätzen der Aktionsforschung und Gruppendynamik – insbesondere mit Erkenntnissen aus der Kleingruppenforschung – initiiert und fördert OE als geplante Form organisationalen Wandels organisationsweite Entwicklungs- und Veränderungsprozesse. Im Folgenden werden die Begriffe „Organisation" und „Unternehmen" synonym verwendet[12].

OE als systematischer Veränderungsprozess verbindet dabei einen Ausgangs- mit einem Zielpunkt: Den strategischen Ausgangspunkt für die Interkulturelle Öffnung eines Unternehmens bildet seine interkulturelle Orientierung (siehe Abb. 4.1). Damit verknüpft sich die Unternehmensvision von Chancengleichheit und sozialer Gerechtigkeit, für Menschen aller Kulturen offen zu sein. Sowohl im Hinblick auf den Status „Migrant/in[13] als Kunde" als auch für den Status „Migrant/in als Mitarbeiter" ist für ein Unternehmen, das sich „interkulturell überholen" will, zunächst die Erforschung des Ist-Zustandes wichtig: „Wie ist die Verteilung von Personen mit unterschiedlichen Hintergründen in der Organisation? Welche Personen kommen gar nicht […] vor? Gibt es ein Bewusstsein für solche Schieflagen? Welche An-

---

[12] Dies impliziert keine Eingrenzung der OE auf klassische Handels- oder Industriebetriebe: Vielmehr umfasst der hier gewählte Unternehmensbegriff die gesamte Bandbreite öffentlicher und privater bzw. gemeinwirtschaftlich sowie gewerblich ausgerichteter Unternehmen als wirtschaftlich und rechtlich selbstständig handelnde Einheiten.

[13] Der Begriff Migranten umschreibt in diesem Aufsatz auch Menschen, die zwar in Deutschland geboren sind, aber durch ihre Eltern eine Zuwanderungsgeschichte bzw. einen Migrationshintergrund mitbringen.

nahmen haben die Mitarbeiter über die Gründe für die Schieflagen? In welchen Gründen verstecken sich die tatsächlichen Gründe für die ungleiche Verteilung?" (Terkessides 2010, 143).

Interkulturelle Öffnung ist dann als Konsequenz interkultureller Orientierung zu verstehen. Als Zielpunkt für Organisationen, die eine Interkulturelle Öffnung anstreben, lässt sich in Anlehnung an Fischer (2004, 14) grundsätzlich die Beseitigung von Zugangsbarrieren für Migranten definieren. Einerseits sind solche Barrieren zu beseitigen, die sich auf die *Nutzung* von Angeboten, d.h. Produkten (Güter oder Dienstleistungen) des Unternehmens beziehen. Hier geht es um eine interkulturelle Sensibilisierung gegenüber „neuen" potenziellen Zielgruppen. Andererseits erstreckt sich die Beseitigung von Zugangsbarrieren auch auf die Angebot*erstellung*, d.h. den Produktionsprozess. Dies impliziert eine Wahrnehmung der kulturell, religiös und weltanschaulich unterschiedlichen Mitarbeiterbedürfnisse aber auch einen daraus ableitbaren Abbau von Ungleichheiten.

Interkulturelle Öffnung reduziert sich nicht passiv auf eine Anpassung an veränderte gesellschaftliche oder rechtliche Rahmenbedingungen. Stattdessen handelt es sich hier um eine besondere Form, Unternehmen aktiv leistungsstark zu gestalten. Es geht nicht (primär) um Antidiskriminierung und Toleranz, sondern um die aktive Nutzung von Verschiedenartigkeit. Es geht auch nicht (primär) um Integration oder Assimilation von Migranten oder anderen Gruppierungen, sondern um die Herausbildung einer gemeinsamen Kultur, einer gemeinsamen Unternehmenswirklichkeit, die in Wechselwirkung mit den Veränderungen in der Umwelt geschieht und den Erfolg eines Unternehmens steigert.

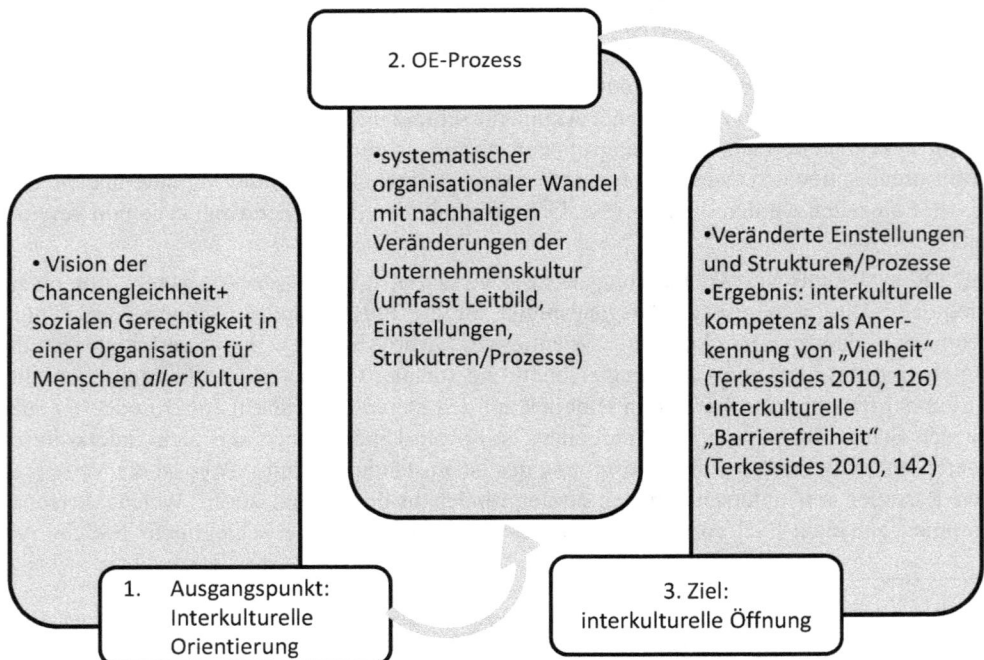

Abb. 4.1:   OE als Brücke zwischen interkultureller Orientierung und Öffnung

OE beschreibt dabei alle Pläne, Strategien und Maßnahmen, die der systematische organisationale Wandlungsprozess in einem Unternehmen mit interkulturellen Kompetenzen und „Barrierefreiheit"[14] mit sich bringt. In Anlehnung an Gaitanides (2003) umfasst der interkulturelle Kompetenzbegriff neben Wissen um Vielfalt (kognitive Kompetenz) auch Handlungs- und Kommunikationskompetenzen. Als wichtigste berufliche Gelegenheit zum Erlernen interkultureller Handlungskompetenz nennt er interkulturell besetzte Teams. „Bei der Vermittlung von interkultureller Kompetenz geht es um die Veränderung der Mitarbeiterinnen und Mitarbeiter" (Schröer 2011, 11) und damit im Wesentlichen um Maßnahmen der Personalentwicklung. Damit übernimmt OE quasi eine „Brückenfunktion", um organisationsweit das Ziel einer interkulturellen Öffnung zu erreichen.

Analog der erfolgreichen Implementierung eines Qualitätsmanagementsystems oder eines betrieblichen Gesundheitsförderungssystems muss die Interkulturelle Öffnung als OE-Ziel sowohl im Leitbild als auch im strategischen, normativen und operativen Management verankert sein. Erst wenn querschnittartig die gesamte Unternehmensführung von diesem Ziel erfasst ist und zur Zielerreichung verbindlich verpflichtet wird, ist eine Interkulturelle Öffnung erfolgreich (Handschuck, Schröer 2002, Schröer 2011, 10). Mit Blick auf die Unternehmensbereiche Personal und Produktion sowie Kunden und Marketing/Vertrieb lassen sich folgende *Zielgrößen einer OE* formulieren[15]:

Tab. 4.1:   OE-Zielgrößen für eine Interkulturelle Öffnung

mit Blick auf die **Mitarbeiter** und den internen Leistungsprozess (**Produktion**):	mit Blick auf die **Kunden** und den externen Markt (**Marketing**):
Vergrößerung des Bewerberkreises als Vorteil bei der Mitarbeitergewinnung durch interkulturelle Erweiterung	eine differenziertere, vielseitige Wahrnehmung der Organisationsumwelt wie Kunden und (Mit-)Wettbewerber
Höhere Bindung der Beschäftigten an das Unternehmen durch ein verringertes Konfliktpotenzial unter den Mitarbeitenden bzw. eine höhere Arbeitszufriedenheit aller Mitarbeitenden	eine höhere Problemlösungskompetenz durch mehr Kreativität
eine größere Flexibilität und Innovationskraft in der Leistungserstellung durch die Einbeziehung vielseitiger Strategien, Methoden und Sichtweisen	ein moderneres, positives Image nach außen und eine gesteigerte Attraktivität für neue Kundengruppen
	die Ausbildung von tragfähigen interkulturellen Netzwerken
	eine soziale und kulturelle Einbettung in das Unternehmensmilieu

---

[14] Terkessides verallgemeinert den Begriff der technischen Barrierefreiheit (2002, 9) und wendet ihn an auf Interkulturalität: „Die Gestaltung der Vielheit muss für ... [ein] Individuum einen Rahmen schaffen, in dem Barrierefreiheit herrscht und es seine Möglichkeiten ausschöpfen kann" (126).

[15] Die in der Abb. angeführten Indikatoren haben den Charakter von Zielwerten: Wenn es einem Unternehmen mit Hilfe von OE gelungen ist, sich interkulturell zu öffnen, ist seine „interkulturelle Öffnung" mit Hilfe dieser Indikatoren messbar bzw. nachprüfbar.

Maßnahmen einer interkulturellen Öffnung werden oftmals dahingehend missverstanden, dass sie sich allein darauf beschränken, Diskriminierungen abzubauen und Vielfalt im Unternehmen zu tolerieren. Eine Interkulturelle Öffnung verlangt aber nicht nur Toleranz gegenüber Verschiedenartigkeit, sondern die Fähigkeit, Diversität innerhalb und außerhalb eines Unternehmens aktiv zu erkennen, Potenziale daraus abzuleiten und positiv für die Unternehmensziele zu nutzen. Interkulturelle Öffnung bedeutet die Überwindung eines Problem- oder Defizitansatzes: Statt die Zusammenarbeit mit Menschen verschiedener Hintergründe und Herkünfte als Schwierigkeit anzusehen, gilt dies als Unternehmenspotenzial. Ein weiterer Punkt ist, dass eine Interkulturelle Öffnung nicht mit der Integration verschiedener Menschen in eine vorgegebene Unternehmenskultur gleichzusetzen ist, im Sinne einer Eingliederung bzw. Anpassung an das bestehende kulturelle Normgefüge. Stattdessen geht es um die Herausbildung einer gemeinsamen, d.h. inklusiven neuen Kultur für alle Organisationsmitglieder.

Zusammenfassend ist eine Interkulturelle Öffnung zu verstehen, als:

- eine Querschnittsaufgabe, die das ganze Unternehmen betrifft,
- eine Führungsaufgabe (top down),
- eine in der Gesamtstrategie verankerte Maßnahme,
- eine Kernaufgabe und Grundqualifikation von Mitarbeitenden sowie
- eine gemeinschaftliche Leistung.

4.2 Impulse für eine Interkulturelle Öffnung von Unternehmen

Interkulturelle Impulse durch politisch-rechtliche Veränderungen

Nicht zuletzt bilden rechtliche Rahmenbedingungen den Auslöser für eine Interkulturelle Öffnung. So liefert das 2005 verabschiedete Zuwanderungsgesetz auch für Unternehmen hier wichtige Impulse. Medienwirksam hatten Ende 2006 vier Unternehmen unter der Schirmherrschaft von Bundeskanzlerin Angela Merkel eine „Charta der Vielfalt"[16] ins Leben gerufen. Fünf Jahre später, Ende 2011, haben bereits mehr als 1.100 Unternehmen und öffentliche Einrichtungen die Charta unterzeichnet. Ziel der Initiative ist, eine Unternehmenskultur mit einem Arbeitsumfeld zu etablieren, das sowohl frei von Vorurteilen ist, als auch *alle* Mitarbeiter/innen – unabhängig von Geschlecht, Nationalität, ethnischer Herkunft, Religion oder Weltanschauung, Behinderung, Alter, sexueller Orientierung und Identität – wertschätzt.

Hinsichtlich einer interkulturellen Öffnung wirken auch auf europäischer Ebene verschiedene Druckpunkte auf Unternehmen. Im Jahr 2000 wurden durch die Europäische Union zwei Richtlinien beschlossen, welche die gleiche und faire Behandlung und Chancengleichheit als Grundrecht verankern. Die erste Richtlinie (2000/43/EG) – genannt Antirassismus Richtlinie – betont die Gleichbehandlung ohne Unterschied der Rasse oder der ethnischen Herkunft und die zweite Richtlinie (2000/78/EG) betont die Gleichbehandlung im Bereich der Beschäftigung (Schutter 2009, 16f). Die zuletzt genannte Beschäftigungsrichtlinie fordert aus-

---

[16] Zu den Initiatoren der Unternehmensinitiative zählte DaimlerChrysler, die Deutschen Bank, die BP Europa SE (vormals Deutsche BP) und die Deutschen Telekom. (siehe weitere Informationen unter charta-der-vielfalt.de).

drücklich von Unternehmen die Gleichbehandlung in Bezug auf Berufsausbildung und Arbeit. Sie wurde beschlossen, um jegliche Diskriminierung aufgrund des Geschlechts, einer Behinderung, des Alters, der sexuellen Orientierung, der Rasse, aber auch der ethnischen Herkunft, der Religion oder Weltanschauung in der Arbeitswelt zu verhindern. Erst 2006 wurde sie in Deutschland als „Allgemeines Gleichbehandlungsgesetz (AGG)" in nationales Recht überführt und „war von Beginn an bei vielen Verbänden, bei Arbeitgebern und Kirchen unbeliebt" (Terkessides 2002, 127). Das AGG gilt sowohl für den privaten als auch für den öffentlichen Sektor. Es fordert Arbeitgeber auf, ihre Unternehmensstrukturen zu überprüfen und gegebenenfalls zu überarbeiten, um zu gewährleisten, dass Verfahren der Personalauswahl und Personalförderung, die allgemeinen Arbeitsverhältnisse und Tarifierungen keinen Ungleichheiten und Diskriminierungen unterliegen.

Ein weiterer Schritt für mehr Chancengleichheit und Gleichbehandlung am Arbeitsmarkt verschaffte das 2011 verabschiedete Anerkennungsgesetz, das am 01.03.2012 in Kraft getreten ist. Es gilt als Meilenstein für eine verbesserte Integration von im Ausland qualifizierten Migranten (Bundesregierung 2011), da bisher im Ausland erworbene berufliche Qualifikationen, Kompetenzen und Arbeitserfahrungen oftmals formal nicht anerkannt und in Folge dessen auf dem Arbeitsmarkt nur gering wertgeschätzt wurden. Im Zuge der neuen Gesetzeslage stehen Migranten und Arbeitgebern u.a. nachvollziehbare und bundesweit einheitliche Bewertungen zu beruflichen Auslandsqualifikationen zur Verfügung. Außerdem besteht für 350 Ausbildungsberufe im dualen Ausbildungssystem ein Rechtsanspruch auf eine Gleichwertigkeitsprüfung (BMBF 2011).

In der Folge gewinnen für deutsche Unternehmen Ansätze für Interkulturelle Öffnung an Bedeutung und OE-Maßnahmen mit dem Ziel einer interkulturellen Öffnung sind für viele Unternehmen ein unausweichlicher Schritt.

Interkulturelle Impulse durch Veränderungen in Angebot und Nachfrage

Veränderungen in Unternehmen werden in der Regel durch (wirtschaftlichen) Druck ausgelöst, d.h. durch eine als notwendig erkannte Anpassung an gewandelte äußere Bedingungen. Unternehmen sind existenziell gefordert, wettbewerbswirksam auf solche Umweltveränderungen mit internen Veränderungen zu reagieren.

Z. B. hat bei allen – auch den konfessionellen – Anbietern von Pflegeleistungen die zunehmende Anzahl pflegebedürftiger Menschen sowohl mit als auch ohne Migrationshintergrund bei einem gleichzeitig zu beobachtenden Mangel an Pflegekräften längst zu einem doppelten interkulturellen (Um-)Denken geführt: Eine Interkulturelle Öffnung vergrößert sowohl die Zielgruppe der Migranten als Kunden, als auch die Zielgruppe der Migranten als Mitarbeiter. Durch den aktuellen Fachkräftemangel gewinnen Bestrebungen zur interkulturellen Öffnung in Unternehmen an Bedeutung und Schwung.

4.3   OE-Strategie: Veränderung der Unternehmenskultur durch veränderte Einstellungen und Strukturen

Zum Begriff der Unternehmenskultur

OE setzt auf allen Ebenen des Unternehmens an und führt zu organisationalstrukturellen und (inter-)individuellen Veränderungen (Kals, Gallenmüller-Roschmann 2011, 63). Auf der strukturellen Ebene geht es bei OE um *organisationale* Veränderung von Kommunikations- und Organisations*strukturen* wie z. B. um geänderte Vergütungsformen oder Arbeitszeiten. Auf der *individuellen* Ebene geht es dagegen um Einstellungen, Verhaltensmuster, Wertvorstellungen oder Arbeitsweisen von Mitarbeitern aller betrieblichen Funktionsbereiche sowie weiterer Stakeholder[17]. Werden *beide* Ebenen, d.h. die strukturelle und individuelle Ebene, weiter entwickelt, impliziert dies Änderungen in der Organisations- bzw. Unternehmenskultur.

Der Begriff *Unternehmenskultur* ist ein vielschichtiger bis „schillernder" Begriff. Seit den 1980er Jahren hat das Kultur-Phänomen in der OE stetig an Bedeutung gewonnen und ist Gegenstand einer unüberschaubaren Reihe von Veröffentlichungen, die je nach Fragestellung, Fachzugehörigkeit und methodischem Ansatz unterschiedliche Schwerpunkte setzen. Allerdings ist die anfänglich weit verbreitete Euphorie, mit dem Thema Unternehmenskultur endlich DEN Schlüssel zu einer gelungenen OE gefunden zu haben, einer Ernüchterung gewichen. Denn vielfältige Versuche, eine Unternehmenskultur in der Praxis zu verändern, hatten oft nicht den gewünschten Erfolg.

Das Phänomen „Unternehmenskultur" ließ sich nicht so einfach beeinflussen bzw. analysieren, wie zuvor erhofft oder erwartet. Kultur ist zwar immer etwas vom Menschen Geschaffenes, aber zugleich auch ein über lange Zeiträume wirkendes Phänomen. Inhalte einer Unternehmenskultur werden über viele (Mitarbeiter-)Generationen weitergegeben, d. h. tradiert. Die Unternehmensumwelt und die in ihr arbeitenden Menschen sind nachhaltig von ihr geprägt. Bestimmte Kulturen entstehen dabei in Reaktionen auf Ereignisse, Herausforderungen und Bedrohungen, die durch die Mitglieder einer Organisation in der Umwelt wahrgenommen werden. Unternehmenskultur bildet eine soziale Wirklichkeit, aus der heraus die Umwelt erklärt und auf sie reagiert sowie das Zusammenleben in einer bestimmten Form geregelt wird.

Die Unternehmenskultur erfüllt somit bestimmte Funktionen und ist mit vielfältigen Interessen verknüpft. „Kultur ist das Orientierungssystem, das unser Wahrnehmen, Bewerten und Handeln steuert, das Repertoire an Kommunikations- und Repräsentationsmitteln, mit denen wir uns verständigen, uns darstellen, Vorstellungen bilden" (Auernheimer 1999, 28).

„Gute" versus „schlechte" Unternehmenskultur

Die normative Frage, was eine „gute" oder erfolgreiche Unternehmens- oder Organisationskultur ist, lässt sich nicht einfach beantworten. Die Diskussion über die Qualität von Kultur ist eng verbunden mit der Funktionalität von Kultur. Jede Organisation entwickelt ihre eigene

---

[17]   Zu den Stakeholdern bzw. Anspruchsgruppen zählen neben den Mitarbeitern und Kunden auch *Kunden im weiteren Sinne*, wie Öffentlichkeit und Medien aber auch staatliche Institutionen etc. (siehe zum Stakeholder-Konzept u.a. Bruhn 2005, 44).

ganz spezifische Kultur. Wichtig erscheint, ob und wie eine Unternehmenskultur einem Unternehmen hilft, sein Überleben zu sichern und zugleich den externen Druckpunkten des Marktes intern Genüge zu leisten. Schafft beispielsweise eine Interkulturelle Öffnung Wettbewerbsvorteile, lässt unter rein pragmatisch-ökonomischen Gesichtspunkten die Frage nach der Funktionalität solch einer Kultur nicht lange auf sich warten.

Damit einher geht die Frage, ob es bestimmte kulturelle Merkmale bzw. Charakteristika gibt, die – unabhängig von der Branche oder Größe des Unternehmens – ursächlich für Unternehmenserfolg verantwortlich sind und in ihrer Summe als „gute Unternehmenskultur" bezeichnet werden können. Zu diesen allgemeinen Indikatoren, die zugleich mit einer gelungenen interkulturellen Öffnung einer gehen, zählen eine hohe Identifikation aller Mitarbeitenden mit ihrem Arbeitgeber, eine tiefe Bindung an die kurz-, mittel- und langfristigen Unternehmensziele, ein hoher innerorganisatorischer Zusammenhalt und Qualitätsanspruch sowie eine hohe Innovations- und Leistungsfähigkeit des Unternehmens. Diese Operationalisierung versteht Unternehmenskultur als abhängige Variable. Sie wird von den angeführten Indikatoren (unabhängige Variablen) positiv beeinflusst. Aufgabe von OE ist sowohl die Ausprägung einzelner Indikatoren als auch ihre durch die Unternehmenskultur abgebildete Gesamtheit (weiter) zu verbessern.

Die unterschiedlichen Ebenen der Unternehmenskultur

Die Unternehmenskultur umfasst dabei *formale* Strukturaspekte wie Unternehmensziele, betriebliche Abläufe und Methoden, Personal und Sachmittel, angewandte Technologien, Fähigkeiten und Fertigkeiten der Mitarbeiter. Andererseits subsummiert der Begriff auch unsichtbare *informale* Aspekte wie vorherrschende Muster von Tätigkeiten, Interaktionen, (Gruppen-) Normen, Überzeugungen, Werte, Empfindungen und Gefühle. „In mancher Beziehung ist das informelle System ein versteckter oder unterdrückter Bereich des Organisationslebens, der unsichtbare Teil ... [eines] organisatorischen Eisbergs [...]" wie in Abbildung 4.2 dargestellt (French, Bell 1990, 32).

Formale (sichtbare) Aspekte:
Ziele
Technologie
Struktur
Fähigkeiten und Fertigkeiten
Finanzielle Mittel

Informale (unsichtbare) Aspekte:
Einstellungen
Werte
Gefühle (Ärger, Furcht, Verzweifelung usw.)
Interaktionen
Gruppennormen

Abb. 4.2:   Organisatorischer Eisberg (French, Bell 1990, 33)

OE bezieht sowohl die formalen als auch die informalen Aspekte des organisatorischen Eisbergs mit ein[18]. Der informalen Ebene kommt dabei eine besondere Bedeutung zu: Schein (2003) als einer der Mitbegründer der Organisationspsychologie und Organisationsentwicklung sieht insbesondere in den (impliziten) gemeinsam erlernten Werten, Überzeugungen und für selbstverständlich gehaltenen Annahmen die Essenz jeder Unternehmenskultur. „Der wirkliche Motor der Kultur – ihr Wesen – sind die gemeinsamen, unausgesprochenen Annahmen, auf die sich das alltägliche Verhalten stützt" (Schein 2003, 39). Insofern kann eine Interkulturelle Öffnung nur dann erfolgreich sein, wenn es gelingt, die Wahrnehmungen und Gedanken der Beteiligten zu ändern.

Welche Implikationen ergeben sich für ein Unternehmen im Hinblick auf eine Interkulturelle Öffnung? Nach Terkessides muss die Unternehmenskultur als Kern der Organisation als Ganzes auf den Prüfstand. Es muss untersucht werden, ob sie „im Sinne von Gerechtigkeit und Chancengleichheit mit der gesellschaftlichen Vielfalt korrespondiert" (2010, 142).

Implizite Einstellungs- und Wertgefüge werden durch mündlich oder schriftlich explizit formulierte Leitsätze sowie äußerliche Geschehnisse (Verhalten der anderen) und äußere Gegebenheiten (Architektur, Möbel) beeinflusst. Schein (2003) unterscheidet in diesem Zusammenhang drei Kulturebenen:

1. die Ebene der Artefakte,
2. die Ebene der öffentlich (explizit) propagierten Werte und
3. die Ebene der unausgesprochenen, gemeinsamen Annahmen bzw. Grundprämissen.

Die Ebene der Artefakte (Ebene 1) ist diejenige, die sich jedem Beobachter als erstes und unmittelbar erschließt. Als Artefakte bezeichnet Schein alle sicht-, hör- und fühlbaren Manifestationen einer Kultur, d. h. die Architektur, die Art der Kleidung oder die Art und Weise, in der die Mitarbeiter miteinander umgehen. „Auf der Ebene der Artefakte ist die Kultur sehr klar und hat unmittelbare emotionale Auswirkungen" (Schein 2003, 32). Die äußere Gestaltung von Gebäuden und Räumlichkeiten geben die ersten Hinweise auf eine Kultur. Zum einen können dadurch Diskriminierungen zum Ausdruck gebracht werden, wie z. B. fehlende Barrierefreiheit oder Toiletten für Menschen mit Behinderungen als „drittes Geschlecht". Zum anderen bringen sie Denkhaltungen und Einstellungen zum Ausdruck: Das Klinikum Aachen wird in seiner „High-Tech-Architektur" nicht mit Naturheilverfahren, sondern mit Gerätemedizin in Verbindung gebracht werden. Insofern ist die gemeinsame Reflexion und aktive Teilnahme an der Gestaltung von Räumlichkeiten ein wichtiger Baustein im Rahmen der interkulturellen Öffnung. Hierzu zählen auch Logos und Symbole, die die Identifikation mit der Organisation fördern sollen. Dennoch ist es nicht möglich, auf Basis der Artefakte eindeutige Rückschlüsse auf die ihnen zu Grunde liegenden expliziten Werte (Ebene 2) bzw. impliziten Annahmen (Ebene 3) zu ziehen. Um sie entschlüsseln und interpretieren zu können, reicht Beobachtung allein nicht aus.

---

[18]   In der Praxis beginnt ein OE-Programm häufig mit der Legitimation durch das formale System, z. B. der Festlegung neuer Unternehmensziele und Erarbeitung eines neuen Leitbildes. Im Anschluss erfolgt die erste Intervention im Bereich des informalen Systems, z. B. durch Ausrichtung der Einstellungen und Gefühle der Mitarbeiter bzgl. der neuen Ziele bzw. des neuen Leitbildes (French, Bell 1990, 33).

4.4   OE-Instrumentarium für eine Interkulturelle Öffnung

Ein erfolgreich verlaufender OE-Prozess im Hinblick auf eine Interkulturelle Öffnung erfordert aufeinander abgestimmte Instrumente, um Widerstände gegen den Veränderungsprozess zu bewältigen. Besondere Bedeutung vor dem Hintergrund der zu verändernden Unternehmenskultur kommt dabei der Entwicklung und Umsetzung des Instrumentes Unternehmensleitbild zu. Ein weiteres OE-Instrument liegt in der nachhaltigen Verankerung interkultureller Kompetenzen auf Seiten der Belegschaft und der Unterstützung durch Führungskräfte.

Umgang mit Widerständen

Den Ausgangspunkt für eine interkulturelle „Öffnung" einer Organisation bildet ihr Zustand kultureller „Geschlossenheit". Als Zugangs- bzw. Einstellungsbarrieren können sowohl strukturell verankerte als auch implizite Ausgrenzungsmechanismen wirken. Manche Mitarbeiter empfinden Beschränkungen dieser Art, die Interkulturalität verhindern, gleichsam als „Schutz", der mit Überschaubarkeit und Geborgenheit einhergeht. Im Prozess einer interkulturellen Öffnung ist ein Loslassen bewährter Pfade jedoch unausweichlich. Jedes Infragestellen von Strukturen und Machtgefügen stört bzw. unterbricht für Insider ihre „geschlossene Beschaulichkeit". Widerstand in der Organisation wird wahrscheinlich[19]. Der Frage nach Überwindung von Widerständen gegen organisationale Änderungen misst die OE daher eine besondere Bedeutung bei. Organisationale Widerstände gegen eine (interkulturelle) Öffnung der Unternehmenskultur haben unterschiedliche Ursachen. Tabelle 4.2 differenziert zwischen Ursachen auf der strukturellen Prozess- und der personellen Ebene einzelner Beschäftigter.

---

[19] Eine schwerwiegende Form des Widerstands ist Diskriminierung in Form von Rassismus. Rassismus in Unternehmen kann sich durch eine Vielzahl von Vorgehensweisen ausdrücken: keine Anerkennung von Qualifikationen und Arbeitserfahrungen, Benachteiligung bei Beförderungen, ungerechte Verteilung beim Arbeitseinsatz, Bemerkungen, „Witze" bezogen auf die Andersartigkeit, niedrigere Tarifierung oder mangelnde Einbeziehung in soziale, außerbetriebliche Aktivitäten.

Tab. 4.2:   Widerstände gegen Interkulturelle Öffnung aus Prozess- und Beschäftigtenperspektive

1. aus Prozessperspektive	2. aus Perspektive der Beschäftigten :
Widerstand gegen betriebliche Veränderungen wird allgemein unterschätzt : • bestehende Abwehrhaltungen gegen OE-Maßnahmen werden nicht eingeplant • trotz veränderter Prozessbeschreibungen wird wegen fehlender Sanktion an bisherigen Routinen festgehalten • Ressourcenaufwand der OE wird unterschätzt und insbesondere mittlere und kleinere Unternehmen fühlen sich überfordert. **Interkulturelle Öffnung wird einseitig bzw. plakativ interpretiert:** • Zukunftsgerichteter Blick auf die gestalterischen Entwicklungschancen einer interkulturellen Öffnung wird durch Problem- oder defizitorientierte Ansätze (z. B. Reduktion auf Quotenforderung) verhindert **Interkulturelle Öffnung ist nur ein „add-on":** • dient lediglich Marketing-Zwecken • ist nicht Bestandteil des strategischen und normativen Managements • Maßnahmen zur interkulturellen Öffnung haben für das Management keine Priorität	**Fehlende interkulturelle „Sensibilisierung":** • keine Wahrnehmung der Existenz ethnischer oder kultureller Unterschiede • fehlendes Vertrauen in das Verantwortungsgefühl und die Fachkompetenz von Menschen anderer Herkunft und Kultur • Generalisierung eigener subjektiver Eindrücke (Deduktion der persönlichen positiven/negativen Erfahrungen mit Migranten auf alle Migranten) • Deckmantel der „Gleichbehandlung" verhindert eine Öffnung für andere Personengruppen und verschleiert einen notwendigen Veränderungsdruck **Unvollständige Aufgabendelegation:** • nur Führungskräfte bzw. „Interkulturalitäts-Beauftragte" werden bzgl. interkultureller Öffnung in die Pflicht genommen • Führungskräfte sehen Interkulturelle Öffnung nicht als ihre zentrale Aufgabe an

Interkulturelle Authentizität durch „gelebte" Leitbilder

Ist es das Ziel eines Unternehmens, die eigene Kultur zu verändern, dann ist es unerlässlich, die Mitarbeiter aktiv in den Veränderungsprozess mit einzubeziehen. Ihnen muss deshalb die Verantwortung für Prozess und Ergebnis übertragen werden. Eine nachhaltige Veränderung ist nur möglich, wenn Kultur konstituierende Werte und Leitbilder von Mitarbeitern mitgetragen und nicht nur als Worthülsen vom Management „gepredigt" werden.

Leitbilder haben drei zentrale Aufgaben: Sie sollen nach innen den Zusammenhalt zwischen den Mitgliedern eines Unternehmens fördern, sie sollen nach außen darstellen, was das Besondere an dieser Organisationen ist, und sie sollen allen Menschen, die mit dem Unternehmen in Kontakt treten, sei es als Mitarbeitende oder Kunde, Orientierung über Ziele, Vorgehensweisen und Grundsätze geben. Damit legen Leitbilder fest, welches Verhalten erwünscht ist und erwartet werden kann.

Die Grundsätze einer interkulturellen Öffnung müssen in den Leitbildern verankert sein. Schwieriger ist es, die in den Leitbildern formulierten Grundsätze mit Leben zu füllen. Steht beispielsweise im Leitbild, dass Alter, Herkunft etc. in den Einstellungsverfahren keinen Einfluss ausüben sollen, müssen die Auswahlverfahren dahingehend kritisch reflektiert werden, wie die jedem Menschen innewohnenden Vorurteile möglichst unwirksam gemacht werden können.

Mitarbeitende und Führungskräfte sollten deswegen in einem ersten Schritt gemeinsam eine *bildhafte Vision* bzw. ein *Ideal* für eine Interkulturelle Öffnung ihres Unternehmens entwickeln. Daraus lassen sich Leitbilder und konkret erwünschte Verhaltensweisen ableiten. Dieses Vorgehen kann parallel in unterschiedlichen Organisationseinheiten erfolgen. Dabei muss aber berücksichtigt werden, dass die *zentralen Werte*, für die das Unternehmen einsteht, für alle Organisationseinheiten verbindlich sein sollten, um einen gemeinsamen Rahmen zu schaffen, innerhalb dessen die einzelnen Abteilungen bzw. Bereiche agieren. *Leitbilder* sind statt dessen von Mitarbeitern aktiv mit zu entwickeln und in ihr Verhalten zu übernehmen. Hinsichtlich einer interkulturellen Öffnung sollte bei Leitbild-konstituierenden Maßnahmen eine besondere Form der Mitarbeiterorientierung im Vordergrund stehen: Neben den Leitsätzen sollten alle anderen formulierten und regelmäßig publizierten Informationen auf ihre Sprache und Zielgruppengerichtetheit analysiert werden. Zu prüfen ist, ob seitens der sprachlichen Formulierungen, Adressierungen und Inhalte, der Diversität des Unternehmens und seiner Umwelt Rechnung getragen wird.

Nachhaltige Verankerung durch Erlernen interkultureller Kompetenzen

Inzwischen setzen sich viele Unternehmen mit dem Themenkreis Interkulturelle Öffnung auseinander. Häufig ist aber die langfristige Wirksamkeit gering, da die Mitarbeitenden viele Vorsätze und Strategien nur kurzfristig im Alltag umsetzen. Eine nachhaltige Wirksamkeit erfordert, dass die beteiligten Personen Verhaltens-, Wahrnehmungs- und Beurteilungstendenzen ändern und Motivationsblockaden abbauen. Eine erfolgreiche Interkulturelle Öffnung soll letztendlich auch dazu führen, dass die Mitarbeitenden ihre impliziten Einstellungen und Verhaltensweisen ändern (bei Schein: Ebene 3). Dazu gehört, bisherige Annahmen zu ändern und betriebliche Routinen aufzubrechen, die nicht hinterfragen, ob bestimmte Personengruppen wie selbstverständlich ausgeschlossen werden (Terkessides 2010, 94, Tatschl 2011, 279).

Eine besondere Rolle spielt dabei die Sensibilisierung von Mitarbeitern für interkulturelle Unterschiede. Wenn inzwischen auch in vielen Unternehmen die wichtigsten muslimischen Feiertage wie das „Zuckerfest" wahrgenommen werden, so gibt es doch eine Vielzahl von religiösen oder anderen Feiertagen, Ritualen, Gebräuchen von Mitarbeitenden, die Unternehmen unbekannt sein dürften. Bei der Dienst- und Urlaubsplanung sollten diese spezifischen (Feiertags-)Bedürfnisse von Mitarbeitenden langfristig mitbedacht werden. Auch bei der Gestaltung von Andachts- und Gebetsräumen in größeren Organisationen wie z. B. Krankenhäusern ist zu überlegen, ob und inwiefern sie für Menschen unterschiedlicher Religion nutzbar sind.

Kulturelle Unterschiede zeigen sich auch in der Wahrnehmung und im Empfinden physischer und psychischer Beeinträchtigungen. Unterschiede zeigen sich beispielsweise zwischen verschiedenen Altersgruppen aber auch in Abhängigkeit von Bildung und ethnischer Herkunft. Menschen mit Depressionen schlafen überall auf der Welt schlecht und sind antriebsarm. Während in den westlichen Industrieländern zu diesen Symptomen Selbstvorwürfe und Schuldgefühle hinzukommen, ist es für Männer und Frauen aus dem Nahen Osten eher ein Gefühl von Unwohlsein und für Menschen aus Asien ein Gefühl der Entehrung (Bauer, 2010). Auch der Umgang mit sozialen und gesundheitlichen Problemstellungen unterliegt daher einer großen Diversität. Im Rahmen einer interkulturellen Öffnung ist es wichtig, den Maßnahmen der betrieblichen Gesundheitsförderung und den Angeboten einer psychosozialen Beratung Rechnung zu tragen. Dabei gelingt die Interkulturelle Öffnung in einem Unternehmen nicht losgelöst vom umgebenden Milieu. Wichtig ist, dass Unternehmen im Rahmen ihrer strategischen Ausrichtung auch kulturelle, religiöse, soziale, kommunale usw. Organisationen im Blick haben, die für eine Interkulturelle Öffnung relevant sind. Dies können im Einzelnen sein: Ämter für Integration und interkulturelle Angelegenheiten, Arbeitsagenturen, Bildungseinrichtungen, Kulturvereine, Interessenvertretungen, ausländische Vertretungen, Handelskammern, Sozial- und Beratungsstellen usw.

Grundsätzlich finden Veränderungen aber nur dann statt, wenn die Notwendigkeit zu einer Anpassung erkannt wird. Oder systemisch-konstruktivistisch ausgedrückt: Veränderung erfordert eine Irritation. Ihr zugrunde liegt die Erkenntnis, dass bisherige Vorstellungen, Annahmen, Strategien im Zusammenspiel mit der Umwelt ungenügend sind. Diese Unsicherheit begünstigt individuelle und organisationale Lernprozesse: Einstellungen und Verhaltensweisen werden in Frage gestellt, Verbesserungspotenziale gesucht und neue, unsichere Handlungspfade beschritten. Lernen spiegelt insgesamt nicht einen objektiven Wissensaufbau wider, sondern einen durch Erfahrungen geprägten Prozess, der Auswählen, Vergleichen und Bewerten beinhaltet. Genauso wenig, wie sich interkulturelle Kompetenzen top down „verordnen" lassen, sind diesbezüglich Lernprozesse auch nicht einmalig oder zeitlich begrenzt. Sie begleiten ein Unternehmen fortwährend und entwickeln sich kontinuierlich im Wechselspiel wahrgenommener Umweltveränderungen und betrieblicher Selbstreflexion.

Unternehmen sollten geeignete Maßnahmen und Strukturen schaffen, um sicherzustellen, dass notwendiger Veränderungsbedarf aufgrund sich stetig ändernder Umweltbedingungen auch wahrgenommen wird. Kurzum: Die Mitarbeitenden müssen offen für tiefgehende Veränderungs- und Lernprozesse sein. Dies kann erreicht werden durch:

- gezielte Personalentwicklungsmaßnahmen,
- den Aufbau überbetrieblicher Schnittstellen bzw. eines Netzwerkes zu interkulturellen Themenkreisen,
- den Besuch von Konferenzen und Fachtagungen,
- eine regelmäßige Reflexion interkultureller Zielsetzungen unter Kollegen, mit Kunden und anderen Stakeholdern,
- eine aktive Einbindung aller Stakeholdergruppen in die Strategieentwicklung sowie
- verschiedene Formen von Hospitationen innerhalb und außerhalb des Unternehmens.

Die Förderung einer interkulturellen Öffnung von Unternehmen beinhaltet analog zu anderen OE-Maßnahmen Veränderungsprozesse, die sich nicht isoliert betrachten lassen. Unternehmerische Abläufe sind eng mit Wissen, Einstellungen, Gedanken und Emotionen der Mitarbeitenden verwoben. Veränderungen im Ablauf steht jedoch die menschliche Beharrlichkeit entgegen. Internalisierte Ansichten, Meinungen, Strategien und Routinen lassen sich meist nur mit großer Mühe ändern. Deswegen ist stets zu berücksichtigen, dass eine nachhaltige Entwicklung nur möglich ist, wenn es gelingt, Menschen kognitiv und emotional zu berühren, so dass sie sich mit dem Entwicklungsziel identifizieren, sich freiwillig engagieren und mit Begeisterung bei der Sache sind. So konnte Weiser (2005) in seiner Studie nachweisen, dass Mitarbeiter sich nur dann freiwillig für eine Veränderung und deren Umsetzung engagieren, wenn sie zugleich über ein stark ausgeprägtes affektives Commitment verfügen.

Erst dann werden gewollte Handlungsstrategien entwickelt und langfristig angewendet. Aber selbst ohne spürbaren Widerstand seitens der Beschäftigten gelten insbesondere Verhaltensänderungen als schwierig zu initiieren. In den letzten Jahren haben verschiedene Forscher auf die Inkongruenz zwischen Motivation und tatsächlichem Handeln aufmerksam gemacht (Martens, Kuhl, 2004). Interkulturelle „Mentalität" verankert sich in einem Unternehmen daher nur, wenn sie auch als stimmige Organisationskultur gelebt wird. Die Interkulturelle Öffnung zeigt sich dabei durch die Summe des Verhaltens *aller* Organisationsmitglieder. Je mehr beobachtbare Handlungen in diese Richtung weisen, umso wahrscheinlicher wird es, dass diese Handlungen wiederum für andere handlungsleitend werden.

Führungskräfte als interkulturelle „Vorbilder"

Im Unternehmen müssen insbesondere Führungskräfte das Thema Interkulturelle Öffnung auf die Agenda setzen. Sie müssen diese Kultur explizit prägen und Werte vorleben. Dazu zählt auch die Bereitschaft, Interkulturalität als Wert vorzuleben und abweichende Meinungen, Ansichten und Verhaltensweisen kritisch zu reflektieren und zu verändern. Analog den allgemeinen Management-Kompetenzen sollten Führungskräfte auch über interkulturelle Kompetenzen verfügen. Hierzu ist in den letzten Jahren eine Vielzahl von Trainingsprogrammen ausgearbeitet worden. Im Unternehmen zählen Führungskräfte daher zur ersten Zielgruppe für ein interkulturelles Kompetenztraining. Das Erfordernis interkultureller Kompetenzen sollte zugleich bei der Besetzung von Führungspositionen durch entsprechende Stellenbeschreibungen und damit einhergehenden Anforderungsprofilen in Personalauswahlverfahren zum Ausdruck gebracht werden. Der Anteil von Menschen mit Migrationshintergrund in der Arbeitswelt ist sehr unterschiedlich. Obwohl zum Beispiel in einem Krankenhaus oftmals ein Großteil der Reinigungskräfte und der Ärzteschaft einen Migrationshintergrund hat, finden sich zum Beispiel kaum männliche Pfleger mit Migrationshintergrund. Gemessen am gesellschaftlichen Durchschnitt ist auch in Bereichen wie der Polizei oder im öffentlichen Dienst der Anteil der Beschäftigten mit Migrationshintergrund niedriger als der Anteil der Menschen mit Migrationshintergrund. Unternehmen sollten ihre Strukturen analysieren und gegebenenfalls in bestimmten Bereichen gezielt Menschen mit Migrationshintergrund anwerben. Durch die Freizügigkeitsregeln innerhalb der europäischen Union, ist es Arbeitnehmern grundsätzlich möglich, Arbeitserfahrung auch im europäischen Ausland zu sammeln. Bisher ist diesbezüglich aber sehr wenig Bewegung auf dem europäischen Arbeitsmarkt zu sehen. Nicht zuletzt mögen die Sprachbarrieren, anders als in den Vereinigten Staaten von Amerika, ein Grund für die Zurückhaltung von Arbeitnehmern und Arbeitgebern sein, die Arbeitsplatz- bzw. Personalsuche auf den europäischen Raum auszurichten. Hier sollten Unternehmen überlegen, wie sie gezielt die Potenziale im europäischen und weiteren Arbeitsmarkt nutzen können.

Zusammenfassung

Die folgenden Faktoren implizieren für Unternehmen einen geringeren Widerstand gegen und nachhaltigen Erfolg für einer Interkulturelle Öffnung:

Tab. 4.3:   Faktoren für eine nachhaltige Implementierung einer interkulturellen Unternehmenskultur

auf der Ebene aller Beschäftigten:
Alle sind von Anfang an eingebunden und überzeugt, dass die Maßnahmen zur interkulturellen Öffnung zu positiven Ergebnissen für einen selbst und das Unternehmen führen.
Eine offene Diskussion über Herausforderungen und Lösungsmöglichkeiten findet fortlaufend statt.
Konkrete, zeitlich terminierte Projekte wandeln unspezifische Absichten in verbindliche Arbeitsaufträge.
Auch Mitarbeitende mit einer ablehnenden Haltung werden aktiv in die Planungen eingebunden.
Alle Beteiligten verfügen über eine ausreichende Qualifikation.
Es sind ausreichend zeitliche und materielle Ressourcen für beabsichtigte Aktivitäten eingeplant.

auf Leitungsebene:
Die Leitung vermittelt eine optimistische und positive Haltung zu den gefassten Maßnahmen.
Die Leitung gewährt Sicherheitsräume fürs Experimentieren.
Alle Energien fließen in die Lösungs- und nicht in die Problem- oder Ursachensuche.
Erfolge sind messbar, werden wahrgenommen und durch positive Rückmeldung bestärkt.
Die Leitung gewährleistet, dass gewünschtes Verhalten belohnt und nicht ungewünschtes sanktioniert wird.
Die Leitung weicht durch ihre Vorbildfunktion und gezieltes Fördern von Querdenken ablehnende Mehrheitsmeinungen und Uniformitätsdruck auf.

auf institutioneller Ebene:
Organisationsstrategie, Leitbilder, Verträge, Richtlinien, Verfahren und Anweisungen sind mit den Zielen einer interkulturellen Öffnung konform.

Außer diesen genannten Faktoren erfordern Maßnahmen zur Implementierung einer interkulturellen Öffnung eine eindeutige Zieldefinition, ein übersichtliches Prozessmanagement und ein engagiertes Controlling.

4.5　Fazit

Eine erfolgreiche Organisationsentwicklung hängt nicht nur davon ab, ob neues Wissen verfügbar und neue Strukturen geplant sind, sondern auch davon, ob die neuen Strategien erfolgreich angewendet werden. Nicht alle neu entwickelten Strategien bewähren sich in der Praxis. Sie müssen deshalb auf ihre Wirksamkeit überprüft werden. Betriebliche OE-Maßnahmen müssen beobachtbar und im Ergebnis messbar sein. Dies gilt sowohl bezogen auf die intendierten individuellen, als auch auf organisatorische Veränderungen.

Dies ist insbesondere in den komplexen Gefügen einer interkulturellen Öffnung nicht einfach. Vielschichtige Interaktionen und die Einwirkung von vielerlei Umgebungseinflüssen erschweren eine eindeutige Ziel- und Erfolgsdefinition. Verantwortliche sollten daher folgende Aspekte systematisch beobachten und bewerten:

- Führen die eingeführten Aktivitäten zu einer Veränderung und wenn ja, zu welcher?
- Welche langfristigen Effekte zeigen sich für das Unternehmen?
- Werden wirksame Lösungen für die erkannten Herausforderungen herbeigeführt?
- Finden die Maßnahmen bei allen Akteuren Akzeptanz und Zuspruch?

Die Unschärfe einer vorab zu formulierenden Zieldefinition macht es hinterher schwieriger, den tatsächlichen Erfolg zu beurteilen. Deswegen sollten im Vorfeld die betrieblichen Ziele, Strategien und Erwartungen, die mit einer interkulturellen Öffnung verknüpft sind, festgelegt werden:

Ziele:
- Was will die Organisation mit einer interkulturellen Öffnung erreichen?
- Welche strategischen Ziele im Vergleich mit anderen Organisationen werden definiert?

Strategien:
- Welche strategischen Defizite bestehen bisher?
- Welche Methoden sind wie zu nutzen?

Erwartungen:
- Welche Veränderungen im Handeln werden bei den Mitarbeitenden angestrebt?
- Welche Effekte hinsichtlich der Qualitätssicherung und Qualitätssteigerung werden erwartet?
- Welche Erwartungen bestehen seitens der verschiedenen Interessengruppen?

Diese Fragen sollten vorab unter Einbeziehung möglichst vieler adressiert und dazu messbare Soll-Kriterien erarbeitet werden.

4.6　Vertiefungsaufgaben und -fragen

1. Welche OE-Maßnahmen unterstützen eine Interkulturelle Öffnung in Unternehmen?
2. Was sind informale Aspekte der Unternehmenskultur? Warum und inwiefern sind diese Aspekte auch für eine Interkulturelle Öffnung wichtig?

3. Woran kann eine Umsetzung interkultureller OE-Konzepte in der Praxis scheitern? Mit welchen Widerständen in Unternehmen ist zu rechnen?

4. Welche Faktoren bewirken für Unternehmen im Hinblick auf ihre Interkulturelle Öffnung einen nachhaltigen Erfolg?

4.7   Literatur

Auernheimer, G.: Notizen zum Kulturbegriff unter dem Aspekt interkultureller Bildung. In: Gemende, M., Schröer, W. und S. Sting [Hrsg.]: Pädagogische und sozialpädagogische Zugänge zu Interkulturalität, Weinheim und München, S. 27–36.

Bauer, U. (2010): Gesundheit in schwierigen Lebenslagen. Gesundheitschancen von Kindern und Jugendlichen, Weinheim und München.

BMBF – Bundesministerium für Bildung und Forschung (2011): Bundesrat stimmt Anerkennungsgesetz zu, Pressemitteilung 140/2011 vom 04.11.2011. Online in Internet: http://www.bmbf.de/press/3171.php, [Stand 26.11.2011].

BMI – Bundesministerium des Inneren (2011): Migration und Integration. Aufenthaltsrecht, Migrations- und Integrationspolitik in Deutschland. Online in Internet: http://www.bmi.bund.de/SharedDocs/Downloads/DE/Broschueren/2011/Migration_und_Integration.pdf?__blob=publicationFile [Stand 18.11.11].

Bruhn, M. (2005): Marketing für Nonprofit-Organisationen. Grundlagen – Konzepte – Instrumente, Stuttgart.

Bundesregierung (2011): Staatsministerin Böhmer zum Demografiebericht der Bundesregierung. Pressemitteilung Nr. 389 vom 26.10.2011. Online in Internet: http://www.bundesregierung.de/nn_56546/Content/DE/Pressemitteilungen/BPA/2011/10/2011-10-26-boehmer-demografie.html [Stand 15.12.2011].

Fischer, V. (2004): Migrationssozialarbeit geht alle an. In: neue caritas, Heft 8, S. 14–17.

French, Wendell, L.; Cecil H. Bell jr. (1990): Organisationsentwicklung, 3. Aufl., Bern, Stuttgart.

Handschuck, S. und H. Schroer (2002): Interkulturelle Orientierung und Öffnung von Organisationen. Strategische Ansätze und Beispiele der Umsetzung. In: neue praxis, Heft 5, S. 511–521.

Gaitanides, S. (2003): Interkulturelle Kompetenz als Anforderungsprofil in der Jugend- und Sozialarbeit. In: sozialmagazin, Heft 3, S. 42–48.

Kals, E. und J. G. Gallenmüller-Roschmann (2011): Arbeits- und Organisationspsychologie, Weinheim.

Kubicek, H., Leuck, H. G. und H. Wächter (1979): Organisationsentwicklung: Entwicklungsbedürftig und entwicklungsfähig, in: Gruppendynamik, Heft 10, S. 297–318.

Martens, J. U. und J. Kuhl (2004). Die Kunst der Selbstmotivierung: Fortschritte der Motivationsforschung praktisch nutzen. Stuttgart.

Schein, E. H. (2003): Organisationskultur, 2. Aufl., Bergisch Gladbach.

Schreyögg, G. und C. Noss (1995): Organisatorischer Wandel: Von der Organisationsentwicklung zur Lernenden Organisation. In: Die Betriebswirtschaft, 55. Jg, S. 169–185.

Schreyögg, G. (2000): Organisation. Grundlagen moderner Organisationsgestaltung, 3. Aufl., Wiesbaden.

Schröer, H. (2011): Es existiert nicht nur das eine Konzept von Wirklichkeit. In: neue caritas, Heft 17, S. 9–11.

Schutter, O. de (2009). Die Zusammenhänge zwischen Migration und Diskriminierung. Studie im Auftrag des Europäischen Netzwerks von Rechtsexperten im Bereich der Nichtdiskriminierung, Luxemburg.

Steinmann, H. und G. Schreyögg (2005): Management. Grundlagen der Unternehmensführung. Konzepte – Funktionen – Fallstudien, 6. Aufl., Wiesbaden.

Tatschl, S. (2011): Zur Gesellschaftsdynamik der Interkulturalität – Implikationen für Supervision und Organisationsberatung. In: Gruppendynamik und Organisationsberatung, 42. Jg., S. 269–283.

Terkessidis, Mark (2010): Interkultur, Berlin.

Weiser, A. (2005): Commitment to Change in organisationalen Veränderungen, Dissertation Universität Heidelberg.

Womack, J. P., Jones, D. T. und D. Roos (1992): Die zweite Revolution in der Automobilindustrie, Frankfurt.

5   Strategien und Instrumente der Personalentwicklung zur Interkulturellen Öffnung

Martin Sauer und Andrea Schmidt

5.1   Einleitung

Sensibilität und Offenheit gegenüber Klientinnen und Klienten sowie Mitarbeiterinnen und Mitarbeitern aus unterschiedlichen Kulturen fällt in Einrichtungen des Sozial- und Gesundheitswesens nicht „vom Himmel". Eine offene Einstellung gegenüber „dem Anderen" und guter Wille sind zwar notwendige Voraussetzungen, reichen aber keinesfalls aus. Ohne eine systematische Weiterentwicklung der Mitarbeiterinnen und Mitarbeiter aller Hierarchieebenen haben derart grundlegende Veränderungen in Organisationen keine Chance.

Als Ergänzung und zur Unterfütterung einer gelingenden *Organisationsentwicklung*[20] ist daher eine professionelle, zielgerichtete *Personalentwicklung* (PE) erforderlich, die sich auf drei Aspekte erstreckt: Zum einen geht es um die Entwicklung interkulturellen Bewusstseins und Wissens, zum anderen um die Gewinnung von Mitarbeiterinnen und Mitarbeitern aus unterschiedlichen Kulturen sowie schließlich um die Entwicklung einer produktiven und kreativen Zusammenarbeit in den interkulturell gemischten Teams und Arbeitsgruppen.

Mit diesen drei Aspekten sind alle Ebenen von Unternehmen konfrontiert: Während die strategischen Entscheidungen bei der Leitung liegen, ist die Erarbeitung von Instrumentarien Aufgabe der Personal- bzw. Personalentwicklungsabteilungen. Die Umsetzung auf der Ebene der Praxis und damit der Mitarbeiterinnen und Mitarbeiter obliegt den Führungsverantwortlichen, da die Mitarbeitenden Akteure der Veränderung sind.

5.2   Grundlegende Überlegungen zur Personalentwicklung

Unter *Personalentwicklung* werden diejenigen betrieblichen Maßnahmen verstanden, mit denen Qualifikationen von Mitarbeiterinnen und Mitarbeitern, vor allem in ihren Kennens- und Könnens-Komponenten, erfasst, bewertet und durch die Organisation von Lernprozessen mit Hilfe kognitiver, motivationaler sowie situationsgestaltender Verhaltensbeeinflussung verändert bzw. zu Veränderungen angeregt werden (Becker 2002, 416).

---

[20]   Vgl. den Beitrag von Hagemann und Vaudt in diesem Band.

PE findet primär im betrieblichen Interesse statt und verbindet dieses sinnvollerweise mit den Interessen sowie den Potenzialen der Mitarbeiterinnen und Mitarbeiter. Ein betriebliches PE-Konzept beginnt mit einer entsprechenden Strategie und stellt sich als ein umfassendes Konstrukt unterschiedlicher Analyse- und Entwicklungsinstrumente dar, deren Wirkungen – soweit dieses möglich ist – evaluiert werden.

Zur Einführung in die Thematik sollen zunächst zwei grundlegende Richtungen von Personalentwicklung, die *traditionelle* und die *konstruktivistische* Ausrichtung, aufgezeigt werden.

Unternehmen betreiben Personalentwicklung, weil sie sich hiervon Steigerungen ihrer Effektivität und Effizienz erhoffen. Im *traditionellen Paradigma* wird in der Personalentwicklung darauf hingearbeitet, Lücken zwischen Ist- und Soll-Qualifikationen der Mitarbeiterinnen und Mitarbeiter zu schließen. Ziel solcher „Lückenansätze" ist die Erreichung einer größtmöglichen Entsprechung der benötigten Qualifikation. Dabei ist die Erhebung des Personalentwicklungsbedarfs das grundlegende Element für die Planung von Entwicklungsmaßnahmen. Diese instrumentalistischen Ansätze von Personalentwicklung sind besonders dann wichtig, wenn Umweltbedingungen (z. B. gesetzliche Vorgaben oder Refinanzierungsgrundlagen), gesellschaftliche Wertvorstellungen (Inklusion, Auflösung von stationären Einrichtungen …) oder technologischer Wandel (z. B. Internet-gestützte Kommunikation und Dokumentation in ambulanten Betreuungsdiensten) einen erheblichen Veränderungsbedarf signalisieren. Auch angesichts des demografischen Wandels und des damit verbundenen zukünftigen Mangels an Fachkräften in fast allen Branchen sind traditionelle Ansätze der PE weiterhin sinnvoll und notwendig. Der Vorteil traditioneller Ansätze liegt darin, dass Personalentwicklung hier die Funktion wohlkonstruierter, kontrollierbarer Instrumente annimmt, die eindeutige Lösungen beschreiben und damit Defizitabbau ermöglichen (Abatemaro 2001, 35). Dabei setzt Personalentwicklung auf einer individualistischen Ebene an, denn es geht um die Verbesserung der Qualifikationen der einzelnen Mitarbeiterinnen und Mitarbeiter.

Geeignet sind diese Ansätze der Personalentwicklung für Unternehmen, die hochspezialisierte Mitarbeiter und Mitarbeiterinnen beschäftigen und wo Teamarbeit sowie Arbeit in Projekten eher weniger gefordert sind. Das unternehmensinterne Umfeld traditioneller Personalentwicklung zeichnet sich in der Regel durch eindeutige hierarchische Strukturen und Entscheidungswege, durch klare Aufgabenteilung und strukturierte Karrieremöglichkeiten aus.

Im Gegensatz zu den traditionellen Ansätzen stehen *konstruktivistische Konzepte* der Personalentwicklung, also Ansätze, die auf systemtheoretischen Überlegungen beruhen. In diesen Ansätzen zielt Personalentwicklung – sehr abstrakt formuliert – auf die Veränderung systemischer Kräfteverhältnisse (Neuberger 1991). Dies geschieht aus drei Perspektiven heraus: der personalen, der interpersonalen und der apersonalen Perspektive. Ziel ist es, die Interdependenzen zwischen den Systemmerkmalen Person, Gruppe und Organisation transparent zu machen. Grundüberlegung ist dabei, dass soziale Systeme operativ aufgeschlossen arbeiten und sich rekursiv selbst erzeugen. Personalentwicklung bedeutet in diesem Sinne die Entwicklung von Organisationen und die Förderung selbstorganisierten Lernens.

Es geht hier also nicht um die Schließung von Fähigkeitslücken wie im zuvor beschriebenen Konzept, sondern darum, Räume und Orte zu schaffen, in denen Entwicklungen möglich sind und angeregt werden. Die Schaffung einer Lernkultur und die Selbstgestaltung von Lernprozessen stehen hier im Mittelpunkt (Senge 2003). Diese Idee von Personalentwicklung kollidiert zunächst mit betriebswirtschaftlich orientiertem Gestaltungshandeln und mit erzeugungsdidaktischen[21] Personalentwicklungsbemühungen. Gleichzeitig werden diese Ansätze systemischer Personalentwicklung den Erfordernissen moderner Unternehmen eher gerecht, da durch sich schnell verändernde Umweltbedingungen die Unternehmen auch intern immer schneller Veränderungsleistungen zu vollbringen haben. Von Vorteil ist des Weiteren, dass das Lernen „on the job" stattfindet, also im Unternehmen und arbeitsplatznah, und nicht wie in Lückenkonzepten in erster Linie „off the job", also in (externen) Bildungsmaßnahmen. Dadurch wird der bei externen Bildungsmaßnahmen in der Regel problematische Transfer in die eigene berufliche Praxis erheblich erleichtert.

5.3   Personalentwicklung und Organisationsentwicklung

Da weder das eine noch das andere Konzept von Personalentwicklung allein der zunehmenden Komplexität der modernen Arbeits- und mithin Unternehmenswelt gerecht werden kann, scheint eine auf die jeweilige Unternehmung individuell zugeschnittene Kopplung beider Ansätze sinnvoll (Küng 1999). So könnten klassische Trainingsmethoden flankiert werden von Ansätzen selbstorganisierten Lernens vor Ort und sowohl arbeitsbezogene als auch organisationsbezogene Gesichtspunkte mit Bildungsaspekten verknüpft werden. Personalentwicklung wird so zu einem komplexen Konzept, in dem die ganze Organisation lernt. Vor diesem Hintergrund sind Theorien zur Organisationsentwicklung (OE) und zu lernenden Organisationen[22] relevant, da sie Kongruenzen zu konstruktivistisch geprägten Modellen von Personalentwicklung aufweisen. In diesem Kontext werden moderne Betriebe als *lernende Unternehmen* begriffen.

Diese Learning Companies sind gekennzeichnet durch die Fähigkeit, neue Parameter zu antizipieren, zeitnah zu agieren und sie weisen ein hohes Maß an Veränderungsbereitschaft auf (Münch 1997). Angewiesen sind die lernenden Unternehmen auf die Lernfähigkeit und Lernbereitschaft ihrer Mitarbeiterinnen und Mitarbeiter, denn nur durch diese kann das Unternehmen lernen. Personalentwicklung hat hier die Aufgabe, zum einen die Qualifikationen der Beschäftigten zu fördern und zum anderen für das Lernen und das lernende Unternehmen zu sensibilisieren und zu motivieren.

Personalentwicklung und Organisationsentwicklung sind daher eng miteinander verbunden. Bei Prozessen der Organisationsentwicklung geht es primär um die Erhöhung der Leistungsfähigkeit der Organisation; einer der Königswege ist dabei, das Wissen und die Erfahrung der Organisationsmitglieder – also der Mitarbeiterinnen und Mitarbeiter – zu nutzen und ihnen die Chance zur Entfaltung und Entwicklung zu bieten. Ob die Beschäftigten ihre Potenziale entwickeln (können/wollen), hängt demnach stark von der Arbeitsweise und der Kultur eines Unternehmens ab. Personalentwicklung ist zum Scheitern verurteilt, wenn die beabsichtigten

---

[21] Im Rahmen erzeugungsdidaktischer Bemühungen werden den Lernenden objektive Kenntnisse vorgegeben, die diese dann für sich umsetzen können. Erzeugungsdidaktische Ansätze werden vielfach auch als „Trichtermodelle" bezeichnet, in denen das Wissen oben (bildlich gesprochen) in den Trichter hineingegeben wird und dann verwertbar im Kopf der Lernenden landet. Im Rahmen ermöglichungsdidaktischer Ansätze wird an den Sichtweisen der Lernenden selbst angesetzt. Es werden Räume und Orte für Selbstlernprozesse geschaffen. Aktuell wird ein Wandel der Lernkultur propagiert von der Erzeugungsdidaktik hin zur Ermöglichungsdidaktik (Arnold, Schüßler 1998).

[22] Zu den Themen Organisationsentwicklung und Lernende Organisationen siehe grundlegend Argyries, Schön (2002) und Senge (2003).

Qualifizierungspotenziale nicht auf unterstützende Strukturen und Bedingungen in den Organisationsstrukturen und -kulturen treffen. Personalentwicklung und Organisationsentwicklung stehen insofern in enger Wechselbeziehung und sind voneinander abhängige Prozesse, wobei die Initiative mal von der Seite der OE, mal von der PE kommen kann. So leistet Personalentwicklung sowohl personale als auch organisationale Entwicklungsarbeit.

Zwischen Unternehmensführung, Personalabteilung und den direkten Führungskräften ist jeweils zu klären, wer in einem Unternehmen bzw. einer Einrichtung für die verschiedenen Aufgabenbereiche der PE verantwortlich ist. In neueren Organisationskonzepten wird in der Regel die Verantwortlichkeit aufgeteilt in die Strategische Personalentwicklung – einschließlich der Bereitstellung der notwendigen Ressourcen –, für die die Unternehmensführung zuständig ist, während die Personalabteilung Instrumente und Verfahrensanweisungen zur Verfügung stellt. Instrumente der Personalentwicklung sind beispielsweise elektronische Personaldateien, Dienstvereinbarungen mit dem Betriebsrat zur Kostenübernahme, Regularien für die Genehmigung von Weiterbildungsveranstaltungen, Vorgaben für Mitarbeitergespräche sowie Regelungen für interne Bewerbungen und Karrierepfade.

Für die Vereinbarung von Entwicklungsmaßnahmen – auch bezüglich Interkulturalität – und deren Transfersicherung ist die jeweilige Führungskraft zuständig. Soweit Bildungsmaßnahmen vereinbart wurden, liegt dann die Durchführung bei den internen Fort- und Weiterbildungsabteilungen oder bei externen Bildungseinrichtungen, während für den Transfer in die Praxis wiederum Führungskraft und Mitarbeitende gemeinsam Verantwortung tragen (Becker 2002).

5.4 Ziele und Aufgaben von Personalentwicklung

Allgemeines *Ziel* von Personalentwicklung ist die Entwicklung unternehmensspezifischer Wettbewerbsvorteile; dieses wird angestrebt durch

- die Schaffung eines positiven Veränderungs- und Lernklimas, um Prozesse der Unternehmensentwicklung zu unterstützen bzw. erst zu ermöglichen,
- die Einleitung und Förderung interdisziplinärer Lern- und Integrationsprozesse,
- die Förderung der tätigkeitsspezifischen Qualifikationen der Mitarbeiterinnen und Mitarbeiter im Sinne einer traditionellen Personalentwicklung (Küng 1999, 52).

Personalentwicklung soll dazu beitragen, den notwendigen Bestand an Fach- und Führungskräften zu sichern; die Qualifikationen von Mitarbeiterinnen und Mitarbeitern zu erhalten bzw. weiter zu entwickeln, Leistungsbereitschaft sowie Innovationsfähigkeit im Unternehmen zu steigern und Unternehmenskultur sowie Betriebsklima zu verbessern. Personalentwicklung besteht also aus einem Pool unterschiedlicher Qualifikationsmaßnahmen und ist zugleich ein Instrument zur Steuerung sozialen Handelns im Betrieb (Hanna 2003).

Dabei können diese Ziele je nach Anspruchsgruppe der Personalentwicklung divergieren. Das bedeutet, dass Unternehmensführung, Führungskräfte, Beschäftigte und Personaler durchaus unterschiedliche Bedürfnisse, Interessen, Anforderungen und Perspektiven haben können. Eine professionell gestaltete Personalentwicklung muss hier versuchen, die verschiedenen Sichtweisen zu berücksichtigen und im Falle eines Zielkonfliktes zu vermitteln.

Die *Aufgaben* der Personalentwicklung liegen schwerpunktmäßig in den Bereichen Aus-, Fort- und Weiterbildung, Gestalten von Auswahlprozessen, Entdecken und Fördern „schlummernder" Potenziale, Entwicklung von Karrierewegen, in der Unterstützung der Organisationsentwicklung und schließlich in der Evaluation der PE-Maßnahmen z. B. durch Bildungscontrolling (Vaudt 2011).

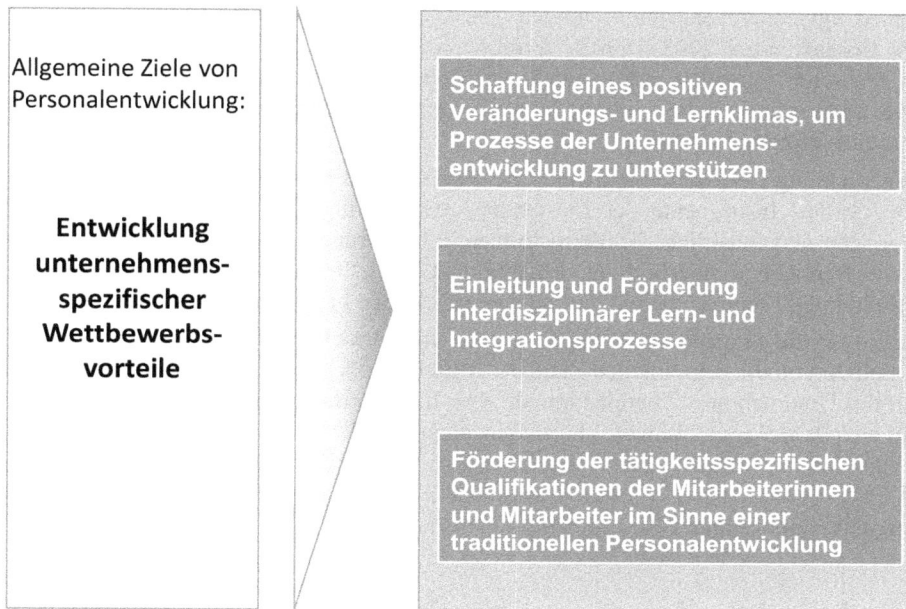

Abb. 5.1: Allgemeine Ziele von Personalentwicklung

Aus-, Fort- und Weiterbildung

Ein wichtiges Betätigungsfeld von Personalentwicklung liegt in der *Berufsausbildung.* Hier steht die Entwicklung von neuen Ausbildungsmethoden im Mittelpunkt, denn Auszubildende müssen neben den jeweiligen Fachkompetenzen zunehmend mehr Sozial- und Methodenkompetenzen erwerben[23].

Im Bereich der *Weiterbildung* sind Personalentwicklungsabteilungen gefordert, um strategieorientierte Weiterbildungskonzeptionen zu entwickeln und leistungsfähige Weiterbildungsabteilungen in Unternehmen zu etablieren bzw. mit entsprechenden Weiterbildungsträgern zu kooperieren. Von besonderer Bedeutung ist dabei die Aus- und Weiterbildung von Führungskräften, denn verbunden mit einem gesellschaftlichen Wertewandel haben sich auch die Ansprüche von Mitarbeiterinnen und Mitarbeiter an Mitgestaltung, Persönlichkeitsentfaltung und wertschätzendem Klima verändert. Zudem haben Wettbewerbsdruck und Arbeitsverdichtung die Erwartungen und Anforderungen an Vorgesetzte auch von Seiten der Unternehmen erheblich steigen lassen.

---

[23] Vgl. dazu die Entwicklung des Europäischen Qualifikationsrahmens (EQF) und die Umsetzung in Deutschland in den Deutschen Qualifikationsrahmen (DQR), www.deutscherqualifikationsrahmen.de.

Personalauswahl und -förderung

Ob bei der Einstellung von neuen Mitarbeiterinnen und Mitarbeitern die bestmöglichen Bewerberinnen und Bewerber gefunden und ausgewählt werden, hängt ganz wesentlich von der
Qualität der *Auswahlprozesse* ab. Die so genannte prognostische Qualität dieser Prozesse
schwankt je nach Verfahren zwischen 14% und 45% (Lueger 1996, 383). Strukturierte, multimodale Interviews, biografische Fragebögen, Assessment-Center und Probearbeiten gehören zu den erfolgversprechendsten Methoden – besonders dann, wenn sie sinnvoll kombiniert
werden (v. Rosenstiel u.a. 2003, 160ff.). Verfahren, die einen möglichst objektiven Vergleich
zwischen mehreren Personen ermöglichen und übliche Wahrnehmungsfehler minimieren,
sind gerade dann erforderlich, wenn die Bewerber bzw. Bewerberinnen einen unterschiedlichen kulturellen Hintergrund haben.

Personalentwicklung zielt auf die *individuelle Förderung* von Mitarbeiterinnen und Mitarbeitern. Das erfordert Instrumente der Leistungsbeurteilung und der Potenzialanalyse sowie
organisatorische und inhaltliche Förderinstrumente. Förderung kann sich dabei unter anderem auf die Bereiche Erstausbildung, Einarbeitung, (Erhaltens-)Qualifizierung, Weiterbildung, Umschulung, Mentoring und Unternehmensnachfolge beziehen.

Entscheidend ist die Frage, welche Mitarbeiterinnen und Mitarbeiter für welche Aufgaben
geeignet sind und ob die persönlichen Ziele der Mitarbeitenden mit den Möglichkeiten sowie
Interessen des Unternehmens übereinstimmen. Um das zu erheben, werden Instrumente wie
das Mitarbeiter-Jahresgespräch bzw. -Fördergespräch sowie Verfahren der Potenzialbeurtei-
lungen eingesetzt. Instrumente der Potenzialanalyse sind z. B. Selbst- und Fremdeinschät-
zungen („360°-Beurteilungen"), Lern-Assessments, Übertragung von Projektarbeiten und
Sonderaufgaben (Holtbrügge 2005, 100f.).

5.5   Interkulturelle Personalentwicklung

Zur Implementierung einer Strategie der Interkulturellen Öffnung eines Unternehmens be-
darf es eines umfassenden Wandels der Organisationstruktur und -kultur, damit sich die För-
derung von Interkulturalität nicht in unzusammenhängenden Einzelmaßnahmen verzettelt.
Um den Prozess der Struktur- und Kulturveränderung in der Organisation zielgerichtet in
Gang zu setzen, ist eine Personalentwicklung erforderlich, die strategisch in den Prozess der
Organisationsentwicklung eingebunden ist.

Die Entscheidungen über eine Interkulturelle Öffnung des Unternehmens und die Verankerung in der Personalarbeit liegen als normative bzw. strategische Entscheidungen selbstverständlich bei der Unternehmensleitung. Insofern handelt es sich hierbei um ein Top-down-
Verfahren. Es wäre aber ein Missverständnis, daraus zu schließen, dass die eigentlich Handelnden ausschließlich die Führungskräfte wären und sie allein die Gestaltungsmacht im
Unternehmen besäßen (Döge 2008, 84ff.).

Derartige mechanistische Vorstellungen können die realen Interaktionsstrukturen von Organisationen nicht angemessen beschreiben. Systeme – und das bedeutet im betrieblichen Kontext: Abteilungen, Teams und einzelne Personen – sind keine „Trivialmaschinen", sondern
sind im Prinzip autonom, handeln nach eigenen inneren Wertmaßstäben und nach ihrem
Weltbild, ihren Motiven und Zielen. Für die Umsetzung der Idee der interkulturellen Öffnung
müssen daher die „Herzen" der Mitarbeitenden gewonnen, Widerstände wahr- und ernstge-

nommen und wichtige Schlüsselpersonen (die möglicherweise über keine formale Macht verfügen) davon überzeugt werden, wenn die Einführung gelingen soll.

Gerade in etwas größeren Betrieben ist es sinnvoll, die Verantwortlichkeit für Interkulturalität und für Antidiskriminierungsstrategien zusammenzufassen und bei einer Person bzw. einer Abteilung zu verankern. Die Entwicklung von Checklisten und eines Berichtswesens sowie die Verpflichtung zu entsprechenden Weiterbildungen können in Stellenbeschreibungen und Zielvereinbarungen abgesichert werden. Das Merkmal „interkulturelle Kompetenz" kann als Kriterium in Gesprächsleitfäden für Bewerbungs- und Mitarbeitergespräche aufgenommen oder zum Bestandteil von Mitarbeiterbeurteilungen werden (a. a. O. 2008, 82f.).

Interkulturalität in der Ausbildung

Schon während der *Berufsausbildung* bzw. des Studiums sollte der Aspekt Interkulturalität in seinen unterschiedlichen Facetten bearbeitet werden. In Bezug auf die Nutzer- bzw. Klientengruppen ist das inzwischen curricular weitgehend vorgeschrieben. Das Entwickeln eines Bewusstseins über den Wert von Interkulturalität in einem Arbeitsteam und von Persönlichkeitsmerkmalen wie Respekt, Offenheit, Empathie und Authentizität ist dagegen in den Curricula der Studien- und Ausbildungsgänge im Sozial- und Gesundheitswesen kaum explizit genannt. Für eine interkulturell orientierte Personalentwicklung ergeben sich hier Anknüpfungspunkte, um z. B. in Pflegeinrichtungen dem Anspruch kultursensibler Pflege gerecht zu werden.

Auszubildende in Sozial- und Pflegeberufen sind ihrerseits ebenfalls durch ihre Lebenssituation und ihren kulturellen Hintergrund geprägt. Diversität begegnet ihnen hier z. B. im eigenen Lebensalter und damit der Lebenserfahrung, in der familiären Situation (Kinder, pflegebedürftige Angehörige), in der religiösen Prägung (Wie werden Leiden und Sterben religiös gedeutet? Gibt die Religion ethische Vorgaben bezüglich medizinischer Eingriffe wie Bluttransfusion oder Abtreibung oder bezüglich pflegerischer Handlungen wie Umgang mit Nacktheit?), in der kulturellen Prägung (Welche Bedeutung hat das Alter? Welche Bedeutung haben die Angehörigen? Welche Bedeutung haben „Autoritäten"?), in der sexuellen Orientierung (Akzeptanz homo- oder bisexueller Neigungen) oder in der Bewertung von Menschen mit Beeinträchtigungen (Werden sie im Rahmen ihrer Möglichkeiten als wichtige Mitglieder des Teams akzeptiert?).

Die Ausbildungszeit bietet die Chance, Interkulturalität einzuüben, indem die Unterschiede nicht nur toleriert, sondern aktiv benannt werden. Dezidiert voneinander zu lernen, ist sehr viel lebendiger und eindrücklicher als theoretische Unterrichtseinheiten zum Thema „Interkulturalität". Zugleich werden dabei Reflexions- und Sprachfähigkeit sowie die Fähigkeit zur interkulturellen Kommunikation eingeübt. Konflikte und Spannungen, die ihre Ursachen in den unterschiedlichen Kulturen haben, dürfen dabei nicht „unter den Teppich gekehrt" werden, sondern sollten als willkommene Anlässe für wichtige gruppendynamische und personale Entwicklungsprozesse genutzt werden. Wer in der Ausbildung die großen Chancen des Voneinander-Lernens erlebt und reflektiert hat, die eine sehr gemischte Lerngruppe bietet (besonders in der Altenpflege-Ausbildung sind solche Lerngruppen häufig), wird auf diese Chance – besonders im Blick auf die oben genannte „kultursensible Pflege" – in der beruflichen Praxis nicht verzichten wollen.

Interkulturalität in der Weiterbildung

Der Erfolg einer interkulturellen Personalentwicklung steht und fällt mit der Bereitschaft der Personalverantwortlichen, sich auf dieses Thema einzulassen und eigene Deutungsmuster und blinde Flecken zu erkennen und zu hinterfragen. Sehr schwierig ist es beispielsweise, eine Stellenausschreibung diskriminierungsfrei zu formulieren, wenn für dieses Thema nicht zuvor sensibilisiert wurde. Die Implementierung einer interkulturellen Ausrichtung des Unternehmens bzw. der Organisation muss von der Vermittlung interkultureller Kompetenzen, z. B. durch entsprechende Trainings, flankiert werden. Hier sind die Personalentwickler und -entwicklerinnen Nutzer und Nutzerinnen sowie Anbieter und Anbieterinnen zugleich. Sowohl Personalverantwortliche als auch andere Mitarbeitende müssen sich mit Kulturalisierungs- und Ethnisierungsfallen auseinandersetzen, Macht- und Dominanzstrukturen sowie -kulturen erkennen und das eigene Handeln in einen solchen Systemzusammenhang einbetten, hinterfragen und verändern können.

Solche auf Interkulturalität fokussierte Sensibilisierungen stützen sich auf die Trias Awareness, Knowledge und Skills (Jungk 2004). *Awareness* bedeutet, ein Bewusstsein darüber zu erlangen, wie man selbst durch das eigene Verhalten und eigene Einstellungen bzw. Vorstellungen an der Konstruktion von (kulturalistischen) Deutungen beteiligt ist. *Knowledge* beschreibt den Wissenserwerb über Lebensrealitäten von Menschen mit anderem kulturellen Hintergrund sowie die Auseinandersetzung mit gesellschaftlichen Ausgrenzungsmechanismen auf individueller und struktureller Ebene. *Skills* bedeutet, Handlungskompetenzen zu erwerben, die den Umgang und die Kommunikation mit Menschen anderer Kulturen befördern. Zu kurz würden solche Trainings greifen, wenn „nur" auf die Vermittlung „folkloristischer Aspekte" fokussiert würde.

Da die Entscheidung über eine Interkulturelle Öffnung einer Organisation in den Führungsetagen getroffen und Top-down umgesetzt wird, sollten die Trainings zunächst von den Mitgliedern der Führungsetagen durchlaufen werden. Dies ist auch deshalb von Bedeutung, weil die Inhalte der Trainings nur dann eine Veränderung von Verhalten und Einstellungen bewirken können, wenn klar ist, dass es sich hierbei um nicht zu desavouierende Standards handelt und – im Sinne einer Interkulturellen Öffnung – nicht nur auf die Veränderung individuellen Verhaltens fokussiert, sondern die gesamte Organisation betrachtet wird.

Personalgewinnung und Interkulturalität

Wie eingangs schon skizziert, ist die Gestaltung von Personalgewinnungsprozessen eine der zentralen Aufgaben betrieblicher Personalentwicklung. Verfahren der Personalgewinnung bestehen in der Regeln aus vier Elementen: einer Anforderungsanalyse, der Stellenausschreibung, der Personalauswahl und der Vertragsgestaltung.

Anforderungsanalyse. Die Anforderungsanalyse ist der Dreh- und Angelpunkt für den gesamten Auswahlprozess. In der Anforderungsanalyse geht es darum, jene Informationen über einen Arbeitsplatz zusammenzutragen, die für die Personalauswahl bedeutsam sind (Kay 2004). Im Anschluss daran werden Fähigkeiten, Fertigkeiten, Kenntnisse und sonstige Personenmerkmale, die für die Aufgabenerfüllung notwendig sind, festgelegt. Hierzu wird in der Regel – zumindest bei Nachbesetzungen – auf Beobachtungen sowie Befragungen von aktuellen Stelleninhabern bzw. Stelleninhaberinnen zurückgegriffen, da weder die Stelleninhaber noch die Vorgesetzten eine exakte, quasi neutrale Abbildung des Arbeitsplatzes im Kopf haben (a. a. O.). Genau an dieser Stelle kann die Umsetzung eines interkulturell orientierten

Auswahlverfahrens schon von Grund auf konterkariert werden: Wenn auf die Personenmerkmale des aktuellen Stelleninhabers bzw. der Stelleninhaberin zur Beschreibung des
Arbeitsplatzes Bezug genommen und daraus das Anforderungsprofil für die neue Stellenausschreibung generiert wird, dann besteht die Gefahr, unbewusst und unbeabsichtigt Ein- und
Ausschlussverfahren in Gang zu bringen. Um eine solche Stellenbesetzungslogik im Sinne
der Interkulturellen Öffnung zu durchbrechen, bedarf es Arbeitsplatzbeschreibungen
und/oder Anforderungsprofilen, die von einem möglichst heterogen besetzten Gremium
zusammengestellt werden. Wichtig ist gleichzeitig, eine vorurteilslose Analyse vorzunehmen,
welche neuen oder veränderten Anforderungen auf den neuen Stelleninhaber bzw. die neue
Stelleninhaberin zukommen werden.

Personalakquise. Auf der Basis des Anforderungsprofils werden die Wege für die Personalgewinnung bestimmt. Hier wird zwischen internem und externem Arbeitsmarkt unterschieden. Für Besetzungen über den *internen* Arbeitsmarkt sind Stellenausschreibungen sowie
direkte Ansprachen durch Vorgesetzte relevant. Bei der Besetzung über den *externen* Stel-
lenmarkt sind Stellenanzeigen, Bewerberinnenpools und – bezogen auf höhere Positionen –
der Einsatz von „Headhuntern" verbreitet. Die Entscheidung für einen bestimmten Beschaf-
fungsweg birgt verschiedene Diskriminierungspotenziale. Wird in der Stellenausschreibung
nicht explizit die Bewerbung von Menschen mit Migrationshintergrund als erwünscht benannt, fühlen sich diese oftmals nicht angesprochen, weil sie meinen, keine Chance im Auswahlverfahren zu haben. Wird außerdem ein Medium gewählt, welches diese Zielgruppe
weniger nutzt als Menschen ohne Migrationshintergrund (z. B. Lokalzeitungen oder bestimmte Internetseiten), wird der Kreis der potenziellen Bewerber und Bewerberinnen ebenfalls eingegrenzt.

Bei der Besetzung über den internen Arbeitsmarkt kann sich das Problem ergeben, dass bei
einem unterproportionalen Beschäftigungsanteil von Personen mit Migrationshintergrund
sich dieser zwangsläufig nicht erhöht. Im Sinne einer Interkulturellen Öffnung sollten möglichst viele Beschaffungswege gegangen werden, Stellen immer extern ausgeschrieben, in
verschiedenen Medien – insbesondere in internationalen Zeitungen – Anzeigen geschaltet,
Migrantennetzwerke wie z. B. die Türkisch-Deutsche Industrie- und Handelskammer einbezogen und systematisch Menschen mit Migrationshintergrund angesprochen werden. Ähnliches gilt für andere Merkmale wie ethnische Herkunft, Alter, Familienstand und Religion:
Die Auswahl der Medien, in denen Stellen ausgeschrieben werden, bestimmt sehr wesentlich
die Zielgruppe, die damit erreicht wird.

Personalauswahl. Bei der Analyse der Bewerbungsunterlagen sollten nur solche Kriterien
berücksichtigt werden, die im Rahmen der Erstellung des Anforderungsprofils als relevant
erachtet wurden. Häufig werden Bewerbungsunterlagen nach weiteren, nicht explizit genannten Kriterien gesichtet, wodurch sich die Diskriminierungsproblematiken, die zuvor schon
für die Anforderungsanalyse und die Personalgewinnung skizziert wurden, weiter fortsetzen
können. Zu beachten ist hierbei, dass die Bewerber bzw. Bewerberinnen mit *gleichen* Qualifikationen auch wirklich *gleich* behandelt werden. Ein Instrument, um eine Ungleichbehand-
lungen im Auswahlprozess möglichst gering zu halten, sind teilanonymisierte Bewerbungen,
die in den USA schon länger üblich sind. Bei teilanonymisierten Bewerbungen fehlen z. B.
Angaben zu Namen, Geschlecht, Alter, Herkunft sowie Familienstand und Fotos. In Deutschland wurde im November 2010 von der Antidiskriminierungsstelle des Bundes ein entsprechendes Pilotprojekt gestartet. An diesem Projekt beteiligten sich fünf Unternehmen und drei

öffentliche Arbeitgeber. Sowohl die beteiligten Personalverantwortlichen als auch die Bewerber und Bewerberinnen zogen eine positive Zwischenbilanz[24].

Nach erfolgter Vorauswahl auf Grundlage der Bewerbungsunterlagen kann die „Feinauswahl" mit mehreren Methoden durchgeführt werden. In deutschen Unternehmen werden strukturierte bzw. multimodale Interviews, Assessment-Center (AC), biografische Fragebögen und Probearbeiten am häufigsten eingesetzt (Holtbrügge 2005, 100f.). In multimodalen Einstellungsinterviews können Einstellungen (auch zur interkulturellen Zusammenarbeit) und durch die Methode der „kritischen Ereignisse" vermutliche Reaktionen in schwierigen Entscheidungs- und Arbeitssituationen erfragt werden. Assessment-Center (die allerdings im Bereich der Sozialen Arbeit fast nur bei der Auswahl von Führungskräften eingesetzt werden) bieten besonders gute Möglichkeiten, interkulturelle Kompetenz festzustellen, besonders dann, wenn sowohl die Bewerber- als auch die Beobachtergruppe „gemischt" zusammengesetzt ist, die Aufgaben entsprechend konzipiert und Kriterien wie Respekt, Offenheit, Empathie und Authentizität in die Beobachtungskriterien aufgenommen wurden (Döge 2008, 89ff.). Biografische Fragebögen, in denen Fragen zur eigenen Lebenssituation und zum eigenen kulturellen Hintergrund aufgenommen wurden, können dazu helfen, Teams gezielt „gemischt" zusammenzustellen.

5.6   Unterstützungssysteme und Interkulturalität

Teamentwicklung

Für die Kreativität und Effizienz von Teams spielt ihre Zusammensetzung im Blick auf ethnische Herkunft, Alter, Familiensituation, Geschlecht und Arbeitszeit eine entscheidende Rolle. Gerade im Sozial- und Gesundheitswesen mit ihren oft vergleichsweise umfangreichen Gestaltungsfreiräumen ist hingegen eine Tendenz in den Teams zu beobachten, eher „Ähnliches" als „Verschiedenes" zu bevorzugen.

„Verschiedenheit" an sich bzw. eine Team-Mischung als solche stellt allerdings keine ausreichende Garantie für Erfolg dar. Ergebnisse zahlreicher Studien zeigen eher negative Effekte: ein schlechteres Gruppenklima, eine höhere Fluktuationsrate, schlechtere Leistungen (Wegge 2011). Der Erfolg gemischter Teams setzt eine Führung voraus, die die Mitarbeiter und Mitarbeiterinnen für die Idee zu umwerben und zu gewinnen weiß. Wichtig im Teamentwicklungsprozess ist zunächst wieder die „Diversity-Sensibilisierung" im Sinne der Interkulturellen Öffnung.

Bevor die Strategie der Interkulturelle Öffnung Nutzen bringt, ist sodann eine Investition in Zeit erforderlich: Voneinander lernen, gegenseitig und miteinander Entdeckungen machen, sich infragestellen lassen und sich befragen lassen – das braucht Raum und Zeit, benötigt eine sensible Moderation und das Vertrauen darauf, dass sich die Investition auszahlen wird. Dabei ist auf eine Balance zwischen Verbindendem und Trennendem zu achten: Letztlich muss das Bewusstsein für das Gemeinsame bei allen Unterschieden die Oberhand behalten. Auch in heterogenen Zusammensetzungen sind von allen geteilte Verbindlichkeiten, gemeinsame Ziele, Leitlinien, Werte, Regeln und Kulturen Grundvoraussetzung für den Erfolg.

---

[24]   Näheres zu diesem Projekt unter www.antidiskriminierungsstelle.de.

Wichtig ist es, auf eine Interaktionskultur zu achten, in der eine „Nutzen-Partnerschaft" entsteht. Das bedeutet, dass der konkrete Austausch von Wissen und Erfahrungen immer in beide Richtungen gehen muss, z. B. zwischen Älteren und Jüngeren, zwischen „Inländern" und „Ausländern", zwischen Frauen und Männern (Badura u.a. 2010, 171f.).

Entscheidend für den Erfolg ist ebenso eine Feedback-Kultur, in der Enttäuschungen und Verletzungen angesprochen werden können, in der Anerkennung und Dankbarkeit zur Sprache kommen – nicht nur hierarchisch, sondern auch untereinander –, und in der man sich über Erfolge – von Einzelnen und von der Gruppe – freuen kann. Gut ist es, wenn schnell erste Erfolge sichtbar und öffentlich werden, auf die das Team stolz sein kann.

Interkulturelle Personalentwicklung

- **Ausbildung:** z.B. Entwicklung eines Bewusstseins über den Wert von Interkulturalität in einem Arbeitsteam und von Persönlichkeitsmerkmalen wie Respekt, Offenheit, Empathie und Authentizität
- **Weiterbildung:** z.B. mit Kulturalisierungs- und Ethnisierungsfallen auseinandersetzen, Macht- und Dominanzstrukturen sowie -kulturen erkennen und das eigene Handeln in einen solchen Systemzusammenhang einbetten, hinterfragen und verändern können
- **Personalgewinnung:** betrifft Gestaltung von: Anforderungsanalyse, Stellenausschreibungen, Personalauswahl und Vertragsgestaltung
- **Teamentwicklung:** z.B. „Diversity-Sensibilisierung" im Sinne der Interkulturellen Öffnung - Balance zwischen Verbindendem und Trennendem

Abb. 5.2:   Komponenten interkultureller Personalentwicklung

Coaching

Coaching ist ein Instrument zur individuellen Beratung, Begleitung und Betreuung. Seit den 1950er Jahren ist Coaching ein Werkzeug des (Personal-)Managements. Historisch liegt die Verantwortung für die berufliche Zukunft des bzw. der Untergebenen in erster Linie bei der jeweiligen Führungskraft. Zunächst ging es dabei vorrangig um „sachliche" Themen und weniger um persönliche Fragen und Probleme. In neueren Definitionen von Coaching stehen psychologische und persönliche Themen gleichrangig neben Aspekten, die die beruflichen Kompetenzen und Entwicklungen beinhalten. Da es eine Vielzahl von Definitionen und Ansätzen von Coaching[25] gibt, wird Coaching im Folgenden als begleiteter, zeitlich begrenzter und auf ein Ziel orientierter Prozess begriffen, in dem persönliche und berufliche Entwicklungen im Mittelpunkt stehen.

Bezogen auf eine Interkulturelle Öffnung sollte es im Coachingprozess um eine Analyse möglicher Vorurteile, eine Steigerung der Ambiguitätstoleranz sowie einen verbesserten Umgang mit Differenzen gehen. Im Fokus können dabei verschiedenste Pluralitäten liegen, je nachdem, welcher Ausrichtung sich die Organisation verschrieben hat. Fast jede und jeder kennt Beispiele aus der täglichen Kommunikation: „So wird das nichts. Sie lernen das wohl

---

[25]   Ein Überblick über die Entwicklung des Begriffes Coaching und verschiedene Definitionen finden sich in Birkmeier 2006.

nie", und umgekehrt: „Die da oben haben doch gar keine Ahnung von den Anforderungen der Praxis". Diese Beispiele stehen zunächst in keinem Zusammenhang mit einem ethnisierten Diversitybegriff. Sie machen vielmehr deutlich, welche Unterschiede wir in unserem Alltag konstruieren und mit welchen (meist negativ konnotierten) Zuschreibungen wir unbewusst hantieren. Ziel eines interkulturell orientierten Coachings sollte es sein, sich dieser scheinbaren Kleinigkeiten bewusst zu werden und sie als das zu sehen, was sie sind, nämlich durch Vorurteile begründetes diskriminierendes Verhalten[26]. Interkulturell orientiertes Coaching kann im Kleinen (face to face) das umsetzen, was die Organisation im Großen tun muss, um eine Interkulturelle Öffnung zu vollziehen und innere Bilder sowie Kommunikationsstrukturen zu verändern.

5.7   Interkulturalität und konfessionelle Träger Sozialer Arbeit

Interkulturelle Öffnung stellt für konfessionelle Träger im Sozial- und Gesundheitswesen eine besondere Herausforderung dar, da sie traditionell als „monokulturell" gelten. Zwar stehen sie mit ihren Dienstleistungen und Angeboten allen Menschen offen, verfolgen aber eine überwiegend restriktive Personalpolitik und stellen nur in Ausnahmefällen Nichtkirchenmitglieder[27] ein. Angesichts einer sich immer mehr interkulturell öffnenden und entwickelnden Gesellschaft stehen z. B. Diakonie und Caritas als wichtige Anbieter in der Sozialen Arbeit, in der Alten- und Behindertenhilfe, im Gesundheitswesen sowie der ambulanten Pflege vor der Entscheidung, wie sie sich mittelfristig zur Frage der Interkulturalität stellen wollen, ohne dabei ihre konfessionelle (und damit auch immer kulturell beeinflusste) Identität zu gefährden.

Dabei sind mindestens drei Spannungsfelder erkennbar: (1) Potenzielle Kundinnen bzw. Klienten entstammen zu immer größeren Teilen nicht mehr den volkskirchlichen Milieus. (2) In deutlich zunehmendem Ausmaß wird keine ausreichende Zahl von Mitarbeiterinnen und Mitarbeiter aus dem eigenen kirchennahen Milieu für soziale und pflegerische Arbeit zur Verfügung stehen; schon jetzt sind z. B. viele Pflegeteams multikulturell besetzt. (3) In einer säkularisierten Gesellschaft verlieren kirchliche Bindung sowie eine christlich geprägte Sozialisation an Bedeutung.

Bereits im Jahr 2008 hat das Diakonische Werk der Evangelischen Kirche in Deutschland als Spitzenverband der Wohlfahrtspflege diese Problematik erkannt und in einem Positionspapier festgestellt: „Die interkulturelle Öffnung diakonischer Dienste … entspricht dem diakonischen Auftrag, der keine kulturellen und/oder religiösen Einschränkungen kennt, sondern universal angelegt ist" (DW EKD 2008, 3). In diesem Positionspapier wird die Interkulturelle Öffnung als „Querschnittsaufgabe" bezeichnet, an der „Mitarbeitende auf allen Hierarchieebenen" zu agieren haben. Die Beschäftigung von Menschen mit Migrationshintergrund könne aufgrund ihrer „Türöffnerfunktion (Netzwerke, Sprache) förderlich" sein.

---

[26]   Ein Konzept, in und mit Kommunikation, Vorurteile abzubauen und Differenzen sichtbar zu machen, findet sich bei Czollek/Weinbach 2007.

[27]   Vgl. Richtlinie des Rates der Evangelischen Kirche in Deutschland vom 1.7.2005 (sog. Loyalitätsrichtlinie).

Durch Fort- und Weiterbildung will das Diakonische Werk für eine zunehmende interkulturelle Kompetenz ihrer Mitarbeiter und Mitarbeiterinnen sorgen (a. a. O., 8). Bei der Umsetzung dieses Anspruchs ist Personalentwicklung gefordert: So genannte „Prüfsteine" fragen beispielsweise konkret danach, ob „die interkulturelle Kompetenz ein Anforderungsprofil von Mitarbeitenden" sei, ob „Menschen mit Migrationshintergrund auf allen Hierarchieebenen vertreten" seien und ob „leitende Mitarbeitende an Fort- und Weiterbildungsmaßnahmen zu interkulturellen Themen regelmäßig" teilnähmen (a. a. O., 10). In ähnlicher Weise hat der Caritas-Verband als katholisches Pendant eine größere Interkulturelle Öffnung in sein Programm aufgenommen und entsprechende Maßnahmen gestartet (Diekelmann 2011).

Einer „schrankenlosen" Interkulturellen Öffnung stehen dennoch zahlreiche Verantwortliche mit gemischten Gefühlen gegenüber: Droht dabei der Verlust von gewohnter Identität, gewachsener Kultur, von marktnotwendigem Profil bzw. von historischer Substanz, die sozusagen in den Strukturen und Mauern der Träger inkarniert sind? Wie kann Differenz und Diversität anerkannt werden, ohne dass die lange gewachsene (und nicht einfach in Leitbildern oder Unternehmens- bzw. Führungsgrundsätzen einzufangende) Identität eines Unternehmens bedroht ist? Anders gefragt: Wie integrativ und pluralitätsfreundlich können bzw. müssen Identitätskonzepte eines konfessionellen Unternehmens sein, ohne dass das christlich geprägte Profil zur Unkenntlichkeit entstellt oder abgeschliffen wird?

Die beiden großen Wohlfahrtsverbände haben sich in der Frage nach Interkulturalität und kultureller Öffnung auf den Weg gemacht. Spannend und offen ist die Frage, wann und wie sie an welches Ziel gelangen werden.

5.8   Vertiefungsaufgaben und -fragen

1. Stellen Sie sich das Team Ihrer Dienst- oder Praktikumsstelle vor:

    Wie divers ist es zusammengesetzt? Was wissen Sie von den Kolleginnen und Kollegen, von ihren Hintergründen, von ihren Stärken, von ihren Besonderheiten? Werden Unterschiede systematisch eher genutzt oder eher verdrängt?

2. Gibt es in Ihrer Arbeits- bzw. Praktikumsstelle ein Konzept für Interkulturelle Öffnung? Welche Rolle spielt die Personalarbeit bzw. Personalentwicklung in diesem Konzept? Wer ist zuständig?

3. Nehmen Sie eine Analyse von Stellenausschreibungen (Tageszeitung, Internet) vor und arbeiten heraus, inwieweit diese Anzeigen diskriminierungsfrei formuliert sind.

5.9   Literatur

Abatemaro, D. (2001): Multikulturelle Projektteams als strategisches Instrument der Personalentwicklung. Ein praxisorientiertes Konzept für Unternehmen auf dem Weg zur Transnationalität. Zürich.

Argyries, C. und D. A. Schön (2002): Die Lernende Organisation. Grundlagen, Methode, Praxis. Stuttgart.

Arnold, R. und I. Schüßler (1998): Wandel der Lernkulturen. Darmstadt.

Badura, B. u.a. (2010): Fehlzeiten-Report. Vielfalt managen: Gesundheit fördern, Potenziale nutzen. Berlin.

Becker, F. G. (2002): Lexikon des Personalmanagements. München.

Becker, M. (2002) Personalentwicklung. Bildung, Förderung und Organisationsentwicklung in Theorie und Praxis. Stuttgart.

Birkmeier, B. R. (2006): Coaching und Soziale Arbeit. Weinheim und München.

Czollek, L.C. und H. Weinbach (2007): Lernen in der Begegnung: Theorie und Praxis von Social Justice-Trainings. Hrsg. IDA e.V. Bonn.

Diekelmann, K. (2011): Öffnung gelingt in kleinen Schritten. In: Neue Caritas, 17/2011.

Döge, P. (2008): Von der Antidiskriminierung zum Diversity-Management. Ein Leitfaden. Göttingen.

DW EKD (Diakonisches Werk der Ev. Kirche in Deutschland) (2008): Interkulturelle Öffnung in den Arbeitsfeldern der Diakonie; Diakonie Texte 13.2008.

Jungk, S. (2004): Interkulturelle Trainings und ihre Evaluation. In: Teichler, A. und Cyrus, N. [Hrsg.]: Handbuch Soziale Arbeit in der Einwanderungsgesellschaft. Frankfurt/M, S. 403–422.

Hanna, J. (2003): Konzeptionelle und prozessuale Grundlagen einer berufspädagogisch geleiteten Personalentwicklung in kleinen und mittleren Unternehmen. Dissertationsschrift an der Technischen Universität Berlin.

Holtbrügge, D. (2005): Personalmanagement. Berlin.

Kay, R. (2004): Gewinnung und Auswahl von MitarbeiterInnen. In: Krell, G. [Hrsg.]: Chancengleichheit durch Personalpolitik. Gleichstellung von Frauen und Männern in Unternehmen und Verwaltungen. Wiesbaden, S.163–182.

Küng, D. (1999): Bezugsrahmen für konstruktivistische Personalentwicklung. Erarbeitung und Diskussion anhand eines Fallunternehmens. Bamberg.

Lueger, G. (1996): Beschaffung und Auswahl von Mitarbeitern; in: Kasper, H. und W. Mayrhofer [Hrsg.] (1996):) Personalmanagement, Führung, Organisation. Wien, S. 338ff.

Münch, J. (1997): Qualifikationspotenziale entdecken und fördern. Beispiele innovativer Personalentwicklung aus deutschen Unternehmen. Berlin.

Neuberger, O. (1991): Personalentwicklung. Stuttgart.

von Rosenstiel, L. u.a. [Hrsg.] (2003): Führung von Mitarbeitern. Stuttgart.

Senge, P. (2003): Die fünfte Disziplin. Kunst und Praxis der lernenden Organisation. 9. Aufl. Stuttgart.

Vaudt, S. (2011): Bildungscontrolling. In: Griese, C. und H. Marburger [Hrsg], Bildungsmanagement. München, S. 139–156.

Wegge, J u.a. (2011): Jung und alt in einem Team? Altersgemischte Teamarbeit erfordert Wertschätzung von Altersdiversität. In: P. Gellèri und C. Winter [Hrsg.], Personalpsychologie als Beitrag zu Berufs- und Unternehmenserfolg. Ansätze, Entwicklungen und Perspektiven. Göttingen, S. 35–46.

6 Interkulturelle Öffnung von Schulen und Hochschulen

Yasemin Karakaşoğlu

Die Beschäftigung mit der interkulturellen Öffnung von Schulen geht auf den Diskurs um die Ausländerpädagogik und ihre notwendige Transformation von einer temporär als Zielgruppenpädagogik konzipierten Maßnahme in eine auf Langfristigkeit und Nachhaltigkeit abzielende Strategie der Institutionenentwicklung zurück. Während Ämter, Beratungseinrichtungen und außerschulische Jugendarbeit bereits seit mehr als 15 Jahren auf Erfahrungen mit interkultureller Öffnung zurückblicken können, die sich hier vorwiegend auf die Schulung des Personals im Umgang mit nicht-deutschsprachiger und Klientel unterschiedlicher soziokultureller Voraussetzungen bezieht, beginnt im Handlungsfeld Schule, das bereits ebenso lange über entsprechende Konzepte verfügt, die praktische Umsetzung derselben erst zögerlich. Für die Hochschulen wird hingegen „Interkulturelle Öffnung" erst in den vergangenen fünf Jahren im Zuge der Diskussion um die Erschließung von neuen Studierendengruppen aufgrund des demographischen Wandels und des damit auch einer gehenden Fachkräftemangels im Kontext der Internationalisierung diskutiert, vielfach auch im Fahrwasser der Diskussion um Diversity-Management an Hochschulen und die notwendige Konzentration auf bestimmte Dimensionen von „Diversity". Die Entwicklung von Konzepten und eine praktische Umsetzung befinden sich demzufolge erst in den Ansätzen. Insofern werden hier zwei Handlungsfelder betrachtet, die sich im Hinblick auf die „Interkulturelle Öffnung" auf einem sehr unterschiedlichen Entwicklungsstand befinden und deren Rahmenbedingungen im Hinblick auf den strukturellen und rechtlichen Rahmen sowie auf die Finanzierung und Akteure ebenfalls sehr unterschiedlich sind. Sie sollen daher in den einzelnen Abschnitten getrennt voneinander betrachtet werden.

6.1 Allgemeine Rahmenbedingungen des Handlungsfeldes Schule und Hochschule

Schule

Unter den Bedingungen einer Gesellschaft, die sich durch Migration und weitere Pluralisierungsprozesse – beispielsweise die Anerkennung unterschiedlichster Lebensweisen, den demographischen Wandel und die Globalisierung – kulturell ausdifferenziert, hat schulische Bildung zwei zentrale Aufgaben: Erstens muss sie als zentrales System gesellschaftlicher Werte und Normenvermittlung eine Umorientierung von einem nationalen zu einem Bildungssystem unter den Bedingungen der Globalisierung vollziehen. Das heißt, sie hat die Aufgabe, ein neues gemeinschaftsbildendes Normalitätsverständnis von der pluralen Zusammensetzung der Gesellschaft und damit den alltäglichen Wandel als Normalität zu vermitteln. Zweitens muss sie Antwort auf die Frage finden, wie gleichzeitig das Ziel einer angemessenen Qualifikation für ein selbstbestimmtes sowie individuell erfolgreiches Leben für alle Mitglieder der Gesellschaft erreicht werden kann, und hierbei die allen gleichermaßen zu vermittelnden Qualifikationen mit Angeboten zur spezifischen Förderung Einzelner mit besonderen Bedarfen verbinden.

Zentrale Rahmenbedingung von Schule ist der staatliche Bildungsauftrag, das damit verbundene Recht auf schulische Bildung aller Kinder und Jugendlichen in Deutschland im Alter von 6 bis 16 Jahren und deren Pflicht, die Schule zu besuchen (allgemeine Schulpflicht). Aus dieser Konstellation ergibt sich, dass Schulen in Deutschland gebührenfrei sind und – staatlich oder privat finanziert – der staatlichen Schulaufsicht (GG Art.7, Abs.1) unterliegen. Im Schulgesetz des jeweiligen Bundeslandes sind grundlegende Bestimmungen schulischen Lebens und Handelns festgelegt (Füssel 2010).

Schulen haben als zentrale, da für alle verbindlich zu besuchende staatliche Institutionen die gesamte Bevölkerung zu erfassen, der sie eine grundlegende Allgemeinbildung zu vermitteln haben, auf der Berufs- und Studienperspektiven aufgebaut werden sollen. Während in Deutschland über Jahrzehnte das traditionell gegliederte Schulsystem vorherrschte, in dem unterschiedliche Schulformen wie die Haupt- und Realschule sowie das Gymnasium für die Förderung unterschiedlicher Begabungsrichtungen und Berufsperspektiven in der Sekundarstufe I standen, haben sich in den letzten vier Jahrzehnten verschiedene Systeme entwickelt, in denen verschiedene Formen der weiterführenden Schule zusammengelegt oder den traditionellen Schulformen Gemeinschaftsschulen (z. B. Gesamtschulen) zur Seite gestellt wurden.

In jüngster Zeit ist ein Trend zum zweigliedrigen System hin zu beobachten, bei dem neben dem unangefochten fortbestehenden Gymnasium eine weitere Schulform (Sekundarschule, Oberschule) als alternative, weiterführende Schule etabliert wird, die statt auf äußere auf innere Differenzierung setzt und dabei neue Formen didaktischer Konzeptionen verfolgt. Daneben gibt es unterschiedliche Schulen mit Berufsbildungsbezug, die entweder bereits in der Sekundarstufe I oder erst in der Sekundarstufe II als Berufsschulen, Schulen im dualen System oder Werkschulen neben den allgemeinbildenden Schulen entwickelt wurden. Zu den weiteren Entwicklungen gehört eine inklusive Beschulung von behinderten und nichtbehinderten Kindern gemäß der UNESCO-Guidelines for Inclusion von 2009. Nur wenige Bundesländer haben begonnen, diese konsequent umzusetzen (z. B. Bremen seit 2011).

Schulen vergeben Lebenschancen, sie haben die Aufgaben – im klassischen Sinne von Bildung – die Persönlichkeitsentwicklung der Individuen zu unterstützen, ihre Selbstwirksamkeit zur Entfaltung zu bringen und gesellschaftliche Partizipation zu ermöglichen (Fend 2006, 53, Lange 2005, 69). Sie tun dies durch die Vermittlung von Kulturtechniken, Wissen, Qualifikationen, Haltungen und sozialen Kompetenzen. Schulen sind damit der zentrale Motor von Integration aller in die Gesellschaft, nicht nur der Menschen mit Migrationshintergrund (Wenning 1999, 257). Schulen in Deutschland sind grundsätzlich dem Prinzip der Chancengleichheit und Bildungsgerechtigkeit verpflichtet, das in einem gewissen Spannungsverhältnis zu dem Prinzip der Leistungsauslese (Meritokratie) steht, da, wie aktuelle Schulleistungsstudien bestätigen, diese Leistung in Deutschland nach wie vor stark von der Zugehörigkeit zu einer sozialen Schicht abhängig ist.

Die Leistungsfähigkeit der deutschen Schule im Hinblick auf die Vermittlung von Problemlösekompetenz und grundlegenden Kulturtechniken wie mathematischem Verständnis und Leseverstehen wurde durch die Ergebnisse von IGLU, PISA und anderen quantitativen Studien, die im OECD-Vergleich in den vergangenen 10 Jahren durchgeführt wurden, erheblich infrage gestellt. In der Folge haben die Bildungssysteme in den 16 Bundesländern, die aufgrund der Kulturhoheit der Länder in Fragen der Schulgesetzgebung und Lehrerausbildung unabhängig vom Bund entscheiden, sich aber in der Kultusministerkonferenz auf gemeinsame Grundlagen einigen können, durchaus aber auch unterschiedliche Schlussfolgerungen für eine Veränderung oder Modifikation der Schulstruktur mit Ausbau von Ganztagsschulen, didaktischer Konzepte für den Unterricht und der Reformierung der Lehrerausbildung mit erhöhten Praxisanteilen und obligatorischen Einheiten zum Umgang mit der Heterogenität der Schülerschaft gezogen. Außerdem setzen die meisten Systeme auf neue Formen der Steuerung (Einführung von Globalhaushalten) und Schulentwicklung, auf eine größere Schulautonomie (Fokus auf spezielle Schulprofile) und Standardisierung der Unterrichtsanforderungen mit regelmäßigen Evaluationen (Zymek 2010).

Hochschule

Während die Schulen für alle Bevölkerungsgruppen obligatorische Bildungseinrichtungen darstellen, bestimmt der optionale Charakter des Besuchs die strukturelle und rechtliche Rahmung wie auch die Finanzierung der Universitäten. Anders als in vielen europäischen Nachbarländern jedoch ist auch die Hochschulbildung in den meisten Bundesländern kostenfrei, da sie Bestandteil der Sicherung einer auf die Schulbildung folgenden (akademischen Berufs-)Ausbildung darstellt. Erst seit Mitte der 2000er Jahre wurden in einigen Bundesländern Studiengebühren von Beginn des Studiums an oder für Langzeitstudierende eingeführt, die jedoch kaum mehr als 500 Euro pro Semester betragen.

Die allgemeine Hochschulreife (Abitur) oder fachgebundene Hochschulreife (Fachabitur) sind die grundlegenden Voraussetzungen für den Zugang zu einem Studium, hinzu kommen spezifische fachgebundene Zugangsbedingungen wie Zulassungsbeschränkungen, die sich aufgrund der Überanwahl von bestimmten Fächern und der damit verbundenen, für den Zugang zum Fach definierten Abiturdurchschnittsnote (Numerus Clausus) ergeben. Vor diesem Hintergrund stellen Hochschulen nicht per se eine Bildungseinrichtung für die breiten Bevölkerungsschichten dar. Dennoch ist es in der jüngeren Vergangenheit (Bildungsexpansion der 1970er Jahre) und auch gegenwärtig immer wieder zu der Aufforderung gekommen, die Hochschulen müssten sich gegenüber neuen Bevölkerungsgruppen öffnen, um mehr qualifizierte Absolventen zu generieren, die als akademisch ausgebildete Fachkräfte in den expandierenden neuen Technologien wie auch im Dienstleistungsbereich vermehrt gesucht werden.

Nicht zuletzt aufgrund wiederholter Hinweise der OECD auf einen im Ländervergleich immer noch relativ niedrigen Anteil der Bevölkerung mit Hochschulbildung, aber auch mit Blick auf den durch den demographischen Wandel sich abzeichnenden Fachkräftemangel erhalten die Hochschulen zunehmend Aufmerksamkeit in der bildungspolitischen Debatte um eine Öffnung des tertiären Bereiches für breitere Bevölkerungsschichten. Damit einher geht der Ruf nach einem veränderten Selbstverständnis der Hochschulen und kompetenten Umgang der Lehrenden im Umgang mit der Diversität ihrer Studierenden, um Universitäten für diese attraktiv zu machen und den Studienerfolg auch derjenigen Bevölkerungsgruppen zu sichern, die aus bildungsfernen und nicht-deutschsprachigen Familien stammen (Darowska, Machold 2010). Dies hat auch Konsequenzen für die Personalentwicklung. Während das

Schulgesetz eine Verpflichtung für Lehrerinnen und Lehrer zu entsprechenden Fortbildungen (u. a. zu Diversity- oder Interkultureller Kompetenz) vorsehen kann, hat das Prinzip der Freiheit von Lehre und Forschung in der Hochschule Vorrang gegenüber einer Fortbildungspflicht von bereits in Dienst stehenden und verbeamteten Professorinnen und Professoren. Bei Neuberufungen ermöglicht die Stellenausschreibung die Betonung entsprechender Kompetenzen bis hin zur ausdrücklichen Aufforderung an Personen mit Migrationshintergrund, sich zu bewerben, um die kulturelle Vielfalt des Hochschulpersonals ebenfalls zu erweitern.

Bei der Rekrutierung von Studierenden richtet sich an Universitäten darüber hinaus das Augenmerk zunehmend auch auf Zielgruppen jenseits der Landesgrenzen. Wurden bis vor Kurzem internationale Studierende als vorübergehende Gäste des deutschen Hochschulsystems betrachtet, die nach ihrer Rückkehr in die Herkunftsländer „Botschafter Deutschlands" sein sollten, versuchen sich heute die Hochschulen zunehmend als Anziehungspunkt für „die besten Köpfe" aus aller Welt unter den Studierenden aber auch unter dem akademischen Personal zu positionieren. Das hat auch Konsequenzen für die Erweiterung des englischsprachigen Hochschulangebotes, den Stellenwert der akademischen Auslandsämter bzw. International Offices als Betreuungs- und Beratungseinrichtungen und für die rechtlichen Zugangsbedingungen zum Studium und zu einer akademischen Karriere in Deutschland.

Aktuelle Themen der Hochschulentwicklung sind: der Ausbau des Privathochschulwesens, die Folgen modularisierter Studiengänge im Zuge des Bologna-Prozesses für die europäische/internationale Mobilität von Studierenden und Absolventen, die Interdisziplinarität von Studiengängen, der Einfluss der Exzellenzinitiative des Bundes für die weitere Ausdifferenzierung der Hochschullandschaft sowie der Umgang mit dem Spannungsverhältnis zwischen wissenschaftlicher Grundbildung, exzellenter Forschung und Lehre und Berufsorientierung als Anforderung an die Hochschulbildung (Mathes 2010). Der demographische Wandel, die Dynamik des technologischen Fortschritts und die Anforderungen der Informationsgesellschaft stellen die Hochschulen als Orte Lebenslangen Lernens vor neue Herausforderungen in ihrem Angebotsprofil und ihren didaktischen Methoden gegenüber einer alle Altersgruppen umspannenden Studierendenschaft. Ihnen kommt eine zunehmende Bedeutung als Anbieter von Weiterbildungsstudiengängen und anderen Weiterbildungsangeboten zu. Darüber hinaus sind sie mit Blick auf kritische Phasen der Übergänge von der Schule in das Studium und vom Studium in den Beruf zunehmend gefordert, sich in beide Richtungen institutionell zu vernetzen und entsprechende Angebote zur Gestaltung dieser Übergänge zu machen (z. B. durch Schülerunis, Schnupperstudium, Career Center, Selbstständigenberatung).

6.2   Schule und Hochschule in der Einwanderungsgesellschaft

Schule

Zuwanderung hat das Handlungsfeld Schule nachhaltig verändert. Dies betrifft vor allem die sprachlich-kulturellen wie sozialen Voraussetzungen, die Schüler durch ihre familiäre Sozialisation, das multikulturelle Erleben in der Nachbarschaft oder Erfahrungen aus anderen Schulsystemen mitbringen und es betrifft die Ausbildung von Lehrern und Lehrerinnen, an die die erhöhte Heterogenität der Schülerschaft besondere Anforderungen an ihre (Selbst-)

Reflexivität und ihr Wissen über Ursachen und Prozesse von Migration sowie Rahmenbedingungen von Integration stellt. Es betrifft ferner die sozio-kulturelle Zusammensetzung der Lehrerschaft, an die zunehmend die Anforderung einer Reflexion der gesellschaftlichen Realität kultureller Vielfalt im Lehrerzimmer gestellt wird (Georgi u. a. 2011). Das System Schule wird in seiner Orientierung an einer „gedachten schulischen Normalbiographie eines Mittelschichtsschülers aus einer einsprachig deutschen Familie" durch die heterogene Schülerschaft der Einwanderungsgesellschaft umfassend in seinen Strukturen, Inhalten und Handlungsmustern herausgefordert. Das betrifft u.a. die Ausbildung der Lehrerinnen und Lehrer ebenso wie die Zusammenarbeit mit Eltern, die Gestaltung des didaktischen Materials sowie den Stellenwert der Sprachvermittlung in allen Fächern.

Was die unterschiedlichen sprachlich-kulturellen und sozio-ökonomischen Voraussetzungen und Ausprägungen der Schülerinnen und Schüler anbelangt, so werden diese statistisch und in Schulleistungsstudien über das Merkmal der nicht-deutschen Herkunft oder des Migrationshintergrunds ermittelt. Mit dem vom Statistischen Bundesamt eingesetzten Instrument des Mikrozensus lässt sich feststellen, dass in vielen westdeutschen Großstädten Kinder mit Migrationshintergrund gegenwärtig bereits die Mehrzahl der Schulanfänger stellen (Bandorski u. a. 2008, 40), womit das Merkmal seine Funktion als Kennzeichen einer spezifisch zu fördernden Schülergruppe, kaum dass es entwickelt wurde, auch schon wieder zu verlieren beginnt. Denn eine solche Mehrheit stellt andere Anforderungen an das Schulsystem als die weitere Einrichtung additiver zielgruppenspezifischer Förderangebote für eine Minderheit. Auch in den westdeutschen Flächenstaaten verändern sich die Mehrheits- und Minderheitsverhältnisse. In Baden-Württemberg etwa liegt der Anteil der Kinder mit Migrationshintergrund immerhin schon bei 41 % – Tendenz steigend (Expertenrat „Herkunft und Bildung" 2011, 34).

Für die Zusammensetzung der Klassen entlang des Merkmals "Migrationshintergrund" in unterschiedlichen Regionen bedeutet dies sehr unterschiedliche regionale Voraussetzungen, wie aktuelle Daten des Instituts für Demoskopie Allensbach (Vodafone Stiftung Deutschland 2011, 20) deutlich machen. Während in dieser Studie in den Großstädten 69 % der befragten Eltern angeben, dass in der Klasse ihrer Kinder mehr als ein Viertel Kinder mit Migrationshintergrund sind, gilt dies nur für 19 % der Klassen in Kleinstädten und Dörfern. Das bedeutet, dass im Hinblick auf den Umgang mit sprachlich-kultureller Heterogenität und unterschiedlichen migrationsbedingten Sozialisationserfahrungen in Deutschland sich Schulen sehr differenten Anforderungen gegenüber gestellt sehen.

Dies bedeutet nicht zwangsläufig, dass zwischen dem erhöhten Anteil der Kinder mit Migrationshintergrund und der niedrigeren Leistungsfähigkeit der Klassen ein Zusammenhang bestehen muss. Nach anfänglich anderen Interpretationen von Befunden aus PISA, wonach mit steigendem Migrantenanteil in der Klasse der Kompetenzerwerb der Schülerinnen und Schüler zurückginge (Stanat 2006, 203ff., 212), hat sich unter Berücksichtigung weiterführender Indikatoren herausgestellt, dass der Migrantenanteil an den Schülern einer Klasse keinen eigenständigen (negativen) Einfluss auf ihre Leistungsfähigkeit hat. Es ist vielmehr der soziale Status der Schüler bzw. von deren Eltern, der sich auf die schulische Leistungsfähigkeit auswirkt (Stanat u. a. 2010, 216). Forderungen nach einer „besseren Verteilung von Schülerinnen und Schüler" (etwa nach dem Modell eines busing systems, bei dem Schüler eines sozial benachteiligten Stadtteils mit Bussen in Schulen eines privilegierten Stadtteils gefahren werden und umgekehrt) mit Migrationshintergrund auf mehr Schulen in der Stadt erweisen sich somit als nicht zielführend. Die auf entsprechende Veröffentlichungen der empirischen Bildungswissenschaft zu dem sinkenden Leistungsniveau in Klassen mit über 20 %igem Anteil an Schülerinnen und Schülern mit Migrationshintergrund folgenden politischen Diskussionen und öffentlichen Diskurse haben gleichwohl einen weiteren Einfluss auf die öffentliche Wahrnehmung von so genannten "Brennpunktschulen" gehabt. Sie könnten sich sehr wohl auf eine weitere "Schulflucht" bildungsorientierter Eltern mit und ohne Migrationshintergrund aus entsprechenden Stadtteilen mit einem hohen Anteil an Bevölkerung mit Migrationshintergrund ausgewirkt haben. Zumindest was die Einstellung zur Leistungsfähigkeit von Schulen mit einem hohen Anteil an Personen mit Migrationshintergrund anbelangt, liegen Umfrageergebnisse aus dem Jahr 2010 vor, die diese Annahme tendenziell bestätigen (Fassmann 2011, 119, Tab. 11).

Auch wenn mehrere Untersuchungen zu Schulleistungen und der Leistungsbeurteilung von Kindern mit und ohne Migrationshintergrund nicht nachweisen konnten, dass Diskriminierung durch Lehrer und Lehrerinnen in statistisch nachweisbarem Umfang vorliegt (Thränhardt 2012), sind türkeistämmige Personen deutlich skeptischer als andere Herkunftsgruppen, wenn es um die Gleichbenotung von Kindern mit und ohne Migrationshintergrund geht. Sie geben nur zu 59 % an, dass bei gleicher Leistung Kinder mit und ohne Migrationshintergrund auch gleich benotet werden; dieser Meinung sind aber 69 % der Bevölkerung ohne Migrationshintergrund und z. B. 77 % der Aussiedlerinnen und Aussiedler (Fassmann 2011, 118 f.). Daraus kann gefolgert werden, dass insbesondere Personen türkeistämmiger Herkunft Diskriminierung in der Schule wahrnehmen (Vodafone Stiftung Deutschland 2011, 16).

Hinzu kommt, dass sich hinter dem Merkmal Migrationshintergrund hinsichtlich der nationalen, religiösen, sozialen und generationalen Zusammensetzung sehr unterschiedliche Bevölkerungsgruppen verbergen – wobei betont werden muss, dass auch die generationale Zugehörigkeit alleine nicht das zentrale Erklärungsmoment für Bildungsbenachteiligung ist. Als Seiteneinsteiger ins Bildungssystem zu kommen, ist zwar zunächst mit besonderen Schwierigkeiten der Anpassung verbunden; doch sind diese relativ gut zu bewältigen, wenn der Bildungshintergrund der Familien den Kindern ein ausreichend großes kulturelles Kapital vermittelt, wie an der Gruppe der Spätaussiedler Mitte der 1990er Jahre zu sehen war.

Aus Zahlen des Mikrozensus 2005 lassen sich nach Gresch/Kristen (2011) folgende Befunde rekonstruieren: Bei den unter 20-Jährigen machen in der türkeistämmigen Herkunftsgruppe 10% die erste, 65% die zweite und 25% die „zweieinhalbte" Generation aus. Bei Spätaussiedlerinnen und -aussiedlern stellt sich dies völlig anders dar: 40% zählen hier zu ersten, 45% zur zweiten und lediglich 5% zur „zweieinhalbten" Generation. Dabei ist mit zweiter Generation gemeint, dass beide Elternteile im Ausland, der Befragte selbst aber in Deutschland geboren ist. Die „zweieinhalbte" Generation bezeichnet Personen, bei denen ein Elternteil in Deutschland, eines im Ausland, der Befragte selbst aber in Deutschland geboren ist. Die erste Generation bezeichnet in diesem Kontext den Umstand, dass der Befragte selbst sowie beide Eltern im Ausland geboren sind (a. a. O., 218).

Diese Unterschiede in der Generationenzusammensetzung verbinden sich mit Unterschieden in den Bildungsvoraussetzungen bei den Herkunftsgruppen der Schüler. So lässt sich der Befund der PISA-Studien 2000 bis 2006 erklären, bei dem Jugendliche mit Migrationshintergrund, die die ganze Schulsozialisation in Deutschland durchlaufen haben (zweite Generation), in allen gemessenen Kompetenzbereichen niedrigere Werte aufwiesen als diejenigen, die als Seiteneinsteiger (erste Generation) ins Bildungssystem eingemündet sind (Autorengruppe Bildungsberichterstattung 2008, 85).

Während die erste Gruppe stark dominiert wird durch Jugendliche aus bildungsfernen Familien mit Arbeitsmigrationshintergrund, setzt sich die zweite Gruppe aus Jugendlichen mit Spätaussiedlerhintergrund und überwiegend bildungsnahen sozialen Milieus zusammen. Somit sind die Kompetenzunterschiede zwischen den Jugendlichen unterschiedlicher Zuwanderergenerationen nicht auf eine Zunahme der Bildungsbenachteiligung im Generationenverlauf zurückzuführen, sondern auf Kompositionseffekte innerhalb der Gruppen (Stanat u. a. 2010, 201). Der Befund bestätigt erneut die hohe soziale Selektivität des Bildungswesens, das familiäre Bildungsressourcen verstärkt, nicht vorhandene Ressourcen jedoch nicht zu kompensieren vermag.

In der jungen Bevölkerung mit Migrationshintergrund ist darüber hinaus eine große Dynamik hinsichtlich ihrer generationalen Zusammensetzung in den vergangenen zehn Jahren zu verzeichnen. PISA-Daten für diesen Zeitraum verweisen auf die Abnahme des Anteils von Heranwachsenden, die selbst zugewandert sind. Aktuell gilt daher, dass die meisten Schülerinnen und Schüler mit Migrationshintergrund in Deutschland geboren sind und ihre gesamte Schullaufbahn hier verbracht haben (a. a. O., 216). Ihre Schulleistungen sind mithin vor allem Resultat der Leistungsfähigkeit des deutschen Schulsystems.

Bei der Feststellung einer insgesamt gesehenen Schlechterstellung gegenüber dem Durchschnitt der Schülerpopulation in Deutschland gerät aus dem Blick, dass Schülerinnen und Schüler mit Migrationshintergrund im Vergleich zu dem durchschnittlichen Bildungsstand der Generation ihrer Eltern und Großeltern durchaus beachtliche Bildungsaufstiege zu verzeichnen haben. Beispielsweise haben nach aktuellen Daten des Statistischen Bundesamtes unter den heute 20- bis 25-Jährigen Türkeistämmigen 22,4 % ein Abitur, in der Altersgruppe der 60- bis 65-Jährigen der gleichen Herkunftsgruppe verfügen lediglich 3 % über einen dem Abitur vergleichbaren Abschluss.

Auch hinsichtlich der ethnischen Zusammensetzung verweisen PISA-Daten auf Befunde, die dazu auffordern, die pauschale Merkmalsbezeichnung „mit Migrationshintergrund" für eine derart heterogene Schülergruppe kritischer als bisher zu reflektieren. Zwar stammen „die Familien von mehr als der Hälfte der Jugendlichen mit Migrationshintergrund in PISA 2009 aus der ehemaligen UdSSR, der Türkei oder Polen", die andere Hälfte der Familien rekrutieren sich hingegen aus einer Vielzahl von Herkunftsländern (a. a. O., 225). Mit einer nahezu ausschließlichen Konzentration des Diskurses über die Bildungsbenachteiligung von Kindern und Jugendlichen mit Migrationshintergrund auf die drei größten Gruppen gerät diese Vielfalt aus dem Blick und führt zu den bekannten Stereotypen gegenüber bestimmten Herkunftsgruppen.

Ein relativ neuer Diskurs betrifft die Zusammensetzung des Lehrpersonals sowie dessen interkulturelle Kompetenz. Hier verdichten sich Forderungen nach einer Repräsentanz von Lehrerinnen und Lehrern mit Migrationshintergrund entsprechend ihrem Anteil an der Bevölkerung als Agenten des interkulturellen Wandels von Schule sowie als Symbole für die interkulturell sensible Schule (Georgi u. a. 2011).

Hochschule

In der Folge eines langsam aber dennoch stetig zunehmenden Anteils an Abiturientinnen mit Migrationshintergrund aber auch mit Blick auf die Öffnung der Hochschule gegenüber breiteren Studierendengruppen (Studierende aus bildungsfernen Schichten, Studierende mit Migrationshintergrund) als „unentdeckte Bildungsreserven" beginnt die Ermittlung von Anteilen dieser Bevölkerungsgruppe an den Studierenden in den Fokus zu rücken. Von Interesse ist dabei insbesondere die Frage, ob sie gemäß ihres Anteils an den Abiturientinnen und Abiturienten auch an den Studierenden vertreten sind und inwiefern möglicher Weise ein besonderer Unterstützungsbedarf vorliegt. In Verbindung mit Aspekten der Globalisierung und der weiteren Internationalisierung der Hochschulen wendet sich der Blick in jüngster Zeit auch vermehrt der Frage zu, inwiefern das Personal an Hochschulen international und interkulturell divers zusammengesetzt ist.

Um die Personengruppe der Studierenden mit Migrationshintergrund statistisch zu erfassen, wurden sie bislang über das Kriterium der Staatsbürgerschaft sowie über den Ort des Erwerbs der Hochschulzugangsberechtigung beschrieben. Unterschieden wird nach Bildungsausländer und Bildungsinländer. Demnach sind Bildungsausländer Personen nicht-deutscher Nationalität, die ihre Hochschulzugangsberechtigung im Ausland erworben haben und in der Regel für den Zweck des Studiums und damit für einen begrenzten Zeitraum nach Deutschland kommen. Bildungsinländer besitzen ebenfalls eine ausländische Staatsbürgerschaft, haben jedoch ihre Studienberechtigung in Deutschland erlangt und absolvieren nun ihr Studium an einer deutschen Hochschule (Isserstedt u. a. 2007, 434).

Der Begriff Bildungsinländerinnen und -inländer als eigenständige statistische Kategorie wurde 1994 eingeführt. Dies ging einher mit einer hochschulrechtlichen Änderung, wonach junge Menschen, die in Deutschland ihre Hochschulzugangsberechtigung erlangt haben, nicht mehr eine Studienplatzzuweisung auf der Basis des Ausländerkontingents der jeweiligen Hochschule erhielten, sondern gleichberechtigt mit deutschen Staatsangehörigen und deutscher Hochschulzugangsberechtigung behandelt wurden. Die ersten Bildungsinländer waren Kinder der ehemaligen „Gastarbeiter und -arbeiterinnen", die im Zuge der Anwerbephase auf der Basis von bilateralen Anwerbeabkommen der Bundesrepublik mit südeuropäischen Staaten, der Türkei und einigen nordafrikanischen Staaten in der Zeit des ersten wirtschaftlichen Aufschwungs nach dem Zweiten Weltkrieg zwischen 1955 und 1973 nach Deutschland kamen. Der prozentuelle Anteil von Bildungsinländerinnen und -inländer an der Gesamtheit aller Studierenden ist über die Jahre mit minimalen prozentuellen Verschiebungen in beide Richtungen bei rund drei Prozent stabil geblieben (DAAD, HIS 2010, 8f.).

Eine weitere, differenziertere Möglichkeit, „Studierende mit Migrationshintergrund" zu erfassen, besteht in dem Einbezug erweiterter Kriterien (Einbürgerung, Besitz von mehreren Staatsbürgerschaften, Staatsbürgerschaft der Eltern etc.) zur detaillierten Erfassung von Migrationsdaten von Studierenden ausländischer Herkunft. Die vom HIS durchgeführten Sozialerhebungen des Deutschen Studentenwerkes (DSW) von 2007 und 2010 legten erstmals eine differenzierte Datenlage zu Studierenden mit Migrationshintergrund vor. Die 18. Sozialerhebung unterscheidet dabei zwischen den Gruppen:

1. „Studierende mit ausländischer Staatsangehörigkeit, die in Deutschland die Hochschulzugangsberechtigung erworben haben – so genannte Bildungsinländerinnen und -inländer.

2. Eingebürgerte Studierende – also solche Studierende, die ihre ursprüngliche zugunsten der deutschen Staatsangehörigkeit aufgaben.

3. Studierende, die neben der deutschen, eine weitere Staatsangehörigkeit besitzen" (Isserstedt u. a. 2007, 433).

Dieser Definition nach hatten 8 Prozent aller Studierenden an deutschen Hochschulen im Jahre 2006 einen Migrationshintergrund. Die 19. Sozialerhebung ergänzt diese dreiteilige

Gruppierung der Studierenden mit Migrationshintergrund um die Kategorie der deutschen Studierenden, bei denen zumindest ein Elternteil eine ausländische Staatsangehörigkeit besitzt. Mit diesem erweiterten Konstrukt vom Migrationshintergrund konnte für das Jahr 2009 ein Studierendenanteil von 11 Prozent an Migranten festgestellt werden (Isserstedt u. a. 2010, 500f.). Wird der Anteil von jungen Erwachsenen mit Migrationshintergrund in der Altersgruppe der 20- bis unter 25-Jährigen, der im Jahre 2009 bei bundesweit 24,1 Prozent lag (Statistisches Bundesamt 2010, 32), als Richtwert herangezogen, muss auch der Anteil von Studierenden mit Migrationshintergrund von 11 Prozent als unterdurchschnittlich bewertet werden. Eine Sonderauswertung des Mikrozensus durch das Statistische Bundesamt zu Studierenden mit Migrationshintergrund berechnet, dass von den 20- bis unter 25-Jährigen Studierenden im Jahre 2008 16,7 Prozent eine eigene oder familiäre Migrationserfahrung nachweisen können (Autorengruppe Bildungsberichterstattung 2010, 124, 294). Die unterschiedlichen Anteile von Studierenden mit Migrationshintergrund, die hier ermittelt wurden, hängen offensichtlich von den im Zeitverlauf unterschiedlichen, für die Operationalisierung des Migrationshintergrundes herangezogenen migrationsrelevanten Merkmalen ab. Somit hat die dem Berechnungsverfahren zugrunde liegende Definition vom „Migrationshintergrund" immer einen entscheidenden Einfluss auf die Berechnung der Beteiligungsquote an Hochschulbildung von Studierenden aus Zuwandererfamilien.

Für einen weiter differenzierenden Blick auf die Geschlechterverteilung sowie die nationale Herkunft der Studierenden mit Migrationshintergrund muss auf die Daten über Bildungsinländerinnen und -inländer zurückgegriffen werden. Im Wintersemester 2009/10 waren laut der Daten des Statistischen Bundesamtes (Destatis 2010) insgesamt 63 526 Bildungsinländerinnen und -inländer an deutschen Hochschulen immatrikuliert, davon 47% weiblich und 53% männlich. Diese ungleiche Geschlechterrelation ist kein Spezifikum dieser Gruppe, sondern findet sich in gleicher Weise bei deutschen Studierenden wieder (47,5% weiblich, 52,5% männlich) (a. a. O., 390, 13). Den größten Anteil mit 27,6% unter den Bildungsinländerinnen und -inländern im Wintersemester 2009/10 stellen Studierende mit einer türkischen Staatsbürgerschaft, gefolgt von kroatischen (5,5%) und italienischen (5,5%) Studierenden.

Die prozentuale Verteilung der Studierendenzahlen nach Geschlecht fällt auch bei türkischen Bildungsinländerinnen und -inländern zugunsten der männlichen Studenten mit 54,8% aus (a. a. O., 391). Allerdings hat die Zahl der Studentinnen mit einem türkischen Pass im Zeitraum vom Wintersemester 1980/81 (811) bis zum Wintersemester 2009/10 (7.926) um das 9,5 fache zugenommen, während die Zahl der männlichen Studierenden der gleichen Herkunftsgruppe nur um das 2,5 fache anstieg. Für andere Staatsangehörigkeiten, etwa einiger mittel- und osteuropäischer Staaten ergeben sich andere Geschlechterrelationen. So sind weibliche Studierende mit einem polnischen (54,3%), slowakischen (60%) oder litauischen (64,8%) Pass und Studentinnen, die eine Staatsbürgerschaft der Russischen Föderation (55%) besitzen, im tertiären Bildungsbereich deutlich überrepräsentiert (a. a. O.).

Für das Hochschulpersonal liegen keine differenzierten Daten nach dem jeweiligen Migrationshintergrund vor. Lediglich der Anteil von ausländischen Staatsbürgerinnen und Staatsbürger an Professorinnen bzw. Professoren und dem wissenschaftlichen Personal ist bekannt. Während 10,5% des wissenschaftlichen Personals an deutschen Hochschulen eine ausländische Staatsangehörigkeit besitzt, gilt dies lediglich für 5,7% der Professorenschaft (DAAD/HIS 2010, 72).

6.3   Zugangsbarrieren, Exklusionsmechanismen, migrations-spezifische Diskriminierungstatbestände

Schule

Im populären Diskurs über die Bildungs(miss)erfolge von Migrantenkindern verbreitete kulturalistische Erklärungen zur unterschiedlichen Bildungsbeteiligung der Türkeistämmigen und der Spätaussiedlergruppe mit Herkunft Russland, die sich etwa auf die religiös bedingte Bildungsferne der erstgenannten Gruppe beziehen, sind nicht weiterführend, da sich bei differenzierter Aufschlüsselung nach nationalen Herkunftsgruppen auch deutliche Unterschiede zwischen verschiedenen muslimischen Migrantengruppen zeigen. Bildungsinländer im Alter von 20-25 Jahren und Herkunftsland Türkei verfügen zu 22,4 % über eine fachgebundene oder allgemeine Hochschulreife; die gleiche Bezugsgruppe mit irakischem, iranischem oder afghanischem Migrationshintergrund verfügt sogar zu 50 % über diesen Bildungsabschluss. Einen weiteren Beleg für die fehlende Erklärungskraft ethnisierender bzw. kulturalistischer Erklärungsmuster sehen wir bei den Schülerinnen und Schülern mit italienischem Migrationshintergrund: In ähnlicher Weise wie die türkeistämmigen Schüler finden sie sich überproportional in den niedriger qualifizierenden Schulformen, mit besonders hohen Anteilen an Förderschulen mit Förderschwerpunkt Lernen.

Die internationalen Schulleistungsvergleiche haben am Beispiel der Kinder und Jugendlichen mit Migrationshintergrund mehr als deutlich gemacht, dass das Bildungssystem seinen Anspruch, ausschließlich nach Leistungskriterien zu selektieren, nicht einlösen kann. Im Gegenteil, die in der Grundschule bestehenden, dort eher moderaten Leistungsdifferenzen entlang sozialer Schichtzugehörigkeiten (die dort noch vergleichsweise gering gehalten werden können) vertiefen sich im Verlauf der Sekundarstufe und führen gerade zu schichtspezifischen Schulabschlüssen, d. h. mit den bekannten Zuordnungen der benachteiligten Sozialschichten (häufig in Kombination mit dem Migrationshintergrund) überproportional zu Hauptschulen und Förderschulen.

Türkeistämmige Eltern setzen sich überdurchschnittlich in der Hausaufgabenbetreuung ihrer Kinder ein, obwohl sie dafür aufgrund ihrer eigenen Bildungshintergründe häufiger schlechte Voraussetzungen haben. Dieser Befund stimmt mit der Studie „Viele Welten leben" überein, in der Mädchen und junge Frauen sich als mental durch die Eltern in ihren Bildungsbestrebungen unterstützt empfanden und deren Bereitschaft dokumentierten, Nachhilfestunden zu bezahlen (Boos-Nünning, Karakasoglu 2005, 201). Die Aufstiegsorientierung und das Anspruchsverhalten der Eltern – das vermittelt über die Einschätzung der jungen Frauen widergespiegelt wurde – bestätigt sich in der Allensbach-Studie: 71 % der türkeistämmigen Eltern gegenüber 41 % der Gesamtheit aller Eltern wünschen sich, dass es ihren Kindern einmal besser geht als ihnen selbst (Vodafone Stiftung 2011, 19).

Die vergleichsweise höhere Bildungsorientierung kann jedoch nicht verhindern, dass in den bundesweiten Schulleistungsstudien bei gleicher sozialer Schicht unterschiedliche Leistungswerte in der Leseleistung bei Jugendlichen mit und ohne Migrationshintergrund erzielt werden. Das bedeutet, nicht alle Aspekte der Bildungsbe(nach)teiligung von Schülern mit Migrationshintergrund lassen sich durch die Zugehörigkeit zu einer Migrationsgeneration und die soziale Schicht erklären. Hier wird weiterer Forschungsbedarf deutlich im Hinblick auf indirekte oder direkte Formen institutioneller Diskriminierung, die (fehlende) Effizienz institutioneller Sprachförderung, Effekte von Stereotype Threat und anderes mehr. Auch Schulleistungsforscherinnen und -forscher räumen ein, dass hier ein Einfluss vermutet werden muss, wenngleich empirische Belege bislang noch fehlen (Stanat u. a. 2010, 222).

Dennoch gibt es – eventuell aufgrund der jetzt greifenden Effekte bundesweit zwar unterschiedlicher, aber intensiver Bemühungen, durch großflächige Sprachstandsdiagnosen in Verbindung mit Sprachfördermaßnahmen vor und in der Schule Schüler mit Deutsch als Zweitsprache besser zu fördern – in den vergangenen Jahren sukzessive Verbesserungen bei den Bildungsabschlüssen der Kinder und Jugendlichen mit Migrationshintergrund; das gilt auch für die Gruppe der bisher stärksten Bildungsverlierer, die türkeistämmigen Kinder, während sich im gleichen Zeitraum zwischen 2000 und 2009 bei Kindern ohne Migrationshintergrund z. B. im Lesen keine Verbesserung abzeichnete (a. a. O., 213).

Hochschule

Die Aufnahme eines Hochschulstudiums ist in hohem Maße durch „die Summe der in den Stufen bis zum Abitur akkumulierten Disparitäten und der durch das Bildungsverhalten nach dem Abitur noch hinzukommenden Disparitäten" (Müller u.a. 2009, 291) geprägt. Abiturientinnen und Abiturienten, ob mit oder ohne Migrationshintergrund, stellen eine bereits hoch vorselektierte Population dar. Dieser Aspekt ist zentral bei Erklärungen für die geringere Studienbeteiligung von Personen mit Migrationshintergrund.

Jugendliche ohne Migrationshintergrund verlassen fast doppelt so häufig die Schule mit einer allgemeinen Hochschulreife als Migrantenjugendliche. Werden Abgänger allgemeinbildender Schulen nach der Staatsangehörigkeit betrachtet, so kann festgestellt werden, dass deutsche Jugendliche (33,9%) dreimal häufiger die allgemeine Hochschulreife erwerben als Jugendliche mit ausländischem Pass (11,2%) (Autorengruppe Bildungsberichterstattung 2010, 92).

Was die Übergangsquote in den Hochschulbereich der relativ wenigen Studienberechtigten mit Migrationshintergrund anbelangt, kann jedoch eine höhere Studierneigung als bei den deutschen Studienberechtigten mit einer vergleichbaren Bildungsherkunft des Elternhauses festgestellt werden (a. a. O., 119 und 157). Auffällig ist darüber hinaus, dass Migrantenjugendliche den Zugang zu Hochschule häufiger mit einer Fachhochschulreife erreichen als solche ohne Migrationshintergrund (77% vs. 83%) (Isserstedt u.a. 2010, 506).

Eine qualitative Detailanalyse zur Übergangssituation Schule – Studium zeigt, dass Abiturientinnen ethnischer Minderheiten, die aus einem bildungsfernen Milieu stammen, häufig kaum Vorbilder und Hilfen für die Bewältigung des akademischen Studienalltags aus dem Elternhaus mitbringen und höhere Zukunftsängste, Desorientierung und Entscheidungsunsicherheit bei der Berufs- bzw. Studienwahl aufweisen, die als Mechanismen der „Selbstelimination" (Bourdieu, Passeron 1971, 180) verstanden werden können. Schulische Belastungen und Schwierigkeiten in der Bildungssprache Deutsch können insbesondere bei denjenigen zur überkritischen Betrachtung der eigenen Studierfähigkeit beitragen, die als Seiteneinsteiger ins Bildungssystem eingemündet sind (Wojciechowicz 2010, 39f.). Anhand qualitativer Analysen von Übergangsempfehlungen durch Lehrerinnen und Lehrer konnte ferner nachgewiesen werden, dass Schülerinnen und Schülern mit Migrationshintergrund häufiger vom Besuch des Gymnasiums abgeraten wird, selbst dann, wenn die Noten auf ein akademisches Leistungspotenzial hinweisen und damit eine Gymnasialempfehlung zumindest formal gegeben wäre (Gomolla, Radtke 2002, 262).

Hier werden Mechanismen „Institutioneller Diskriminierung" (a. a. O.) wirksam, an denen auch Lehrerinnen und Lehrer in unterschiedlicher Form beteiligt sind. Insbesondere kulturalisierende Interpretationsmuster zum „unterdrückten türkischen Mädchen" oder dem „südländischen Macho" können Leistungserwartungen und Bewertungsmaßstäbe von Lehrpersonen leiten und damit Bildungsbiographien von Jugendlichen mit Migrationshintergrund behindern (Weber 2003, 266ff.).

Wie im schulischen Bereich, ergeben sich auch im Hochschulbereich für die Gruppe der Personen mit Migrationshintergrund, die der Definition gemäß als solche einzustufen sind, strukturelle Bedingungen ihrer Benachteiligung. Auch wenn die Gruppe der Studierenden mit Migrationshintergrund als ebenfalls sehr heterogen zu bezeichnen ist, da sie je nach Merkmal (z. B. Inhaber der doppelten Staatsangehörigkeit, Eingebürgerte, Bildungsinländer) sich sehr unterschiedlich auf soziale Schichten und Geschlechterkategorien verteilt, zeigt sich für die überwiegende Zahl der Studierenden dieser Kategorie gemäß den zentralen Befunden der 19. Sozialerhebung im Gegensatz zum Durchschnitt der Studierenden ohne Migrationshintergrund, dass sie seltener eine allgemeine Hochschulreife haben (77% zu 83%), häufiger aus Familien mit niedriger sozialer Schicht stammen (34% zu 13%), seltener auf eine akademische Familientradition zurückblicken können (9% zu 45%; 18. Sozialerhebung), einen höheren ökonomischer Unterstützungsbedarf (Bafög) (33% zu 23%) aufweisen, zu höheren Anteilen sich aus dem eigenständigen Verdienst finanzieren müssen (31% zu 25%) und häufiger im Elternhaus wohnen (31% zu 24%). Als zentrale Probleme im Studium geben sie die Orientierung im Studiensystem (40%), die Finanzierung (39%) und den Kontakt zu deutschen Studierenden (37%) an (Isserstedt u. a. 2010, 510).

Unter den Studierenden mit Migrationshintergrund gibt es eine Vielzahl an Studierenden, die zwar den Zugang in die Hochschule erfolgreich geschafft haben, die aber im Studienverlauf an Anforderungen des Studienalltags scheitern und ihr Studium ohne Hochschulabschluss vorzeitig beenden bzw. unterbrechen. Die aktuelle 19. DSW-Sozialerhebung belegt, dass Bildungsinländerinnen und -inländer (16 Prozent) in einem deutlich höheren Maße ihr Studium unterbrechen als Studierende ohne Migrationshintergrund (10 Prozent). Als häufigsten Grund für die Studienunterbrechung geben Migrantinnen und Migranten finanzielle Probleme (31 Prozent) an und zwar deutlich häufiger als Studierende ohne Migrationshintergrund (17 Prozent) (a. a. O., 510).

Das Scheitern an Leistungsanforderungen scheint laut einer Oldenburger Pilotstudie (2009) als schwerwiegendstes Problem zum Studienabbruch beizutragen. Ein wesentlicher Anteil unter den Bildungsinländern hat trotz hoher Studienmotivation Schwierigkeiten mit der Bewältigung der Anforderungen im Studium. Sie geben an, Sorgen zu haben, Klausuren und Prüfungen nicht zu bestehen oder den Leistungsanforderungen in dem von der Studienordnung vorgesehenen zeitlichen Rahmen nicht erfüllen zu können (Meinhardt, Zittlau 2009, 140). Weiter scheinen sich straffe Studienstrukturen mit festgelegten Modulabfolgen für Studierende mit Migrationshintergrund negativer auszuwirken, da diese aufgrund der fehlenden materiellen Unterstützungsmöglichkeit der Familie häufiger als solche ohne Migrationshintergrund auf die eigene Erwerbstätigkeit als Studienfinanzierung angewiesen sind, was die reibungslose Umsetzung eines Musterstudienplans behindert und sich studienverlängernd auswirken kann (a. a. O., 141f.).

Hinweise aus qualitativen Untersuchungen bei türkischstämmigen Studierenden auf ihre erhöhten Selbstzweifel und Fremdheitsgefühle gegenüber der Bildungsstätte Universität verweisen auf Probleme in der akademischen Integration mit der Aneignung eines fachspezifischen Habitus und damit letztlich mit einer erfolgreichen Hochschulsozialisation (Niehaus 2008, 128). Nach dem Modell des Bildungsforschers Tinto (2004) ist die Teilhabe an der „student culture" außerhalb des Kontextes der Lernumgebung ein wichtiger Faktor für die erfolgsorientierte Beharrlichkeit im Studium; genauso wichtig wie die „akademische Integration" sei die „soziale Integration" im Sinne des Zugehörigkeitsgefühls zur Studierendenschaft. Darüber hinaus sei für den erfolgreichen Studienverlauf auch wichtig, dass Lehrende und sonstige Hochschulmitarbeitende ein Bildungsumfeld schaffen, das Studierende einlädt, sich akademisch zu integrieren.

An deutschen Hochschulen hat sich zwar bezogen auf internationale Studierende und die Gruppe der Bildungsausländer über die Zuständigkeit des International Office bzw. der akademischen Auslandsämter die Notwendigkeit, diese aktiv in das universitäre Leben zu integrieren, etabliert und ist als solche auch im 2009 verabschiedeten Code of Conduct der Hochschulen im Umgang mit dem „Ausländerstudium" festgeschrieben worden, doch dies hat bislang wenig Einfluss auf die umfassende Schaffung eines interkulturell offenen Klimas an den Universitäten.

Bislang existieren kaum wissenschaftliche Untersuchungen über Diskriminierungserfahrungen von Studierenden mit Migrationshintergrund an der Universität. Darüber hinaus besteht Unsicherheit über die Zuständigkeit des International Office für Angelegenheiten von Studierenden mit deutscher Hochschulzugangsberechtigung und ausländischem Pass oder ausländischer Herkunft, auch wenn diese spezielle Beratungs- und Betreuungseinheit bislang das interkulturelle Zentrum der Universitäten darstellt und in der Regel über die stärkste Kompetenz im Umgang mit sprachlich-kultureller Vielfalt der Studierende verfügen dürfte.

6.4   Handlungsbedarfe und Lösungskonzepte in Bezug auf Interkulturelle Öffnung des Handlungsfeldes

Schule

Bei der Interkulturellen Öffnung von Schulen geht es um einen veränderten Blick der Institution sowie der in ihr verantwortlich Handelnden auf die durch Migrationsprozesse veränderte gesellschaftliche Realität insgesamt sowie um eine Anpassung der Institution in ihren Strukturen, Methoden, Curricula und Umgangsformen an eine in vielen Dimensionen plurale Schülerschaft. Zentral ist die Wendung des Blickwinkels von den Schülern als Gruppe mit einem besonderen pädagogischen Förderbedarf (wie es ausländerpädagogische Ansätze nahe legen) zu ihrer Wahrnehmung als „Normalfall" und eine Wendung von der notwendigen Veränderung der Schülerschaft an die Anforderungen der Institution auf eine Veränderung von Schule mit Blick auf die Bedürfnisse der Nutzerinnen und Nutzer, um die adäquate Förderung ihrer Bildungschancen zu sichern.

Der Forderung nach Interkultureller Öffnung von Schule liegt ein mehrdimensionaler, interkultureller Bildungsbegriff zugrunde, der zu unterschiedlichen Epochen seiner Verwendung verschiedene Ausprägungen angenommen hat (Karakasoglu u. a. 2011).

Seit den 1970er Jahren wurden zunächst ausländerpädagogische, dann interkulturelle Bildungskonzepte verstanden als pädagogische Unterstützung im Identitätsbildungsprozess von ausländischen Kindern, seit Anfang der 2000er Jahre als Kinder mit Migrationshintergrund

bezeichnet. Als Zielgruppenpädagogik sollte sie zunächst mit selbstreflexiven, offenen Lernformen die Zielgruppe befähigen, sich im kulturellen Spannungsfeld zwischen Aufnahmegesellschaft und Herkunftsfamilie zu behaupten.

Seit den 1980er Jahren, in denen sich abzeichnete, dass „ausländische" Kinder dauerhafter
Bestandteil der Schülerschaft bleiben würden, kommt stärker das soziale Lernen durch Interkulturelle Bildung in den Blick von Schule. Dabei stand zunächst der Begegnungsaspekt von
Menschen unterschiedlicher Herkunftskulturen im Vordergrund, die ihre kulturelle Unter-
schiedlichkeit als Bereicherung empfinden sollten (Bereicherungsdiskurs) (Nieke 2008, 34f;
Geisen/Riegel 2007). Kulturelle Differenzen wurden ebenso thematisiert wie kulturübergrei-
fende Gemeinsamkeiten (z. B. anhand von sozialer Herkunft, Familienstrukturen, etc.). Insbesondere deutsche Kinder ohne Migrationshintergrund sollten mit der Lebenswelt ihrer
„ausländischen" Schulkameradinnen und -kameraden vertraut gemacht werden.

In den 1990er Jahren erfuhr Interkulturelle Bildung eine Bereicherung durch antirassistische
Ansätze und damit eine stärkere Konnotation als Teil politischer Bildung (Auernheimer
2007, Fischer 2006, 73). Als Reaktion auf wachsende rechtsradikale Tendenzen bei Jugendlichen und ausländerfeindliche Übergriffe im Zuge der Wiedervereinigung wurde diese Komponente interkultureller Bildung gestärkt, in der es zum einen um kognitive Aufklärung über
Wanderungsmotive, entwicklungspolitische Zusammenhänge und Ursachen von Vorurteilen
geht, die aber – u.a. in antirassistischen Trainingsprogrammen – auch selbstreflexive Prozesse über Selbst- und Fremdwahrnehmung anregen will.

Während diese Formen Interkultureller Bildung auf das Individuum konzentriert sind, bei
dem sie kognitive, emotionale und handlungsorientierte Veränderungsprozesse anregen wollen, um interkulturelle Kompetenz zu befördern, setzen sich die aktuelleren Ansätze Interkultureller Bildung sehr viel stärker mit den strukturellen und institutionellen Gegebenheiten
auseinander, in denen das Lernen von Kindern mit und ohne Migrationshintergrund stattfindet und verweisen auf die Notwendigkeit, institutionelle Rahmenbedingungen so zu verändern, dass Kinder unterschiedlicher (sozialer, familiärer, sprachlicher, kultureller, geistiger)
Lernvoraussetzungen gleiche Bildungschancen im Schulsystem erhalten (Gomolla 2005,
Mecheril 2002, Gogolin, Krüger-Potratz 2006). In dieser Zielsetzung verbindet sich der interkulturelle mit dem Inklusionsansatz. Eine weitere, enge Verbindung geht interkulturelle
Bildung mit der Subdisziplin der Germanistik „Deutsch als Zweitsprache" sowie mit der
„Mehrsprachigkeitsforschung" ein, „denn es ist eine pädagogische Aufgabe, angemessen und
verantwortlich mit Sprachen der Migrantinnen und Migranten umzugehen" (Herwartz-
Emden u. a. 2010, 197).

Vor dem Hintergrund einer nachhaltig durch Migration und Globalisierung geprägten Gesellschaft gehört es heute zum Minimalkonsens der interkulturellen Bildungswissenschaft, dass
Interkulturelle Bildung Bestandteil allgemeiner Bildung und daher allen an pädagogischen
Prozessen Beteiligten als Schlüsselkompetenz zu vermitteln ist (Gogolin, Krüger-Potratz
2006, Krüger-Potratz 2005). Konsequenterweise sollte sich dies auf allen Ebenen der zuständigen Erziehungs- und Bildungsinstitutionen widerspiegeln.

Interkulturelle Öffnung macht vor diesem Hintergrund die „Reorganisation, Verbesserung,
Entwicklung und Evaluierung von Entscheidungsprozessen in allen Politik- und Arbeitsbe-
reichen" von Schule notwendig. Dafür ist „die Idee der Querschnittspolitik grundlegend, dass
Chancengleichheit sich nur herstellen lässt, wenn sie in allen Bereichen angestrebt wird"
(Handschuck, Schröer 2003, 15). Terkessidis spricht sich daher für einen „radikalen Umbau

der Institutionen" mit dem Ziel der „radikalen Interkulturellen Öffnung" aus, die eine umfassende Neuorientierung verlangt (Terkessidis 2010). Dabei ist der Kern der Institutionen zu befragen, ob die Räume, die Leitideen, die Regeln, die Routinen, die Führungsstile, die Ressourcenverteilung sowie die Kommunikation nach außen und die Einstellungen der Akteure im Hinblick auf die Vielfalt gerecht und effektiv sind (a. a. O., 141f.). Additive Fördermaßnahmen sind einerseits wichtig, um die Voraussetzung für Bildungspartizipation zu schaffen, sie haben aber keine nachhaltige Wirkung auf die Regelabläufe in der Institution sowie die Einstellungsmuster der Vertreterinnen und Vertreter der Institution, in diesem Fall der Pädagoginnen und Pädagogen selbst. Dies soll durch Prozesse der Interkulturellen Öffnung von Schule verändert werden. In diesem Zusammenhang ist auch die notwendige „Interkulturelle Kompetenz" des pädagogischen Personals gefordert.

Mit interkultureller Orientierung ist ferner eine strategische Ausrichtung der Institution Schule gemeint, die sich im Leitbild der Schulen niederschlägt und „die sich in den jeweiligen Zielen konkretisiert und die die Organisation auf die Querschnittsaufgabe interkultureller Öffnung verbindlich verpflichtet" (Schröer 2007, 82). Damit wird ein bewusst gestalteter Prozess angesprochen, „der (selbst-)reflexive Lern- und Veränderungsprozesse von und zwischen unterschiedlichen Menschen, Lebensweisen und Organisationsformen ermöglicht, wodurch Zugangsbarrieren und Abgrenzungsmechanismen in den zu öffnenden Organisationen abgebaut werden und Anerkennung ermöglicht wird" (a. a. O., 83).

Hochschule

Unter den skizzierten Gesichtspunkten zu Studienbedingungen von Migrantinnen und Migranten würde die Formulierung von pädagogischen Förderkonzepten für den Hochschulbereich zu kurz greifen, ohne strukturelle Veränderungen für das Bildungssystem insgesamt anzustreben. Ähnlich wie im Hinblick auf die Interkulturelle Öffnung von Schule sind auch an Hochschulen Ansätze erforderlich, die einen Wandel in den Organisationsstrukturen und Verfahren der Hochschulen selbst unterstützen. Wichtig erscheint hier, dass kompensatorische Fördermaßnahmen, die sich langfristig gleichstellungsfördernd auswirken sollen, keine nachhaltige Wirkung auf die Regelabläufe in der Hochschule, äußere Rahmenbedingungen sowie auf die Einstellungsmuster der Hochschuldozentinnen und -dozenten und die Gestaltung ihrer Lehrveranstaltungen haben. Ferner bergen langfristig entlang ethnischer Gruppenmerkmale bzw. der externen Zuschreibung eines Migrationshintergrundes konzipierte Angebote die Gefahr einer Zementierung der Zuschreibung kollektiver Zugehörigkeiten. An ihre Stelle müssen vielmehr „Praxen der Infragestellung" (Mecheril, Klingler 2011, 85) derartiger Zuschreibungen treten. Migrantenförderung kann daher nur als ein erster Impuls der Neuorientierung notwendiger Modernisierungs- und Reorganisationsprozesse im Rahmen einer Hochschulentwicklung verstanden werden, nicht aber als das Kernziel.

Wie die vorangegangenen Ausführungen zum Übergang Schule – Studium zeigen, müssten an der sensiblen Schnittstelle Beratungsmaßnahmen zur Öffnung des Hochschulzugangs ergriffen werden, um Abiturientinnen und Abiturienten mit Migrationshintergrund in größerer Zahl für ein Hochschulstudium zu gewinnen. Als besonders erfolgreich erweisen sich hier individuell ausgerichtete Mentoring-Konzepte. Als ein Best Practice-Beispiel kann das MiCoach-Beratungsprojekt zur Studienorientierung angeführt werden, das bereits seit drei Jahren an der Universität Bremen erfolgreich durchgeführt wird. Die grundlegende Idee des Beratungsprojektes basiert auf dem Prinzip der persönlichen Beratung, Unterstützung und Begleitung. Lehramtsstudierende mit und ohne Migrationshintergrund stehen ein bis zwei

Jugendlichen mit Migrationshintergrund, die die gymnasiale Oberstufe besuchen, diesbezüglich als Coach beim Übergang von der Schule in ein Studium zur Verfügung. Die MiCoach-Beratung besteht nicht aus einer reinen Information über Studienmöglichkeiten und ihre Inhalte, Aufbau und Anforderungen eines Studiums. Die Zielsetzung einer individuellen Beratungsform, die sich an die Zielgruppe der Abiturientinnen mit Migrationshintergrund wendet, berücksichtigt, dass die Berufs- bzw. Studienwahlentscheidung nicht als isolierter Beratungsanlass in Erscheinung tritt. Vielmehr werden die spezifischen Beratungsbedürfnisse der Zielgruppe, bestehend aus einer Konfiguration der Elemente Berufs- bzw. Studienwahlentscheidung, Schulbelastungen und Sprachproblematik in die individuelle Beratungsperspektive einbezogen. Das bedeutet, dass neben einer Ansprechperson bei organisatorischen Fragen rund um das Studium und Interventionsmaßnahmen zur Verbesserung des Selbstwertgefühls, ein Coaching zum wissenschaftlichen Arbeiten sowie Schreiblernberatung für das Verfassen von wissenschaftlichen Texten, in der die Besonderheiten des Erwerbs des Deutschen als Zweitsprache Berücksichtigung finden, immer integriert werden. Desweiteren fungieren Coaches mit Migrationshintergrund für junge Migrantinnen als diejenige authentische Identifikationsfigur für eine gelungene akademische Bildungslaufbahn, die im familiären Umfeld oft nicht vorhanden ist (Wojciechowicz 2010, 37ff.).

Als ein weiteres Beispiel für eine zielgruppenorientierte Bildungslaufbahnberatung an der Universität kann das Hochschullotsen-Programm der Universität Oldenburg genannt werden. Durch differenzierte Angebote und Aktivitäten der ehrenamtlichen Hochschullotsinnen und -lotsen (häufig Seniorenstudierende) wie z. B. individuelle Betreuung über mehrere Semester, Informationen über Studiengänge, Hilfe bei der Anfertigung von wissenschaftlichen Hausarbeiten, Vermittlung von Kontakten zu Universitätseinrichtungen und gemeinsame Besuche von Kultur- und Sportveranstaltungen wird versucht, die Chancen auf einen erfolgreichen Hochschulabschluss von Studierenden mit Migrationshintergrund nachhaltig zu erhöhen (Meinhardt, Zittlau 2009, 145f.).

Die Förderung der persönlichen und beruflichen Entwicklung durch Coaching und/oder Patenschaftsprogramme beschränkt sich jedoch nicht auf die Übergangsphase zwischen Schule und Studium, sondern kann grundsätzlich im Sinne einer individuellen, akademischen Bildungslaufbahnberatung auf weitere Handlungsfelder (z. B. Übergang Studium – Arbeitsleben) erweitert werden.

Über diese zielgruppenspezifischen Maßnahmen hinaus ist es erforderlich, im Rahmen der universitären Personalentwicklung, Mitarbeiterinnen und Mitarbeiter der regulären Unterstützungsangebote in Fortbildungen zu interkulturellen Fragen dafür zu qualifizieren, die eigene Beratungspraxis unter einer differenzsensiblen Perspektive kritisch zu überprüfen und in konkreten Beratungsgesprächen mit Studierenden kultursensibel zu handeln. Auch Stipendien können eine gleichstellungsfördernde Maßnahme im Rahmen einer Interkulturellen Hochschulentwicklung darstellen, wenn sie als „Ermöglichung akademischer Bildungsprozesse" (Mecheril, Klingler 2011, 111) für sozial benachteiligte Jugendliche verstanden werden und nicht ausschließlich nach dem Kriterium der herausragenden Leistungen vergeben werden (vgl. etwa die Vergabe von Deutschlandstipendien an der Universität Bremen, bei der soziales Engagement und soziale Dispositionen besonders berücksichtigt werden).

Weitere Überlegungen zur Interkulturellen Öffnung im Hochschulraum zielen dagegen auf „radikale" Veränderungen auf der strukturellen Ebene. So schlagen Darowska und Machold (2011, 28) vor, wenigstens über eine „temporäre Einführung unterschiedlicher Benotungskriterien der sprachlichen Qualität von schriftlichen Arbeiten und mündlichen Beiträgen sowie

Einräumen längerer Regelstudienzeiten" nachzudenken. Dies wären Maßnahmen im Rahmen von Nachteilsausgleichen, wie sie auch für Studierende mit Kind oder mit pflegebedürftigen Angehörigen vorgehalten werden.

Auch die Auseinandersetzung mit der Frage, inwieweit die sozialisationsbedingte Mehrsprachigkeit von Studierenden mit Migrationshintergrund beim Zugang zum Studium und im Seminarraum im Sinne einer Kompensation von Sprachdefiziten in der Wissenschaftssprache Deutsch oder einer Ressourcenförderung durch spezifische Angebote in den Herkunftssprachen als Fachsprachen Berücksichtigung finden könnte, ist Gegenstand der Debatte um eine differenzsensible Hochschule. Dies sind Fragen, die infolge der im Rahmen des Bologna-Prozesses verstärkten Internationalisierung von Hochschulen an Bedeutung gewinnen.

Insgesamt erfordern Strategien zur Überwindung von Chancenungleichheit den flankierenden Einsatz eines institutionellen Monitoring-Systems. Die mit dem Monitoring gewonnenen Daten ermöglichen die Identifizierung disproportionaler (Miss-)Erfolgsquoten im Hochschulbereich. Dabei ist nachdrücklich darauf hinzuweisen, dass von Bildungsbenachteiligung nicht alle Migrantinnen und Migranten im gleichen Maße betroffen sind, sondern insbesondere diejenigen aus bildungsfernen Elternhäusern oder deren Umgangssprache im familiären Umfeld nicht Deutsch ist. Für die statistischen Analysen sind daher nicht einzelne Differenzmerkmale wie der Migrationshintergrund gleichsam isoliert zu erheben und damit „abzuhaken", sondern ihre intersektionale Verschränkung mit anderen Ungleichheitsdimensionen wie z. B. der sozioökonomische Status, Bildungshintergrund der Eltern, Aufenthaltsstatus in Deutschland, Geschlecht ebenso in den Blick zu nehmen wie die Gültigkeit von Benachteiligung in spezifischen Phasen und Bereichen des Studiums.

Ziel ist die Anpassung der Institution Hochschule in ihren Strukturen, Methoden, Lehr- und Lerninhalten und Umgangsformen an eine in vielen Dimensionen heterogene Studierendenschaft und weitere Hochschulmitglieder. Daraus folgt die Reorganisation, Verbesserung, Entwicklung und Evaluierung von Entscheidungsprozessen in allen Politik- und Arbeitsbereichen von Hochschule. Auch hier erweist sich Interkulturelle Öffnung als Querschnittsaufgabe der Hochschulpolitik (Handschuck, Schröer 2003, 5, Schröer 2007, 82). Als Kernaufgabe sehen Mecheril und Klingler die Entwicklung von „differenzsensiblen Handlungsansätzen", die sich des Spannungsverhältnisses zwischen der Betonung von Differenz, ihrer Relevanzsetzung für den Bildungsraum Hochschule und der damit verbundenen Gefahr, diese Differenzen durch ihre Thematisierung festzuschreiben, und der Notwendigkeit, Differenzen zu sehen, um Benachteiligungen aufdecken und bekämpfen zu können (Mecheril, Klingler 2010, 109).

Empfohlen wird ein „reflexiver Ansatz im Umgang mit Differenzen und sozialen Identitäten", der sich nicht auf die Berücksichtigung einzelner Differenzkategorien in Zugangsbedingungen, Lehr-Lernformen und Beratungs- und Betreuungsangeboten beschränkt sondern immer auch reflektiert, was mit neuen Angeboten für spezifische Zielgruppen für neue Differenzlinien hergestellt werden. Übergeordnetes Ziel ist in dieser Perspektive die strukturelle und inhaltliche Ausrichtung darauf, möglichst viele Studierende „mitzunehmen", ihnen einen erfolgreichen Studienverlauf und -abschluss zu ermöglichen vor dem Hintergrund ihrer unterschiedlichen Ausgangsbedingungen und Anforderungen an die Institution.

6.5   Konkrete Strategien, Maßnahmen, Instrumente.
Best Practice-Beispiele

Handlungsfeld Schule

Der Interkulturellen Öffnung von Schule liegt eine Vielzahl miteinander konzeptionell ver-
knüpfter Maßnahmen zugrunde, die mit vier zentralen Handlungsebenen der Interkulturellen
Organisationsentwicklung treffend beschrieben werden können (Karakasoglu u. a. 2011,
17ff.):

- *Die personale bzw. Ebene der Ausbildung der Lehrerinnen und Lehrer:* Erwerb interkultureller Kompetenz, selbstreflexive Auseinandersetzung mit Prozessen der Identitätsbildung und Rollenmuster, mit Einstellungen und spezifischen Kompetenzen wie (selbst-)
kritischer Reflexion des Eigenen und Fremden, Wissen über Ursache und Geschichte der
Arbeitsmigration, über die Rolle und den Status von Minderheiten und die aktuelle Mig-
rationspolitik sowie Handlungskompetenz durch geeignete Kommunikations- und Kon-
fliktstrategien, Einstellung von pädagogischem Fachpersonal mit Migrationshintergrund
auf allen Ebenen der Schule.

- *Die inhaltliche bzw. die didaktische und curriculare Ebene:* Leitbild der Schule, Schul-
profil, interkulturelle Unterrichtsentwicklung, Ausrichtung aller Curricula und Unter-
richtsinhalte auf die Normalität der kulturellen Vielfalt im Klassenzimmer, Projekte und
Maßnahmen der Schulöffnung, Integration z. B. von Sprachförderkonzepten in den Re-
gelunterricht.

- *Die strukturelle bzw. schulorganisatorische Ebene:* Konferenz- und Gremienarbeit,
Schulstrukturentscheidungen, Rolle der Schulleitung, strukturell verankerte Kooperation
mit lokalen, regionalen und internationalen Personen, Gruppen, Institutionen auch von
Migranten.

- *Die soziale Ebene:* Kommunikations- und Interaktionsprozesse zwischen Lehrerinnen
und Lehrern, Schülerinnen und Schülern sowie Eltern, um Möglichkeiten der Teambil-
dung und der Konfliktbearbeitung zu vereinbaren und interkulturelle Elternarbeit zu implementieren; mehrsprachige Hinweisschilder und Informationsmaterial, Präsentation
von Schulprojektergebnissen, die Differenz und Heterogenität als Bestandteil von
(Schul-)Wirklichkeit darstellen und thematisieren, Mitbestimmungsmöglichkeiten für
Schülerinnen und Schüler schaffen als Bestandteil des demokratischen Selbstverständ-
nisses von Schule und als Konzept der Demokratieerziehung.

Darüber hinaus finden sich in der Literatur durchgängig Hinweise auf eine notwendige Vermeidung von Segregationsmaßnahmen wie Vorbereitungs- und Auffangklassen und eine
Bevorzugung von Binnendifferenzierung statt äußerer Differenzierung.

Den genannten Handlungsebenen übergeordnet ist die Notwendigkeit von konkreten Zielvereinbarungen zum Abbau von Zugangsbarrieren zu qualifizierten Schulabschlüssen und zur
Gewinnung von Mitarbeiterinnen und Mitarbeitern mit Migrationshintergrund. Flankiert
werden müsste dies durch die Bildung von Indikatoren, anhand derer die Zielerreichung
überprüfbar wird. Auf dieser Basis wäre ein Monitoring-System (Gomolla, Radtke 2002) als
Grundlage bildungspolitischer Rechenschaftslegung aufzubauen, das erst die Möglichkeit

bietet, Veränderungen im Hinblick auf die Erreichung des Ziels der Chancengerechtigkeit aller Schülerinnen und Schülern nachzuzeichnen.

Eine dezidiert „antirassistische Perspektive" als Bestandteil einer multikulturellen Schule wird über das „Ethnic Monitoring" verfolgt, wenngleich hier auch einzuwenden ist, dass gerade durch die tabellarische „Auflistung" ethnischer Herkünfte entsprechende Gruppenzugehörigkeiten überhaupt erst manifest gemacht werden und im Einzelfall der Selbstbeschreibung der Individuen nicht entsprechen (müssen). Indem diese Perspektive mitgedacht wird, handelt es sich um einen reflexiven Ansatz im (bildungs-)institutionellen Umgang mit Differenz und Diskriminierung (Mecheril u. a. 2010, 140). Da Interkulturelle Öffnung, wie sie hier skizziert wird, alle Strukturen, Methoden und Inhalte, die in und für Schule wirksam sind, umfasst, stellt sie ohne Zweifel eine Leitungsaufgabe dar, um mit breiter Akzeptanz umgesetzt werden zu können. Gleichzeitig bezeichnet sie einen diskursiven Prozess, der in der Institution auch von den Mitgliedern breit getragen und weiter entwickelt werden muss, wenn sich die „Kultur" der Bildungsinstitution Schule nachhaltig ändern soll. Interkulturelle Öffnung ist zentraler Bestandteil einer Schul- und Personalentwicklung und somit auch ein wichtiger Aspekt des Qualitätsmanagements von Schulen.

Handlungsfeld Hochschule

Interkulturelle Öffnung war für die Hochschulen bislang vor allem ein Anforderungsprofil, das sich auf ihren Umgang mit den „internationalen" bzw. „ausländischen" Studierenden, als Gästen des deutschen Hochschulsystems bezog. So sieht der 2009 von einer Vielzahl von deutschen Hochschulen unterzeichnete „Nationale Kodex für das Ausländerstudium" konkrete Handlungsanweisungen für die mit ausländischen Studierenden vorrangig befassten Stellen der Hochschule vor. In der Folge haben sich viele Hochschulen differenziert mit der Anforderung auseinander gesetzt, sich stärker interkulturell zu öffnen (Berninghausen, Gunderson u. a. 2009). Weitere migrationspolitische Maßnahmen wie das Zuwanderungsgesetz von 2005, das eine Bleibeoption für ausländische Absolventen deutscher Hochschulen bis spätestens ein Jahr nach Abschluss des Studiums zur Arbeitssuche vorsieht sowie der Verzicht auf eine individuelle Vorrangprüfung (2007), haben dazu beigetragen, dass sich der Blick auf die internationalen Studierenden von den vorübergehenden Gästen des Hochschulsystems zu potenziellen Einwanderern gewandelt hat. Internationale Studierende werden zu einer begehrten Zielgruppe im Kampf um „die besten Köpfe" und Studierende mit Migrationshintergrund werden entdeckt als verborgene Bildungsreserve, auch als potenzielle Abwanderer in die (ehemaligen) Herkunftsländer ihrer Familien, um deren Studienerfolg und Bleibeabsichten man sich nun stärker als zuvor bemühen will.

Unter der Überschrift „Integration in der Wissenschaft" wird diese Gruppe im Ersten Nationalen Integrationsplan (2007) besonders in den Blick genommen, Gleichzeitig findet eine Erweiterung des Blicks auf die Studierenden mit Migrationshintergrund statt. So heißt es dort: *„Der Bund unterstützt die Integration in der Wissenschaft, damit die weltweit Besten gewonnen werden und Deutschland als Studienstandort und als Land der Ideen weltweit gut positioniert ist (...) Er setzt auf die verstärkte Förderung begabter und hochbegabter Bildungsinländer und Ausländer in Studium und Wissenschaft, vor allem durch Erweiterungen in der migrantenspezifischen Ausbildungs- und Begabtenförderung. (...) Er begrüßt das Engagement der Länder zur Verbesserung des Studienerfolgs ausländischer Studierender und unterstützt dies im Rahmen von Mittlerorganisationen."*

Seit 2009 hat der DAAD zusammen mit dem BMBF in drei Ausschreibungen bis 2012 das Programm PROFIN (Programm zur Förderung der Integration ausländischer Studierender) ausgeschrieben mit dem erklärten Ziel, so die Ausschreibung von 2009, die Integration ausländischer Studierender als Aufgabe und Lernchance für die gesamte Hochschule zu konzipieren, die Effizienz und Kundenfreundlichkeit bei bisherigen Standardaufgaben zu stärken und weitere Instrumente und Strukturen zu entwickeln, ausländische Studierende dazu zu befähigen und dabei zu unterstützen, sich erfolgreich in Hochschule, Gesellschaft und Arbeitswelt zu integrieren, die aktive Mitwirkung der deutschen Studierenden bei der Integration ausländischer Studierender erheblich und nachhaltig zu steigern, spezifische Bedürfnisse von Studierenden mit Migrationshintergrund zu berücksichtigen und ihre Potenziale zu nutzen und neue Potenziale und Handlungsfelder durch Kooperation zwischen Akteuren innerhalb und außerhalb der Hochschule zu erschließen. Erklärtes Gesamtziel ist die Erhöhung des Studienerfolgs der ausländischen und der Studierenden mit Migrationshintergrund. Damit wird zwar ein Blickwechsel vollzogen von der Defizitorientierung, in der die internationalen und Studierenden mit Migrationshintergrund als beratungs- und betreuungsbedürftig definiert werden, zu einer Ressourcenorientierung: Es sollen sich „deutsche und internationale Studierende auf gleicher Augenhöhe begegnen und sich allen möglichst die gleichen Chancen für den weiteren Berufs- und Lebensweg eröffnen" (Lemmens 2011, 5). Allerdings nimmt das Programm vorrangig die ausländischen Studierenden und die Studierenden mit Migrationshintergrund in den Fokus, widmet ihnen spezifische Maßnahmen, Studierende ohne Migrationshintergrund sind nicht Adressaten der mit dem Programm beabsichtigten Veränderungen in der Hochschule.

Dennoch kann festgestellt werden, dass angeregt durch hochschulübergreifende Programme wie PROFIN eine engere Verknüpfung zwischen der Steigerung von Internationalität und der interkulturellen Orientierung der Hochschule angebahnt wurde. Als Beispiele guter Praxis im Rahmen von Projekten und Maßnahmen können hier aus dem Kontext der Universität Bremen erwähnt werden: Peer-Mentoring/Coaching-Programme (z. B. Kompass Plus), Angebote zur Steigerung interkultureller Kompetenz bei Studierenden (Zertifikat Interkulturelle Kompetenz), Projekte zur Erstberatung/Willkommenskultur (Newcomer-InternetPortal), Projekte zum Übergangsmanagement aus der Schule in die Hochschule und aus der Hochschule in die Arbeit (Studienberatung, Career-Center), Sprachförderprogramme für internationale Studierende (DaF, Schreibwerkstätten, Englisch), Projekte zur Schaffung von Begegnungsmöglichkeiten zwischen internationalen, Studierenden mit Migrationshintergrund und deutschen Studierenden (z. B. studentservice@school).

6.6   Anforderungen und Perspektiven hinsichtlich künftiger Entwicklungsdynamiken in Schule und Hochschule

Schule

Für die Schule stellt sich als Anforderung und Perspektive im Hinblick auf Entwicklungsdynamiken der nahen Zukunft die Frage, ob zurückgehende Schülerzahlen im Sinne einer „demographischen Rendite" genutzt werden, um Schulen besser als bisher materiell und personell auszustatten. In kleineren Lerngruppen mit hochmotivierten Lehrern wäre die Verzahnung zwischen schulischem und außerschulischem Lernen, zwischen Schule und Elternhaus enger und für alle Beteiligten Gewinn bringend auszugestalten. Dies würde auch einen Ausbau der Zusammenarbeit mit den Eltern implizieren, die sich über das Prinzip der Interkulturalität um eine Begegnung, Auseinandersetzung und Zusammenarbeit auf Augenhöhe bemüht, die die diversen Lebenswelten der Kinder und Jugendlichen nicht in einen Gegensatz zur Schule stellt. Schulen werden durch den Ausbau von Ganztagsangeboten und Zusammenlegung verschiedener Schulformen zu wichtigen, gemeinsamen Lebensräumen der zukünftigen Generation und damit zu den zentralen Orten des theoretischen wie praktischen Lernens und Verstehens von Demokratie und Toleranz. Mit dem Wegfall des Merkmals „Migrationshintergrund" als Distinktionsmerkmal für eine besonders zu beachtende Minderheit von Schülerinnen und Schülern erwächst die Chance, sprachlich-kulturelle Vielfalt als Beobachtungsdimension von Interkulturalität in den größeren Rahmen von Diversitätssensibilität einzubetten. Mehrsprachigkeit als Wert und selbstverständliche Alltagspraxis, Begegnungssprachenkonzepte, interreligiöse Unterrichtseinheiten mit Grundlageninformationen für alle sowie interkulturelle Umgebungserkundungen zeichnen sich als Elemente interkultureller Bildungsformen und -inhalte der Schule der Zukunft ab. Damit würden Grenzziehungen zwischen ethnischen Gruppen über ein „Wir" und „Sie" genauso obsolet werden wie Diskussionen über „die obligatorische Vermittlung der Leitkultur", „Deutschenfeindlichkeit" oder „Deutsch auf dem Schulhof".

Hochschule

Für die Hochschulen bleibt die Herausforderung, eine Verzahnung ihrer Kernziele der Steigerung von Exzellenz in Forschung und Lehre mit einem breiteren Bildungsauftrag zu verbinden oder zumindest auszubalancieren sowie transnationale akademische Migration besser als bisher zu gestalten, zu betreuen und zu begleiten, ohne dabei die durch die Migrationsgesellschaft bedingte interkulturelle Vielfalt der einheimischen Studierendenschaft aus dem Blick zu verlieren. Mit dem Ziel einer umfassenden interkulturellen Öffnung wäre die Aufgabe verbunden, der sprachlich-kulturellen Vielfalt an der Hochschule als zentraler akademischer Ressource für alle mehr Raum als bisher zu geben und sie als Gestaltungselement für alle erfahrbar zu machen. Dies drückt sich sowohl in der Ausbildung des Personals für den Umgang mit diesem Aspekt von Hochschule aus wie auch in den Lehr- und Lernformen, den Führungsstrukturen und der Zusammensetzung des Personals.

In diesem Sinne müsste sich Interkulturelle Öffnung auch darin niederschlagen, dass die Hochschule sich aktiv um die Erhöhung des Anteils an Personal in allen Statusgruppen mit Migrationshintergrund und/oder interkultureller Kompetenz bemüht.

Darüber hinaus sind wichtig die Bündelung und Sicherung der Nachhaltigkeit erfolgreicher Projekte (Stichwort von der Projekt- zur Konzeptebene) durch die Einbindung in eine gesamtuniversitäre Diversity-Strategie mit verbindlichen Verantwortlichkeiten, die Verankerung von Internationalität und Interkulturalität im Leitbild mit interkultureller Kompetenz als Schlüsselqualifikation für alle und der Schaffung von interdisziplinären Diskursräumen zum Leitbild. Zur Umsetzung ist wichtig die Schaffung verbindlicher universitärer Steuerungsmechanismen und Führungsstrukturen zur Umsetzung der Diversity-Strategie auf der Uni-Leitungsebene (beispielsweise durch Konrektorate für Interkulturalität wie in Bremen oder für Diversity-Management in Duisburg-Essen).

6.7   Vertiefungsaufgaben und -fragen

Schule

1. Entwickeln Sie ein Fortbildungskonzept für Grundschullehrerinnen und -lehrer, die für ihre Arbeit in einer Schule mit dem Anspruch der umfassenden interkulturellen Öffnung sensibilisiert werden sollen.

2. Recherchieren Sie über das Internet das aktuelle Curriculum für den Unterricht der 6. und 7. Klassen in Deutsch an ihrem Standort und diskutieren Sie seinen interkulturellen Gehalt. An welchen Themen, Inhalten, Formulierungen können Sie interkulturelle Sensibilität bzw. das Fehlen derselben festmachen?

3. Diskutieren Sie ein tagesaktuelles migrations-/bildungspolitisches Thema aus der Presse in seinen Auswirkungen für die Interkulturelle Öffnung von Schule.

Hochschule

1. Was sind zentrale Kriterien für die Interkulturelle Öffnung von Hochschulen. Gibt es hierbei unterschiedliche Handlungserfordernisse und -möglichkeiten für Fachhochschulen und Universitäten?

2. Recherchieren Sie, welche Projekte an der Hochschule/den Hochschulen Ihres Standortes sich explizit mit dem Begriff „Interkulturalität" ausweisen und inwiefern die Projektbeschreibung und weitere zugängliche Dokumente zu den Projekten den von ihnen ermittelten Kriterien von Interkulturalität entsprechen.

3. Diskutieren Sie am Beispiel des Faches Jura, wie sich aus Ihrer Sicht Interkulturelle Öffnung auf der Ebene des Fachbereiches in unterschiedlichen Aspekten des universitären Lebens und Arbeitens niederschlagen müsste.

6.8   Literatur

Auernheimer, G. (2007): Einführung in die Interkulturelle Pädagogik. 5., erw. Aufl. Darmstadt.

Autorengruppe Bildungsberichterstattung (2010): Bildung in Deutschland 2010. Ein indikatorengestützter Bericht mit einer Analyse zu Perspektiven des Bildungssystems im demographischen Wandel. Bielefeld.

Bandorski, S., Harring, M., Karakaşoğlu, Y. & K. Kelleter, (2008): Der Mikrozensus im Schnittpunkt von Geschlecht und Migration. Möglichkeiten und Grenzen einer sekundäranalytischen Auswertung des Mikrozensus 2005, Bonn.

Berninghausen, J., Gunderson, C., Kammler, E., Kühnen, U. und R. Schönhagen (2009): Lost in transnation. Towards an Intercultural Dimension on Campus. Collaboration and Current Developments, Bremen/Boston.

Boos-Nünning, U. und Y. Karakaşoğlu (2005): Viele Welten leben. Zur Lebenssituation von Mädchen mit Migrationshintergrund, Münster.

Bourdieu, P. und J.C. Passeron (1971): Die Illusion der Chancengleichheit. Untersuchung zur Soziologie des Bildungswesens am Beispiel Frankreichs. Stuttgart.

DAAD/HIS (2010): Wissenschaft Weltoffen. Daten und Fakten zur Internationalität von Studium und Forschung. Bielefeld.

Darowska, L. und C. Machold (2010): Hochschule als transkultureller Raum unter den Bedingungen von Internationalisierung und Migration – eine Annäherung. In: Darowska, L., Lüttenberg, T. und C. Machold [Hrsg.]: Hochschule als transkultureller Raum? Kultur, Bildung und Differenz in der Universität, Bielefeld, S. 13–38.

Destatis (2010): Fachserie 204, Wiesbaden 2010, nicht veröffentlichte Sonderauswertung auf Anfrage.

Expertenrat „Herkunft und Bildungserfolg" (2011): Empfehlungen für Bildungspolitische Weichenstellungen in der Perspektive auf das Jahr 2020 (BW 2020), im Auftrag des Ministeriums für Kultus, Jugend und Sport des Landes Baden-Württemberg, April 2010.

Fassmann, H. (2011): Die Messung des Integrationsklimas. Das Integrationsbarometer des Sachverständigenrats deutscher Stiftungen für Integration und Migration. In: Leviathan, 39. Jg., Heft 1, März 2011, S. 99–124.

Fend, H. (2006): Neue Theorie der Schule. Einführung in das Verstehen von Bildungssystemen, Wiesbaden.

Fischer, V. (2006): Gesellschaftliche Rahmenbedingungen für die Entwicklung migrationsbedingter Qualifikationserfordernisse. In: Fischer, V., Springer, M. und Zacharaki [Hrsg.]: Interkulturelle Kompetenz. Fortbildung – Transfer – Organisationsentwicklung. 2. Aufl. Schwalbach am Taunus, S. 11–30.

Füssel, H.-P. (2010): Schulrecht. In: Jordan, S. und M. Schlüter [Hrsg.]: Lexikon Pädagogik, Hundert Grundbegriffe, Stuttgart, S. 261–263.

Geisen, T. und C. Riegel [Hrsg.] (2007): Jugend, Zugehörigkeit und Migration. Subjektpositionierung im Kontext von Jugendkultur, Ethnizitäts- und Geschlechterkonstruktionen. Wiesbaden.

Georgi, V., Akkermann, L. und N. Karakas (2011): Vielfalt im Lehrerzimmer. Münster.

Gogolin, I. und M. Krüger-Potratz (2006): Einführung in die interkulturelle Pädagogik. Reihe: Einführungstexte Erziehungswissenschaft, Bd. 9.

Gomolla, M. und F.-O. Radtke (2002): Institutionelle Diskriminierung. Die Herstellung ethnischer Differenz in der Schule, Opladen.

Gomolla, M. (2005): Schulentwicklung in der Einwanderungsgesellschaft. Strategien gegen institutionelle Diskriminierung in Deutschland, England und in der Schweiz. Münster.

Gresch, C. und C. Kristen (2011): Staatsbürgerschaft oder Migrationshintergrund? Ein Vergleich unterschiedlicher Operationalisierungsweisen am Beispiel der Bildungsbeteiligung. In: Zeitschrift für Soziologie, Jg. 40, Heft 3, Juni 2011, S. 208–227.

Handschuck, S. und H. Schröer (2003): Qualitätsmanagement in München: Vom instrumentellen Gebrauch zur strategischen Orientierung. In: Landeshauptstadt München – Sozialreferat/Jugendamt [Hrsg.]: Offen für Qualität. Interkulturell orientiertes Qualitätsmanagement in Einrichtungen der Migrationssozialarbeit, München, S. 5–18.

Herwartz-Emden, L., V. Schurt und W. Warburg (2010): Aufwachsen in heterogenen Sozialisationskontexten. Zur Bedeutung einer geschlechtergerechten interkulturellen Pädagogik, Wiesbaden.

Isserstedt, W., Middendorff E., Fabian, G. und A. Wolter (2007): Die wirtschaftliche und soziale Lage der Studierenden in der Bundesrepublik Deutschland 2006. 18. Sozialerhebung des Deutschen Studentenwerks. Durchgeführt durch HIS Hochschul-Informations-System, hrsg. vom Bundesministerium für Bildung und Forschung. Bonn/Berlin.

Isserstedt, W., Middendorf, E., Kandulla, M., Borschert, L. und M. Leszczensky (2010): Die wirtschaftliche und soziale Lage der Studierenden in der Bundesrepublik Deutschland 2009. 19. Sozialerhebung des Deutschen Studentenwerks. Durchgeführt durch HIS Hochschul-Informations-System, hrsg. vom Bundesministerium für Bildung und Forschung. Bonn/Berlin.

Karakaşoğlu, Y., Gruhn, M. und A. Wojciechowicz (2011): Interkulturelle Schulentwicklung unter der Lupe. (Inter-)Nationale Impulse und Herausforderungen für Steuerungsstrategien in Bremen, Münster.

Karakaşoğlu, Y. und A. Wojciechowicz (2012a): Studierende mit Migrationshintergrund an deutschen Hochschulen im Spiegel der aktuellen Datenlage. In: Matzner, M. (2011): Handbuch Migration und Bildung, Beltz, Weinheim und Basel, S. 273–287.

Krüger-Potratz, Marianne (2005): Interkulturelle Bildung. Eine Einführung. (= Lernen für Europa, 10). Münster: Waxmann.

Lange, E. (2005): Soziologie des Erziehungswesens, Wiesbaden.

Lemmens, N. (2011): „PROFIN schafft eine Win-win-Situation für alle" Interview mit Dr. Nina Lemmens vom DAAD über den Mehrwert, den PROFIN allen Beteiligten bietet. In: DAAD [Hrsg.]: Vielfalt in der Praxis. Die zweite Zwischenbilanz, Mai 2011. Online in Internet: http://www.daad.de/imperia/md/content/hochschulen/profin/downloadversion_2011.pdf.

Matthes, E. (2010): Universität. In: Jordan, S., und M. Schlüter [Hrsg.]: Lexikon Pädagogik, Hundert Grundbegriffe, Stuttgart, S. 282–285.

Mecheril, P. (2010): Anerkennung und Befragung von Zugehörigkeitsverhältnissen.

Umriss einer migrationspädagogischen Orientierung. In: Mecheril, P., Castro Varela, M., Dirim, I., Kalpaka, A. und C. Melter [Hrsg.]: BACHELOR | MASTER: Migrationspädagogik. Weinheim.

Mecheril, P. und B. Klingler, (2011): Universität als transgressive Lebensform. Anmerkungen, die gesellschaftliche Differenz- und Ungleichheitsverhältnisse berücksichtigen. In: Darowska, L., Lüttenberg, T. und C. Machold [Hrsg.]: Hochschule als transkultureller Raum? Kultur, Bildung und Differenz in der Universität. Bielefeld, S. 83–116.

Mecheril, P. (2002): Kompetenzlosigkeitskompetenz. Pädagogisches Handeln unter Einwanderungsbedingungen. In: Auernheimer, G. [Hrsg.]: Interkulturelle Kompetenz und pädagogische Professionalität. Opladen.

Meinhardt, R. und B. Zittlau (2009): BildungsinländerInnen an deutschen Hochschulen am Beispiel der Universität Oldenburg. Eine empirische Studie zu den erfolgshemmenden Faktoren im Studienverlauf und Empfehlungen zur Verbesserung der Studienleistungen durch HochschullotsInnen, Schriftenreihe des Interdisziplinären Zentrums für Bildung und Kommunikation in Migrationsprozessen, Oldenburg.

Müller, W., Pollak, R., Reimer, D. und S. Schindler (2009): Hochschulbildung und soziale Ungleichheit. In: Becker, R. [Hrsg.]: Lehrbuch der Bildungssoziologie. Opladen: Verlag f. Sozialwissenschaften, S. 281–319.

Niehaus, I. (2008): Grenzgänger. Geglückte Bildungskarrieren türkischstämmiger Migrantenkinder. Wissenschaftliche Beiträge aus dem Tectum Verlag: Sozialwissenschaften, Band 13.

Nieke, W. (2008): Interkulturelle Erziehung und Bildung. Wertorientierungen im Alltag. Wiesbaden. 3., aktualisierte Auflage. Reihe: Schule und Gesellschaft – Band 4.

Schröer, H. (2007): Interkulturelle Orientierung und Öffnung: Ein neues Paradigma für die soziale Arbeit. In: Archiv für Wissenschaft und Praxis der sozialen Arbeit 3/2007, S. 80–91.

Stanat, P. (2006): Schulleistungen von Jugendlichen mit Migrationshintergrund: die Rolle der Zusammensetzung der Schülerschaft, in: Baumert, J., Stanat, P. und R. Watermann [Hrsg.]: Herkunftsbedingte Disparitäten im Bildungswesen: Differentielle Bildungsprozesse und Probleme der Verteilungsgerechtigkeit: Vertiefende Analysen im Rahmen von PISA 2000. Wiesbaden: VS Verlag für Sozialwissenschaften, S. 189 – 219.

Stanat, P., Rauch, D. und M. Segeritz (2010): Schülerinnen und Schüler mit Migrationshintergrund, in: Klieme, E., Artelt, C., Hartig, J., Jude, N., Köller, O., Prenzel, M., Schneider, W. und P. Stanat [Hrsg.] (2010): PISA 2009. Bilanz nach einem Jahrzehnt, Münster: Waxmann Verlag, S. 200–230.

Statistisches Bundesamt (2010): Studienfachwahl deutscher und ausländischer Studierender im Wintersemester 2009/2010, Fachserie 11, Reihe 4.1, Wiesbaden.

Terkessidis, M. (2010): Interkultur. Berlin.

Thränhardt, D. (2012): Zum Umgang des Bildungswesens mit Migration und ethnischer Differenz, in: Matzner, Michael [Hrsg.]: Handbuch Migration und Bildung, Weinheim und Basel. S. 129–139.

Tinto, V. (2004). Student Retention and Graduation: Facing the Truth, Living With the Consequences. (Occasional Paper 1). Washington, DC: The Pell Institution for the Study of Opportunity in Higher Education.

Vodafone Stiftung Deutschland [Hrsg.](2011): Zwischen Ehrgeiz und Überforderung. Bildungsambitionen und Erziehungsziele von Eltern in Deutschland. Eine Studie des Instituts für Demoskopie Allensbach, Düsseldorf.

Weber, M. (2003): Heterogenität im Schulalltag. Konstruktion ethnischer und geschlechtlicher Unterschiede. Opladen.

Wenning, N. (1999): Vereinheitlichung und Differenzierung. Zu den „wirklichen" gesellschaftlichen Funktionen des Bildungswesens im Umgang mit Gleichheit und Verschiedenheit. Opladen.

Wojciechowicz, A. (2010): Welchen Bedarf an Beratung haben studieninteressierte Schülerinnen mit Migrationshintergrund beim Übergang Schule-Studium? In: Zeitschrift für Beratung und Studium – Handlungsfelder, Praxisbeispiele und Lösungskonzepte. 5.Jg./H. 2, S. 35–40.

Zymek, B. (2010): Schule, in: Lexikon Pädagogik. Hundert Grundbegriffe, Stuttgart, S. 245–49.

7   Interkulturelle Öffnung in der Jugendarbeit

Ergin Focali

Einleitung

Interkulturelle Öffnung – also der bewusst herbeigeführte Abbau von Zugangsbarrieren und Ausgrenzungsmechanismen in Organisationen im Kontext kultureller Heterogenität – ist im Handlungsfeld der Jugendarbeit aus verschiedenen Gründen von herausragender Bedeutung.

Aus demografischer Perspektive ist zu konstatieren, dass in der Gruppe der unter 18-jährigen jede dritte Person in Deutschland einen Migrationshintergrund hat (Bundesregierung 2007, 35f.). Kulturelle Heterogenität stellt für die nachfolgende Generation eine zunehmende Normalität dar. Vor diesem Hintergrund ist der bewusste Umgang mit kultureller Pluralität und deren strukturelle und handlungsbezogene Anerkennung, wie sie in der (Management-) Strategie „Interkultureller Öffnung" zum Ausdruck kommen, heute und zukünftig noch verstärkt für die Arbeit mit Jugendlichen im hier vorgestellten Handlungsfeld unabdingbar.

Hierbei ist es – ähnlich wie in anderen Handlungsfeldern – aktuell immer noch so, dass Kinder und Jugendliche mit Migrationshintergrund im Bereich der Jugendarbeit unterrepräsentiert sind, was die Notwendigkeit und den Bedarf der Umgestaltung bzw. Neuausrichtung von Trägern und Einrichtungen der Jugendarbeit und ihrer Angebote in Hinblick auf Interkulturelle Öffnung deutlich macht. Eine flächendeckende Interkulturelle Öffnung hat in der Jugendhilfe bis heute nicht stattgefunden (Beauftragte der Bundesregierung 2002, 235).

Jugendliche befinden sich in einer spezifischen Lebensphase, die für ihre individuelle Entwicklung, ebenso wie für die der Gesellschaft, von entscheidender Bedeutung ist. Jugendliche wachsen in die Gesellschaft hinein, sie bilden ihre Identität und sie verändern gleichzeitig als neue Generation Gesellschaft durch jugendliches Infragestellen etablierter Normen und Werte. Die Lebensphase Jugend ist für Individuum und Gesellschaft von herausragender Bedeutung. In der Auseinandersetzung von Jugendlichen mit sich selbst und der Welt entwickelt sich personale und soziale Identität.

Dabei ist Interkulturalität, sowohl vor dem Hintergrund von Identitätsbildung, als auch vor dem Hintergrund gesellschaftlicher Wandlungs- und Entwicklungsprozesse, eines der zentralen Themen für Jugendliche heute. Dies gilt nicht nur für Jugendliche mit Migrationshintergrund. Die Erfahrungen kultureller Vielfalt und kulturellen Wandels, der Dynamik, Veränderlichkeit und Vielschichtigkeit von Kultur, kultureller Mehrfachzugehörigkeit und hybrider Identitäten aber auch kultureller Konflikte gehören nicht zuletzt durch Auslandsaufenthalte, multikulturelle Peergroups, transnationale mediale Vernetzung durch das Internet zur Lebenswelt aller Jugendlicher und stellt sie vor entsprechende Herausforderungen, die es in der Jugendarbeit durch spezifische ‚interkulturelle' Strategien zu berücksichtigen gilt.

Vor allem Jugendliche mit Migrationshintergrund erfahren aber, dass ihnen oftmals mit einem Defizitblick begegnet wird. Diese auch ideologisch-moralisch aufgeladene Sichtweise äußert sich in Debatten um Jugendgewalt, mangelnde Integrationsbereitschaft, Sprach- und Bildungsdefizite oder allgemeine Verhaltensproblematiken und wird teilweise auch mit Bildern einer sogenannten Parallelgesellschaft unterfüttert. Jugendliche, deren zentrale Entwicklungsaufgabe es ist, ihre personale und soziale Identität zu entwickeln, also auf Grundlage eines gefestigten Selbstbildes in die Gesellschaft hineinzuwachsen, werden durch solche Negativattribute von vornherein der Gefahr der Marginalisierung bzw. Segregation ausgesetzt, sofern sie nicht ein Mehrfaches an Ressourcen einbringen, um erfolgreich zu partizipieren und solche Fremdzuschreibungen von sich zu weisen.

Jugendarbeit, deren gesetzliche Aufgabe es ist, Jugendliche in ihrer Persönlichkeitsentwicklung ebenso wie in Bezug auf deren gesellschaftliche Partizipation zu fördern und zu unterstützen, muss vor dem Hintergrund der genannten Aspekte heute neben den „klassischen" Zugangsweisen – z. B. Sozialraum- und Lebensweltorientierung – interkulturell ausgerichtet sein, will sie der Lebenswirklichkeit von Jugendlichen gerecht werden. Interkulturalität gehört, neben den klassischen sozialräumlichen und lebensweltlichen Ausrichtungen zu einem Standard qualitätsorientierter Jugendarbeit.

Im vorliegenden Beitrag sollen dieser Zugang – Interkulturelle Öffnung als Standard qualitätsorientierter Jugendarbeit – und Schritte möglicher Implementierung dieses Standards wie folgt ausgeführt und exemplarisch verdeutlicht werden: Im ersten Abschnitt wird eine kurze Übersicht über Spezifika des Handlungsfeldes Jugendarbeit/Jugendhilfe geleistet, die Bedeutung gerade im Hinblick auf „Interkulturelle Öffnung" haben. Anschließend werden Möglichkeiten und praktische Zugänge zur Interkulturellen Öffnung in der Jugendarbeit skizziert. Interkulturelle Öffnung muss an Strukturen und Haltungen ansetzen, um wirksam zu werden. Dabei treten sowohl organisationsimanente als auch personale Widerstände auf, die es zu berücksichtigen gilt. In diesem Sinne gilt es zunächst, Zugangsbarrieren transparent zu machen, die sich aus den Strukturen der Organisationen der Jugendarbeit ergeben, und Widerstände zu reflektieren, die auf der Handlungsebene, also bei den Einstellungs- und Verhaltensmustern der Fachkräfte, anzusiedeln sind.

Nach Darstellung dieser strukturellen und einstellungsbedingten Zugangsbarrieren sollen Schritte zur Implementierung und Umsetzung von Interkulturellen Öffnungsprozessen aufgezeigt werden. Abschließend soll, im Sinne eines Qualitätssicherungsverfahrens, eine „Checkliste zu Interkultureller Öffnung in der Jugendarbeit" die dargestellten Aspekte zusammenfassen.

7.1   Grundlagen des Handlungsfeldes

Die Spezifika des Handlungsfeldes Jugendarbeit, die eine Bedeutung auch im Hinblick auf „Interkulturelle Öffnung" haben, ergeben sich aus den gesetzlichen Grundlagen einerseits und aus den spezifischen Bedürfnissen und Anforderungen der Zielgruppe, den Jugendlichen, andererseits. Die gesetzlichen Grundlagen sind es, die eine Förderung der Entwicklung aller Jugendlichen und eine Orientierung an deren Interessen und Bedürfnissen zusichern.

Das gesetzliche Fundament der Kinder- und Jugendhilfe ist die nach Artikel 20 des Grundgesetzes unumstößliche Sozialstaatlichkeit[28] der Bundesrepublik Deutschland, die sich im Wesentlichen in den Sozialgesetzbüchern (SGB) manifestiert. Im Achten Sozialgesetzbuch (SGB VIII) ist das Kinder- und Jugendhilfegesetz (KJHG) geregelt, dessen im §1 dargelegter Grundsatz besagt, dass „jeder junge Mensch [...] das Recht auf Förderung seiner Entwicklung und auf Erziehung zu einer eigenverantwortlichen und gemeinschaftsfähigen Persönlichkeit" hat (KJHG §1). Mit anderen Worten hat Kinder- und Jugendhilfe nicht nur dort wirksam zu werden, wo z. B. soziale Schieflagen eine Hilfebedürftigkeit hervorrufen, sondern sie steht jedem jungen Menschen zu.

Andererseits hat der Bereich der Jugendsozialarbeit per Definition mit jungen Menschen zu tun, „die zum Ausgleich sozialer Benachteiligung oder zur Überwindung individueller Beeinträchtigungen in erhöhtem Maße auf Unterstützung angewiesen sind" (KJHG §11). Dies ist vor dem Hintergrund von Bedeutung, wonach Kinder und Jugendliche mit Migrationshintergrund und deren Familien in weit höherem Maße von sozialer Benachteiligung und individuellen Beeinträchtigungen betroffen sind, als Familien ohne Migrationshintergrund, ohne dass sich dies in der entsprechenden Inanspruchnahme von sozialen Dienstleistungen widerspiegelt:

„Fakt ist, dass MigrantInnen trotz überdurchschnittlicher Belastungen v.a. in den präventiven Bereichen der Sozialen Dienste unterrepräsentiert sind, und dass ihre Überrepräsentation in den ‚Endstationen' der sozialen Arbeit – in Frauenhäusern, bei der Inobhutnahme, der Jugendgerichtshilfe, der Streetwork, den Drogennotdiensten – eher ein Versagen vorsorgender Maßnahmen dokumentieren, als dass diese Überrepräsentation eine Folge der interkulturellen Öffnung dieser Bereiche ist" (Gaitanides 2004, 4f.).

Insgesamt besteht aber ein gesetzlicher Auftrag, für „junge Menschen [...] die zur Förderung ihrer Entwicklung erforderlichen Angebote der Jugendarbeit zur Verfügung zu stellen" (KJHG §11, 1,1), so z. B. Kinder- und Jugendbildung, Sport, Spiel, Geselligkeit, arbeitswelt-, schul- und familienbezogene Kinder- u. Jugendarbeit, internationale Jugendbegegnung, Erholung, Beratung (KJHG §11, 2).

Hierzu gehört ein breites Spektrum an Angeboten, die sich von der Tagesbetreuung von Kindern, der Beratung von Eltern bei Erziehungsfragen, der Unterstützung von Eltern und Kindern/Jugendlichen, dem Schutz von Kindern und Jugendlichen, der Unterbringung von Kindern und Jugendlichen außerhalb der Familie bis hin zur Gestaltung von Freizeit, der Initiierung von Bildungsprozessen (Persönlichkeitsbildung, Ausbildung), internationalem Austausch etc. erstrecken.

Im Folgenden wird vor allem auf den Bereich der Jugendförderung, explizit den Bereich der „offenen Kinder- und Jugendarbeit" eingegangen. Die aufgezeigten Zugänge können aber ebenso auf andere Tätigkeitsbereiche der Jugendhilfe übertragen werden, z. B. den Bereich der Hilfen zur Erziehung. Speziell für die Arbeit mit Kleinstkindern (Elementarbereich) wird darüber hinaus Interkultureller Öffnung im Rahmen spezifischer Konzeptionen Rechnung

---

[28] Die Artikel 1 („Die Würde des Menschen ist unantastbar") und Artikel 20 („Die Bundesrepublik Deutschland ist ein demokratischer und **sozialer** Bundesstaat") dürfen nicht geändert werden.

getragen, exemplarisch seien hier der Situationsansatz und der Ansatz „Vorurteilsbewusster Erziehung" genannt[29].

Offenheit in der offenen Jugendarbeit heißt, dass „der Experimentierungsgrad der OKA nahezu unbegrenzt" ist (Deinet, Sturzenhecker 2005, 316). Das heißt, dass Ansätze und Methoden im hier skizzierten Handlungsfeld vielfältig sind, hierzu zählen beispielweise: Betreute Spielplätze, offene Jugendfreizeitstätten, mobile Kinder- und Jugendarbeit, Streetwork, Kinder-Spielkreise. Nach Giesecke bezeichnet „Jugendarbeit diejenigen von der Gesellschaft Jugendlichen und Heranwachsenden angebotenen Lern- und Sozialisationshilfen, die außerhalb von Schule und Beruf (berufliche Bildung) erfolgen, die Jugendliche unmittelbar, also nicht auf dem Umweg der Eltern, ansprechen und von ihnen freiwillig angenommen werden" (Giesecke zit. n. Kreft, Mielenz 1996, 300f.). Hieraus leiten sich grundsätzliche Prinzipien der Jugendarbeit ab, die auch bei der folgenden Betrachtung „Interkultureller Orientierung" bzw. Interkultureller Öffnung von Bedeutung sind. Die Prinzipien lauten:

• Freiwilligkeit,

• Orientierung an den Interessen und Bedürfnissen der Jugendlichen (Mitgestaltung),

• Förderung demokratischen Lernens,

• Leisten von Bildungsarbeit,

• Angebot konkreter Unterstützung bei der alltäglichen Lebensbewältigung und entwicklungsbedingten Problemen, Gefährdungen und Krisen (Rätz-Heinrich u.a. 2009, S.95).

Aus diesen Prinzipien ergibt sich bereits, dass Angebote der Jugendarbeit an den Bedürfnissen, Interessen und konkreten Lebenswelten von Jugendlichen ansetzen müssen, gemäß dem Diktum: „Jugendliche müssen dort abgeholt werden, wo sie stehen".

Dabei gibt es eine Vielfalt an konzeptionellen Zugängen, die sich auf die sich rasant verändernden gesellschaftlichen Rahmenbedingungen beziehen. Zu den Paradigmen, die sich durchgesetzt haben und für Jugendarbeit heute obligatorisch sind, gehören in jedem Falle Lebensweltliche Ansätze (Subjektorientierung) und Sozialräumliche Ansätze.

So ist Jugendarbeit heute immer lebensweltlich fundiert. Hierin kommt zum Ausdruck, dass es um konkrete jugendliche Personen mit konkreten Themen und Besonderheiten und eben nicht um „die Jugendlichen" geht, so auch nicht um „die türkischen" oder „die russischen" Jugendlichen.

An dieser Stelle setzt sozialräumliche Jugendarbeit an. Es wird nicht von „wie auch immer strukturierten Gruppen" ausgegangen, sondern von Individuen, „die sich erst einmal ausdrücken sollen". Es kommt nun darauf an, „aus dieser Individualität heraus sozialräumliche (und damit auch kollektive) Bezüge zu gestalten" (Böhnisch, Münchmeier 1993, S.17). Sozialräumliche Kontexte bieten Jugendlichen die Möglichkeit, neue Orientierungsmuster zu entwickeln und aufzufinden und somit ihre soziale und personale Identität im sozialräumlichen Kontext zu entwickeln. Jugendarbeit stellt hierbei das Medium sozialräumlicher Aneignung dar. So ist Jugendarbeit immer (sozial-)räumlich verankert. Jugend eignet sich Räume an, gleichzeitig ist es notwendig, Jugendlichen Räume zur Verfügung zu stellen. So stellt ein sozialräumlicher Zugang der Jugend „ein Experimentierfeld zur Einübung neuer Fähigkeiten und Handlungsorientierung und zur partiellen Vorwegnahme neuer Möglichkeiten der Le-

---

[29] Vgl. zur vorurteilsbewussten Erziehung: www.Kinderwelten.net. Explizit zur Interkulturellen Bildungsarbeit mit Kleinstkindern Focali 2009.

bens- und Freizeitgestaltung" zur Verfügung (Kreft, Mielenz 1996, S. 302). In diesem Sinne wird „Jugendarbeit [...] zum Medium der Raumaneignung, zur Ressource der Lebensbewältigung"; es geht um die Schaffung von Räumen (z. B. Mädcheneinrichtungen), Aufsuchen von Räumen (z. B. Streetwork), Schaffung von „Erlebnisräumen" (z. B. Erlebnispädagogik).

Den Zusammenhang von Interkultureller Öffnung und Sozialraumorientierung – als zentralen Paradigmen der Jugendarbeit – beschreibt Gaby Straßburger wie folgt: *„Das Konzept der Sozialraumorientierten Sozialen Arbeit fordert eine Flexibilisierung bisheriger Arbeitsstrukturen, so dass sie den Bedürfnissen der jeweiligen Adressaten besser entsprechen. Sozialraumorientierung setzt zudem auf die Anerkennung und Stärkung individueller Fähigkeiten und auf die Mobilisierung der Ressourcen von sozialen Netzwerken und der wohnortnahen Infrastruktur. Zentral ist das konsequente Ansetzen an den Interessen der Adressaten. In einer durch Migration geprägten Gesellschaft impliziert dies selbstverständlich auch die vielfältigen Lebenskonzepte von Menschen mit Migrationshintergrund aufzugreifen und die Ressourcen wahrzunehmen, die ethnische Netzwerke und Organisationen zu bieten haben"* (Straßburger 2011).

Zur „Jugendarbeit als Praxis der Subjektbildung" (Scherr zit. n. Deinet, Sturzenhecker 2005, 187) gehört also selbstverständlich auch die Akzeptanz von (inter-)kultureller Heterogenität, die sich im Angebotsprofil widerspiegeln muss bzw. durch konkrete Strategien Interkultureller Öffnung zum Ausdruck kommt. Dies gilt es im Folgenden genauer zu beschreiben.

7.2   Organisationstheoretische Zugänge

Strategien Interkultureller Öffnung in Organisationen (hier der Jugendarbeit) setzen ein Verständnis darüber voraus, was eine Organisation ausmacht und wie sie sich verändert. Hierbei können – wie an anderer Stelle bereits dargestellt – Organisationen als „soziale Gebilde" definiert werden, „die dauerhaft ein Ziel verfolgen, eine formale Struktur aufweisen und mit deren Hilfe die Aktivitäten der Mitglieder auf das verfolgte Ziel ausgerichtet werden sollen" (Kieser, Kubicek zit. n. Sanders, Kianty 2006, 15).

Dabei durchziehen Organisationen in modernen Gesellschaften alle Lebensbereiche, sie strukturieren modernes Zusammenleben fundamental. Gerade die organisierte Kinder- und Jugendhilfe, ausgehend von der Erziehungsberatung, frühpädagogischen Einrichtungen mit ihrem gesetzlichen Auftrag zur Betreuung, Erziehung und Bildung, den Einrichtungen der offenen Kinder- und Jugendarbeit usw., veranschaulichen organisatorische „Allgegenwart", aber auch deren unentbehrliche Funktionen für Individuum und Gesellschaft.

Zur Beschreibung von Organisationen kann auf ein „Dreiecksverhältnis" von Strukturebene, personaler Ebene und Umwelt zurückgegriffen werden. Organisationen müssen sich immer auf äußere Einflüsse, also sich verändernde *Umweltbedingungen* beziehen. So agieren z. B. Jugendhilfeeinrichtungen – nicht zuletzt aufgrund ihrer Abhängigkeiten von öffentlichen Finanzierungen und aufgrund ihrer gesetzlich festgelegten Funktionen und Aufgaben – in hohem Maße immer in Abhängigkeit und im Austausch mit der Umwelt (z. B. Jugendämtern).

Dieser engen Koppelung wird konzeptionell mit dem Begriff der Sozialraumorientierung Rechnung getragen. Jugendhilfeeinrichtungen müssen an die sozialräumlichen Bedingungen und Bedürfnisse anknüpfen, sie müssen letztlich aber auch um die finanziellen Ressourcen im Sozialraum „konkurrieren", Angebote bzw. Angebotsstrukturen müssen im entsprechenden sozialräumlichen Kontext eingepasst und koordiniert werden. Diese (ebenfalls gesetzlich verankerte) Koordination geschieht (in der Regel) in den Jugendhilfeausschüssen der entsprechenden Sozialräume (Kommunen/Gemeinden). Dies ist im vorliegenden Zusammenhang daher von Bedeutung, als dass aus diesen Ausschüssen (für alle Träger der Jugendhilfe) verbindliche Vorgaben, z. B. zur Implementierung von Schritten zur Interkulturellen Öffnung, vereinbart werden können, die als äußere Umweltimpulse Veränderungsaufforderungen darstellen.

Auf *Strukturebene* ist zunächst das formale Ziel von Organisationen der Kinder- und Jugendhilfe zu nennen, das sich aus dem dargestellten gesetzlichen Auftrag, jedem jungen Menschen Angebote zur „Förderung seiner Entwicklung" hin „zu einer eigenverantwortlichen und gemeinschaftsfähigen Persönlichkeit" zukommen zu lassen, ergibt. Organisationen müssen zur „Erfüllung" ihrer Funktionen (Organisationsziele) Strukturen entwickeln, auf deren Basis man sie formal beschreiben und von anderen Organisationen unterscheiden kann (Strukturebene).

So muss z. B. eine Jugendhilfeeinrichtung ein Leitbild oder eine Konzeption besitzen, um konzeptionell nach außen von anderen Einrichtungen unterscheidbar zu sein, aber auch um nach innen Orientierung und gemeinsame Richtlinien zu bieten. Sie muss – mit der konzeptionellen Frage eng verbundenen – über eine „Angebotsstruktur" verfügen, z. B. erlebnis- oder sportpädagogische Angebote, Kletterwand, Musik- oder Medienangebote usw., die auf die Bedürfnisse der Adressatengruppen abzielen bzw. in Kooperation mit dem Klientel partizipativ entwickelt und verändert werden.

Äußere Einflüsse müssen in die vorhandenen Strukturen integriert werden. Gleichzeitig muss ein Verständnis für und die Bereitschaft zur Umsetzung von Veränderungen innerhalb der Mitarbeiterschaft, also auf *personaler* Ebene erzeugt werden. Organisationen und Organisationsprozesse werden von Menschen initiiert und durchgeführt. Und auf dieser personalen Ebene sind, neben persönlichen Zielen und Motivationen auch Widerstände gegen Wandlungen von Organisationen zu verorten, die u.a. auch auf Ängsten und Befürchtungen der Mitglieder einer Organisation beruhen.

Personale Ebene – z. B. persönliche Haltungen – und *Strukturen* stehen in Wechselwirkung und bringen sich gegenseitig hervor. So sind z. B. für die Auseinandersetzungen um Interkulturalität innerhalb von Organisationen strukturelle und personelle Ausgrenzungsmechanismen zu konstatieren, die zur organisationalen „Ungleichbehandlung bzw. Diskriminierung von Menschen" (Rommelspacher 2009, 26), zur Exklusion – kurz zu dem Umstand führen –, dass Angebote von Einrichtungen (hier der Jugendarbeit) von einer bestimmten Zielgruppe (Jugendliche mit Migrationshintergrund) nicht genutzt werden.

Diese Exklusion geschieht wesentlich durch verschiedene Unterscheidungsstrategien, z. B. der Markierung als Fremdgruppe und Marginalisierung. Diese Unterscheidungs- und Ausgrenzungsmechanismen struktureller und personeller Art erzeugen Zugangsbarrieren. Die Bewusstmachung dieser Zugangsbarrieren ist der erste Schritt zur Interkulturellen Öffnung in der Jugendarbeit.

7.3   Interkulturelle Öffnung: Zugangsbarrieren

Wie dargestellt wurde, nutzen Jugendliche mit Migrationshintergrund Angebote der Jugendhilfe in geringem Maße. Der Grund hierfür, so die einschlägige Fachmeinung, liegt in Zugangsbarrieren und Ausgrenzungsmechanismen, die die entsprechenden Einrichtungen aufweisen. Solche Ausgrenzungsmechanismen und Zugangsbarrieren, in sozialen Diensten –
hier in der Jugendarbeit – durch (deutsche) Fachkräfte, also Angehörige der Mehrheitsgesellschaft, können im Anschluss an Gaitanides (2004) wie folgt beschrieben werden:

- *Stereotypisierungen und Kulturalisierungen (Überbetonung und klischeehafte Generali-
  sierung kultureller Unterschiede).*
- *Missverständnisse und Vorurteile (ethnozentrische Ressentiments).*
- *Verkennung der Individualität und Reduktion der Handlungsspielräume durch defizitäre
  Zuschreibungen.*
- *Fremdheitsängste und Verunsicherung.*
- *Fehlende interkulturelle Kommunikationskompetenz.*
- *Aktivierung und Abwehr verdrängter kollektiver Schuldgefühle.*
- *Gleichbehandlung von Ungleichem (Colour-blindness – Ignorierung der kulturellen
  Differenz – "Wir behandeln alle gleich!").*
- *Überforderungsgefühl und Abwehr durch Kompetenzverlustängste.*
- *Sich-nicht-zuständig-Fühlen (Delegation an Sonderdienste) und Furcht vor Mehrbelas-
  tung.*
- *Beharren auf eingespielte Wissens- und Handlungsroutinen.*
- *Barriere "christlicher Tendenzbetrieb".*

Die einzelnen Zugangsbarrieren lassen sich wie folgt auf den Bereich der Jugendarbeit kon-
kretisieren und veranschaulichen, um hieraus Rückschlüsse auf Implementierung von Schritten Interkultureller Öffnung zu ziehen.

Ganz wesentlich sei hier zunächst auf die Haltung verwiesen, mit denen sich Fachkräfte und
Klientel (Jugendliche) begegnen, da diese Haltungen u.a. aus den jeweiligen vorhandenen
Strukturen hervorgehen (z. B. Mitarbeiterstruktur/keine Mitarbeiter mit eigenem Migrations-
hintergrund) und diese gleichzeitig wieder hervorbringen (z. B. Angebotsstruktur auf die
Bedürfnisse der ‚Mehrheitskultur' ausgerichtet).

Gaitanides beschreibt in diesem Zusammenhang *„ethnozentrische Haltungen, Vorurteile,
Stereotypisierungen und Kulturalisierungen"*. Jugendliche erfahren diese Haltungen in Jugendeinrichtungen dahingehend, dass sie als „Angehörige nationaler („die Albaner", „die
Türken", „die Russen") oder ethnischer („die Kurden") Gruppen klassifiziert werden. Oftmals unbewusst wird unterstellt, „dass jeweilige Jugendliche in ihrem Erleben, Denken und
Handeln wesentlich durch ihre Herkunftskultur geprägt sind" (Scherr zit. n. Deinet, Sturzenhecker 2005, 183). Hierdurch entsteht ein Misstrauen in interkultureller Verständigungsmög-
lichkeit nach dem Motto, „die verstehen mich ja sowieso wieder nicht". Ein männlicher Jugendlicher berichtet über Konflikte mit seiner Freundin und bekommt zu hören, er solle doch
sein Macho-Verhalten ablegen, oder „kenne er das von zuhause nicht anders"? So bestehen

bereits Erwartungen von Vorurteilen und pauschale kulturell geprägte Interpretationsmuster gegenüber Migranten.

Speziell für Jugendliche, die sich in einer Phase der Identitätsfindung befinden, sind solche Fremdzuschreibungen problematisch, zumal diese Zuschreibungen oftmals mit einer negativen Bewertung einhergehen. So werden Jugendliche mit Migrationshintergrund oftmals auf Defizite reduziert (z. B. unzureichende deutschsprachige Ausdruckmöglichkeiten). Hierzu zählt auch die reflexhafte Wiederholung des Vorwurfs der „Integrationsunwilligkeit" verbunden mit dem Vorwurf einer latenten Deutschenfeindlichkeit. Diese Haltungen (z. B. auch Ängste, Befürchtungen, Ablehnungen) werden durch die *„Verkennung von Individualität und durch defizitäre Zuschreibungen"*, aber auch durch *„fehlende interkulturelle Kommunikationskompetenz"* ausgelöst.

Dabei kann auf „Zuschreibungen einer negativ bewerteten kollektiven Identität [...] durch Versuche reagiert werden, diesen durch Anpassungsbemühungen zu entgehen, aber auch durch Prozesse der Übernahme der Zuschreibungen". Und so können "nationale und ethnische Identifikationen [...] im Fall von eingewanderten Jugendlichen ebenso wie im Fall von einheimischen Jugendlichen insbesondere dann attraktiv [werden], wenn sie es ermöglichen, Erfahrungen der Benachteiligung, Diskriminierung und Ausgrenzung produktiv zu bewältigen" (Scherr zit. n. Deinet, Sturzenhecker 2005, 186f.). So erfolgt ein Rückgriff auf Kriterien der ethnisch-nationalen Zugehörigkeit gerade dort, wo ein Zugriff auf andere, für moderne Gesellschaften relevante Bereiche der Partizipation schwieriger wird.

Andererseits wird oftmals die Ressource übersehen, die auch empirische Forschungen deutlich machen, wonach gerade Jugendliche mit Migrationshintergründen sich „kreativ und innovativ" mit unterschiedlichen kulturellen Kontexten auseinandersetzen und die „Wirklichkeit globalisierter Gesellschaften" avantgardistisch bearbeiten (Apitzsch zit. n. Deinet, Sturzenhecker 2005, 185f.). So vollziehen sich Identitätsfindungsprozesse durch Ausprobieren, durch Übernahmen (oder Ablehnung) von Fremdzuschreibungen, durch Suche nach Kollektivmustern hauptsächlich in den Peergroups. „Nationale und ethnische Identifikationen sind also nur ein Bezugspunkt im Prozess der Identitätsarbeit" (Scherr zit. n. Deinet, Sturzenhecker 2005, 186) und hier gilt es, Jugendliche in ihrer Entwicklung zu unterstützen und unterschiedliche, neue, andere Kollektivmuster und Erfahrungen anzubieten.

Auch Fachkräfte sind seitens der Jugendlichen mit ethnischen Fremdzuschreibungen konfrontiert, was ebenfalls zu Zugangsbarrieren führt. So wird aus der Praxis berichtet, dass Jugendliche (die ja durchaus Grenzen austesten, bzw. diese auch überschreiten) in Konfliktsituationen „deutsche Fachkräfte" damit aus dem Konzept (bzw. zur Weißglut) bringen, dass sie ihnen vorwerfen, ausländerfeindlich oder gar Nazis zu sein. Spätestens hier erfolgt eine verständliche Reaktion nach dem Motto „Das brauche gerade ich mir nicht sagen zu lassen". Gaitanides spricht hier auch von der Zugangsbarriere durch die *Aktivierung und Abwehr verdrängter kollektiver Schuldgefühle*. Eine andere Reaktion wäre aber auch, diese Zuschreibung aufzugreifen und mit den entsprechenden Jugendlichen zu thematisieren (Warum glaubst du, dass ich ein Nazi bin, was verstehst du unter einem Nazi?).

Dabei spielt natürlich eine Rolle, dass moderne Gesellschaften nationalstaatlich konstituiert sind. Diese Nationalstaatlichkeit birgt in sich bereits die Unterscheidung von „Wir und Die", die sich vor dem Hintergrund interkultureller Lebenswirklichkeiten zunehmend als dysfunktional erweist. Dies setzt einen kritischen, reflexiven Umgang mit Zuschreibungen und Konstruktionen, wie sie sich im Kontext von Kultur, Religion und Ethnizität finden, seitens der

Jugendhilfeeinrichtungen voraus. Hierzu gehört ein offener Umgang seitens der „deutschen" Fachkräfte mit „eigenen Unsicherheiten im Umgang mit kultureller Pluralität und Heterogenität", also der Bewusstmachung der von Gaitanides beschriebenen *„Fremdheitsängste und Verunsicherungen".*

Jugendliche mit oder ohne Migrationshintergrund sind – dies ist für die Auseinandersetzung mit Interkultureller Öffnung von entscheidender Bedeutung – keine Vertreter oder Vertreterinnen bestimmter ethnischer Gruppen oder Kulturen. Sie orientieren sich in ihrer Lebensphase und sind Teil unterschiedlicher Orientierungssysteme (Kulturen), was z. B. in unterschiedlichen Jugendkulturen zum Ausdruck kommt. Jugendliche weisen die gleiche Heterogenität auf, wie die Gesellschaft, die sie umgibt. Sie entstammen unterschiedlichen Familien, bzw. vielfältigen Familienkonstellationen, haben verschiedene biografische Erfahrungen und Bildungsbiografien, sie sind männlich oder weiblich, bewegen sich in zahlreichen sozialkulturellen Milieus oder haben ihre jeweils persönliche religiöse Grundhaltung.

„Differenzen sollen nicht hervorgehoben werden, aber dort, wo sie bedeutsam sind, sollte man sie auch nicht übergehen", formuliert Straßburger (2011) als Leitsatz. Denn auch ein Ignorieren kultureller Differenz nach dem Motto „Wir behandeln alle gleich" (Colourblindness) ist problematisch. Dies gilt dort, wo z. B. Themen von Jugendlichen, die oft auch stark emotional aufgeladen sind (Musik, Sport, Ehre, Liebe), nicht oder zumindest nicht in ihrer Verschiedenheit auftauchen bzw. sich nicht wiederfinden. Von den Gleichheiten zu den Unterschieden lautet hier ein Zugangsmotto. Themen Jugendlicher wie Liebe, Freundschaft, Zukunft, Äußerlichkeit/Aussehen sind oftmals sehr ähnlich, der Umgang mit diesen Themen, die Haltung eines jeden Jugendlichen ist aber sehr unterschiedlich. Hier bieten sich didaktische Zugänge an, um Gleichheiten und Unterschiede transparent zu machen und Unterschiedlichkeiten auch anzuerkennen.

Durch heterogene Bedürfnisse und Interessen von Jugendlichen, durch kulturelle Vielfalt kann es durchaus auch zu *Überforderungsgefühlen und Kompetenzverlustängsten* kommen. Notwendige Veränderungen in Organisationen führen oftmals zu Abwehrreaktionen nach dem Motto „Wir haben es früher ja auch so gemacht, soll das etwa alles falsch gewesen sein?" Diese Haltung wird oftmals deutlich, wo fachlichen Impulsen zur Reflektion eigener stereotyper Haltungen und Handlungsmuster dadurch begegnet wird, dass die Lernunwilligkeit, mangelnde Sozialkompetenz und fehlende Integrationsbereitschaft „dieser Jugendlichen" als eigentliche Ursache für Konflikte im pädagogischen Alltag beschrieben wird. Hiermit verbunden steht auch die Angst vor Abwertung der eigenen Methoden (Ist mein pädagogischer Zugang nach 20 Berufsjahren etwa nicht gut genug?), wenn es z. B. eine fachlich begründete Aufforderung zur Kooperation mit externen Fachdiensten (z. B. Vertreter von religiösen, ethnischen Diensten, „Verein arabischer Väter" o.ä.) gibt.

Es sind die Strukturen der gesellschaftlichen Organisationen (hier der Jugendeinrichtungen) und die Haltungen ihres Fachpersonals, der Jugendarbeiterinnen und Jugendarbeiter, die den Umstand interkultureller Heterogenität abbilden und transportieren müssen.

So bestehen neben den Zugangsbarrieren, die wesentlich durch Haltungen, Misstrauen, Ängste, Verunsicherungen und Stereotype zustande kommen, *strukturelle Barrieren,* die durch einen „monokulturell ausgerichteten Habitus" der Einrichtung und ihrer Angebote zustande kommt. Hierzu gehört z. B. der Umstand fehlenden Personals mit Migrationshintergrund. Durch den Eindruck, dass „beispielsweise ausschließlich Einheimische dort beschäftigt sind" und „Angebote [...], letztlich nur für Einheimische gedacht und konzipiert sind",

entstehen, so die Befürchtung, abermals „Positionen von Exoten und Außenseitern" (Straßburger 2011).

Hierbei ist auch die Barriere durch den Status als *„christlicher Tendenzbetrieb"* zu problema-
tisieren, wenn Einstellungsmerkmale wie die „Zugehörigkeit zur christlichen Glaubensgemeinschaft" vorausgesetzt werden. Dies steht einer wirklichen Interkulturellen Öffnung
letztlich massiv im Wege.

Strukturelle Barrieren und solche, die durch Verhaltensmuster und Einstellung zustande
kommen, stehen in Wechselwirkung. Struktur und Haltung bedingen sich gegenseitig, Struktur ist objektivierte/veräußerlichte Haltung, Haltung ist verinnerlichte Struktur. Deshalb müssen Prozesse Interkultureller Öffnung immer an Struktur und Haltung ansetzen, um wirksam
zu werden. Dies gilt es, im Folgenden näher aufzuzeigen.

7.4   Schritte Interkultureller Öffnung in der Jugendarbeit/Jugendhilfe

Schritte Interkultureller Öffnung im Handlungsfeld der Jugendhilfe müssen auf *struktureller*
und auf der *personalen* (Handlungs-)Ebene implementiert werden. Veränderungsimpulse
können von außen (z. B. durch neue Bestimmungen, Unternehmensberatung o.ä.) oder innen
erfolgen (hier i.d.R. durch die Leitungsebene). Die Multikomplexität, Wechselwirkungen von
Ausgrenzung, Verinnerlichung von Ausgrenzungen etc. müssen Berücksichtigung finden.
Gerade für den Jugendbereich sind Niedrigschwelligkeit der Angebote aber auch altersent-
sprechende Abwehrreaktionen zu berücksichtigen.

Zunächst ist eine Einteilung in strukturelle, personale und umweltbezogene Ebene hilfreich.
Auf *umweltbezogener* Ebene ist es notwendig, Interkulturelle Öffnung sozialräumlich zu
fundieren. Das heißt, dass Schritte zur Interkulturellen Öffnung in den sozialräumlichen
Kooperationsgremien, i.d.R. die Jugendhilfeplanung programmatisch entwickelt werden
müssen, um sie von da aus zurück in die jeweiligen Einrichtungen zu implementieren.
Gleichzeitig können hierdurch kooperative Ressourcen entwickelt und erschlossen werden.
Interkulturelle Öffnung muss als Leitlinie für die Jugendhilfe verbindlich vereinbart werden,
um als „äußerer Impuls" organisationale Veränderungsdynamiken in Gang zu setzen. Hierfür
gibt es zahlreiche „Good Practice-Beispiele", genannt sei hier exemplarisch „die Stadt Stuttgart, die sich als ‚interkulturelle Stadt' versteht" (Schröer 2007, 16). Danach ist die „interkulturelle Öffnung der Regeldienste und interkulturelles Qualitätsmanagement [...] zentrale
Aufgaben der modernen Organisations- und Personalentwicklung im Rahmen der kommunalen Gesamtsteuerung" (Landeshauptstadt Stuttgart zitiert nach Schöer 2007, 16). Die (verbindlichen) ‚äußeren' Impulse zur Interkulturellen Öffnungen müssen auf struktureller Ebene
in Leitbild und Konzeption eingebettet werden.

Weiterhin ist es auf der *strukturellen Ebene* wichtig, in der Personalauswahl Fachkräfte mit
Migrationshintergrund in angemessener Anzahl in der Einrichtung repräsentiert zu haben.
Angemessen heißt, dass der Personalanteil mit Migrationshintergrund mit dem der Quote von
Jugendlichen mit Migrationshintergrund korrespondiert. Interkulturelle Vielfalt in der Mitar-
beiterschaft signalisiert Interkulturalität nach außen und ist der erste vertrauensschaffende
Schritt. Somit scheinen auch Modelle in hohem Maße angemessen, wonach Fachkräfte mit

Migrationshintergrund selbst Träger der Jugendhilfe gründen und somit von vornherein Leitungspositionen besetzen (so in Berlin der Träger der Jugendhilfe „Lebenswelt").

Ein Migrationshintergrund für sich ist allerdings keine automatische Grundlage für kultursensibles Handeln oder interkulturelle Kompetenz. Vielmehr ist auf personaler Ebene Interkulturelle Öffnung ein komplexer Prozess, der neben den Strukturen auf Veränderung von Haltung, Wissen, Reflexion und Kommunikation abzielt. Somit gehören permanente bedarfsgerechte Fort- und Weiterbildungen zu Themen wie Interkulturelle Kompetenz, kultursensibles Handeln, Konfliktmanagement, Ressourcenorientierung usw. gerade auch im Kontext der Arbeit mit marginalisierten Jugendlichen zum Qualitätsstandard Interkultureller Öffnung. Zielsetzungen sind u.a. die Bewusstmachung und kritische Auseinandersetzung mit eigenen und fremden Vorurteilen, alltags- und strukturellen Diskriminierungen und Machtverhältnissen. Auseinandersetzung heißt dabei, die Fähigkeit (weiter) zu entwickeln, solche Ungleichheitsverhältnisse zu thematisieren, z. B. auch innerhalb von Jugendgruppen.

Erforderlich sind außerdem Fachkenntnisse zu unterschiedlichen Themenbereichen, die die Klientel betreffen, bzw. die mit der Migrationsthematik zusammenhängen (Ausländerrecht, Wissen über Rassismus und diskriminierende Strukturen, Angebote für Migranten, sozioökonomische Situation, Interessenbereiche z. B. Sport und Musik aber auch Religion). Ein wesentlicher Baustein hierfür sind Kooperationen bei sogenannten „Interkulturellen Konflikten", z. B. das Hinzuziehen von externen Expertinnen, wie Elterninitiativen, interkulturellen Fort- und Weiterbildnern, Expertinnen aus den jeweiligen Migrantinnencommunities, Vertreter von Religionsgemeinschaften, Sportinitiativen etc.

Vorhandene Widerstände und *Akzeptanzprobleme* gegen Schritte zur Interkulturellen Öffnung auf *personaler Ebene*, also seitens der Mitarbeiterschaft, gilt es zu berücksichtigen und diese bei der Implementierung Interkultureller Öffnungen „mitzunehmen". Oder anders ausgedrückt: Der Abbau ausgrenzender Strukturen erfordert Personalqualifizierung. So ist es einerseits wichtig, Interkulturelle Öffnung in die Struktur der Organisation zu verankern, z. B. durch ein Leitbild, anderseits bedeutet dies noch nicht, dass auf personaler Ebene, auf der Ebene der Mitarbeiterschaft, solch eine Vorgabe automatisch mitgetragen wird. Vielmehr muss die strukturelle Verankerung durch einen Prozess der Haltungs- und Einstellungsveränderung begleitet werden, die z. B. dort ansetzt, wo die Notwendigkeit „Interkultureller Öffnung" verdeutlicht wird.

Wird diese nicht auf der Handlungsebene durch die Akzeptanz der Mitarbeiterschaft aber auch der Leitung getragen, sondern nur in die Formalstruktur integriert (z. B. im Leitbild verankert ohne weiterreichende Maßnahmen), so muss im Anschluss an Schröer von einem Etikettenschwindel gesprochen werden. Ein nach außen präsentiertes interkulturelles Profil bringt zwar Vorteile beim Wettbewerb um die immer knapper werdenden Mittel. Oft belassen die Einrichtungen es aber bei der Umformulierung ihres Leitbildes. Wirkliche Interkulturelle Öffnung muss deshalb auch fortlaufend evaluiert werden.

Als Einstieg in ein solches Controlling soll die im folgenden Abschnitt vorgestellte „Checkliste zur Interkulturellen Öffnung" dienen. Sie ist nicht als fertiges und vollständiges Instrument gedacht, sondern soll einen ersten Überblick bieten und Grundlage erster Diskussionsprozesse zur Thematik sein.

7.5   Checkliste zur Qualitätssicherung

Folgende Checkliste dient einer ersten Bestandsaufnahme im Hinblick auf die Frage, wie „Interkulturelle Öffnung" als Prozess eingeleitet, vorangebracht und begleitet werden kann. Die Checkliste sollte fortlaufend überarbeitet und ergänzt werden:

- Gibt es ein Leitbild, das explizit auf Fragen Interkultureller Öffnung, Interkultureller Ausrichtung, Interkultureller Kompetenz Bezug nimmt?
- Gibt es im Leitbild Hinweise zur bewussten Auseinandersetzung mit Diskriminierung, Ausgrenzungen, Machtungleichheiten?
- Finden in der Einrichtung (im Rahmen von Mitarbeiterfortbildungen aber auch mit dem Klientel) Spurensuchen statt, welche die folgenden Fragen thematisieren: Wo und wie taucht (kulturelle) Vielfalt in der Organisation auf, wo wird sie sichtbar? Welche Vielfalt gibt es, was macht die Vielfalt unserer Organisation aus? Wo finden sich diskriminierende Strukturen, Rituale, Handlungen?
- Gibt es Zielbeschreibungen/Zielvereinbarungen seitens der Leitung im Hinblick auf Interkulturelle Öffnung/Interkulturelle Orientierung?
- Gibt es regelmäßige Planungsgremien zur Entwicklung von Angeboten, die die unterschiedlichen Bedürfnisse von Jugendlichen, z. B. auch von denen mit unterschiedlichen Migrationshintergründen berücksichtigen?
- Werden Jugendliche an solchen Planungen beteiligt (Partizipation)?
- Gibt es Mitarbeiterinnen und Mitarbeiter mit unterschiedlichen Migrationshintergründen, haben sie die gleichen Karrierechancen?
- Gibt es interkulturelle Teams, was zeichnet diese aus?
- Gibt es regelmäßige Fortbildungen im Hinblick auf Interkulturalität?
- Gibt es Kenntnisse über die bundesrepublikanische Migrationsgeschichte?
- Findet eine Anerkenntnis und Reflexion eigener Vorurteile als Teil interkultureller Sensibilisierung statt?
- Gibt es Kenntnisse über Mechanismen von Ausgrenzung, Diskriminierung und Rassismus?
- Gibt es ein Verständnis von Kultur als heterogenem, offenem, dynamischem System?
- Wo, in welchen Situationen wird zwischen „Wir und Ihr" unterschieden?
- Findet ein Abbau von ethnisch zentrierter Arbeitsteilung statt (die türkische Kollegin übernimmt die „Arbeit mit der türkischen Klientel")?
- Gibt es Kenntnisse über die unterschiedlichen kulturellen, sozialen, sprachlichen Hintergründe der Jugendlichen?

Darüber hinaus lässt sich beim Auftauchen sogenannter interkultureller Konflikte („Ich komme mit denen gar nicht klar") durch folgende Fragen möglicherweise eine differenziertere Betrachtung erreichen, die das Problem „individualisiert" und nicht „kulturalisiert":

- Was sehe ich, was interpretiere ich? (z. B. Jugendlicher legt die Füße auf den Tisch = Beobachtung/Hat keinen Respekt, verachtet mich/die Deutschen, integriert sich nicht/ da ist eh alles verloren = Interpretationen)

- Auf welcher Basis interpretiere ich, was sind eigene zugrunde gelegte Bilder, Vorstellungen, Ängste etc.?
- Was projiziere ich in den Jugendlichen (z. B. Aggressionen)?
- Was für ein Bild habe ich „vom anderen", welches Bild habe ich von „mir/uns"?
- Welche Privilegien habe ich/haben „wir" im Verhältnis zum Jugendlichen/zu meinem Gegenüber?
- Welcher sozialen Gruppe/Schicht gehört mein Gegenüber an, was weiß ich eigentlich genau über ihn (familiärer Hintergrund, Sozialisation, Migrationserfahrungen etc.)?
- In wieweit fehlen mir Informationen, um ein spezifisches Verhalten zu verstehen, wie kann ich sie erlangen, was hindert mich daran, sie zu erlangen?
- Akzeptiere ich den anderen, erkenne ich ihn an, wertschätze ich ihn?
- Welche Unterstützung in der Arbeit mit der Klientel wünsche ich mir?[30]

7.6 Zusammenfassung

Verfolgt man große Teile der Medienberichterstattungen und politischen Grundsatzaussagen wird deutlich, dass die Auseinandersetzung um das Thema Migration und bundesdeutsche Einwanderungsgeschichte immer noch mit einem Defizitblick geführt wird. Bildungsbenachteiligung, Unterrepräsentation in gesellschaftlich relevanten Bereichen, Überrepräsentation von Migranten bei sozialen Schieflagen werden vor dem Hintergrund einer Integrationsdebatte (Warum ist die Integration/Multikulturelle Gesellschaft gescheitert) geführt. Auf Jugendliche bezogene Argumentationen sind hierbei u. a. „Frontberichte" aus sozial benachteiligten Quartieren (bevorzugt Berlin-Neukölln), über „respektlose", gewaltbereite, deutschlandfeindliche und homophobe Jugendliche mit Migrationshintergrund, die sich der „deutschen Gesellschaft" verweigern.

Soziale Probleme, Perspektivlosigkeit, Folgen von Bildungsabbau und Schließung von Jugendeinrichtungen, die die meisten Jugendlichen unabhängig von ihrer Herkunft betreffen, werden als Zeichen kultureller Rückständigkeit und Integrationsunwilligkeit ethnisiert und kulturalisiert. In der breiten Öffentlichkeit besteht dabei ganz offensichtlich immer noch kein Bewusstsein darüber, dass „junge Männer ohne Hauptschulabschluss, die in Einrichtungen der Jugendarbeit z. B. durch Sexismus und Gewaltbereitschaft auffallen, [...] weder typische Repräsentanten ,der deutschen', noch ,der türkischen Kultur' sind" (Scherr zit. n. Deinet, Sturzenhecker 2005, 181). In den allwöchentlichen Talk-Shows müssen sich junge, z.T. hochgebildete Frauen türkischer Herkunft wahlweise dafür rechtfertigen, dass sie ein oder dass sie kein Kopftuch tragen, anstatt sie als Integrationsfiguren zu stärken und als Expertinnen zur Thematik ernst zu nehmen (Will 2011). Und jede Unmutsäußerung und jede emotionale Reaktion seitens der Migranten, die sich gegen das Bild des rückständigen, integrationsunwilligen und gewaltbereiten Zuwanderers wehren, werden als Beispiel für deren rückständige Diskussions(un)kultur aufgezeigt.

---

[30] Für weitergehende Hinweise vgl. Gaitanides 2004.

Alleine der Umstand, dass in einschlägigen Talk-Shows zur Thematik i.d.R. ausschließlich Vertreterinnen und Vertreter aus türkisch/muslimischem Kontext geladen sind, um sich über nicht gelungene Integration zu rechtfertigen, transportiert diese unterschwelligen Stigmatisierungen.

Das ist gelebte Alltagsdiskriminierung nach 50 Jahren Einwanderungsgeschichte. Die Unterscheidung zwischen „Wir und Die", zwischen „Uns und Denen" hat gerade auf Teile der Jugendlichen in ihrer Phase der Identitätsentwicklung und Identitätsdiffusion eine verheerende Wirkung. Mögliche Vorbilder für Jugendliche wie der Fußballspieler Mesut Özil werden nicht als Deutsche (ggf. als Deutsche mit Migrationshintergrund) befragt, sondern dahingehend, wie es für sie ist, gegen ihre Heimat zu spielen (gemeint ist natürlich die Türkei). Auch die öffentliche Entscheidung für Deutschland heißt eben noch lange nicht, dass man dazugehört, das ist die Botschaft, die bei vielen Jugendlichen ankommt. Hinzu kommen die zahlreichen Erfahrungen struktureller und alltäglicher Diskriminierungen, die jeder Migrant kennt, die aber für die Mehrheitsgesellschaft als Diskriminierungen (also als Unterscheidung: Wir vs. Ihr) oft nicht erkennbar sind („Sie sind Türke? Das sieht man ihnen aber gar nicht an!/ Birol, was ist das denn eigentlich für ein Name?"). Angehörigen der Mehrheitsgesellschaft, entsprechend auch den Fachkräften, fehlt oftmals das Bewusstsein über die unterschwelligen Zugangsbarrieren. So werden meist nur die Diskriminierungen (Unterscheidungen) bewusst wahrgenommen, die man selbst erlebt.

Vor dem Hintergrund dieser „Sozialisationserfahrungen" von „Jugendlichen mit Migrationshintergrund" haben Einrichtungen der Jugendarbeit/Jugendhilfe aber – aufgrund ihrer handlungsfeldbedingten Spezifik – eine weitreichende Bedeutung. Interkulturelle Öffnungsprozesse setzen an Strukturen und Haltungen der Mehrheitsgesellschaft an. Hierzu gehören entsprechende Fortbildungsveranstaltungen im Rahmen Interkultureller Öffnungsbestrebungen. In diesen Fortbildungen gilt es, strukturelle Zugangsbarrieren ebenso wie solche, die durch persönliche Haltungen zustande kommen, zu reflektieren. Deshalb muss der Prozess interkultureller Öffnung als ein langsamer, langfristiger, oft kleinschrittiger und kleinteiliger, auch zeit- und kostenintensiver Prozess angesehen werden, der, will er denn wirksam sein, nicht mit der Implementierung bestimmter Standards endet, sondern einer fortlaufenden Weiterentwicklung, Reflexion und Veränderung unterliegt.

7.7   Vertiefungsaufgaben und -fragen

1. Welche Zugangsbarrieren gibt es für weibliche Jugendliche mit Migrationshintergrund, Einrichtungen der Jugendarbeit aufzusuchen?

2. Benennen Sie Schritte zur Implementierung von Interkultureller Öffnung in einer kommunalen Einrichtung der Erziehungsberatung.

3. Entwickeln Sie ein Konzept zur Vermittlung Interkultureller Kompetenz bei Mitarbeiterinnen und Mitarbeitern der Aufsuchenden Jugendarbeit (Streetwork).

7.8   Literatur

Beauftragten der Bundesregierung für Ausländerfragen (2002): Bericht über die Lage der Ausländer in der Bundesrepublik Deutschland. Berlin und Bonn. Online in Internet: http://www.bundesregierung.de/Content/DE/Publikation/IB/Anlagen/ausl_C3_A4nderbericht-5,property=publicationFile.pdf, [Stand 12.03.2012].

Böhnisch, L. und R. Münchmeier (1993): Pädagogik des Jugendraumes. Weinheim.

Bundesregierung (2007): Der Nationale Integrationsplan. Berlin. Online in Internet: http://www.bundesregierung.de/Content/DE/__Anlagen/2010/2010-07-07-langfassung-lagebericht-ib,property=publicationFile.pdf, [Stand 12.03.2012].

Deinet, U. und B. Sturzenhecker (2005): Handbuch Offene Kinder- und Jugendarbeit. Wiesbaden.

Deinet, U. und B. Sturzenhecker [Hrsg.] (2007): Konzeptentwicklung in der Kinder- und Jugendarbeit. Weinheim.

Fend, H. (2005): Entwicklungspsychologie des Jugendalters. Wiesbaden.

Gaitanides, S. (2004): "Interkulturelle Öffnung der sozialen Dienste" – Visionen und Stolpersteine. In: Rommelspacher, B. [Hrsg.] (2004): Die offene Stadt. Interkulturalität und Pluralität in Verwaltungen und sozialen Diensten. Online in Internet: http://www.fb4.fh-frankfurt.de/whoiswho/gaitanides/visionen_stolpersteine_ikoe.pdf, [Stand 12.03.2012].

Geisen, T. und C. Riegel [Hrsg.] (2009): Jugend, Partizipation und Migration. Wiesbaden.

Handschuck, S. und H. Schröer (2003): Interkulturell orientiertes Qualitätsmanagement in Einrichtungen der Migrationssozialarbeit, München. Online in Internet: http://www.i-iqm.de/dokus/doku_offen_fuer_qualitaet.pdf, [Stand 12.03.2012].

Hinz-Rommel, W. (1996): Interkulturelle Kompetenz und Qualität – zwei Dimensionen von Professionalität in der Sozialen Arbeit. Online in Internet: http://www.i-iqm.de/dokus/Interkulturelle_Orientierung%20_oeffnung.pdf, [Stand 12.03.2012].

Klawe, W. (1996): Arbeit mit Jugendlichen – Einführung in Bedingungen, Ziele, Methoden und Sozialformen der Jugendarbeit. Weinheim und München.

Kreft, D. und I. Mielenz (1996): Wörterbuch der Sozialen Arbeit, Weinheim und Basel.

Münder, J. (2001: Sozialraumorientierung auf dem Prüfstand. München.

Rätz-Heinich, R., Schröer, W. und M. Wolff (2009): Lehrbuch der Kinder- und Jugendhilfe. Weinheim.

Rommelspacher, B. (2009): Was ist eigentlich Rassismus? In: Melter, C. und P. Mecheril [Hrsg.] 82009): Rassismuskritik Bd. 1. Schwalbach/Ts.

Sanders, K. und A. Kianty (2006): Organisationstheorien – Eine Einführung. Wiesbaden.

Schröer, H. (2007): Interkulturelle Öffnung und Diversity Management – Konzepte und Handlungsstrategien zur Arbeitsmarktintegration von Migrantinnen und Migranten, Düsseldorf. Online in Internet: http://www.i-iqm.de/dokus/IQSchriftenreihe_Band1.pdf, [Stand 12.03.2012].

Straßburger, G. (2011): Interkulturelle Öffnung und Sozialraumorientierung Hand in Hand. Online in Internet: http://www.sozialraum.de/sozialraumorientierte-interkulturelle-arbeit.php, [Stand 12.03.2012].

Will, A. (2011): 50 Jahre Ali in Almanya – Immer noch nix deutsch? Online in Internet: http://www.ardmediathek.de/ard/servlet/content/3517136?documentId=8464492 [Stand 12.03.2012].

8 Hochkultur und interkulturelle Kompetenz aus kulturpolitischer Perspektive: Herausforderung durch das Fremde

Steffen Höhne

8.1 Vorbemerkungen

Der Beitragstitel verweist, ausgehend von gesamtgesellschaftlichen Veränderungen sozialer, demographischer, ökonomischer Art, auf Konsequenzen für das aktuelle Kultursystem in Deutschland, das heißt auf Verschiebungen innerhalb von Publikumsschichten über Produktionen bis hin zu Rezeptions- und Kulturkonsumgewohnheiten. Diese durchaus gravierenden Veränderungen sind nicht ohne Einflüsse auf kulturpolitische Diskurse und Handlungsmuster, werden in ihnen doch gewohnte Vorstellungen von Kultur und damit verbundene Fragen von Identität und Alterität, von Eigenem und Fremdem neu verhandelt.

Nun waren kulturelle Aneignungen immer schon Kennzeichen von kreativen Prozessen, entsteht doch das Neue – bezogen auf die Produktion von Kunst und Kultur – immer in der Auseinandersetzung mit unterschiedlichen Traditionen, Konzeptionen und normativen Positionen. Zu erinnern wäre hier an das Weimarer Konzept der Weltliteratur, welches nach Goethe Werke umfasst, *„die uns angehen können, weil sie sich selbst untereinander angehen. [...] Weltliteratur heißt, daß die Grenzen der Nationalliteraturen beseitigt und die Festlegungen klassischer Kanons der Schulmeister aufgesprengt werden, wie es jeder vernünftige Leser auf seine Weise tut"* (Günther 1988, 100). Das Andere, gar das Fremde, besaß somit für den Bereich Kunst und Literatur immer schon einen konstitutiven Einfluss, sei es in eigenkultureller Integration und Abschließung, sei es in universaler Erweiterung.

Wechselt man von der Perspektive der künstlerischen Produktion und Aneignung auf die des Kultursystems und seiner Akteure, dann scheint zumindest heute der demographische Wandel, plakativ gerne unter der Bezeichnung „älter", „bunter", „weniger" auf einen komplexitätsreduzierten Nenner gebracht, eine Herausforderung auch für das Kultursystem – und hier vor allem für das Hochkultursystem – darzustellen. Anstöße zu einer kulturpolitischen Debatte über die Auswirkungen von Globalisierung und demographischem Wandel, von postmoderner und postkolonialer Kulturtheorie auf das Kultursystem und seine Akteure lassen sich seit etwas über zehn Jahren beobachten.

Die *Kulturpolitische Gesellschaft* widmete ihren zweiten Bundeskongress 2003 dem Thema *inter.kultur.politik*, bereits zuvor (2001) führte man eine Untersuchung zum *Stand interkultureller Kulturarbeit in NRW* durch, 2004 begann das *Projekt Kulturorte als Lernorte interkultureller Kompetenz*, 2005 folgte die Fachtagung *Beheimatung durch Kultur?* Diese Anstöße griffen u. a. die *Stiftung Niedersachsen* mit der Tagung *Kultur und demographischer Wandel* (2005) (Bommes 2006, Daxner 2006) auf, ferner das *Institut für Landes- und Stadtentwicklungsforschung und Bauwesen des Landes Nordrhein-Westfalen* mit der Fachgesprächsreihe *Demographischer Wandel – Konsequenzen für die kulturelle Infrastruktur* (2005) sowie eine Tagung des NRW-Kultursekretariats *Kultur für alle* (2006).

Inzwischen verzeichnet allein die *Bibliographie der Kulturpolitischen Gesellschaft* 722 Einträge zum Stichwort Interkultur (www.kupoge.de [15.12.2011]). Einen ersten Überblick über den Stand der Debatte vermittelt das *Jahrbuch für Kulturpolitik 2002/03 Interkultur.*

Auf kommunalpolitischer Ebene, wo sich soziodemographische Veränderungen früher und deutlicher abzeichnen, sind Belege für eine neue, kulturpolitische Sensibilität im *Bündnis für Integration* in Stuttgart seit dem Jahr 2001 (Pavkovic 2006) oder im Dortmunder *Handlungskonzept Interkultur* zu erkennen (Kokoschka u. a. 2006). Verwiesen sei ferner auf die bundesweite Umfrage bei ca. 400 Jugend- und Kulturämtern (Tutucu, Kröger 2006). Gefragt wurde nach den konzeptionellen Grundlagen (Leitbildern, Richtlinien, Förderkriterien) von interkultureller Kulturarbeit, nach entsprechenden Haushaltstiteln, nach dem öffentlichen Interesse, nach Sparten-Prioritäten interkultureller Arbeit (in der Regel Tanz, Musik, darstellende Kunst), nach den Angeboten und Trägern, nach Förderpolitik und Zielbestimmungen sowie nach dem Selbstqualifizierungsanspruch der Kommunen. Im Fazit wird ein Trend zur interkulturellen Modernisierung konstatiert bei einem allerdings weit verbreiteten praktischen Vorgehen, das nicht immer programmatisch-theoretisch fundiert, gleichwohl erfolgreich zu sein scheint. Perspektivisch wird eine verstärkte Kooperation mit migrationsinternen Kulturangeboten und Kulturvermittlern zwischen den Kulturen empfohlen, ferner interkulturelle Qualifikationen sowie eine konzertierte Aktion interkultureller Arbeit auf der lokalen Ebene, die alle relevanten Akteure einzubeziehen habe.

Ungeachtet dieser durchaus verdienstvollen Initiativen lassen sich aber angesichts der Tatsache, dass derzeit in Deutschland ca. 15 Millionen Menschen aus Migrationskontexten stammen, wozu Aussiedler genau so zu zählen sind wie Ausländer und eingebürgerte Zuwanderer, und jedes dritte Kind über einen so genannten Migrationshintergrund verfügt, offenbar für den Kultursektor – so der Tenor in der kulturpolitischen Diskussion – immer noch Defizite konstatieren. Diese Defizite betreffen eine unzureichende Berücksichtigung bei kulturellen Planungsprozessen von angemessener Zielgruppenansprache bis hin zu Fragen der kulturellen Infrastruktur in einem immer heterogeneren Feld, obwohl generell unterschiedliche Bevölkerungsgruppen je nach Alter, Herkunft und Bildungsstruktur verschiedene Kulturangebote nutzen:

„Die geringe Resonanz vieler großer Kultur- und Kunstinstitutionen bei der Bevölkerungsgruppe ‚mit Migrationshintergrund' liegt zu einem großen Teil auch daran, dass – ähnlich wie für einen Teil der einheimischen Bevölkerung – vieles von dem, was und wie es dort zur Sprache kommt. mit der Wirklichkeit der Bevölkerung mit migrantischer Herkunft wenig zu tun hat und sie kaum Bezüge zu ihren Wünschen, Erfahrungen und Erwartungen herstellen können" (Wagner 2006, 38).

Dies ist aus der Perspektive des Hochkultursystems, in das je nach Sparte mehr als zwei Drittel der öffentlichen Fördermittel fließen (Statistische Ämter des Bundes und der Länder 2010, 47ff.), insofern nicht Neues, als die potenzielle Zielgruppe für Hochkulturangebote z. B. im Bereich Darstellende Künste ohnehin nur zwischen 30 und 35% liegt (Keuchel 2005, 113, 118; Daten aus dem Jahr 1999).

Die Notwendigkeit zur Erschließung neuer Besuchergruppen erhält allein durch neue Formen der Freizeitkonkurrenz und den damit verbundenen Legitimations- und Wettbewerbsdruck sowie durch den Abbau der musischen Bildung in den allgemeinbildenden Schulen eine erhöhte Relevanz, die sich durch den demographischen Wandel und damit die Notwendigkeit interkultureller Öffnung noch gravierend verstärkt.

In der kulturpolitischen Diskussion wird ferner eine unzureichende Umorientierung gerade hochkultureller Institutionen konstatiert, den skizzierten demographischen Wandel im Sinne einer integrativen Politik zu flankieren, also aktiv am society-building teilzunehmen. Projekte wie *JeKi (Jedem Kind ein Instrument)* in den Ruhrgebietskommunen sind zumindest zum Teil Ausdruck einer derartigen, der sozialen Integration verpflichteten Politik.

Die hinter diesen beiden Defiziten erkennbare kulturökonomische These fokussiert veränderte Besucher- und Nutzerstrukturen als Herausforderung, während die sozialintegrative These gesellschaftliche Verantwortung der Kultur im Hinblick auf Integrationsaufgaben anmahnt (Dreyer 2009). Mit einer solchen Herangehensweise erfolgt aber letztlich eine Reduktion der demographischen Herausforderung, die als ein reines Steuerungsproblem erscheint (so auch Neisener 2009), technokratisch lösbar durch den Einsatz von effektiveren Marketing- und PR-Strategien. Dabei müsste man auch im Kultursystem nach den Auswirkungen des demographischen Wandels auf die Künstler und kulturellen Teilhaber der Gesellschaft fragen, also nach den Reaktionen und Maßnahmen des Kultursektors, der gleichwohl vor zu weitreichenden Erwartungen in Schutz genommen werden muss. Kultur kann, was schon im Enquete-Bericht vermerkt wird, *„weder die Ursachen noch die Folgen des demographischen Wandels ändern oder abschwächen, sie kann jedoch ein Instrument sein, mit dem Wandel bewusst umzugehen, ihn individuell und gemeinschaftlich zu bewältigen"* (Deutscher Bundestag 2008, 227). Dies ist sicher ein erster Schritt, auch wenn das Thema Interkulturelle Öffnung in besagtem Enquete-Bericht gerade einmal auf vier Seiten Erwähnung findet.

8.2   Klassifikation und Organisation des Feldes: Kultur, kulturelles Handeln, Interkultur

Kulturpolitik lässt sich unter ordnungspolitischen, förderpolitischen und diskurspolitischen Aspekten betrachten. Aus einer diskurspolitischen Perspektive tangieren Debatten um Leitkultur und Multikultur, in denen es um die Bestimmung von kultureller Identität bzw. um kulturelle Vielfalt geht, den Kernbereich von Kulturpolitik – mit selbstverständlich ordnungs- und förderpolitischen Implikationen.

Wie ist nun das Feld der Kultur in Deutschland klassifiziert und organisiert? Kultur steht in einem Spannungsfeld aus vertikalen und horizontalen Deutungspraktiken, beide gleichwohl reziprok aufeinander bezogen. Gemäß einer vertikalen Deutungspraktik hat man es mit einem zeitlosen, an sich wertbehafteten engen Kulturbegriff im Sinne von Hochkultur oder Kunst zu tun. Ungeachtet von semantischen Erweiterungen von Kultur ab etwa den 1960er Jahren (Glaser 1999) hat sich die Vorstellung einer mehr oder weniger normativen Begrifflichkeit von Hochkultur bis in die Gegenwart behaupten können (Bollenbeck 1994, Göschel 1995), nach wie vor dient dieser Kulturbegriff als mehr oder weniger unhinterfragter Rahmen, in dem Institutionen und Akteure das Feld des Kulturellen dominieren und organisieren.

Nun lassen sich Individuen nicht (mehr) auf bestimmte National-, Klassen- oder Schichtenkulturen reduzieren, sondern sie sind Teilhaber zahlreicher, sehr heterogener lebensweltlicher Milieus und der damit verbundenen mehr oder weniger konventionalisierten Reziprozitätsbeziehungen, man könnte auch von Sub- oder Teilkulturen sprechen, die sich immer in einer wechselseitigen Relation befinden. Dass dies kein Phänomen gegenwärtiger Entwicklungen darstellt, mag ein Blick auf die in sozialer, sprachlicher und ethnischer Hinsicht multikulturelle Habsburgermonarchie belegen, deren „Chronist" Robert Musil in ironisch treffender Weise im *Kakanien*-Kapitel seines *Mannes ohne Eigenschaften* zu charakterisieren wusste: *„Denn ein Landesbewohner hat mindestens neun Charaktere, einen Berufs-, einen National-, einen Staats-, einen Klassen-, einen geographischen, einen Geschlechts-, einen bewußten, einen unbewußten und vielleicht auch noch einen privaten Charakter; [...]"* (Musil 1975, 41). Welche Semantik von Kultur sich durchzusetzen vermag, ist letztlich abhängig von der jeweiligen Aktualität und Relevanz sowie der historischen Verankerung bzw. der Konventionalisierungstiefe der Reziprozitäten. Man darf schließlich die normative Dimension, die jedem definitorisch eingehegten Konzept von Kultur zugrunde liegt, nicht unterschätzen. Gleich ob der Begriff in einer holistischen, einer ubiquitären oder einer exklusiven Konnotation verwendet wird – er markiert Differenzen und fungiert somit nicht nur als Macht und Herrschaft legitimierender Überbau, *„vielmehr sind diese in Kultur eingeschrieben"* (MüllerFunk 2006, 11).

Mit Blick auf eine Interkulturelle Öffnung dürfte der skizzierte enge Kulturbegriff allerdings mit seinen binären bzw. auch manichäischen Oppositionsbildungen (Kultur vs. Zivilisation, Hochkultur vs. Massenkultur) (Kretzenbacher 1992, 172-175) kaum zu gebrauchen sein, verweist er doch in seiner exklusiven Semantik von Hochkultur auf ein geschlossenes, klar umgrenztes und definiertes System. Kultur ist elementarer Teil eines mehr oder minder ausdifferenzierten Sektors der Gesellschaft, also die Welt der Künste mit ihren Veranstaltungen als ein gesellschaftliches Partialsystem (Müller-Funk 2006). Kultur fungiert gemäß dieser Semantik als Oberbegriff für die Künste, seine Rezipienten begrenzen sich auf bestimmte soziale Trägerschichten, z. B. das Bildungsbürgertum; er besitzt eine dezidiert elitäre Komponente, die noch von der Frankfurter Schule und ihrer Differenzierung in Geisteskultur und Massenkultur fortgesetzt wurde.

Nun hat sich seit den 1960er Jahren zunehmend ein erweiterter Kulturbegriff durchgesetzt, der Kultur als Konstrukt oder als Produkt gesellschaftlichen Handelns erkennt und somit eine lebensweltliche Erweiterung vornimmt. In diesem Kulturbegriff kommt es weniger zu einer Ausgrenzung wie im engen, sondern über die immanente Historisierung und Soziologisierung, bei denen immer auch der soziokulturelle Wandel Berücksichtigung findet, zu Prozessen der Integration. Kultur wird als ein soziales Feld bzw. als ein symbolischer Raum verstanden, der sich in ubiquitärer Weise auf alle Bereiche der Gesellschaft erstreckt und der symbolische Formen und habituelle Praktiken umfasst. Der erweiterte Kulturbegriff besitzt somit die Voraussetzungen, kulturelles Handeln jenseits exklusiver Valorisierung und ethnozentrischer Fixierung zu initiieren. Allerdings muss bei dem erweiterten Kulturbegriff eine weitere Differenzierung berücksichtigt werden, lässt sich dieser doch ungeachtet seiner lebensweltlichen Erweiterung räumlich (politisch, geographisch, sprachlich, geistesgeschichtlich) begrenzen, wodurch Kulturen nicht nur eingegrenzt, sondern auch voneinander abgegrenzt werden. Gegen diesen geschlossenen erweiterten, *containerartigen* Kulturbegriff plädiert Bolten (2007, 47) für einen offenen, der um die Permeabilität sozialer Abgrenzung weiß und der jede Kultur als Produkt interkultureller Prozesse versteht. Dieser offene Kulturbegriff müsse sich an Prozessen, nicht an Strukturen, an Kohäsion, nicht an Kohärenz orientieren, ist also verbunden mit Phänomenen wie kohäsiver Netzwerkeinbindung, Selbststeuerung, Pluralismus und Differenzbewusstsein (Bolten 2007, 49).

Kultur lässt sich somit nur als Problembegriff verstehen, auf den die Kulturwissenschaften mit der Neubewertung von Symbolisierung, Sprache und Repräsentation methodische Antworten zu liefern versuchen (Bachmann-Medick 2006). Dieser Perspektivwechsel steht im Kontext von Theorieansätzen der Intertextualität, der Mentalität und Mentalitätsgeschichte, von Konzepten des kulturellen Transfers, der histoire croisée, Konzepten des wissenschaftlichen/literarischen Feldes sowie Konzepten von Gedächtnis/Erinnerungsorten.

Herausgebildet haben sich die kulturwissenschaftlichen Konzepte und Methoden in der Abfolge unterschiedlicher turns, wobei der *Linguistic Turn* als Auslöser des *Cultural Turn* gilt. Unter Rückgriff auf Ferdinand de Saussure und der Einsicht von Sprache als einem in sich geschlossenen synchronen Zeichensystem etablierte sich die Vorstellung, dass von Sprache aus die Wirklichkeit strukturiert, dass mit Sprache keine von ihr unabhängige Wirklichkeit beschrieben wird. Der *Linguistic Turn* bedeutet die Einsicht in den sprachbegründeten Konstruktivismus von Realität, die von Menschen über Symbole verarbeitet und durch Symbole hergestellt wird, womit ein potenzieller Kampf um die Durchsetzung von Bedeutungssystemen verbunden ist.

Mit dem *Interpretive Turn*, dem ein semiotischer Kulturbegriff zugrunde liegt, erfolgt der Durchbruch zu einer interkulturellen Erweiterung der Hermeneutik, mit dem *Performative Turn* werden Performanz, Erfahrung und Praxis als historische Kategorien wiederentdeckt, mit dem *Reflexive Turn* wird die Krise der Repräsentation markiert, wobei schon für den *Linguistic Turn* die Erkenntnis einer immer schon textuell vermittelten Wirklichkeitserfahrung charakteristisch war.

Mit dem *Postcolonial Turn* fand das Grundprinzip der Anerkennung kultureller Differenzen und deren Aushandlung jenseits essentieller Festschreibungen Berücksichtigung, womit nicht nur eine Abkehr von der eurozentrischen Perspektive angesichts multipler Verfassungen und Situationen der globalen Subjekte erfolgte, sondern auch das Konzept der Hybridität, das zudem auf eine Krise der Identität weist, als Gegenkonzept zu Vorstellungen von Leitkultur sich etablieren konnte.

Berücksichtigt man ferner die Erkenntnisse des *Translational Turn*, in dem kulturelle Zwischenräume als Übersetzungsräume, des *Spatial Turn*, in dem Räume als soziale Konstruktionen fungieren, oder des *Iconic Turn*, mit dem eine Wendung gegen die Vorherrschaft des Sprachlichen impliziert ist, dann zeigt sich zumindest die Notwendigkeit, den in der Kulturpolitik immer noch vorherrschenden essentialistischen Kulturbegriff einer kritischen Revision zu unterziehen.

Diese Essentialisierung schlägt sich im Feld in einer entsprechenden Institutionalisierung nieder. So ist der *Deutsche Kulturrat* – als oberster Dachverband der Kulturinstitutionen in Deutschland – in acht Sektionen gegliedert: die Sektion Film und Audiovisuelle Medien (zehn Mitgliedsverbände), die Sektion Design (10), der Rat für Baukultur (zehn), der Rat für Soziokultur und kulturelle Bildung (19), der Deutsche Kunstrat (23), die Deutsche Literaturkonferenz (23), der Rat für Darstellende Kunst (28) und als größter der Deutsche Musikrat (103 Mitgliedsverbände). Derzeit ist – ungeachtet aller Bemühungen seitens der Geschäftsführung – noch kein einziger Kulturverband aus dem Migrationskontext Mitglied im *Deutschen Kulturrat*.

Dabei folgt die Organisation des Kulturfeldes nach der Struktur des *Deutschen Kulturrates* einem weiten, im Prinzip offenen Kulturbegriff. Die *Künstlersozialkasse* legt einen engen Kulturbegriff zugrunde, unterteilt nach den Bereichen Bildende Kunst, Darstellende Kunst, Musik und Wort, inkludiert allerdings weitere Bereiche. Bezieht man nun noch den kommerziellen Kulturbereich mit ein, findet man wiederum eine deutliche Erweiterung des Kulturbegriffs, allerdings scheint sich für diesen Bereich das *Grundmodell* der Wirtschaftsminister der Länder durchzusetzen:

Tab. 8.1:   Segmentierung der Kulturwirtschaft

Sechs Teilmärkte (Hessischer Kulturwirtschaftsbericht)	Erwerbswirtschaftliche Komponente (Arbeitskreis Kulturstatistik)	Marktwirtschaftliche Branchen	Grundmodell (Wirtschaftsminister der Länder)
Literatur-, Buch-/ Pressemarkt	Verlagsgewerbe	Verlagsgewerbe	Verlagsgewerbe
Kunstmarkt	Filmwirtschaft	Filmwirtschaft	Film, Video, Kino
Film-, TV- und Videowirtschaft	Rundfunkwirtschaft	Rundfunk	Rundfunk, Fernsehen
Kulturelles Erbe	Musik, visuelle + darstellende Kunst	Musikwirtschaft	künstlerische und unterhaltende Leistungen
Musikwirtschaft	Journalisten, Nachrichtenbüros	Kunstmarkt	Korrespondenz-/ Nachrichtenbüros
Darstellende Kunst	Museumsshops, Kunstausstellungen	Architektur	Bibliotheken, Archive, Museen
	Einzelhandel mit Kulturgütern Architekturbüros Designwirtschaft	Designwirtschaft	ausgewählter Facheinzelhandel Architektur Design Werbevermittlung Software / Games

Dieses wohlgeordnete, institutionell und förderpolitisch abgesicherte System stößt nun auf Herausforderungen, die sich als Verschiebungen im Feld abzeichnen, wobei sich – was Einschätzungen und Reaktionen der Akteure angeht – ein eher ambivalentes Bild ergibt. Auf der einen Seite findet eine sich intensivierende kulturpolitische Diskussion um Interkulturelle Öffnung statt, neben den schon erwähnten Initiativen sei hier auf die regelmäßige Beilage *interkultur* in der Zeitschrift des *Deutschen Kulturrates Politik und Kultur* (puk) verwiesen oder auf die Erhebung *Interkulturelle Öffnung der Bundeskulturverbände* (Bäßler 2010), die erste Ansätze einer kulturpolitischen Umorientierung belegen kann, wenngleich keine Aussagen über die inhaltliche Dimension interkultureller Kooperation und Integration getroffen werden können. Auf der anderen Seite lässt sich zumindest für den öffentlich geförderten Kultursektor nach wie vor eine mangelnde Reflexion der Konsequenzen interkultureller Öffnung konstatieren. Dies zeigt sich auf unterschiedlichen Ebenen. Zunächst wird der bestehende, in den Debatten der 1960er und 1970er Jahre erweiterte (Hoch-)Kulturbegriff nicht grundsätzlich reflektiert und problematisiert. Als Beispiel für die nach wie vor dominante, kanonisierte Hochkulturtradition mag eine Rangliste der am häufigsten gespielten Opern dienen:

Tab. 8.2:   Wer spielte was? (Deutscher Bühnenverein, Werkstatistik 1991/92-2009/10)

	Spielzeit 1991/92	1992/93	1995/96	2000/01	2005/06	2006/07	2009/10
1	Zauberflöte	Zauberflöte	Zauberflöte	Hochzeit des Figaro	Zauberflöte	Zauberflöte	Zauberflöte
2	Hochzeit des Figaro	Hänsel und Gretel	Hänsel und Gretel	La Traviata	Hänsel und Gretel	Hänsel und Gretel	Hänsel und Gretel
3	Don Giovanni	La Bohème	La Traviata	Zauberflöte	Entführung aus dem Serail	Aschenputtel	Freischütz
4	Hänsel und Gretel	Carmen	Figaro	Tosca	Don Giovanni	Carmen	Carmen
5	Entführung aus dem Serail	La Traviata	Cenerentola	Carmen	La Traviata	Hochzeit des Figaro	La Traviata
6	Freischütz	Figaro	Entführung aus dem Serail	La Bohème	Hochzeit des Figaro	Don Giovanni	Hochzeit des Figaro
7	Carmen	Hoffmanns Erzählungen	Rigolette	Aida	Cosi fan tutte	Freischütz	Rigoletto
8	La Traviata	Barbier von Sevilla	Cosi fan tutte	Barbier von Sevilla	Fliegende Holländer	La Bohème	Der Liebestrank
9	La Bohème	Cosi fan tutte	Maskenball	Falstaff	Tosca	Tosca	La Bohème
10	Cosi fan tutte	Zar und Zimmermann	Don Giovanni	Rigoletto	Carmen	Cosi fan tutte	Don Giovanni

Dass dabei die traditionelle Oper auch heute noch kulturpolitisch höchst brisante Effekte erzielen kann, mag die einen zumindest befürchteten interkulturellen Konflikt provozierende *Idomeneo*-Inszenierung von Hans Neuenfels an der *Deutschen Oper Berlin* belegen, in der König Idomeneo die abgeschlagenen Köpfe von Poseidon, Jesus, Buddha und Mohammed präsentiert und sie auf vier Stühle stellt. Aufgrund der Gefahreneinschätzung des Verfassungsschutzes kurz nach dem Konflikt um die dänischen Mohammed-Karikaturen wurde diese Oper zeitweise vom Spielplan abgesetzt.

Dort, wo es tatsächlich zu einer Neuorientierung kommt, verbleiben die Initiativen häufig auf der Ebene punktueller Projektförderung bei fehlender struktureller Absicherung (Schneider 2011). Dies betrifft auch erfolgreiche Projekte wie *Rhythm is it* oder die Reihe *Alla turca* der *Berliner Philharmoniker*. Man kann somit durchaus von einer Instrumentalisierung von Kunst durch partiell naive Vorstellungen von Interkultur sprechen, mit denen das Prinzip einer prinzipiellen Barrierefreiheit (Terkessidis 2008) oder, um an ein älteres Postulat der *Kultur für alle* (Hoffmann 1981) zu erinnern, sicher nicht erreicht wird.

Will man ein Fazit auf der Grundlage der aktuellen kulturpolitischen Diskussionen formulieren, so scheint inzwischen Konsens darüber zu bestehen, Herausforderungen der kulturellen Öffnung auch im Sinne von Integrationspolitik als eine kulturpolitisch wichtige Querschnittaufgabe (Wagner 2006) anzusehen und ein interkulturell transformiertes Kultursystem anzustreben. Dies belegen Forderungskataloge aus aktuellen Umfragen wie die des *Instituts für Kulturpolitik* der *Kulturpolitischen Gesellschaft* zur Arbeitsmarktorientierung in kulturvermittelnden Studiengängen, in der auf die Bedeutung interkultureller Bildung verwiesen wird, ohne dieses Konzept allerdings näher inhaltlich-methodisch bestimmen zu können (Blumenreich u. a. 2011).

8.3 Kulturpolitische Reaktionen: Audience Development

Kulturvermittlung greift auf die Felder der Produktion (Kreation), der Konsumtion (Rezeption) und als vermittelndes der Distribution zurück (eine ausführlichere Darstellung dieses Kapitels in Höhne 2009, 144-152). Hiervon ausgehend hat Birgit Mandel (2008) Funktionen von Kulturvermittlung identifiziert:

- Zugänge zum Kunstschaffen im Sinne einer Übersetzungsleistung. Im engeren Sinne ist damit ein Zugang zu professionellen künstlerischen Produktionen impliziert unter der Prämisse, dass sich Kunst seit der Moderne nicht mehr ohne Vorwissen erschließen lasse. Die Bedeutung dieser Übersetzungsleistung erhöht sich im Hinblick auf fremdkulturelle Traditionen. Als Voraussetzung für Kunstrezeption muss die Kulturvermittlung daher Kontexte bereitstellen und Beziehungen vermitteln, um – auch im Sinne von Deutungskompetenz – Wirkungen entfalten zu können.

- Erweiterung künstlerischer Ausdrucksmöglichkeiten nebst Fähigkeit zu kreativem Querdenken im Rahmen der Auseinandersetzung mit Kunst in interkulturellen Kontexten.

- Vermittlung kulturell-gestalterischer Kompetenz als Erweiterung von Ausdrucksmöglichkeiten, womit ein Anschluss an Konzepte der kulturellen Bildung erfolgt.

- Anregung zur Teilhabe am gesellschaftlichen Leben und zur Gestaltung kultureller und sozialer Prozesse, womit ein Anschluss sowohl an Konzepte der Soziokultur als auch der Interkultur erfolgt und Kunst als Katalysator für soziale Problemlösungsprozesse fungieren kann.

- Schaffung von Aufmerksamkeit, Interesse und Nachfrage für jede Art von Kunst, womit ein Anschluss an Konzepte von PR und Kulturmarketing erfolgt, wobei unter Marketing Absatzerhöhung, unter PR eine Übersetzungsfunktion zwischen Kulturproduzenten, -förderern und -rezipienten verstanden wird.

Dieser Thesenkatalog verlangt analog zu einem interkulturell erweiterten Kulturbegriff eine multidisziplinäre Orientierung von Kulturvermittlung, die über eine bloße Besucherperspektive hinauszugehen hat, da im Konzept der Kulturvermittlung eine „direkte dialogische Vermittlung, die die gezielte Auseinandersetzung mit Kunst und Kultur beinhaltet, Hintergründe und kulturelle Codes vermittelt und zugleich hinterfragt und zu eigenen kreativen Selbstbildungsprozessen anregt," als Notwendigkeit postuliert wird, um den Bildungsauftrag von Kultur zu gewährleisten (Mandel 2008, 24f.).

Es geht also um eine nachhaltige Generierung von Nutzern für kulturelle Angebote auch im Sinne einer Mitgestaltung des kulturellen Lebens gemäß dem Leitbild einer interkulturell sensiblen Kulturgesellschaft: Ziel ist *„ein breites bürgerschaftliches Engagement für Kunst und Kultur, der Einbezug der Fähigkeiten und Kreativität möglichst vielfältiger Bevölkerungskreise und die Vernetzung von Kunst und Kultur mit anderen gesellschaftlichen Bereichen"* (a. a. O., 19).

Die Konnotationen von Kulturvermittlung sind dabei höchst heterogen. Adrienne Goehler (2008) äußert sich skeptisch gegen eine mit Servicedenken und Funktionalisierung verbundene Vorstellung von Kultur und propagiert in Anlehnung an Zygmunt Baumans Konzept einer „flüssigen Moderne" ein Konzept von Kulturgesellschaft auf der Basis eines freien Zugangs zu Bildung und Kreativität, zu multidimensionalen und experimentellen Denkweisen. Aus einer Makroperspektive kann man Kulturvermittlung als Teil eines Gesamtsystems der Produktion, Distribution, Vermittlung und Rezeption von Kunst und Kultur verstehen, während die Mikroperspektive Kulturvermittlung als (optionale) Funktion einer Kulturinstitution betrachtet (Mandel 2008, 25). Allerdings ist die derzeitige Kulturvermittlung zu großen Teilen an die jeweiligen kulturellen Traditionen und Images von Kultur wie an die staatliche Kulturpolitik gekoppelt und setzt somit bestehende Trennungen von Kultur- und Bildungspolitik fort: „Die Beteiligung am öffentlich geförderten Kulturleben ist zur Zeit noch maßgeblich von einem hohen Bildungsniveau abhängig, das zugleich meistens mit einem bestimmten gesellschaftlichen Milieu verbunden ist. Bildungsniveau und soziales Milieu bestimmen die kulturelle Kompetenz, d.h. die Fähigkeit, sich Kunst anzunähern, sie zu entschlüsseln und sie Sinn stiftend für das eigene Leben zu nutzen" (a. a. O., 33).

Vor dem Hintergrund, dass Kunstrezeption immer auch ein Akt sozialer Distinktion ist und, so Bourdieu (1993), der Aufrechterhaltung sozialer Ungleichheit dient bzw. die Zugehörigkeit zu bestimmten sozialen Milieus bestätigt, müsste es bei Kulturvermittlung weniger darum gehen, Künste als Symbolproduzenten zur Beförderung des Distinktionspotenzials einzusetzen, sondern im Gegenteil zur Abminderung des Exklusionspotenzials, z. B. über kritische Reflexion von Kulturbegriffen beizutragen. Setzt man sich mit dem Kulturpublikum im Bereich von Kunst und Hochkultur auseinander, so geht es neben der faktischen Exklusion eines großen Teiles der Bevölkerung immer auch um Aspekte gesellschaftlicher Macht und sozialer Gerechtigkeit.

Diskrepanzen ergeben sich allein durch die Finanzierung einer zunehmenden Zahl von öffentlichen Institutionen durch alle Steuerzahler bei einer Nutzung durch eine privilegierte Minderheit, auch wenn man in Rechnung stellen kann, dass diese Minderheit überproportional am Steueraufkommen beteiligt ist. Letztlich geht es aber um die Folgen sozial und kulturell ungleicher Zugangschancen zu Kultur bzw. um Möglichkeiten von Kultur zur gesellschaftlichen Integration, womit man bei der Diskussion um Chancenungleichheit des deutschen Bildungssystems angelangt ist, für das nach wie vor die Herausbildung von Traditions- und Herkunftseliten, legitimiert durch eine apologetische Begabungsideologie, konstitutiv ist.

Der Mangel bestimmter Schichten der Bevölkerung an Vertrautheit mit Kunst und Kultur erscheint in diesem Licht auch als ein Ergebnis der einseitigen Angebotsorientierung in Teilen des Hochkulturbereiches. Bei Kulturvermittlung muss es somit um mehr als die Gewinnung neuer, bildungsschwacher und kulturferner Zielgruppen gehen, sondern diese müsste über Prozesse systematischer Akkulturation die aus unterschiedlichen Kulturen stammenden Individuen mit einem gemeinsamen Stand an Denkkategorien ausstatten, um so Kommunikation zu ermöglichen (Bourdieu 2001, 44f.). Ausgehend vom Konzept einer rationalen Pädagogik, „die vom Kindergarten bis zur Hochschule methodisch und kontinuierlich die Wirkung der sozialen Faktoren kultureller Ungleichheit zu neutralisieren" sucht (Bourdieu 2001, 152), erhält die Kulturvermittlung völlig neue Aufgaben bei der Überwindung der eliminatorischen Komponenten des Bildungssystems: „In eine als „Niveauverlust" erlebte Krise gerät es erst, sobald es eine immer größere Zahl von Schülern aufnehmen muss, die

entweder nicht mehr im gleichen Maße über das kulturelle Erbe ihrer sozialen Klassen ge-
bieten wie ihre Vorgänger [...] oder die, als Angehörige der kulturell benachteiligten sozia-
len Klassen, über kein kulturelles Kapital verfügen" (Bourdieu 2001, 44).

Auch wenn Kulturvermittlung weder Maßnahmen der Sozial- noch der Familienpolitik erset-
zen kann, so ist die Notwendigkeit zur Entwicklung einer neuen Bildungskultur, zu der auch
ein regelmäßiger Umgang mit Kunst und Kultur zum Erwerb von Stil, Geschmack, Gesin-
nung, also Einstellungen und Fähigkeiten, mit Kunst und Kultur umzugehen, gehört, von der
Bildungs- wie Kulturpolitik längst als Handlungsfeld entdeckt worden.

So wurde das 2003 in Bochum als Kooperation von städtischer Musikschule, Zukunftsstiftung Bildung in der GLS Treuhand e.V. und den Grundschulen begründete Projekt *Jedem*
Kind ein Instrument im Rahmen der Kulturhauptstadt 2010 auf das gesamte Ruhrgebiet erweitert. Unter finanzieller Beteiligung der Kulturstiftung des Bundes und des Landes Nordrhein-Westfalen in Kooperation mit der Zukunftsstiftung Bildung wurde die *Stiftung Jedem*
Kind ein Instrument gegründet, um Grundschulkindern eine musikalische Ausbildung zu
ermöglichen.

Das neue Programm startete im Schuljahr 2007/2008 unter Beteiligung von 41 Kommunen
des Ruhrgebietes mit 49 Musikschulen und bisher 370 Grundschulen. Für die Umsetzung des
Programms sind bis zum Schuljahr 2010/2011 ca. 50 Mill. € veranschlagt. Die Kulturstiftung
des Bundes beteiligt sich mit 10 Mill. €, Nordrhein-Westfalen mit 15,4 Mill. €, die Zukunftsstiftung Bildung mit 0,63 Mill. €. Die Kommunen tragen 2,5 Mill. €, hinzukommen kalku-
lierte Teilnahmegebühren von ca. 9,6 Mill. €. Ziele des Programms sind neben den musikali-
schen auch die sozialintegrativen: *„Der wichtigste Aspekt ist das gemeinsame Musizieren auf*
den Musikinstrumenten und damit das Erlernen von musikalischer und sozialer Kompetenz:
Man muss auf die anderen hören, gemeinsam beginnen und enden und miteinander die Mu-
sikstücke gestalten. Das besondere Klangerlebnis des frühen Ensemblespiels mit seiner Viel-
fältigkeit motiviert die Kinder auch für den instrumentalen Gruppenunterricht" (Jedem Kind
ein Instrument 2009).

Mit solchen Projekten, zu nennen wären auch die *Berliner Philharmoniker* mit dem Jugend-
programm *Zukunft@BPhil*, lässt sich die in Deutschland immer wieder artikulierte Befürchtung widerlegen, eine stärkere Publikumsorientierung führe zwangsläufig zu einer Reduzierung der Vielfalt und Qualität von Kunst auf Marktgängiges oder nur Populäres. Im Gegenteil weisen Auseinandersetzungen mit den Wünschen und Bedürfnissen neuer, fremdkulturel-
ler Publikumsgruppen positiv auf die künstlerischen Produktionen selbst, wovon Programm-
linien wie *Wilde Klassik* oder der Film *Rhythm is it* der *Berliner Philharmoniker* ein Beispiel
geben.

Im Konflikt zwischen Autonomie der Kunst und den Anforderungen heterogener Einwanderungsgesellschaften sowie der (kulturpolitischen) Verpflichtung, Kulturangebote möglichst
vielen zugänglich zu machen, kann Kulturvermittlung „den Widerspruch zwischen Förderung anspruchsvoller Kultur und dem Wunsch der Nachfrager nach Unterhaltung nicht auf-
heben, aber sie kann dazu beitragen, ihn zu ‚überbrücken'" (Mandel 2008, 39). Das künstle-
rische Handeln, das sich durch fehlende Zweckorientierung bzw. Rationalisierungsverweige-
rung von ökonomischem Handeln unterscheidet, kann als Mittler unterschiedliche Hand-
lungslogiken sensibel austarieren, wodurch nicht nur Kunstwerke entstehen, sondern auch
Rezeption von Kunstwerken als konstitutiver Bestandteil mit eingeplant ist.

Für eine adäquate Kulturvermittlung ergibt sich aus diesen Überlegungen eine Notwendigkeit von Kulturrezeptionsanalysen als Voraussetzung für den Abbau von Zugangsbarrieren, z. B. über Entgrenzung traditioneller Präsentations- und Rezeptionsmuster. Um ein nachhaltiges Interesse für Kunst und Kultur zu wecken, könnte man an Josef Beuys anknüpfen, dessen Werke *„auch für denjenigen, der sich der modernen Kunst gegenüber als aufgeschlossen empfand, die heftigste Provokation [bedeuteten]. Sie eröffneten Assoziationen, die als beängstigend und beklemmend empfunden wurden. Seine Übertragung der ‚plastischen Theorie‘ auf Gesellschaft, Politik und Wirtschaft und seine Tätigkeit als Lehrer an der Düsseldorfer Kunstakademie packten die ‚Sinnfrage‘ der Kunst am rigorosesten an"* (Grisebach 1985, 25).

Es geht im *Audience Development* somit um Formen von Kulturvermittlung, die die Diskrepanz zwischen Leben und Kunst überbrücken und die die Motive und Barrieren von Kulturvermittlung genauer in den Blick nehmen müssen. Häufig besteht eine Diskrepanz zwischen den Erwartungen von Nachfragern und Anbietern, durch die Barrieren gegen Kulturnutzung aufgebaut werden können. Ausgehend von den unterschiedlichen Mustern der Rezeption von Kultur erhält Kulturvermittlung die zentrale Aufgabe, Voraussetzungen dafür zu schaffen, dass die subjektive Rezeption von Kunst gelingen kann. Unter den Bedingungen des demographischen Wandels erhält Kulturvermittlung die Aufgabe kultureller Bildung. Einem engeren Verständnis gemäß soll sie im Rahmen kognitiver Gestaltung des Vermittlungsprozesses auf der Basis von autorisiertem Expertenwissen Kunst begreifbar machen. Im weiteren Verständnis wird Kulturvermittlung als Kulturpädagogik konnotiert, hier hat sie die Aufgabe, die eigene Kreativität des Subjektes zu entwickeln, Kunst als Katalysator der Selbst-Bildung zu begreifen und zu vermitteln und somit auch einen Beitrag zur Integration und Demokratisierung von Gesellschaft zu leisten.

Tab. 8.3:   Ansätze der Kulturvermittlung

Kulturvermittlung als Übersetzungsinstanz (Kommunikationsansatz)	Kulturvermittlung als Identitätsagentur (Sozialisationsansatz)	Kulturvermittlung als Teil des Massenkonsums (poststrukturalistischer Ansatz).	Kulturvermittlung als Distributionsinstanz (Production-of-Culture-Ansatz).
Kulturvermittlung gestalte über die Vermarktung „Vorgänge, die steuernd und gestalterisch auf solche Interaktionsprozesse einwirken"(Zembylas 2004, 103).	Konzept gruppenintegrativer (z. B. national-identifikativer) Wirkungen von Kultur und Musik.	Erwartung, dass Kultur ihre Funktion als soziales Distinktionsmerkmal über den Massenkonsum verliert. Kulturvermittlung trage somit zur gesellschaftlichen Restrukturierung bei, so wie der soziale Wandel Kulturvermittlung verändere (Kirchberg 2005, 156).	Kulturvermittlung als kreative Kulturproduktion sei immer Ergebnis kollektiver Anstrengungen. Kultur, in institutionellen Feldern und in Organisationen eingebettet, wird in sozialen, politischen und ökonomischen Umwelten geschaffen (Kirchberg 2005, 158).

8.4   Von der Interkultur zum Konzept der kulturellen Diversität

Aufbauend auf den Konzepten des Audience Development soll als eine weitere Option das Konzept des Diversity Managements vorgestellt werden. Diversity Management im Kontext des Kultursystems erfordert Umgang mit der gegebenen sprachlichen, kulturellen und nationalen Vielfalt in Bezug auf Einwanderungsgesellschaften, Bildungsprozesse und Organisationen sowie eine Reflexion der zugrunde liegenden Konzepte von Interkulturalität, Multikulturalität, Transkulturalität und Diversität nebst Strategien und Modellen, welche interkulturelle Kulturarbeit auf der Basis von gesellschaftlichen Entwicklungsprozessen wie dem Struktur- und Bevölkerungswandel zu verankern suchen. Angesicht der gesellschaftlichen Veränderungen vor allem durch Migrationsprozesse muss Interkulturalität als Teil der allgemeinen Kultur akzeptiert und kulturpolitisch gefördert werden wie bisherige Formen der Kultur von Hoch- bis Soziokultur, sollte somit nicht in den Kontext der kommunalen Sozialarbeit eingebettet bleiben, so wie eine letztlich bloß operative Orientierung auf ein Publikum mit Migrationshintergrund noch längst keine Interkulturelle Öffnung bedeutet. Eine weitere exklusive kulturpolitische Orientierung auf die Institutionen der Hochkultur würde die angestrebte Politik interkultureller Öffnung unterlaufen. Geht man dagegen von einer erweiterten Definition von kultureller Diversität aus und orientiert sich auf pluralistische, ethnokulturelle Identitäten von Kreativen, also Künstlern, Produzenten, Distribuenten sowie auf Konsumenten, so gelangen die Akteure selbst in den Blick. Geht man noch einen Schritt weiter und bezieht alle Formen künstlerischer Äußerungen für verschiedene Gruppen der Gesellschaft ein, so erhält man ein Konzept von kultureller Diversität, in dem es weniger um die Personen als um die Migration von Ideen, Lebens- und Kulturkonzepten geht.

Mit einem Konzept der kulturellen Diversität wird die Eigendynamik eines Entwicklungsprozesses akzentuiert, der durch Kulturkontakte dynamisch entstandene hybride Formen der Kultur jenseits ethnischer Zuschreibungen überhaupt erst hervorbringt – ein ebenfalls nicht neues Phänomen, wie eine Metapher des Slawisten und Ausgleichspolitikers Franz Spina zum deutsch-tschechischen Zusammenleben in der ersten Tschechoslowakischen Republik belegt: *„Wir haben 1000 Jahre mit den Tschechen gelebt, und wir sind mit den Tschechen durch wirtschaftliche, soziale, kulturelle, sogar rassische Beziehungen so eng verbunden, daß wir mit ihnen eine Einheit darstellen. Wir stellen, um ein Beispiel zu gebrauchen, die verschiedenen Muster eines einheitlichen Teppichs dar. Natürlich kann man einen Teppich zerschneiden, aber man kann die eingewebten Blumen nicht voneinander trennen. Wir leben mit den Tschechen in einem Zustand der Symbiose, wir sind mit ihnen eine Vernunftehe eingegangen, und nichts vermag uns zu separieren"* (zit. n. Brügel 1967, 184).

Diese Verschiebungen von Varianten eines monokulturellen Nebeneinander unterschiedlicher Gruppen, charakterisiert von wechselseitiger Ignoranz, über wechselseitige Vereinnahmungen mit Freiräumen kultureller Selbstverständigung bei Auflösung kultureller Differenzen – hierfür steht Spinas Toleranzmodell – führt aktuell zu Konzepten kultureller Diversität, bei denen die einzelnen Lebenswelten die einem statischen Kulturbegriff zugrunde liegenden Abschottungstendenzen überwinden und zu wechselseitiger Akzeptanz gelangen. Multikulturalität fungiert hier nicht mehr als Ordnungsprinzip, sondern als Prozess, in dem interkulturelle Zwischenräume der Lebenswelten entstehen. Dies lässt sich an den unterschiedlichen Modi von Fremdheit zeigen, die als Beziehungsverhältnis (Erfahrungsmodi) bzw. als positive und negative Haltung gegenüber dem als anders kategorisierten Fremden fungieren. Auf der Basis von vier elementaren Ordnungsschemata hat Schäffter (1991) vier Modi des Fremderlebens erfasst:

Tab. 8.4:   Modi des Fremderlebens

Resonanzboden des Eigenen	Ergänzung	Gegenbild	Komplementarität
Schwellenerfahrung auf der gemeinsamen Grundlage eines Allgemein-Menschlichen	Funktion eines externen Spielraums im Wechselspiel von Assimilation und Akkomodation ermöglicht Fremderfahrung. Reduktion auf Informationsbereitschaft.	Wechselseitige Unvereinbarkeit, eine notwendig konflikthafte Gegensätzlichkeit, die zu Ausgrenzung unterstellter Gefährdung führt.	Polyvalente Ordnungsstrukturen einer offenen, dynamischen Struktur als komplementäre Ordnung wechselseitiger Fremdheit: das Fremde als Ergebnis einer Unterscheidungspraxis in wechselseitiger Interaktion.
Gemeinsamkeit: das Fremde wird nicht in seiner Besonderheit stehen gelassen, somit keine partnerschaftlich-dialogische Auseinandersetzung.			Konzept hybrider Identitäten (3 Räume)

Anders aber als in dem Konzept hybrider Identitäten angelegt beschreibt Interkultur kein Vergleichsprodukt, sondern ein Interaktionsgeschehen, ein Ereignis, ein Spiel, in dem es zu permanenten Aushandlungsprozessen kommt, in denen erst Interkultur erzeugt wird. Das Konzept kultureller Diversität, das hierauf aufbaut, markiert somit einen grundlegenden Wandel von einer antipodischen Struktur zu einem dynamischen Spektrum, das nicht mehr zwischen Vorstellungen von Eigenem und Fremdem oszilliert, sondern das durch Grade von Vertrautheit mit anderen Sub-Kulturen bzw. Lebenswelten nach Kriterien der Plausibilität, Normalität, Ermöglichung von Routinehandlungen determiniert wird. Es geht nicht um essentialistische Unterscheidungen zwischen Gruppen und Kulturen, Eigenem und Fremdem, sondern um Fragen interkultureller Wahrnehmung in immer neuen Begegnungen und deren Ausgestaltung. Multikulturalität als Ordnungsstruktur von Angehörigen mehrerer Kulturen wird von einem Verständnis von Interkultur abgelöst, das die Prozesse und Dynamik des Zusammenlebens in den Blick nimmt und auf Interaktionsprozesse verweist:

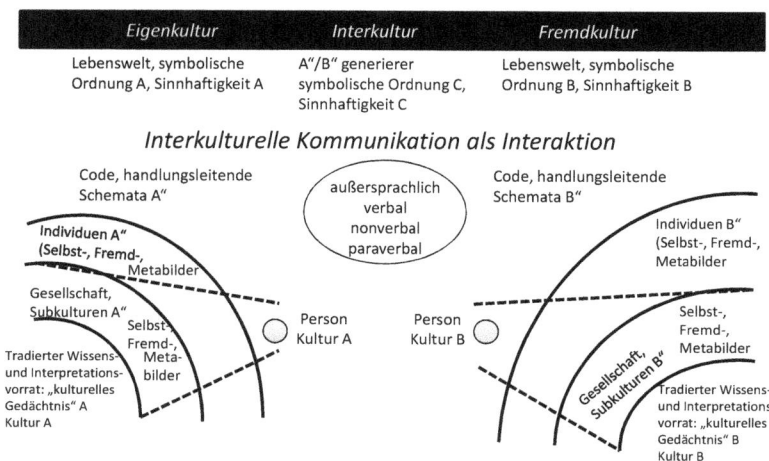

Abb. 8.1:   Interkulturelle Kommunikation als Interaktion (Bolton 1999, 21)

Das Konzept einer interkulturell orientierten Kulturpolitik muss sich somit in den Dienst einer Ermöglichung kultureller Selbsttätigkeit und Teilhabe an Kunst und Kultur, der Schaffung von Rahmenbedingungen für die Entwicklung von Künsten, der Unterhaltung von Institutionen der Kunstproduktion und -rezeption sowie der kulturellen Bildung stellen.

8.5   Fazit

Eine Fokussierung des Kultursystems auf die Thematik Interkultur, Diversität und Kreativität erscheint notwendig, weil:

*   Migrantenkulturen einen sich dynamisch entwickelnden integralen Bestandteil der Gesamtkultur darstellen,
*   Kulturpolitik nicht nur die Aufgabe hat, zum Erhalt des kulturellen Erbes, sondern auch zur kulturellen Integration beizutragen. Bei der immer noch dominanten Hochkultur spielen Aspekte kultureller Diversität bisher eine eher marginale Rolle,
*   Binnenwanderung zu einer sozialen Polarisierung und damit verbundenen Identifikationsprobleme in den betroffenen Städten und Regionen führt.

Kulturarbeit muss auf die Gesamtheit dieser Veränderungen reagieren, wobei das Konzept der kulturellen Diversität einen wichtigen Beitrag zur Vertiefung von interkultureller Kompetenz in der Gesellschaft leisten kann; trägt es doch zur Sensibilisierung der Bedeutung von kultureller Heterogenität bei.

8.6   Vertiefungsaufgaben und -fragen

1. Wie müsste das öffentlich geförderte Kultursystem reformiert werden, um den Herausforderungen des demographischen Wandels gerecht zu werden?
2. Nennen Sie Beispiele/Ausdrucksformen für den engen sowie den erweiterten Kulturbegriff.
3. Wie könnte/müsste eine Interkulturelle Öffnung der traditionellen Hochkultur in Deutschland aussehen?
4. Welche hybriden Formen in der Kultur sind Ihnen bekannt?

8.7   Literatur

Bachmann-Medick, D. (2006): Cultural Tuns. Neuorientierungen in den Kulturwissenschaften. Reinbek.

Bäßler, K. (2010): Interkulturelle Öffnung der Bundeskulturverbände. Auswertung einer Befragung des Deutschen Kulturrats zum Themenfeld „Integration und interkulturelle Bildung im Rahmen des vom BMBF geförderten Projektes „Strukturbedingungen für eine nachhaltige interkulturelle Bildung." Bonn: BMBF.

Blumenreich, U., Strittmatter, T. & C. Iber-Rebentisch (2011): Arbeitsmarkt Kulturvermittlung. Ergebnisse der Interviews mit 45 Experten. In: Blumenreich, U. [Hrsg.], Arbeitsmarkt Kultur, Ergebnisse des Forschungsprojektes „Studium-Arbeitsmarkt-Kultur". Bonn: Institut für Kulturpolitik, S. 9–51.

Bollenbeck, G. (1994): Bildung und Kultur. Glanz und Elend eines deutschen Deutungsmusters. Frankfurt/Main.

Bolten, J. (1999): Interkulturelle Wirtschaftskommunikation. Forschungsstand und Perspektiven eines neuen Fachgebietes. In: Wirtschaftsdeutsch international. Zts. für sprachliche und interkulturelle Wirtschaftskommunikation, S. 9–26.

Bolten, J. (2007): Einführung in die Interkulturelle Wirtschaftskommunikation. Göttingen.

Bommes, M. (2006): Demografische Entwicklung, Migration und kulturelle Vielfalt. In: Stiftung Niedersachen [Hrsg.]: älter, bunter, weniger. Die demographische Herausforderung an die Kultur. Bielefeld. S. 81–108.

Bourdieu, P. ([6]1993): Die feinen Unterschiede. Kritik der gesellschaftlichen Urteilskraft. Frankfurt/Main.

Bourdieu, P. (2001): Wie die Kultur zum Bauern kommt. Über Bildung, Schule und Politik (= Schriften zu Politik und Kultur, 4). Hamburg.

Brügel, J. W. (1967): Tschechen und Deutsche 1918–1938. München.

Daxner, M. (2006): Kultur und Demografie: Die europäische Dimension. In: Stiftung Niedersachen [Hrsg.]: älter, bunter, weniger. Die demographische Herausforderung an die Kultur. Bielefeld. S. 109–119.

Deutscher Bundestag [Hrsg.] (2008): Kultur in Deutschland. Schlussbericht der Enquete-Kommission. Bonn: Bundeszentrale für politische Bildung.

Dreyer, M. (2009): Der demografische Wandel und die Kultur – was haben beide miteinander zu tun? In: Hausmann, A. und J. Körner [Hrsg.]: Demografischer Wandel und Kultur. Veränderungen im Kulturangebot und der Kulturnachfrage. Wiesbaden. S. 35–48.

Glaser, H. (1999): Deutsche Kultur 1945–2000. Berlin.

Goehler, A. (2008): Kulturgesellschaft – mehr und anders als der Sozialstaat. In: Mandel, B. [Hrsg.]: Audience Development, Kulturmanagement, Kulturelle Bildung. Konzeptionen und Handlungsfelder der Kulturvermittlung. München. S. 75–78.

Göschel, A. (1995): Die Ungleichzeitigkeit in der Kultur. Wandel des Kulturbegriffs in vier Generationen. Essen.

Grisebach, L. (1985): 1971–1985. Von der ‚Kargen Kunst‘ zum ‚Hunger nach Bildern‘. In: 1945–1985. Kunst der Bundesrepublik Deutschland. Hrsg. von der Nationalgalerie Staatliche Museen Preußischer Kulturbesitz. Berlin.

Günther, H. (1988): Klassik und Weltliteratur. In: Simm, H.-J. [Hrsg.]: Literarische Klassik. Frankfurt/Main. S. 87–100.

Hoffmann, H. (1981): Kultur für alle. Perspektive und Modelle. Frankfurt/Main.

Höhne, S. (2009): Kunst- und Kulturmanagement. Eine Einführung. Paderborn.

Jedem Kind ein Instrument (2009). Hrsg. vom Ministerium für Familie, Kinder, Jugend, Kultur und Sport NRW. Online in Internet: www.jedemkind.de/programm/informationen/grundlagen.php, [Stand 22.02.09].

Keuchel, S. (2009): ‚Kultur für alle‘ in einer gebildeten, ungebundenen, multikulturellen und veralteten Gesellschaft? Der demografische Wandel und seine Konsequenzen für die kulturelle Partizipation. In: Hausmann, A. und J. Körner [Hrsg.]: Demografischer Wandel und Kultur. Veränderungen im Kulturangebot und der Kulturnachfrage. Wiesbaden. S. 149–176.

Kirchberg, V. (2005): Kulturvermittlung und Kulturorganisation. Der Studiengang „Angewandte Kulturwissenschaften" an der Universität Lüneburg. In: Mandel, B. [Hrsg.]: Kulturvermittlung zwischen kultureller Bildung und Kulturmarketing. Eine Profession mit Zukunft. Bielefeld. S. 150–162.

Kokoschka, C., Gerland, V. und G. Rehberg (2006): Babylon im Konzerthaus? Kulturelle Vielfalt als Herausforderung für die kommunale Kulturpolitik. In: Kulturpolitische Mitteilungen I/112, S. 47–50.

Kretzenbacher, H. (1992): Der ‚erweiterte Kulturbegriff‘ in der außenkulturpolitischen Diskussion der Bundesrepublik Deutschland. In: Jahrbuch Deutsch als Fremdsprache 18, S. 170–196.

Mandel, B. [Hrsg.] (2008): Audience Development, Kulturmanagement, Kulturelle Bildung. Konzeptionen und Handlungsfelder der Kulturvermittlung. München.

Müller-Funk, W. (2006): Kulturtheorie. Einführung in Schlüsseltexte der Kulturwissenschaften. Tübingen. Basel.

Musil, Robert (1975): Der Mann ohne Eigenschaften. Berlin: Volk und Welt.

Neisener, I. (2009): Von der Kulturentwicklungsplanung zur ‚Kulturabwicklungsplanung‘? Kulturelle Planungen im Kontext des demografischen Wandels. In: Hausmann, A. und J. Körner [Hrsg.]: Demografischer Wandel und Kultur. Veränderungen im Kulturangebot und der Kulturnachfrage. Wiesbaden. S. 83–106.

Pavkovic, G. (2006): Stuttgart als internationale Stadt. Zur Notwendigkeit einer kommunalen Integrationspolitik in der Einwanderungsgesellschaft. In: Kulturpolitische Mitteilungen I/112, S. 43–46.

Schäffter, O. (1991): Modi des Fremderlebens. Deutungsmuster im Umgang mit Fremdheit. In: Ders. [Hrsg.], Das Fremde. Erfahrungsmöglichkeiten zwischen Faszination und Bedrohung. Opladen. S. 11–42.

Schneider, W. (Hrsg.): (2011): Theater und Migration. Herausforderungen für Kulturpolitik und Theaterpraxis. Bielefeld. Statistische Ämter des Bundes und der Länder [Hrsg.] (2010): Kulturfinanzbericht. Wiesbaden: Statistisches Bundesamt. Online in Internet: http://www.statistikportal.de/statistikportal/kulturfinanzbericht_2010.pdf

Terkessidis, M. (2008): Diversity statt Integration. Kultur- und integrationspolitische Entwicklungen der letzten Jahre. In: Kulturpolitische Mitteilungen IV/123, S. 47–52.

Tutucu, E. und F. Kröger (2006): Brachland, Baustellen und Bausteine. Interkulturelle Kulturarbeit aus der Sicht kommunaler Kultur- und Jugendämter. In: Kulturpolitische Mitteilungen I/112, S. 39–42.

Wagner, B. (2006): Kulturpolitik in einer multiethnischen und multikulturellen Gesellschaft. In: Kulturpolitische Mitteilungen I/112, S. 36–38.

Wagner, B. (2008): PerspektivWechsel: Integration, Interkultur, Diversity. In: Kulturpolitische Mitteilungen IV/123, S. 36.

Zembylas, T. (2004): Kulturbetriebslehre. Grundlagen einer Inter-Disziplin. Wiesbaden.

9 Interkulturelle Öffnung als Herausforderung für die Medien

Karl-Heinz Meier-Braun

9.1 Ausgangssituation

Integration und Migration haben bei den öffentlich-rechtlichen Rundfunkanstalten eine lange Tradition. So richtete beispielsweise der Süddeutsche Rundfunk (SDR) bereits am 1.12.1961 eine halbstündige Wochensendung für Italiener ein. Die neun Landesrundfunkanstalten der ARD beschlossen, vom 1.11.1964 an ein allabendliches Ausländerprogramm im Hörfunk gemeinsam auszustrahlen. Dieser „Gastarbeiterfunk" richtete sich an italienische, türkische, griechische, spanische und jugoslawische Hörer, das heißt Einwanderer wurden durchaus als potenzielle Mediennutzer erkannt und ernst genommen.

Andererseits gelangten Migranten in die Schlagzeilen der Medien: *"Die Türken kommen – rette sich wer kann"*, so titelte das Nachrichtenmagazin "Der Spiegel" 1973. Andere ähnlich lautende Aussagen etablierten eine tendenziell negative Darstellung von Zuwanderern. Solche wurde noch verschärft durch das nicht nur in der Boulevardpresse und bereits in den 1960er Jahren verbreitete Klischee vom gewalttätigen Ausländer, wie zum Beispiel 1964 in der Zeitungsschlagzeile: *"Gastarbeiter erstach Deutschen"*. Zuletzt beteiligten sich die Medien massiv an der Debatte um das Scheitern der multikulturellen Gesellschaft. Der Spiegel stellte 1997 fest: *„Die Ausländerintegration ist gescheitert. Überall im Land entsteht eine explosive Spannung. Bei jungen Türken und Aussiedlern, Randgruppen ohne Perspektive, wächst die Bereitschaft, sich mit Gewalt zu holen, was die Gesellschaft ihnen verweigert."*

Insgesamt zeichnen Medien oft noch ein undifferenziertes Bild der Ausländer in Deutschland. Die Weiterentwicklung, die in der zweiten und weiteren Generation stattgefunden hat, wird zu wenig berücksichtigt. Die "Frau mit dem Kopftuch" erscheint immer noch als das Symbol für die Mehrzahl der Ausländer, gemeint sind dann vor allem Türken bzw. Muslime, hierzulande. Die Berichterstattung über den Islam vor allem seit dem 11. September 2001erscheint problematisch. Man könnte meinen, der Islam und die Muslime – also in erster Linie die Türken – seien eine Bedrohung für die deutsche Kultur und Gesellschaft, sogar eine Gefahr für das Christentum. Das verzerrt die Wirklichkeit. Es fehlen positive oder auch "normale" Bilder aus der Alltagswirklichkeit im Zusammenleben zwischen Einheimischen und Zugewanderten.

Insgesamt bescheinigen aber auch kritische Beobachter den Medien, dass sie ihre Anstrengungen in den letzten Jahren im „Integrationsbereich" verstärkt haben. So stellte beispielsweise die Arbeitsgruppe Medien der Deutschen Islam Konferenz Verbesserungen fest. Folgend lassen sich auf den Ebenen Organisations-, Personal- sowie Programm- (d. h. Produkt)-

entwicklung Bemühungen und Maßnahmen zur Interkulturellen Öffnung der Medien erkennen. Dabei werde ich beispielhaft vor allem auf Entwicklungen beim SWR eingehen.

9.2 Migranten als Adressaten von und Gegenstand in deutschen Medien

Seit langem beschäftigt sich die Medienforschung der öffentlich-rechtlichen Rundfunkanstalten mit dem Thema Integration. Bereits 1981 wurde von Infratest im Auftrag der Medienkommission ARD/ZDF eine repräsentative Umfrage zu „Massenmedien und Ausländer" vorgenommen. Im Juni 2007 hat die Medienkommission eine aktuelle Studie im Rahmen einer Fachtagung zu „Migranten und Medien" vorgestellt. Diese Studie widerlegt das verbreitete Vorurteil, Migranten hätten sich gleichsam mit der Satellitenschüssel in ein Medienghetto abgekapselt. Das Gegenteil ist richtig: Auf der Basis von 3010 geführten Telefoninterviews konnte nachgewiesen werden, dass deutsche wie fremdsprachige Medien gleichermaßen genutzt werden.

Heimatsprachliche Medienangebote dienen als zusätzliche Informationsquellen und erlauben eine Rückbindung an das Herkunftsland (Simon 2007, 434). 86% der Migranten nutzen an mindestens vier Tagen der Woche das deutsche Fernsehangebot, ein Viertel von ihnen verfolgt auch heimatsprachlichen Fernsehsendungen. Im Vergleich dazu werden die Radioprogramme weniger häufig eingeschaltet. 48% der Migranten sind regelmäßige Hörer deutschsprachiger Radioprogramme, 3 % bevorzugen einen Mix aus deutsch- und fremdsprachigen Programmen und 4 % hören ausschließlich Radiosendungen in den Herkunftssprachen. Das Presse- und Onlineangebot in den Herkunftssprachen wird weniger häufig genutzt als das Angebot an deutschsprachigen Tageszeitungen und Internetseiten (a. a. O., 432).

Eine Pilotstudie aus dem Jahr 2007 (Ruhrmann u. a.) hat sich erstmals mit der Rezeption und Wirkung von TV-Nachrichten über Migranten und Migrantinnen aus der Sicht unterschiedlicher Bevölkerungsgruppen beschäftigt. Je nach Lebenshintergrund und Einstellungen entwickeln die Zuschauer unterschiedliche Meinungen zur Migration in Deutschland. Auch diese Studie kommt u.a. zu dem Ergebnis, dass Migranten das Fernsehen am häufigsten als Informationsquelle nutzen, ARD und ZDF gelten bei den Inländern, die Privaten bei den Migranten als die am häufigsten genannten Lieblingssender. Das Thema „Migration in den Medien" wird von Migrantinnen und Migranten anders wahrgenommen als von Inländern. Letztere bevorzugen eher Beiträge mit weniger negativ-kontroversem Themenfokus. Ausländische Rezipienten bewerten TV-Nachrichten über Migrantinnen und Migranten insgesamt als pessimistischer und parteiischer, was – nach Meinung der Autoren – für eine gruppenspezifische Wahrnehmung von Nachrichten spricht.

Im Rahmen einer Gemeinschaftsstudie, an der neben Sinus Sociovision (2008) verschiedene Institutionen beteiligt waren, wurde unter der Patenschaft von Südwestrundfunk (SWR) und der Landesanstalt für Kommunikation (LFK) in Stuttgart auch das Medienverhalten von Migranten in Deutschland milieuorientiert untersucht.

Die Ergebnisse zum Medienverhalten weisen das Fernsehen als das wichtigste Medium aus, gefolgt vom Hörfunk. Das Internet wird eher in den jüngeren Milieus genutzt, die Tageszeitung in den älteren. Regionale und thematische Interessen ähneln in ihren Mustern denen der deutschen Wohnbevölkerung. Die Programmpräferenzen im Fernsehen sind, trotz vielfältiger

Satellitenempfangsmöglichkeiten, stark am deutschen Fernsehangebot orientiert. Auch hier sind die Muster in den Migrantenmilieus und den Milieus der deutschen Bevölkerung durchaus vergleichbar. Dies gilt auch für die Hörfunknutzung – hier setzen sich die regional verfügbaren Programme durch.

Der Frage nach Fernsehprogrammpräferenzen kommt eine mehrschichtige Bedeutung zu. Neben den generellen Präferenzen geht es dabei auch um die Unterschiede zwischen den Migrantengruppen und/oder soziodemografischen Teilgruppen. Der Blick auf die bevorzugten Programme zeigt, inwieweit man sich (noch) am Herkunftsland orientiert. Insgesamt liegen fünf Programme deutlich an der Spitze der Gunst der Menschen mit Migrationshintergrund (liebstes oder zweitliebstes Fernsehprogramm), nämlich (alphabetisch) Das Erste, ProSieben, RTL, Sat.1 und das ZDF. Die Unterschiede zwischen den Programmen lassen sich ähnlich segmentieren, wie dies am Beispiel der deutschen Bevölkerung möglich ist. RTL erhält die höchste Zustimmung bei den 14- bis 29-Jährigen und bei den 30- bis 44-Jährigen. In den Altersgruppen 45 Jahre bis 59 Jahre und ab 60 Jahre liegt dagegen Das Erste vorne. Und während insgesamt die Privatsender RTL und ProSieben ihre Schwerpunkte bei den Menschen bis 44 Jahre haben, liegen sie beim Ersten und beim ZDF im Bereich ab 45 Jahre.

Eine neue Studie von ARD und ZDF aus dem Jahre 2011 hebt ebenfalls hervor, dass das Fernsehen das Leitmedium – über alle ethnischen Gruppen hinweg – ist. Vorrangig ist dabei das deutschsprachige Fernsehprogramm. Nur eine Minderheit nutzt ausschließlich heimatsprachliche Programme. Wie bei der Gesamtbevölkerung ist bei jungen Menschen mit Migrationshintergrund die Nutzung des Internets stark angestiegen.

Da sich der Anteil der Menschen und damit der Medienkonsumenten mit Migrationshintergrund weiter erhöhen wird, steigt die Notwendigkeit, sich in der Programmgestaltung auf die Bedarfe und Bedürfnisse dieser Mediennutzer einzustellen und Programminhalte und -gestaltung einerseits im Sinne spezifischer Konsumgewohnheiten und -interessen, aber auch in Bezug auf die Art und Weise der Darstellung von kulturellen Gruppen zu modifizieren.

9.3   Maßnahmen Interkultureller Öffnung am Beispiel des Südwestrundfunks

Programmgestaltung

Im Laufe der Jahre ging die Nutzung des oben erwähnten „Gastarbeiterfunks" immer weiter zurück. Die Sendungen wurden der veränderten Situation im Einwanderungsland Deutschland angepasst. Die Bewusstseins- und Praxisveränderung führte zu einem interkulturellen Angebot. Aus den „Gastarbeitersendungen" wurde ein multikulturelles Angebot für Menschen mit und ohne Migrationshintergrund. Die sogenannte „Ethnic diversity" ist inzwischen Teil der Unternehmenskultur beim SWR. Mit den Beiträgen von „SWR International" hat der Sender ein modernes Radioangebot in deutscher Sprache eingerichtet, das durch ein einzigartiges, mehrsprachiges Internetangebot ergänzt wird. Außerdem ist das Thema Migration und Integration längst in der Mitte des Programms verankert. Beim SWR wird mit Migranten und nicht über sie gesprochen. Als Vertreter der Migranten saß Memet Kilic seit Gründung des SWR im Rundfunkrat. Sein Nachfolger ist Rino Iervolino, ein Rechtsanwalt mit italienischen Wurzeln.

Seit über 10 Jahren gibt es eine Fachredaktion SWR International mit Sitz in Stuttgart, die aus der früheren Ausländerredaktion hervorgegangen ist. Die Abteilung hat innerhalb des SWR eine Querschnittsfunktion. Sie beliefert alle Programme mit Informationen und Beiträgen und stellt innerhalb des Senders ein Kompetenzzentrum für Migration, Integration und Interkulturelles dar. Zahlreiche Beiträge bieten einen Querschnitt des interkulturellen Lebens im SWR-Sendegebiet. Sie spiegeln die Vielfalt der Menschen in Baden-Württemberg und Rheinland-Pfalz wider.

Mit einer breiten Palette von Themen aus Baden-Württemberg, Rheinland-Pfalz, dem gesamten Bundesgebiet und auch aus dem Ausland leistet die Redaktion einen Beitrag für die Integration von Migranten. Deutschen Hörern möchte SWR International einen anderen Blickwinkel für das Zusammenleben von Zugewanderten und Einheimischen liefern und damit auch zu einem besseren gegenseitigen Verständnis beitragen. Journalisten mit einem multikulturellen Hintergrund gestalten die Sendungen und schaffen so einen „lebenden Beweis" für die Integration in den Medien. Im Zeitalter der Digitalisierung unserer Medienlandschaft und der weltweiten medialen Vernetzung ist es wichtig, die Themenfelder Migration und Integration auch in den Neuen Medien zu behandeln. Die Onlineangebote des SWR, darunter SWR.de, SWR3.de und ARD.de, beschäftigen sich regelmäßig im Rahmen der Programmbegleitung mit diesen Themenkomplexen.

SWR International präsentiert sich seit Januar 2003 auf der Internetseite http://www.swr.de/international. Ergänzend zu den deutschsprachigen Hörfunkangeboten werden hier aktuelle Nachrichten, Tipps, Veranstaltungshinweise, Berichte und Links angeboten. Über das Internet können die Sendungen von SWR International gehört, einzelne Beiträge abgerufen und Manuskripte zu einzelnen größeren Sendungen heruntergeladen werden. Zu speziellen Aktionen werden Votings (Abstimmungen per Internet), Live-Übertragungen (z. B. vom Medienforum), Diskussionsforen (Chats) oder Weblogs angeboten. Der Internetauftritt von SWR International stellt für Einheimische wie Zuwanderer eine Bereicherung dar. Die Seiten sollen Schritt für Schritt zu einem Portal mit regionalen Terminen, Archiven und Adressen umgebaut werden. Seit Februar 2006 bietet SWR International alle Sendungen und Beiträge auch als Podcast an.

Als erster Sender der ARD hat der SWR am 20. April 2007 ein Islamisches Wort eingerichtet. Die Entscheidung hat zu einer breiten Diskussion in der Öffentlichkeit geführt. Nach den Worten des Intendanten Peter Boudgoust ist das „Islamische Wort ein wichtiges Stück praktizierter Integration und wirkt der Entfremdung von Bevölkerungsgruppen in Deutschland entgegen." Regelmäßige Programmaktionen öffnen die SWR-Programme gezielt für integrative Themen. Beispiele sind:

- Schwerpunktwoche Islam im gesamten SWR. Zahlreiche Erklärstücke, Reportagen, Diskussionen mit enger Hörereinbindung und Hörerbeteiligung. SWR International und RKG lieferten in dieser Woche über 50 Beiträge für die SWR-Wellen zu, waren beratend für Landesschau BW, Landesschau RP, Nachtcafé etc. tätig. Ähnliches galt auch für die ARD-Schwerpunktwoche „Kinder sind Zukunft".

- Bei SWR2 kümmert sich der Bereich „Wissen" systematisch und regelmäßig um das Thema Ausländerintegration und Migration. Es werden Programmschwerpunkte gesetzt, neben dem Thema „Islam" zum Beispiel auch „Südamerika" und „Afrika", die auch im Internet begleitet werden.

- Kolleginnen und Kollegen von SWR International sind zu Gast in Sendungen wie „Kaffee oder Tee" und „ARD Buffet" und erläutern z. B. Küchentraditionen und Rezepte aus ihren Herkunftsländern so, dass sie auch hier bei uns umgesetzt werden können. Neben Kochtipps enthalten diese Beiträge viel Hintergrund zu Tradition, Essensgewohnheiten, Nahrungsmittelkunde etc.

- Häufig nutzt die Redaktion z. B. Feiertage, um Integrationsthemen zu transportieren. Beispielsweise werden Beiträge über das Osterfest in islamischen Familien gemacht, über rote Ostereier bei Griechen, über die Karfreitagsprozession der Italiener in zahlreichen Gemeinden und Städten im Sendegebiet, über Rezepte für Lammbraten von Kroaten, bis hin zu „Ostern bei deutschen Rentnern in Antalya".

- Experten bzw. Wissenschaftler mit Migrationshintergrund werden nicht nur als Gesprächspartner zum Thema Migration und Integration zu Rate gezogen. Ein Chefdesigner von DaimlerChrysler z. B. ist Inder. Er tritt in den Sendungen „Nachtkultur" oder „Landesschau BW" als Designer und Experte auf, wenn es um Baden-Württemberg als Design-Standort geht. Dass ein Inder eine der Autoritäten für Design im Südwesten ist, läuft dann als Normalität im Programm. Dass er Inder ist, wird in der Regel gar nicht weiter thematisiert, im Fernsehen von den Zuschauern jedoch wahrgenommen. Auch dies ist Integration in den SWR-Programmen.

Organisationsentwicklung: Integrationsbeauftragter und Fachkompetenz

Vor fast 20 Jahren wurde die Position eines Ausländerbeauftragten – inzwischen zum Integrationsbeauftragten umbenannt – geschaffen, die bei der Intendanz angesiedelt ist. Der Integrationsbeauftragte des SWR wirkt bei "übergreifenden Themen" wie Bleiberecht, neue Regelungen in Sachen Zuwanderung, weltweite Migration etc. direkt in die SWR-Wellen hinein. Er, bzw. Vertreter der Redaktion SWR International, sind bei den Konferenzen von SWR1, SWR2, der Schalte mit dem Hauptstadtstudio, Regionalschalten etc. vertreten. Sie schlagen Themenschwerpunkte vor, vermitteln Gesprächspartner für Live- und Hintergrundgespräche, beraten auch zur Art der Fragestellung und Vermittlung des Themas. Der Integrationsbeauftragte ist Ansprechpartner für Redaktion, Technik und Verwaltung im SWR. Er ist Kontaktperson des SWR für alle Fragen, die die Themenbereiche Ausländer, Flüchtlinge, Migration, Asyl, Aussiedler oder ethnische Minderheiten betreffen. Meier-Braun sorgt für einen kontinuierlichen Informationsaustausch mit allen Einrichtungen und Institutionen, die im Bereich der Ausländer- und Migrantenarbeit tätig sind.

Personalentwicklung

Die Aus- und Fortbildung im Bereich der Migration hat im SWR und seinen Vorgängereinrichtungen eine lange Geschichte. So haben Seminare zur Wortwahl, Benennung von Nationalitäten bei Nachrichten oder Polizeimeldungen im SWR die Kompetenz im redaktionellen Bereich im Laufe der Jahre beständig erhöht. Vor über 20 Jahren wurde das „Medienforum Migranten bei uns" in enger Zusammenarbeit mit der damaligen ZFP (Zentrale Fortbildung Programm-Mitarbeiter ARD/ZDF) und heutigen ARD.ZDF Medienakademie ins Leben gerufen. Alle zwei Jahre treffen sich bei dieser Konferenz Mitarbeiterinnen und Mitarbeiter von ARD und ZDF, Migranten, Wissenschaftler, Politiker und engagierte Hörerinnen und Hörer bei einer der größten Fortbildungs- und Konferenzveranstaltungen zu Migranten in den Medien im deutschsprachigen Raum. Beim „Medienforum Migranten bei uns" wurden im Laufe der Jahre immer wieder deutliche Akzente in Sachen Integration gesetzt. Im SWR arbeiten Kolleginnen und Kollegen aus 43 Nationen. SWR International fördert junge JournalistInnen mit Migrationshintergrund und bietet gezielt Hospitanzen und Praktika an. Die Fachredaktion steht Volontären als Station während der Ausbildung zur Verfügung. Durch diese Bemühungen haben in manchen Jahren etwa ein Drittel aller Auszubildenden im redaktionellen Bereich einen Migrationshintergrund.

Viele, die ihre Ausbildung beendet haben, arbeiten in Redaktionen wie BW Aktuell, SWR1 Magazine, FS Ausland, Kaffee oder Tee, Radio Stuttgart, Zentrale Information oder im Sport und bringen hier – fast "indirekt" – ihre interkulturelle Kompetenz ein. Beitragsthemen, die früher noch viele Diskussionen ausgelöst hätten, finden heute ganz selbstverständlich in den SWR-Programmen statt, werden kompetent aufgearbeitet und stoßen auf gute Resonanz bei den Hörerinnen und Hörern mit und ohne Migrationshintergrund. Was für das Programm gilt, trifft auch auf alle anderen Unternehmensbereiche, auf Verwaltung und Technik zu. Die Mitarbeiterinnen und Mitarbeiter mit mehrsprachigem, multikulturellem Hintergrund sind eine wichtige Ressource des Senders. Sie bereichern das redaktionelle Bearbeiten, bringen einen anderen Blickwinkel und Sachverstand ein, erleichtern die Berichtserstattung und binden ein neues Publikum an die Medien.

Mit dieser Position nimmt der SWR eine Vorreiterrolle ein. Journalistinnen und Journalisten aus den Einwandererfamilien sind zwar schon längst keine Exoten mehr in der deutschen Medienlandschaft, dennoch finden sich immer noch viel zu wenige von ihnen in Presse, Funk und Fernsehen. So wird ihr Redaktionsanteil nur auf zwei bis drei Prozent geschätzt (Geißler 2010, Geißler, Pöttker 2005). Gerade hier müssen die öffentlich-rechtlichen Rundfunkanstalten, aber auch die Printmedien, ihre Bemühungen verstärken und im Bereich der Personalbeschaffung, der Personalverwaltung, Personalentwicklung und seiner Unternehmenskultur entsprechenden Wert auf kulturelle Vielfalt, Vielfalt von Kompetenzen, Chancengleichheit und die Beschäftigung von Menschen mit Migrationshintergrund legen.

Grundlage für den SWR sind die geltenden Regelungen zur Allgemeinen Gleichbehandlung sowie die europäischen Richtlinien zur Gleichbehandlung. Die Achtung und der Respekt gegenüber der Vielfalt der Mitarbeiterinnen und Mitarbeiter sind für den SWR als Medienunternehmen verpflichtender Bestandteil für attraktive Programmangebote in Hörfunk, Fernsehen und Online, die der Vielfalt der Gesellschaft, der Vielfalt unserer Nutzerinnen und Nutzer gerecht werden. Um diese Zielstellung im Kontext von Interkultureller Öffnung organisatorisch zu verankern wurde beim SWR – neben einem Beauftragten für Chancengleichheit (mit Schwerpunkt Gender-Mainstreaming) und einem Beauftragte für Menschen mit Behinderungen an allen drei Unternehmensstandorten – ein Integrationsbeauftragter (Zielgruppe Personen mit Migrationshintergrund) für das Gesamtunternehmen etabliert. Für die Abwicklung von Bewerbungsverfahren hat das interne Personal-, Bewerbungs- und Personalentwicklungsmanagement ein papierloses Softwaresystem mit Möglichkeiten für anonymisierte oder teil-anonymisierte Verfahren zur Vermeidung von Diskriminierung installiert.

SWR International fordert zudem gezielt Personen mit Migrationshintergrund auf, sich beim SWR zu bewerben. Der Integrationsbeauftragte arbeitet hierfür mit Migrantenverbänden, Hochschulen (z. B. Hochschule der Medien, Filmakademie, Universitäten mit medienbezogenen Studiengängen), Integrationsbeauftragten auf kommunaler und Landes-Ebene zusammen. In Broschüren, Onlineangeboten und Beschreibungen von Ausbildungsangeboten werden Migrantinnen und Migranten ausdrücklich genannt. Dies gilt sowohl für den journalistischen Bereich, als auch für die Bereiche Technik, Verwaltung, Management, Marketing etc.

Auch im Bereich der Nachwuchsförderung durch Praktika, BOGY (Berufsorientierung für Schülerinnen und Schüler) geht SWR International direkt auf Jugendliche mit Migrationshintergrund zu und informieren über die Möglichkeiten, die der SWR bietet.

In allen online und papiergebundenen Bewerbungsverfahren wurden früher bestehende Hürden, die Bewerberinnen und Bewerber mit Migrationshintergrund benachteiligen könnten, abgebaut. Im Ausland erworbene Qualifikationen und Ausbildungen werden anerkannt (Einzelfallprüfung). Fachbereiche des Südwestrundfunks, z. B. SWR International (Fachredaktion für Migration und Integration) oder die SWR Wirtschaftsredaktion sind regelmäßig bei Veranstaltungen und Fachmessen vertreten, bei denen der SWR als potenzieller Arbeitgeber vorgestellt und über Bewerbungsverfahren informiert wird. Gezielt bemüht sich die Redaktion seit Jahren, Nachwuchsjournalisten aus dem Migrantenbereich zu fördern. So sind bis zu einem Drittel aller Hospitanten, Praktikanten und Volontäre Menschen mit Migrationshintergrund.

Auch der Westdeutsche Rundfunk (WDR) engagiert sich seit langem in diesem Bereich, beispielsweise mit der Talentsuch-Initiative „WDR grenzenlos". Beide Sender werden deshalb im Jahresgutachten 2010 des Sachverständigenrates deutscher Stiftungen für Integration und Migration lobend erwähnt. Zur weiteren Förderung der Vielfalt plant der Südwestrundfunk beispielsweise eine Befragung aller Beschäftigten über das Intranet vor. Auf freiwilliger Basis können Mitarbeiterinnen und Mitarbeiter sprachliche Fähigkeiten, ethnischen Hintergrund, Hobbies oder außerbetriebliches Fachwissen, das für den SWR jedoch interessant sein könnte, angeben. Die Informationen werden vor allem im redaktionellen Bereich genutzt werden, um Vielfalt als Ressource im Südwestrundfunk weiter auszubauen und zu nutzen.

Aktuelle Maßnahmen medialer interkultureller Öffnung

Ein Beispiel des Südwestfunks:

- **Programmgestaltung:** ethnic diversity - mehrsprachige Programme, Beiträge zum interkulturellen Leben im Sendegebiet, Internetangebote, Programmaktionen für integrative Themen, Integration „mitten im Programm"
- **Organisationsentwicklung:** Integrationsbeauftragter, kontinuierlicher Austausch mit Einrichtungen und Institutionen
- **Personalentwicklung:** Aus- und Weiterbildung z.B. Seminare zur Wortwahl und Benennung von Nationalitäten, Konferenzen, gezieltes Anwerben von PraktikantInnen mit Migrationshintergrund, (teil)anonymisierte Bewerbungsverfahren, aktive Bewerbungsaufforderung von Migranten

Abb. 9.1:   Aktuelle Maßnahmen medialer interkultureller Öffnung

9.4   Zusammenfassung und Ausblick

Im SWR findet die Integration „mitten im Programm" statt. Zahlreiche Journalistinnen und Journalisten haben selbst einen Migrationshintergrund. In diesem Zusammenhang schrieb eine Tageszeitung: *„Hier wird auch eingelöst, was oft nur vollmundig verlangt wird: mehr*

Menschen mit Migrationshintergrund ans Mikrofon, wie die Moderatoren Cüneyt Özadali, Anna Koktsidou oder Utku Pazarkaya" (taz vom 16. Oktober 2007).

Im SWR findet die Integration „mitten im Programm" statt. Zahlreiche Journalistinnen und Journalisten haben selbst einen Migrationshintergrund. Nicht nur in der eigens auf diese Themen ausgerichtet Fachredaktion, sondern im ganzen Haus richten die Journalistinnen und Journalisten auf das Thema ihr besonderes Augenmerk. Sie kommen mit Migranten ins Gespräch, statt nur über sie zu berichten. Auch in der Unternehmenskultur des SWR spielt das Thema Integration und kulturelle Vielfalt eine große Rolle. Sowohl in der regionalen Berichterstattung also auch in der Zulieferung des SWR zum ARD-Gemeinschaftsprogramm „Das Erste" ist Integration immer wieder ein wichtiges Thema. Der SWR wird als zweitgrößter Sender der ARD die Thematik sowohl im eigenen Haus also auch in der ARD weiter voranbringen.

Im Rahmen des 1. Fortschrittsberichts des Nationalen Integrationsplans strebt die ARD an, *„in naher Zukunft für ihre Hauptinformationsformate im Ersten verstärkt geeignete Journalist/Innen mit Migrationshintergrund zu gewinnen".* Der Fortschrittsbericht stellt auch fest, dass der Nationale Integrationsplan in den Medien die Sache der Integration voran gebracht hat. Durch den demographischen Wandel werden Migranten gerade auch für die Presse immer wichtiger als Leser oder Abonnenten. Alle Studien belegen, dass Menschen mit Migrationshintergrund, sowohl deutsche als auch fremdsprachige Medien benutzen. Die Medien stehen hier vor einer Herausforderung, das ungenutzte Potenzial dieser Zielgruppe zu erschließen und Migranten noch besser in die Medien zu integrieren.

Für die weitere Etablierung von Strategien der Interkulturellen Öffnung im SWR bzw. in allen bundesrepublikanischen Medien lassen sich folgende Zielstellungen thesenhaft formulieren:

- Besonders in den jungen Jahrgängen, deren Einbeziehung in die Programme sich der SWR als Unternehmensziel gesetzt hat, gibt es heute schon überdurchschnittliche Anteile von Migrantinnen und Migranten. Bis zum Jahr 2019 wird aufgrund des demographischen Wandels voraussichtlich fast die Hälfte aller Gebührenzahlerinnen und Gebührenzahler einen Migrationshintergrund haben. Diesem Sachverhalt müssen alle Bereiche von Organisations-, Personal- und Produktentwicklung proportional Rechnung tragen.

- Die Alltagswirklichkeit einer Gesellschaft mit vielen Kulturen muss sich als Normalität in den Medien widerspiegeln. Dazu gehört auch, dass der Kultur- und Heimatbegriff der Realität eines multikulturellen Landes angepasst wird.

- Das Thema „Migration und Integration" ist als Querschnittsaufgabe in den Medien zu verankern. Diese Aufgabe muss zur „Chefsache" werden und entsprechende strukturelle Unterstützung erhalten.

- Medienunternehmen haben darauf hinzuwirken, dass das Redaktionspersonal die kulturelle Pluralität der Gesellschaft adäquat abbildet. Entsprechend müssen mehr Journalisten und Medienschaffende mit migrantischem Hintergrund ausgebildet werden. Mitarbeiter und Führungskräfte sollten zudem in der Aus- und Fortbildung besser über Themen der Migration und Integration informiert werden und interkulturelle Kompetenzen vermittelt bekommen.

9.5 Vertiefungsaufgaben und -fragen

1. Erstellen Sie eine Medienanalyse ausgewählter Tageszeitungen Ihrer Region hinsichtlich der Repräsentanz von Themen zur Alltagswirklichkeit einer multikulturellen Gesellschaft.

2. Entwerfen Sie ein Konzept für eine interkulturelle Jugendzeitschrift oder ein Multi-Media-Portal.

3. Entwickeln Sie ein Weiterbildungsformat für die Redaktionsmitarbeiter eines lokalen TV- oder Radiomagazins zur Interkulturellen Öffnung der Programmgestaltung.

9.6 Literatur

FORSA-Studie (2011): Berichterstattung über Integration in Medien, Köln.

Geißler, R. und H. Pöttker [Hrsg.] (2005): Massenmedien und die Integration ethnischer Minderheiten in Deutschland. Problemaufriss – Forschungsstand – Bibliographie. Bielefeld. S. 83–126.

Geißler, R. (2010): Mehr Migranten in die Medien. Online in Internet: http://www.uni-siegen.de/phil/sozialwissenschaften/soziologie/mitarbeiter/geissler/_clavis_2010_geissler[1].pdf_.pdf [Stand 6.3.2012].

Lünenborg, M. (2009): Migrantinnen in den Medien. Eine systematische Literaturanalyse. Hrsg. vom Ministerium für Generationen, Familie, Frauen und Integration des Landes NRW. Düsseldorf.

Meier-Braun, K.H. (2002): Gefangen im Medienghetto? Migranten in Deutschland, in: tendenz, Magazin für Funk und Fernsehen der Bayerischen Landeszentrale für neue Medien, Heft 1/2002. S. 4–9.

Meier-Braun, K.H. (2009): Mit gutem Beispiel voran – Der SWR vom „Gastarbeiterfunk" zum multikulturellen Magazin, in: Herbert-Quandt-Stiftung [Hrsg.]: Migration und Medien. Standortbestimmungen aus Wissenschaft, Politik und Journalismus. Frankfurt. S. 39–46.

Meier-Braun, K.H. (2010): Migration und Integration. Eine Herausforderung für Politik und Medien – nicht erst seit der SINUS-Studie, in: Herbert-Quandt-Stiftung [Hrsg.]: Migranten als Zielgruppe. Beiträge zur Medienrezeptionsforschung und Programmplanung. Freiburg. S. 97–102.

Meier-Braun, K.H. (2011): Einwanderungsland D. Die Geschichte der Zuwanderung von Familien nach Deutschland, in: Fischer, V./Springer, M. [Hrsg.]: Handbuch Migration und Familie. Schwalbach/Ts. S. 36–47.

Meier-Braun, K.H. (2011): Medien, in: Fischer, V. und M. Springer [Hrsg.]: Handbuch Migration und Familie. Schwalbach/Ts., S. 177–188.

Ruhrmann, G. u.a. (2007): Medienrezeption in der Einwanderungsgesellschaft. Eine vergleichende Studie zur Wirkung von TV-Nachrichten. Mainz: Ministerium für Arbeit, Soziales, Gesundheit, Familie und Frauen des Landes Rheinland-Pfalz.

Simon, E. (2007): Migranten und Medien 2007. Zielsetzung, Konzeption und Basisdaten einer repräsentativen Studie der ARD/ZDF-Medienkommission. Media Perspektiven 9, S. 426–435.

SocioVision (2008): Sinus Migrantenmilieus in Deutschland 2008. Mannheim.

Westdeutscher Rundfunk (2011): Migranten und Medien 2011. Neue Erkenntnisse über Mediennutzung, Erwartungen und Einstellungen von Menschen mit Migrationshintergrund in Deutschland. Köln.

10 Interkulturelle Öffnung im Rahmen lokaler Integrationspolitik

Franziska Szoldatits

10.1 Entstehung und Analyse eines kommunalen Handlungsfeldes

Die Kommunalpolitik interessierte sich nach fast zwanzig Jahren Anwerbung ausländischer Arbeitskräfte erst Anfang der 1970er Jahre für die Thematik der Einwanderung. Ausschlaggebend hierfür war die sich aufgrund der kommunalen Praxis durchsetzende Erkenntnis, dass viele der zugewanderten Menschen blieben und ihre Familien nachholten. Mit der sozialen Beratung von Zugewanderten wurden in den Jahren zuvor die Wohlfahrtsverbände beauftragt, denn die Anwerbung von Arbeitskräften war auf begrenzte Zeit ausgerichtet und somit wurde langfristig angelegte kommunale Integrationspolitik gar nicht erst in Erwägung gezogen. Dieses Sondersystem in der Sozialberatung blieb noch viele Jahre bestehen und entlastete die Institutionen der Aufnahmegesellschaft wie etwa die Schule, die sozialen Dienste, insbesondere die Kinder- und Jugendhilfe (Filsinger 2009, 281, Schröer 2007, 16).

Ein 1979 erschienenes Memorandum des ersten Bundesausländerbeauftragten Heinz Kühn („Kühn-Memorandum") führte noch nicht zu einem systematischen Bundesintegrationsprogramm. Dies sollte weitere 25 Jahre dauern. In Großstädten wurden Studien und Programme zur Ausländerthematik erarbeitet, so zum Beispiel in Hamburg (1976), Köln (1978), Dortmund (1981) oder Essen (1984) (a. a. O., 16). Diese Aktivitäten waren defizitgeprägt und gingen von Problemlagen der Ausländerinnen und Ausländer aus, die es zu kompensieren galt. Parallel zur Ausländerberatung der Verbände gründeten sich in den 1970er Jahren lokale Initiativgruppen, die die Zugewanderten vor allem im Bildungsbereich unterstützten, ergänzt durch Stiftungen und engagierte Einzelpersonen, wie z. B. Rechtsanwälte oder Migrantinnen und Migranten selbst. „Die (kommunale) Regelversorgung wusste mit dieser Situation gut zu leben, weil sie sich damit schwieriger Herausforderungen entledigen konnte. Fragen der interkulturellen Öffnung haben sich damit gar nicht gestellt" (a. a. O., 6).

Die Sonderdienste für Ausländerinnen und Ausländer gerieten in den 1980er Jahren immer mehr in die Kritik. Ein Gutachten zu den Leistungen sozialer Dienste im Auftrag des Bundesministeriums für Arbeit und Sozialordnung und den Ministern und Senatoren für Arbeit und Soziales der Länder betrachtete die Zukunftsfähigkeit der Sonderdienste der Wohlfahrtsverbände kritisch. Zudem stellte das Gutachten fest: Die „Sozialberatung als bundesweites Beratungsangebot ist von der Erfüllung des Gleichheitsgrundsatzes weit entfernt" (Nestmann, Tiedt 1988, 89).

Es forderte die Beratung und Unterstützung der Ausländerinnen und Ausländer durch die Regelinstitutionen, da eine „Sonderversorgung immer auch soziale, gesellschaftliche Ausgrenzung bedeutet, Regelversorgung eine Voraussetzung für Integration und gesellschaftliche Akzeptanz ist" (a. a. O., 135).

In den 1980er und 90er Jahren wanderten neue Gruppen nach Deutschland ein: Flüchtlinge durch Kriege und gesellschaftliche Umbrüche, deutschstämmige Spätaussiedlerinnen und Spätaussiedler aus den ehemaligen Ostblockstaaten, jüdische Kontingentflüchtlinge sowie neue Gruppen von Arbeitsmigrantinnen und -migranten (z. B. Saisonarbeitnehmer) (Oltmer 2009, 161). Dies stellte die Städte vor gravierende Probleme, was ihre Handlungsbereitschaft erhöhte. Die auf Assimilation und Begrenzung von Zuwanderung ausgerichtete politische und gesellschaftliche Debatte behinderte jedoch die Ende der 70er und Anfang der 80er Jahre entstandenen Bemühungen städtischer Handlungsprogramme (Filsinger 2009, 283-284).

Impulse für die spätere Entwicklung kommunaler Integrationspolitik gaben u.a. Förderprogramme der Robert Bosch Stiftung (1978 bis 1993). Eine Anfang der 1990er Jahre von ihr initiierte Expertenrunde zum wissenschaftlichen Austausch und zur Entwicklung von Standards zur interkulturellen Öffnung mündete später in die Vorlage von „Empfehlungen zur interkulturellen Öffnung sozialer Dienste" durch Barwig und Hinz-Rommel (1995, in Gaitanides 2006). Einen weiteren Anstoß erhielt die Fachdebatte durch die Forderung Hinz-Rommels nach „interkultureller Kompetenz" als Bestandteil des Anforderungsprofils von Beschäftigten sozialer Dienste (Hinz-Rommel 1994). Dies führte zur Forderung der ehemaligen Beauftragten der Bundesregierung für die Belange der Ausländer, Cornelia Schmalz-Jacobsen, nach einer interkulturellen Öffnung der sozialen Dienste und darüber hinaus: „Die Interkulturelle Öffnung ist keine Aufgabe allein für die sozialen Dienste, sondern eine Herausforderung für die gesamte Gesellschaft" (Beauftragte der Bundesregierung 1994, 9).

In den 1990er und Anfang der 2000er Jahre („Phase der Modernisierung") wurden in den Kommunen frühere Aktivitäten wieder aufgegriffen oder neu gestartet, gebündelt, Konzepte mit interkultureller Ausrichtung erarbeitet und Beauftragte für integrationspolitische Fragen etabliert (Ämter, Stabsstellen). Das Anfang der 1990er Jahre gegründete „Amt für multikulturelle Angelegenheiten" der Stadt Frankfurt beispielsweise nahm bundesweit eine Vorreiterrolle ein (Filsinger 2009, 284). Umfassende Integrationskonzepte wurden vor allem in den 2000er Jahren ausgearbeitet (Gesemann, Roth 2009, 18).

Das herrschende Verständnis von Integration als von den Zugewanderten erwartete Assimilation war auf kommunaler Ebene abgelöst worden. Integration wurde nunmehr als langfristiger und beidseitiger Prozess verstanden, der von Seiten der Kommunalpolitik und Verwaltung bewusst, ausgerichtet an konkreten Zielen, gesteuert werden muss, einer Öffnung der eigenen Strukturen bedarf und Querschnittpolitik ist: „Integration findet vor Ort statt. Die Auswirkungen mangelnder oder gescheiterter Integrationspolitik sind in den Städten unmittelbar spürbar. Bund und Länder setzen die Rahmenbedingungen, aber den Prozess der Integration steuern, koordinieren und begleiten letztendlich die lokalen Akteure" (Deutscher Städtetag 2007, 3).

2005 sorgte der Wettbewerb „Erfolgreiche Integration ist kein Zufall" des Bundesinnenministeriums und der Bertelsmann Stiftung für einen weiteren Schub (Bertelsmann Stiftung, Bundesministerium des Innern 2005). In der Zusammenfassung der Wettbewerbsergebnisse ist zu lesen: „Die konzeptionelle Entwicklung auf dem Feld der interkulturellen Öffnung ist noch relativ neu. Ein entsprechender Handlungsbedarf wird von den Kommunen aber zunehmend erkannt. Zwar weisen fast alle Kommunen (95 %) ansatzweise derartige Maßnahmen nach, aber es mangelt noch an gezielten Strategien zur Implementierung von interkultureller Qualifizierung und Orientierung in alle Bereiche der Verwaltung" (a. a. O., 31).

Auch die Kommunale Gemeinschaftsstelle für Verwaltungsmanagement (KGSt) nahm sich in zwei Veröffentlichungen der Themen kommunale Integrationspolitik und Interkulturelle Öffnung an (KGSt 2005, 2008). Interkulturelle Öffnung der Verwaltung wird als integraler Bestandteil der Steuerung und Koordinierung von Integration verstanden. Damit verbundene, systematische Prozesse mit Auswirkungen auf die gesamte Verwaltung werden bisher jedoch nur von wenigen Kommunen verfolgt. Die Entwicklung lokaler Integrationspolitik wurde und wird vor allem durch Faktoren vor Ort in den Städten, Kreisen und Gemeinden geprägt. Dies sind die politischen, institutionellen, ökonomischen, sozialen und arbeitsmarktbezogenen Bedingungen sowie Struktur und Ressourcen der Bevölkerung mit Migrationshintergrund (Gesemann, Roth 2009, 13). In den letzten zehn Jahren verstärkten auch der Bund und die Länder ihre Anstrengungen zur Entwicklung umfassender Integrationskonzepte. Folgende Stationen waren dabei ausschlaggebend:

- Ein verändertes Staatsangehörigkeitsrecht (2000), welches das bis Ende des 20. Jahrhunderts geltende Prinzip der Vererbung der deutschen Staatsangehörigkeit („ius sanguinis") um das Territorialprinzip, also die Möglichkeit des Erwerbs der Staatsangehörigkeit durch Geburt in Deutschland („ius solis") ergänzte.
- Die Bildung einer überparteilichen Zuwanderungskommission, die praktische Lösungsvorschläge und Empfehlungen für eine neue Ausländer- und Zuwanderungspolitik erarbeitete, welche jedoch auf Ablehnung unionsgeführter Länder stießen.
- Das Bekenntnis der BRD, ein Einwanderungsland zu sein, das es in den vergangenen Jahrzehnten versäumt hatte, Integration zu steuern und integrationspolitische Gesamtkonzepte auf den Weg zu bringen.
- Die Veränderungen der Integrationspolitik des Bundes durch das 2005 in Kraft getretene Zuwanderungsgesetz (Gesetz zur Steuerung und Begrenzung der Zuwanderung und zur Regelung des Aufenthalts und der Integration von Unionsbürgern und Ausländern), das wesentliche Teile des deutschen Ausländerrechts neu regelte und erstmals Maßnahmen zur Integration (Integrationskurse) etablierte.
- Der erste Integrationsgipfel auf Einladung der Bundeskanzlerin 2005, welcher 2007 den Nationalen Integrationsplan zur Folge hatte. Interkulturelle Öffnung wird hier in vielen Handlungsfeldern gefordert (Bundesregierung 2007). Gegenwärtig ist ein Nationaler Aktionsplan mit klar definierten und zu überprüfenden Zielen in Arbeit. Er soll noch 2012 der Öffentlichkeit vorgestellt werden.

Die für das Netzwerk Integration durch Qualifizierung erstellte Expertise „Interkulturelle Öffnung und Diversity Management" (Schröer 2007, 16-20) stellt folgende Beispiele für Interkulturelle Öffnung auf den drei föderalen Ebenen vor:

Kommunale Verwaltungen:

Essen (Ratsbeschluss 1999), Stuttgart (Weiterentwicklung des Ansatzes in Richtung Diversity Management), München (s. folgende Kapitel), Wiesbaden (erstes Monitoring-System).

Länderverwaltungen:

Die Stadtstaaten Berlin und Hamburg: In Hamburg taucht trotz differenzierter Handlungsfelder im Handlungskonzept das Ziel der interkulturellen Öffnung nicht auf. Es ist allerdings bekannt, dass sowohl Berlin als auch Hamburg insbesondere bei der Gewinnung von Nachwuchskräften mit Migrationshintergrund viele Maßnahmen umsetzen. In Bremen ist Interkulturelle Öffnung als Leitungsaufgabe im Integrationskonzept festgeschrieben. Nordrhein-Westfalen hat 2005 als erstes Bundesland ein Ministerium für Integration geschaffen. Der Minister hat sich die Interkulturelle Öffnung von Institutionen zum Ziel gesetzt. Für die Länderverwaltungen fasst Schröer zusammen: „Durchgehend gilt: Das Thema Interkulturelle Öffnung ist für die Landesregierungen in den meisten Fällen für die Integration von Migrantinnen und Migranten als zielführende Forderung anerkannt, richtet sich jedoch vornehmlich an kommunale Einrichtungen und Dienste und die der freien Träger" (a. a. O., 2007, 19).

Bundesverwaltung:
Das gilt in besonderem Maße auch für die Bundesverwaltung (a. a. O., 19).

10.2   Kommunale Integrationspolitik und Interkulturelle Öffnung der Verwaltung[31] am Beispiel München

Entwicklungslinien und kommunalpolitische Verortung

Die kommunale Integrationspolitik der Landeshauptstadt München steht in einer bemerkenswerten Tradition. Als eine der ersten Großstädte der Bundesrepublik erkannte sie bereits zu Beginn der 1970er Jahre, welche Herausforderungen sich aus der Anwerbung von ausländischen Arbeitskräften und dem zunehmenden Familiennachzug für die Kommunen ergeben werden. Das damalige Referat (Dezernat) für Stadtentwicklungsplanung legte schon 1972 eine gründliche „Problemstudie" vor: „Kommunalpolitische Aspekte des wachsenden ausländischen Bevölkerungsanteils in München". Darin werden die Ursachen der Ausländerbeschäftigung aufgezeigt, die unterschiedlichen Interessenlagen deutlich gemacht sowie die Entwicklungslinien und sozialpolitischen Folgen für Kommunen analysiert und entsprechende Konsequenzen und Maßnahmen vorgeschlagen. Darauf aufbauend wurde 1974 ein detailliertes Vollzugs- und Initiativprogramm, das „Münchner Ausländerprogramm" verabschiedet. Im gleichen Jahr wurde auch das damals besondere Münchner Modell eines Ausländerbeirats beschlossen und so eine Beteiligungsmöglichkeit und Interessenvertretung der ausländischen Arbeitnehmerinnen und Arbeitnehmer geschaffen.

In den 1990er Jahren wurden erneut Bestandsaufnahmen und Maßnahmenkataloge vorgelegt, etwa 1997 die Studie „Lebenssituation ausländischer Bürgerinnen und Bürger". Die gesamtstädtischen Integrationsvorstellungen der Landeshauptstadt waren in ihrer Stadtentwicklungsplanung – der „Perspektive München" – seit 1998 festgelegt. Das waren aber alles Programme und Ziele, die eher auf der programmatischen Ebene lagen, also „Leitlinien" für

---

[31]   Der folgende Teil des Beitrags ist die erweiterte Fassung des Artikels Schröer, H., Szoldatits, F. (2010): Interkulturelle Öffnung des Personalmanagements. Beispiel Landeshauptstadt München. In: Heinrich Boell Stiftung: Dossier Positive Maßnahmen – Von Antidiskriminierung zu Diversity. Berlin.

die weitere Konkretisierung und Umsetzung in den jeweiligen Fachbereichen. Ein konsistentes Integrationskonzept mit Vorstellungen und Zielen für eine Integrationspolitik im 21. Jahrhundert und einer integrierten Strategie zur interkulturellen Öffnung der Verwaltung gab es lange Jahre nicht.

So blieb Raum für Eigeninitiative und Innovation in den einzelnen Fachreferaten (Dezernaten), den vor allem das Sozialreferat nutzte. Das Stadtjugendamt begann Mitte der 1990er Jahre, interkulturelle Qualifizierungsmaßnahmen für die Mitarbeiterschaft zu entwickeln und systematisch den Ansatz der interkulturellen Orientierung und Öffnung zu etablieren (Handschuck, Schröer 1997 und 2002). Beispielhaft war die Entstehungsgeschichte des Fortbildungsprogramms „Interkulturelle Verständigung" (Handschuck, Klawe 2004), das beteiligungsorientiert mit den Betroffenen erarbeitet und ausprobiert wurde und das inzwischen mit seiner „Philosophie" die interkulturellen Fortbildungsgrundsätze der Stadt bestimmt. Die Fortbildungsangebote wurden bald für den gesamten Sozialbereich geöffnet.

Ähnlich wirkten die Erfahrungen und Erfolge interkultureller Öffnungsprozesse des Jugendamtes anregend auf die gesamte Sozialverwaltung, mit dem Ergebnis, dass seit Ende der 1990er Jahre interkulturelle Zielsetzungen für alle Ämter der Sozialverwaltung verfolgt werden. Die interkulturelle Orientierung und Öffnung galt ab diesem Zeitpunkt für alle Arbeitsbereiche und Ebenen von den Kinderkrippen über die sozialen Dienste bis zur Altenhilfe sowie für Beschäftigte an der Basis wie für die Führungsebene. Das zunehmende interkulturelle Profil des Sozialreferates hatte 2003 dann auch die Ansiedlung der stadtweit verantwortlichen „Stelle für interkulturelle Arbeit" im Sozialreferat zur Folge. Seither ist das Sozialreferat stadtweit federführend für Integrationspolitik und interkulturelle Öffnungsprozesse zuständig.

Die wichtigste Aufgabe der Stelle war es zunächst, die integrationspolitische Lücke zu schließen, die Kommunalpolitik und Kommunalverwaltung hatten entstehen lassen: die Erarbeitung eines aktuellen Integrationskonzeptes. Nach einem gemeinsamen Abstimmungsprozess mit allen städtischen Fachreferaten und einer intensiven Öffentlichkeitsbeteiligung wurde 2008 das „Interkulturelle Integrationskonzept der Landeshauptstadt München" (Landeshauptstadt München 2008) vom Stadtrat einstimmig beschlossen. Damit liegt ein verbindlicher Rahmen mit einer klaren Zielsetzung, mit gemeinsamen Visionen und Grundsätzen, einer einheitlichen Definition von Integration, mit Beteiligungs- und Koordinationsstrukturen sowie mit eindeutigen Umsetzungsaufträgen vor.

Interessant ist, dass bereits der Diskussionsprozess innerhalb und außerhalb der Verwaltung ein erster wichtiger Umsetzungsschritt des Konzeptes war, sicherte dieser doch eine hohe Identifikation mit dem Konzept (Sorg, Szoldatits 2009). Die Ressourcen für die Umsetzung wurden auf sechs zentrale Handlungsfelder gebündelt: Interkulturelle Öffnung, Förderung gesellschaftlicher Teilhabe, (Weiter-) Bildung, Ausbildung und Arbeitsmarkt, Sprachförderung sowie Abbau von Diskriminierung.

Interkulturelle Orientierung und Öffnung der Münchner Stadtverwaltung

Zentrales Handlungsfeld des Münchner Integrationskonzeptes in Richtung Kommunalverwaltung ist deren interkulturelle Orientierung und Öffnung. Dabei wird unter *Interkultureller Orientierung* eine sozialpolitische Strategie verstanden, die Fragen der Anerkennung, der sozialen Gerechtigkeit, der Gleichstellung, der Inklusion in die Teilsysteme der Gesellschaft, der gesellschaftlichen Integration sowie der Teilhabe an Entscheidungsprozessen aufgreift.

Das Verhältnis zwischen Mehrheit und Minderheit ist dabei immer auch als Machtverhältnis zu reflektieren. Neben dieser sozialpolitischen Haltung gibt es auch ganz praktische, für die Stadtverwaltung gewinnbringende Erwägungen, welche ihre Veränderung in einer von Einwanderung geprägten Stadt erfordert: zum Beispiel die Kompetenzen neuer Mitarbeitergruppen für die Neuausrichtung von Organisationen zu nutzen, für neue Kunden- oder Nutzergruppen attraktiv zu sein, der demografischen Entwicklung mit zu erwartendem Fachkräftemangel entgegen zu wirken und durch Wissensaufbau Herausforderungen in der täglichen Arbeit besser begegnen zu können.

Interkulturelle Öffnung meint die Umsetzung der Interkulturellen Orientierung und zielt darauf ab, bestehende Strukturen kritisch zu analysieren, auf zugangshinderliche Mechanismen hin zu untersuchen und daraus Ziele sowie konkrete Maßnahmen abzuleiten. Sie ist *Querschnittpolitik* und somit auf allen Hierarchieebenen und in allen Arbeitsfeldern der Kommune umzusetzen. In München wird bei der Umsetzung des Integrationskonzepts auf eine Verzahnung mit den Querschnittstrategien/-thematiken Gender Mainstreaming, gleichgeschlechtliche Lebensweisen und Inklusion[32] geachtet. Seit 2010 gibt es einen stadtweiten Antidiskriminierungs- und Gleichstellungsarbeitskreis, in dem sich alle Stellen der Stadt aus diesem Bereich im Sinne von Diversity regelmäßig austauschen.

- Interkulturelle Öffnung verfolgt, neben den genannten normativen, folgende praktischen Ziele (KGSt, 2008/Nr. 5; Lima Curvello/ Pelkhofer-Stamm 2003, 7; Lima Curvello 2009, 248; Nationaler Integrationsplan 2007, 32):
- *Die Ausrichtung der Angebote auf die Bedürfnisse aller Bevölkerungsgruppen:* Die Steuerungsverantwortung in der Kommune beinhaltet zu prüfen, ob alle Angebote der Stadt, sowie die Angebote der von ihr mit der Erbringung von Dienstleistungen beauftragten Institutionen, den Anforderungen einer vielfältigen Stadtgesellschaft gerecht werden. Es geht darum, Zugangsbarrieren (auf Seiten der Institution wie der Angebotsnutzerinnen und -nutzer mit Migrationshintergrund) zu analysieren und diese abzubauen und damit Kundenorientierung zu verbessern (zu den Zugangsbarrieren vgl. Gaitanides 2006).
- *Die Erhöhung interkultureller Kompetenz:* Professionelles Handeln städtischer Beschäftigter erfordert in vielen Arbeitsbereichen, und zwar nicht nur mit Kundenkontakt, interkulturelle Kompetenz. Hierin sind sich alle Umsetzer interkultureller Öffnung einig. Woran diese Kompetenz festzumachen ist, und wie sie bei Bewerberinnen und Bewerbern bzw. Beschäftigten erfasst werden kann, ist in den allermeisten Fällen unklar. Dass interkulturelle Qualifizierungsmaßnahmen einen wichtigen Baustein zur Erhöhung dieser Kompetenz darstellen, ist dagegen unstrittig.
- *Die Steigerung des Anteils von Beschäftigten mit Migrationshintergrund:* Solange Personen mit Migrationshintergrund nicht annähernd entsprechend ihrer Repräsentanz in der Bevölkerung auch in der Arbeitswelt als Beschäftigte vertreten sind, ist von struktureller Benachteiligung zu sprechen. Die Kommunen haben bei der Erhöhung ihres Anteils bei den Mitarbeiterinnen und Mitarbeitern Vorbildcharakter. Entsprechend ist das Ziel, gezielt Personen mit Migrationshintergrund zu rekrutieren, im Rahmen der Selbst-

---

[32]   Unter Inklusion wird in der Landeshauptstadt München der strategische Prozess zur Herstellung der Teilhabegerechtigkeit von Menschen mit Behinderung verstanden.

verpflichtungen der kommunalen Spitzenverbände des Nationalen Integrationsplans von 2007 im Themenfeld 3 „Gute Bildung und Ausbildung sichern, Arbeitsmarktchancen erhöhen" benannt (Nationaler Integrationsplan 2007, 75 und 81). Motivatoren zur Erreichung dieses Ziels sind nicht nur sozialpolitische Überlegungen, sondern auch die oben genannten Vorteile für die Institution wie z. B. die Hoffnung, unter anderem damit dem sich abzeichnenden Fachkräftemangel entgegen wirken und auch künftig qualifiziertes Personal für die Stadt gewinnen zu können.

- *Die verstärkte Vernetzung mit Migrantenorganisationen sowie weiteren relevanten gesellschaftlichen Institutionen*: Dieses Ziel wird nicht immer unter dem Stichwort Interkulturelle Öffnung benannt, ist jedoch essenziell, um Insellösungen und von tatsächlichen Bedarfen der Migrationsbevölkerung losgelösten Strategien vorzubeugen. Zu bedenken ist, dass nicht alle Einwohnerinnen und Einwohner mit Migrationshintergrund in Institutionen organisiert sind und daher auch andere Wege der Vernetzung genutzt werden müssen.

Methodisch ist Interkulturelle Öffnung durch Organisations-, Personal- und Qualitätsentwicklung umzusetzen (Schröer 2007, 49-57). In München bewährt sich die Verzahnung mit dem Modell der Neuen Steuerung (NSM), da dieses die zentrale Managementstrategie ist. Das Interkulturelle Integrationskonzept wirkt sowohl auf der normativen Managementebene (Leitbild/Vision), als auch, durch Interkulturelle Öffnung, auf der Ebene des strategischen und operativen Managements (Heinz 2000). Interkulturelle Öffnung und das Neue Steuerungsmodell fragen nach (Landeshauptstadt München 2011, 22):

- *dem Was*: Was genau soll verändert werden? (Prozess, Produkt, Einzelleistung)
- *dem Wohin*: Welches Ziel soll am Ende erreicht sein? Geht es beispielsweise darum, mehr Kundinnen und Kunden mit Migrationshintergrund zu erreichen oder muss sich die Qualität der Leistungserbringung ändern oder beides?
- *dem Wie*: Welche Maßnahmen, Einzelschritte und Methoden werden für die Zielerreichung gewählt? und
- *dem Womit*: Welche (finanziellen und zeitlichen) Mittel werden für die Umsetzung benötigt?

Die Umsetzung des Interkulturellen Integrationskonzeptes wurde als top-down-Prozess unter Federführung der Stelle für interkulturelle Arbeit angelegt, da ohne die Unterstützung der Referatsspitze keine nachhaltige Veränderung möglich ist. Den Referaten wurde ein einheitliches Vorgehen, im Sinne einer Gesamtstrategie, vorgeschlagen, das jedoch an die Voraussetzungen in jedem Referat angepasst werden konnte. Die Abbildung auf der folgenden Seite zeigt den Ablauf des Einstiegs und den weiteren Prozess der interkulturellen Öffnung der Stadtverwaltung.

Zunächst präsentierte die Stelle für interkulturelle Arbeit das Integrationskonzept im Rahmen einer Infoveranstaltung in den Führungsgremien fast aller Referate. Daran schloss sich ein Auftakt- bzw. Strategieworkshop (halb- oder ganztags) mit dem gleichen Teilnehmendenkreis an, der von der Stelle für interkulturelle Arbeit moderiert wurde. In diesen Workshops wurde zunächst eine Bestandsaufnahme durchgeführt, da davon auszugehen bzw. bekannt war, dass in jedem Referat bereits erste Ansätze, teilweise auch bewährte Strategien vorhanden waren. So konnte einerseits das bereits Geleistete wertgeschätzt und andererseits an vorhandenen Erfahrungen angeknüpft werden. Anschließend erfolgte eine Analyse der Referatsangebote („Produkte") anhand von Indikatoren interkultureller Öffnung (a. a. O., 25), um daraus Handlungsziele ableiten zu können. Am Ende der Workshops stand ein Umsetzungsfahrplan mit Zielen und teilweise bereits konkreten Umsetzungsideen. Wichtig war, Prioritäten bei der Realisierung zu setzen, da sonst schnell Überforderung und Ablehnung des Gesamtprozesses die Folge gewesen wären.

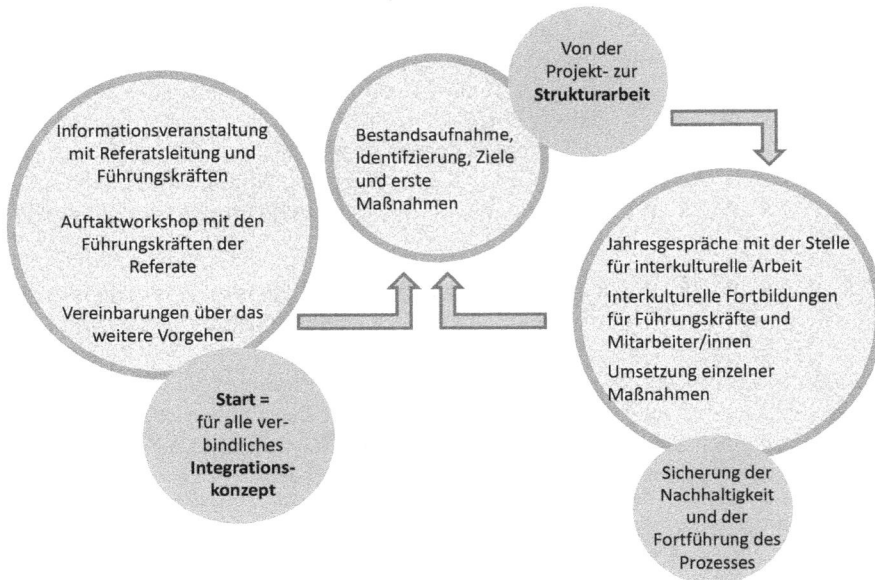

Abb. 10.1:   Beginn und Prozess der interkulturellen Öffnung (München 2011, 23)

Neben den dargestellten Strategieworkshops bewährten sich eintägige interkulturelle Fortbildungen mit der jeweiligen Referatsspitze. Nicht nur Beschäftigte mit direktem Kundenkontakt oder konzeptionell Verantwortliche, sondern auch Führungskräfte sollten an interkulturellen Fortbildungen teilnehmen, unter anderem um zu erfahren, welches Wissen und welche Kompetenzen darin vermittelt werden, um dann die Durchführung der Trainings im eigenen Arbeitsbereich zu unterstützen. Die Spitzenführungskräfte des Direktoriums (Querschnittbehörde, vergleichbar einem Hauptamt), des Personal- und Organisationsreferats des Kreisverwaltungsreferats und des Sozialreferats gingen in München mit gutem Beispiel voran.

In manchen Referaten fanden zur Sicherung der Nachhaltigkeit des Prozesses Jahresgespräche mit der Stelle für interkulturelle Arbeit statt, um gemeinsam eine Bewertung des bisherigen Vorgehens vorzunehmen sowie neue Ziele und Maßnahmen zu vereinbaren. Beide Instrumente trugen zur Verstetigung des Öffnungsprozesses bei, weshalb der Stadtrat im Februar 2011 mit Vorlage des ersten Interkulturellen Integrationsberichts alle Referate zu Jahresgesprächen und interkulturellen Fortbildungen für die Referatsspitze verpflichtete.

Auch die Verzahnung mit dem Modell der Neuen Steuerung trägt zur Sicherung der Nachhaltigkeit bei, indem Interkulturelle Öffnung nicht als paralleler Prozess, sondern als Teil der bestehenden Strategie verstanden wird.

Das Arbeitsgremium Interkulturelle Integration, in dem Ansprechpersonen für Interkulturelle Öffnung aus jedem Referat vertreten sind, ist essenziell für die Realisierung des Gesamtprozesses. Hier werden wichtige Umsetzungsschritte diskutiert und vereinbart, Informationen ausgetauscht und in die Referate weiter getragen. Beispiele dafür sind: die Definition von Migrationshintergrund, Standards für interkulturelle Fortbildungen, die Auswahl der Indikatoren für den Integrationsbericht sowie dessen Abstimmung. Treibende Kraft für den beschriebenen Prozess ist die Stelle für interkulturelle Arbeit. Sie berät, unterstützt und kooperiert bei den vereinbarten Maßnahmen und gibt – soweit möglich – finanzielle Unterstützung. Die Verantwortung für die Umsetzung des Integrationskonzepts liegt jedoch bei den Referaten. Die Stelle für interkulturelle Arbeit ist für die Steuerung des Gesamtprozesses zuständig und setzt dabei stark auf ein kooperatives Vorgehen, das an den ganz konkreten Bedarfen des jeweiligen städtischen Referates ansetzt.

Erster Interkultureller Integrationsbericht: Controlling und Monitoring

Ziel des Münchner Integrationsberichtes, der dem Stadtrat alle drei Jahre vorgelegt wird, ist es, über die Lage der Menschen mit Migrationshintergrund in München, den Stand der interkulturellen Öffnung der Verwaltung und über konkrete Aktivitäten der Referate zu informieren. Er ist ein Controlling- und Monitoringinstrument, das Fortschritte und unerwünschte Entwicklungen aufzeigt. Somit ermöglicht der Bericht eine wirkungsorientierte Steuerung und Weiterentwicklung der kommunalen Integrationspolitik.

Der Hauptteil des Berichtes enthält 27 Indikatoren in den sechs 2008 vom Stadtrat priorisierten Handlungsfeldern. Jeder Indikator wird in seiner Bedeutung für Integration bzw. Interkulturelle Öffnung beschrieben, aktuelles Zahlenmaterial interpretiert und Handlungsbedarfe abgeleitet (Landeshauptstadt München 2011, 7). Eine Zusammenfassung aller Themen ist dem Integrationsbericht zu entnehmen (a. a. O., 157-161).

Die konkrete Wirkung städtischen Handelns kann nicht bei allen Indikatoren unmittelbar nachgewiesen werden. In ihren eigenen Aufgabenbereichen kann die Stadt Prozesse konkret beeinflussen und über Zielvereinbarungen Einrichtungen steuern, die von ihr finanziert werden. In anderen Bereichen, insbesondere bezogen auf Bildung und den Arbeitsmarkt, ist der Einfluss der Verwaltung nur über kompensatorische Maßnahmen möglich (a. a. O., 7).

10.3 Umsetzungsbeispiel: Interkulturelles Personalmanagement

Die Bandbreite der durch Interkulturelle Öffnung berührten kommunalen Handlungsfelder ist enorm. Sie umfasst die Wirtschafts-, Gesundheits-, Bildungs-, Umwelt-, Sozial-, Kultur-, Wohnungs-, Stadtentwicklungs-, Planungs-, Sicherheits- und Ordnungspolitik. Bis auf wenige Ausnahmen müssen sämtliche Angebote einer Kommune im Sinne interkultureller Öffnung überprüft und ausgerichtet werden, denn gemäß dem Organisationsprinzip der Bürgerorientierung müssen sie für alle Personen, die in ihr leben, gleichermaßen zugänglich sein.

Der Handlungsspielraum der Kommune ist in den einzelnen Feldern unterschiedlich. Ein Beispiel für wenig Einflussmöglichkeit ist der für Integration wichtige Bereich der Bildung. Die Kommunen können hier größtenteils nur kompensatorisch tätig werden.

Im Rahmen dieses Artikels können die Aktivitäten der Stadt München nicht umfassend dargestellt werden. Exemplarisch wird im Folgenden die Öffnung des Personalmanagements als

Gesamtstrategie beschrieben. Ein weiteres Öffnungsbeispiel aus dem Bereich des Sports wird in einem Artikel von Reyhan Kulac in diesem Band beschrieben.

Personalmarketing

Die Stadt München nutzt alle Möglichkeiten modernen Marketings, um sich als attraktive, von Vielfalt geprägte Arbeitgeberin zu präsentieren. Es soll vermittelt werden, dass Vielfalt als Bereicherung verstanden wird und Bewerberinnen und Bewerber aus allen gesellschaftlichen Gruppen erwünscht sind. Dies drückt sich sowohl in der Sprache als auch in den ausgewählten Bildern aus, welche die Verschiedenheit der für die Stadt München arbeitenden Menschen aufgreifen, ohne dabei klischeehaft zu wirken. Die Grundlage bildet die „Arbeitgebermarke", die das Personal- und Organisationsreferat 2009 einführte.

Sie ist ein Marketinginstrument, das dabei helfen soll, die Stadt München als interessante Arbeitgeberin darzustellen, von anderen Wettbewerbern im Arbeitsmarkt positiv abzuheben und damit als „Marke" zu etablieren. Bewerberinnen und Bewerber können sich online in einer Präsentation über fünf zentrale Aspekte bzw. Werte, welche die Tätigkeit bei der Stadt München auszeichnen, informieren. Ein Aspekt davon ist „Vielfalt". Es wird die von Vielfalt, Offenheit, Respekt und Anerkennung geprägte Unternehmenskultur der Stadt präsentiert und Chancengleichheit von Frauen und Männern, unabhängig von ihrer sexuellen Identität, von Alter, Behinderung, Hautfarbe, Religion sowie kultureller und sozialer Herkunft als besonderes Anliegen dargestellt. Der hier beschriebene Gedanke spiegelt sich in allen Personalmarketinginstrumenten der Stadt München wider, sei es bei der Gewinnung von Erzieherinnen und Erziehern oder IT-Fachkräften, sei es bei der Anwerbung von Nachwuchs- oder Führungskräften.

Personalgewinnung – Nachwuchskräfte mit Migrationshintergrund

Mit dem städtischen Integrationskonzept wurde auch das Leitprojekt „Ausbildung bei der Landeshauptstadt München – Interkulturelle Kompetenz erwünscht" verabschiedet. Mit diesem Projekt sollen zum einen mehr Jugendliche mit Migrationshintergrund als Nachwuchskräfte gewonnen, zum anderen soll die interkulturelle Kompetenz aller Nachwuchskräfte gefördert werden. Drei zentrale Bausteine wurden seither umgesetzt: ein für Nachwuchskräfte verändertes Auswahlverfahren, ein neues Ausbildungsmarketing sowie die Fortbildung „Vielfalt macht's möglich".

Die Stadt München bietet jährlich ca. 300 neue Ausbildungsplätze an. 780 Nachwuchskräfte befinden sich ständig in Ausbildung. Bereits 2006 hat die Ausbildungsabteilung des Personal- und Organisationsreferats ein neues *Auswahlverfahren für Nachwuchskräfte* eingeführt und damit einem veränderten Anforderungsprofil für städtische Beschäftigte mit stärkerer Kunden- und Dienstleistungsorientierung Rechnung getragen. Das neue Verfahren wurde gemeinsam mit der Ludwig-Maximilians-Universität entwickelt. Getestet werden fachliche, methodische, soziale und persönliche Kompetenzen. Letztere haben im Vergleich zum früheren Auswahlverfahren eine weitaus größere Bedeutung, wodurch nicht mehr allein die Zeugnisnoten entscheidend sind.

Mehrsprachige Bewerberinnen und Bewerber können zusätzliche Punkte gewinnen. Das Auswahlverfahren umfasst eine Selbstbeschreibung, eine Gruppendiskussion sowie ein strukturiertes Einzelinterview und beinhaltet unter anderem ein Fallbeispiel, das auf die interkulturelle Kompetenz der Interessenten abzielt. Für jede Bewerberin bzw. jeden Bewerber wird ein persönliches Profil erstellt, aus dem die Eignung für den von ihr bzw. ihm angestrebten Ausbildungsberuf hervorgeht.

Das *Ausbildungsmarketing* möchte, entsprechend der oben dargestellten Marketingziele, die Botschaft „Vielfalt erwünscht" vermitteln. Dies wird vor allem durch die Bildersprache erzielt. Zudem sollen ansprechende Slogans wie z. B. „Du arbeitest nicht für jeden? Dann arbeite doch für alle" oder „Du willst nicht nur für Geld arbeiten? Sondern auch für Menschen?" Jugendliche für eine Tätigkeit bei der Stadt interessieren. Mehrere Initiativen wurden gestartet, um insbesondere Jugendliche mit Migrationshintergrund zu gewinnen. So z. B. die Werbekampagne „Die Welt lernt bei der Stadt" für das Berufsinformationszentrum der Arbeitsagentur München, die später durch das neue Ausbildungsmarketing abgelöst wurde, und mehrere Interviews mit dem Personal- und Organisationsreferenten in der türkischen Zeitschrift „Sultans Magazin". Der Münchner Ausländerbeirat fungiert als Multiplikator und macht bei Mitgliedern und Vereinen Werbung für die Ausbildung bei der Stadt. Bei öffentlichen Veranstaltungen oder in Schulen, wo sich die Ausbildungsabteilung präsentiert, sind nach Möglichkeit immer auch Nachwuchskräfte mit Migrationshintergrund vertreten.

Die *Fortbildungsreihe* „Vielfalt macht's möglich" wurde speziell für alle Nachwuchskräfte der Stadt München entwickelt und umfasst in drei bis vier Projekttagen, die über die gesamte Ausbildungszeit verteilt sind, u.a. die Module „Achtung(+)Toleranz" sowie „Interkulturelle Verständigung". Ziele sind das Bewusstwerden des eigenen kulturellen Hintergrunds, das Erfahren von Grenzen und das Aushalten von Widersprüchlichkeiten. Neben klassischen Seminarmethoden finden Gespräche mit Mitarbeiterinnen und Mitarbeitern der Ausländerbehörde, Besuche von Asylbewerberunterkünften sowie Führungen in einer Moschee, der Synagoge oder den interkulturellen Gärten statt.

Nicht-EU-Staatsangehörige haben die Möglichkeit, über zwei neu geschaffene Bachelor-Studiengänge Zugang zum gehobenen Dienst zu bekommen. Dies war bis zur Einrichtung der Studiengänge nur über die Beamtenlaufbahn und somit nur für EU-Staatsangehörige möglich. In Kooperation mit der Fachhochschule für angewandtes Management in Erding wurde 2008 der duale Studiengang Betriebswirtschaft mit Schwerpunkt Public Management eingerichtet. Studierende, die den Zugang erhalten, absolvieren in Anlehnung an das duale Ausbildungssystem ein Hochschulstudium und arbeiten gleichzeitig in wechselnden Aufgabenbereichen bei der Stadt München. Die Kosten für den Studiengang sowie für das Gehalt werden von der Stadt München übernommen. Ähnliches gilt für den Studiengang Informatik an der Hochschule für angewandte Wissenschaften in München.

Die beschriebenen Maßnahmen zeigen Wirkung. Bei allen Nachwuchskräften wird zu Beginn der Ausbildung anonym und freiwillig der Migrationshintergrund erhoben (Rücklauf über 90%). Der Anteil der Nachwuchskräfte mit Migrationshintergrund konnte seit 2006 von 11,6% auf 16,2% in 2009 gesteigert werden. In 2007 lag der Anteil bereits bei 17,9%. In einzelnen Ausbildungsberufen liegt er weit höher: bei den Auszubildenden zur/zum Verwaltungsfachangestellten in 2009 bei 25% (vorübergehend in 2008: 40%), bei den Kaufleuten für Bürokommunikation sogar bei 34,5% (2008: 31,58%). Bis 2005 wurden die Zahlen nur nach ausländischer Staatsangehörigkeit erhoben. Damals lag der Anteil der ausländischen Jugendlichen bei 1,9% bzw. bei 6,4% ohne Beamtenlaufbahnen (München 2011, 64-66).Die Zahlen zeigen zum einen, dass gezielte Maßnahmen zur Anwerbung neuer Mitarbeitergruppen Erfolge mit sich bringen. Zum anderen machen sie deutlich, dass der eingeschlagene

Weg weiter fortzusetzen ist, um noch mehr Nachwuchskräfte mit Migrationshintergrund zu gewinnen und sich dem tatsächlichen Anteil der jungen Münchnerinnen und Münchner mit Migrationshintergrund anzunähern.

Personalgewinnung und -entwicklung: Beschäftigte mit Migrationshintergrund und interkulturelle Kompetenz

Die positiven Erfahrungen bei den Nachwuchskräften sollen in den nächsten Jahren auf alle Beschäftigten übertragen werden. Dass dies dringend notwendig ist, zeigt ein Blick auf die Zahlen. Der Stadt München liegen – außer bei den Nachwuchskräften – nur Zahlen nach ausländischer Staatsangehörigkeit vor. Der Migrationshintergrund kann aus Datenschutzgründen nur auf freiwilliger und anonymer Basis erhoben werden. Eine vollständige Erfassung aller Mitarbeiterinnen und Mitarbeiter wäre mit sehr viel Aufwand verbunden und wurde bisher nicht in Angriff genommen. Hierfür müsste ein Verfahren entwickelt werden, das alle 30.000 Beschäftigten erreicht und ihnen verständlich macht, warum diese Angaben erhoben werden, um Vorbehalte z. B. vor Stigmatisierung abzubauen. Nur ein möglichst hoher Rücklauf würde zu verlässlichen Ergebnissen führen, da Hochrechnungen bei zu geringen Antwortzahlen nicht verlässlich sind.

2009 arbeiteten in der Münchner Stadtverwaltung insgesamt 9,9% Beschäftigte mit ausländischer Staatsangehörigkeit. Eine Differenzierung nach Beamtinnen/Beamten und Tarifbeschäftigten verändert die Situation erheblich. Bei den Tarifbeschäftigten liegt der Anteil bei 17,2% Mitarbeitenden mit ausländischer Staatsangehörigkeit. Im Bereich der Beamtinnen und Beamten ist ihr Anteil mit 0,4% verschwindend gering, was auch daran liegt, dass aus rechtlichen Gründen grundsätzlich nur Deutsche und EU-Bürgerinnen und -Bürger verbeamtet werden können. Dennoch könnte der Anteil der EU-Staatsangehörigen in dieser Gruppe höher sein. Es ist davon auszugehen, dass die Zahlen nach Migrationshintergrund in beiden Bereichen (Tarif und Beamte) höher liegen. Bei genauerer Betrachtung der Zahlen fällt auf, dass ausländische Beschäftigte überwiegend in gering qualifizierten Bereichen tätig sind (Landeshauptstadt München 2011, 60-64). In München – aber auch in allen anderen Verwaltungen deutscher Großstädte – besteht also ein hoher Handlungsbedarf.

Um mehr Beschäftigte mit Migrationshintergrund zu gewinnen und die interkulturelle Kompetenz aller Beschäftigten insbesondere bei Führungskräften zu erhöhen, hat der Münchner Stadtrat 2009 verschiedene Maßnahmen beschlossen, welche die Stelle für interkulturelle Arbeit und das Personal- und Organisationsreferat unter anderem mit dem Projekt „Interkulturelle Kompetenz" umsetzten. Bewerberinnen und Bewerber mit Migrationshintergrund können auf Grundlage des Allgemeinen Gleichbehandlungsgesetzes (AGG), um Diskriminierung deutscher Interessenten ohne Migrationshintergrund zu vermeiden, in Stellenausschreibungen nur indirekt über die Erfordernis interkultureller Kompetenz und gegebenenfalls Mehrsprachigkeit angeworben werden. Deshalb, und um die interkulturelle Kompetenz aller Beschäftigten über die Jahre zu erhöhen, werden zukünftig diese beiden Kompetenzen in Ausschreibungen, wo für die Arbeit notwendig, verstärkt gefordert werden.

Voraussetzung für die verstärkte Berücksichtigung interkultureller Kompetenz bei der Stellenbesetzung ist die Möglichkeit, diese Kompetenz einschätzen zu können. Hierfür wurden, gemeinsam mit wissenschaftlichen Expertinnen und Experten aus dem Bereich der interkulturellen Kommunikation sowie der Personalauswahl und -entwicklung, geeignete Instrumente und Verfahren für die Erfassung interkultureller Kompetenz in den Bereichen Personalauswahl, Dienstliche Beurteilung und Assessment-Center („Potenzialförderseminare") entwickelt. Zu Beginn des Projektes wurden 25 Interviews mit städtischen Dienstkräften und Führungskräften aus allen Referaten geführt. Ziel war es, dabei herauszufiltern, welche interkulturellen Herausforderungen in diesen Tätigkeitsbereichen bestehen und was hier interkulturelle Kompetenz ausmacht. Die Auswertung der Interviews bot die Basis für eine Münchner Definition interkultureller Kompetenz und für die weitere Erarbeitung geeigneter Instrumente und Methoden zu ihrer Erfassung. Zu den Tätigkeiten, in welchen interkulturelle Kompetenz bei der Stadt München erforderlich ist, zählen:

- Tätigkeiten mit Kundenkontakt.
- Planerische Tätigkeiten, sofern es darum geht, mit einem bestimmten Vorhaben alle Bevölkerungsgruppen zu erreichen.
- Steuernde Tätigkeiten, denn auch mit der Erbringung städtischer Dienstleistungen beauftragte Institutionen müssen ihre Arbeit interkulturell ausrichten.
- Führungsaufgaben, wenn es sich um ein Team handelt, in dem Mitarbeitende mit Migrationshintergrund tätig sind, was nicht heißt, dass kulturelle Unterschiede in Teams immer relevant sind.
- Tätigkeiten in multikulturell zusammengesetzten Teams. Auch in solchen Arbeitsgruppen kann es relevant sein, dass sich Kolleginnen und Kollegen untereinander interkulturell kompetent verhalten.

Bei der Erarbeitung der Definition interkultureller Kompetenz stand nicht die z. B. in Wirtschaftsunternehmen bei Auslandsentsendung erforderliche Kompetenz für ein bestimmtes Zielland im Vordergrund. Es ging um einen kompetenten Umgang mit gesellschaftlicher Vielfalt in einer durch Zuwanderung geprägten Stadt. Bei der Stadt München wird nun mit folgender Definition gearbeitet:

„*Interkulturelle Kompetenz beschreibt die allgemeine Fähigkeit, in verschiedenen kulturellen Überschneidungssituationen und Kontexten aufgrund bestimmter Wissensbestände, Fertigkeiten und Einstellungen angemessen zu interagieren*" (In Anlehnung an: Bertelsmann Stiftung 2006).

Interkulturelle Kompetenz entsteht nicht automatisch, sondern durch einen Lernprozess, der nie abgeschlossen ist. Menschen können unabhängig von ihrem Migrationshintergrund oder ihrer sozialen Herkunft interkulturell kompetent sein oder auch nicht. Allerdings *kann* ein Migrationshintergrund aufgrund von dadurch gemachten Erfahrungen den Erwerb interkultureller Kompetenz fördern. Um diese abstrakte Definition operationalisieren zu können, wurden anhand der Interviews neun Kriterien formuliert, die sich auf die Kategorien *Wissen* (z. B. über die Hintergründe von Migration in Deutschland), *Einstellung* (z. B. Bereitschaft zur Reflexion der eigenen Rolle) und *Fertigkeiten* (z. B. unklare Situationen und kulturell bedingte Widersprüchlichkeiten aushalten) aufteilen.

Für Führungskräfte und Beschäftigte wurde eine allgemeine Wahrnehmungs- und Beobachtungshilfe mit ganz konkreten Erläuterungen und Hinweisfragen zu den neun Kriterien erarbeitet. Für die Personalauswahl wurde eine Liste an Fragen entwickelt, mit Hilfe derer in Bewerbungsgesprächen die interkulturelle Kompetenz der Interviewten bewertet werden kann. Ein „Bewertungsraster" hilft den für Personalauswahl Zuständigen – im Sinne eines Erwartungshorizontes für gute Antworten – dabei, die Aussagen der Bewerberinnen und Bewerber einzuschätzen. In einem Leitfaden zur Einschätzung interkultureller Kompetenz bei der Stellenbesetzung wird auch auf wichtige Aspekte bei der Auswahl von Bewerberinnen und Bewerbern mit Migrationshintergrund eingegangen.

Mitarbeiterinnen und Mitarbeiter der Stadt München, die sich für eine Führungsaufgabe interessieren, haben die Möglichkeit, an einem sog. Potenzialförderseminar teilzunehmen, das in Form eines Assessment-Centers stattfindet. Auch hier wird in Folge des Projektes interkulturelle Kompetenz eingeschätzt. Dabei helfen ausgearbeitete Aufgaben inklusive Bewertungsbögen. Auch für die alle vier Jahre stattfindende dienstliche Beurteilung der Mitarbeiterinnen und Mitarbeiter wurden Instrumente erstellt, mit Hilfe derer Führungskräfte interkulturelle Kompetenz beobachten und einschätzen können. Der Text geht sowohl auf die Bewertung interkultureller Kompetenz bei allen Beschäftigten als auch auf die Beurteilung von Beschäftigten mit Migrationshintergrund ein.

Mit Informations- und Fortbildungsmaßnahmen wurde das erarbeitete Material in den Bereichen Personalauswahl und Potenzialförderung in die Praxis implementiert. Die Umsetzung des Projektbausteins dienstliche Beurteilung wurde aufgrund von grundlegenden Veränderungen des Beurteilungssystems zurückgestellt.

In ihren Stellenausschreibungen verwendet die Landeshauptstadt München seit 1999 folgenden „Antidiskriminierungszusatz": „Die Landeshauptstadt München fördert aktiv die Gleichstellung aller Mitarbeiterinnen und Mitarbeiter. Wir begrüßen deshalb Bewerbungen von Frauen und Männern, unabhängig von deren kultureller und sozialer Herkunft, Alter, Religion, Weltanschauung, Behinderung oder sexueller Identität. Schwerbehinderte Bewerberinnen und Bewerber werden bei gleicher Eignung unter Berücksichtigung aller Umstände des Einzelfalls bevorzugt".

Damit wird ein Signal gegen Diskriminierung am Arbeitsplatz gegeben. Dieses drückt aus, dass Bewerbungen aus allen gesellschaftlichen Gruppen willkommen sind und fördert die Attraktivität der Stadt München als potenzielle Arbeitgeberin. Über diesen Zusatz bei den Stellenausschreibungen hinaus schloss sie eine Antidiskriminierungsvereinbarung ab, die für alle Beschäftigten gilt und in der u. a. Konsequenzen für den Fall einer Diskriminierung benannt werden (Landeshauptstadt München, 2005).

Personalentwicklung – Interkulturelle Fort- und Weiterbildung

Im Rahmen interkultureller Öffnung stellen *interkulturelle Fortbildungen* eine wesentliche Maßnahme dar. In München werden sie vom Pädagogischen Institut, vom Personal- und Organisationsreferat und von der Stelle für interkulturelle Arbeit durchgeführt.

Das Personal- und Organisationsreferat hat 2009 das „Strategieprojekt Bildungsplanung" realisiert. Ziel war es, vorausschauend Fortbildungsbedarfe zu planen und an den Herausforderungen einer modernen Stadtverwaltung auszurichten. Als ein wichtiger Fortbildungsbereich wurden interkulturelle Fortbildungen benannt und Arbeitsbereiche identifiziert, in denen fehlende interkulturelle Kompetenz zu schlechterer Arbeitsqualität führt wie zum Beispiel in der Ausländerbehörde oder in der Bezirkssozialarbeit. Im Sinne von Good Practice-Beispielen wurden interkulturelle Fortbildungskonzepte für bestimmte Arbeitsbereiche wie etwa Kundenorientierung in der Friedhofsverwaltung oder Konfliktmanagement in der Ausländerbehörde erstellt.

Um stadtweit nach demselben interkulturellen Fortbildungskonzept und einheitlichen Standards vorzugehen, wurden von der Stelle für interkulturelle Arbeit gemeinsam mit dem Personal- und Organisationsreferat „Qualitätsstandards für interkulturelle Fortbildungen" (München 2009) und erarbeitet und anschließend im Arbeitsgremium Integration verabschiedet. In diesen Standards sind die wichtigsten Inhalte dieser Fortbildungen festgelegt. Teilnehmende sollen in den Trainings, die sich am bereits erwähnten Konzept „Interkulturelle Verständigung" orientieren, für den Umgang mit gesellschaftlicher Vielfalt sensibilisiert werden, die eigene Sozialisation bzw. Rolle als städtische/r Mitarbeiter/in und unbewusste Ausgrenzungsmechanismen reflektieren sowie interkulturelles Wissen aufbauen. In den Standards wird auf wichtige Schritte bei der Konzepterstellung und Vorbereitung von interkulturellen Fortbildungen eingegangen und es werden Voraussetzungen benannt, die geeignete Trainerinnen und Trainer mitbringen müssen.

Auf dieser Basis führten die Stelle für interkulturelle Arbeit und das Personal- und Organisationsreferat Anfang 2011 ein sog. Markterkundungsverfahren für interkulturelle Trainerinnen und Trainer durch. Interessentinnen und Interessenten mussten Konzepte vorlegen und wurden ggf. zu Gesprächen eingeladen. Ergebnis ist ein stadtweiter interkultureller Trainerpool mit rund 30 Personen. Teil des Pools sind u.a. acht städtische Beschäftigte des Sozialreferates. Ihnen wurde eine eineinhalbjährige, berufsbegleitende Weiterbildung zur/zum interkulturellen Trainer/in bezahlt. Die Vorteile liegen auf der Hand: Interne Fortbildnerinnen und Fortbildner kennen die Arbeitsbereiche ihrer Teilnehmenden besser als externe und sind zudem kostengünstiger, auch wenn zunächst in deren Ausbildung investiert werden muss. Die Stelle für interkulturelle Arbeit und die Fortbildungsabteilung des Personal- und Organisationsreferates arbeiten bei allen Maßnahmen eng zusammen. In regelmäßigen Gesprächen werden die Bedarfe der Referate besprochen, Trainerinnen und Trainer ausgewählt und gemeinsame Grundsatzthemen bearbeitet.

Seit 2006 ist das beschriebene Fortbildungsprogramm für alle Beschäftigten der dezentralen Sozialbürgerhäuser im Sozialreferat einschließlich der Mitarbeiterinnen und Mitarbeiter des Jobcenters verbindlich.

Bis Ende 2012 werden alle 1.800 Beschäftigten an zweitägigen Trainings teilgenommen haben. Die Verpflichtung zur Teilnahme ist aus lerntheoretischer Sicht umstritten. Dennoch hat man sich dafür entschieden, da interkulturelle Kompetenz aus Organisationsperspektive in diesem Bereich unabdingbar für professionelles Arbeiten ist und sich sonst nur diejenigen anmelden würden, die ohnehin offen für die Thematik sind. Evaluationen der Bundesagentur für Arbeit und der Stelle für interkulturelle Arbeit beschieden dem Programm trotz der verpflichtenden Teilnahme, die bei dieser Thematik bei manchen Teilnehmenden für Widerstände sorgt, gute bis sehr gute Ergebnisse.

Nicht nur die Sozialen Dienste oder die Ausländerbehörde erkannten den Trainingsbedarf. Auch Bereiche wie die Lebensmittelüberwachung, die Kinderkrankenschwestern des Referates für Gesundheit und Umwelt, die Friedhofsverwaltung und die Münchner Berufsfeuerwehr nahmen bereits teil oder machen sich gerade auf den Weg. Die Fortbildungen werden immer auf den jeweiligen Bereich zugeschnitten.

In 2012 werden rund 600 Rettungsdienstmitarbeiter und Einsatz- sowie Führungskräfte der Feuerwehr interkulturell eintägig geschult. Dafür wurden Tandems von interkulturellen Trainerinnen und Trainern aus der Feuerwehrschule eigens auf die Thematik „interkulturelle

Aspekte im Feuerwehr- und Rettungseinsatz", wie beispielsweise unterschiedliche Gesundheits- und Krankheitsvorstellungen, vorbereitet. Die Tandems erarbeiten gemeinsam das Schulungskonzept, das praxisnah auf Bedarfe, die bei der Zielgruppe anhand von Fragebögen eruiert wurden, aufbaut. Die interkulturellen Trainerinnen hospitieren zur Vorbereitung zudem einen Tag im Einsatz der Feuerwehr.

Bei den interkulturellen Fortbildungen werden Fortschritte ebenfalls anhand von Zahlen gemessen. Von 2005 bis 2009 wurden 3.104 Personen meist in zweitägigen Fortbildungen geschult, davon 267 Führungskräfte, was in etwa ihrem Anteil an allen Beschäftigten entspricht (Landeshauptstadt München 2011, 67-69). Zwei Mitarbeiterbefragungen im Sozialreferat (2009 und 2011) ergaben, dass Personen, die an einer interkulturellen Fortbildung teilgenommen haben, Maßnahmen zur interkulturellen Öffnung stärker befürworten als Personen, die noch nicht geschult wurden (78% gegenüber 58% in 2011).

Andere öffentliche Verwaltungen wie etwa die Bundesagentur für Arbeit (Diversity- Fortbildungen), der Stadtstaat Hamburg (vor allem im Bereich der Ausbildung), die Städte Duisburg (Personalentwicklung), Essen (Auszubildende als Botschafter), Nürnberg (interkulturelle Fortbildungen), Stuttgart (Öffnung als Standortfaktor) und Osnabrück (Mentoringprogramm) erarbeiteten ebenfalls Konzepte zur interkulturellen Öffnung im Personalbereich. Bielefeld, Hamm und Münster schlossen sich zu diesem Thema zu einem Gemeinschaftsprojekt zusammen, um Erfahrungen auszutauschen und von der Bündelung der Kräfte zu profitieren (Bielefeld, Hamm und Münster 2011). Das Land Berlin verabschiedete 2010 das Partizipations- und Integrationsgesetz, das auch Vorgaben für den Personalbereich enthält. Es ist zu erwarten, dass der kürzlich erschienene Bericht „Interkulturelles Personalmanagement" der Kommunalen Gemeinschaftsstelle für Verwaltungsmanagement wichtige Impulse setzen wird (KGSt 2011).

10.4   Erfolgsfaktoren für interkulturelle Öffnungsprozesse und Ausblick

Interkulturelle Öffnung wurde politisch zu einem weithin anerkannten Paradigma. Über Ziele und Instrumente scheint Einigkeit zu bestehen, so dass häufig eine Bestimmung der Begriffe und eine Reflexion des Vorgehens bei der Umsetzung nicht mehr ausreichend erfolgen. Interkulturelle Öffnung stellt aber eine komplexe und integrierte Strategie dar, die dann erfolgreich ist, wenn sie dafür grundlegende Erfolgsfaktoren berücksichtigt. Das sind nach den Münchner Erfahrungen im Wesentlichen:

- Interkulturelle Orientierung und Öffnung müssen als kommunale Veränderungsprozesse politisch gewollt sein und sollten von einer breiten politischen Mehrheit in den parlamentarischen Gremien mitgetragen werden.
- Interkulturelle Öffnung ist ein strategischer Ansatz im Rahmen eines integrationspolitischen Gesamtkonzeptes, das als Organisations-, Personal- und Qualitätsentwicklungsprozess zu verstehen ist und wofür es ausreichend Zeit, Wissen und finanzielle Ressourcen braucht.
- Interkulturell orientierte Organisationsentwicklung ist die wesentliche Grundlage von interkulturellen Öffnungsprozessen. Sie setzt idealerweise an vorhandenen strategischen Instrumenten an.

- Sie ist Querschnittpolitik und betrifft alle Bereiche und Ebenen einer Organisation.
- Ihre Umsetzung ist Führungsaufgabe „top down", kann nicht von außen erfolgen und muss die Mitarbeiterschaft „bottom up" einbeziehen. Der Veränderungsprozess muss als gemeinsamer Lernprozess einer Institution organisiert werden, um nachhaltige Wirkungen zu erzielen.
- Interkulturell orientierte Personalentwicklung ist ein unabdingbares, aber nicht hinreichendes Element von Interkultureller Öffnung. Sie verfolgt die Ziele, Menschen mit Migrationshintergrund als Beschäftigte zu gewinnen sowie alle Mitarbeiterinnen und Mitarbeiter interkulturell zu qualifizieren. Interkulturelle Trainings, die festen Standards entsprechen müssen, sind dafür ein anerkanntes Lernformat.
- Interkulturelle Öffnung bedarf einer zentralen institutionellen Absicherung in der Organisation (z. B. Stelle für interkulturelle Arbeit) und ist erfolgreich in vernetzten Strukturen (institutionalisierte Gremien wie das verwaltungsinterne und referatsübergreifende Arbeitsgremium Interkulturelle Integration in München), die die Koordination der Prozesse nach innen und nach außen gewährleisten. Gleichzeitig muss die Verantwortung für die Umsetzung dezentral in den einzelnen Referaten (Dezernaten) liegen.
- Interkulturelle Öffnung ist als partizipativer Prozess zu gestalten. Das gilt nach innen in die Organisation hinein im Blick auf die Mitarbeiterinnen und Mitarbeiter und nach außen für die Beteiligung von Menschen mit Migrationshintergrund, ihrer Vertretungen und weiterer relevanter Organisationen.

In den letzten rund fünf Jahren wird zunehmend über das Organisationsentwicklungskonzept „Diversity Management" diskutiert und dieser in Ansätzen auch umgesetzt (Stuttgart) (Pavkovic 2011). Es wird zum Teil als Weiterentwicklung, zum Teil als Konkurrenz zu interkultureller Öffnung dargestellt. Diversity Management zielt auf die Einbeziehung mehrerer Vielfaltsdimensionen ab. Ähnlich reduziert sich ein weites Verständnis von Interkulturalität „nicht allein auf das Verhältnis von Deutschen und Zugewanderten, sondern gilt ganz umfassend für das Verhältnis zwischen unterschiedlichen Lebensformen und umfasst Unterschiede des Geschlechts, des Alters, der Religion, der sexuellen Orientierung, der körperlichen Ausstattung, der sozioökonomischen Lage, aber auch Unterschiede zwischen verschiedenen Betriebs- oder Verwaltungskulturen" (Handschuck, Schröer 2002). Beide Konzepte dürfen nicht Gefahr laufen, soziale oder ökonomische Probleme auf ethnische, nationale, religiöse oder andere Zugehörigkeiten zurückzuführen. Diese Ausgangspunkte der beiden Strategien stellen eine wichtige Gemeinsamkeit dar, auch wenn die Hauptzielgruppe interkultureller Öffnung Menschen mit Migrationshintergrund bleiben. Es ist abzuwarten, wie sich das Verhältnis der beiden Konzepte auf der praktischen kommunalen Ebene weiter entwickeln wird.

10.5 Vertiefungsaufgaben und -fragen

Einige öffentliche Verwaltungen, vor allem mittlere und große Städte, haben Strategien zu interkulturell ausgerichteter Organisationsentwicklung erarbeitet und sind dabei, diese umzusetzen. Andere haben zwar auf der normativen Ebene Integrationskonzepte verabschiedet, es dann aber (noch) nicht geschafft, Veränderungsmaßnahmen, die an den konkreten Bedarfen in den kommunalen Handlungsfeldern ansetzen, auf den Weg zu bringen. Es bleiben viele Herausforderungen, die beispielhaft durch die folgenden Vertiefungsaufgaben und -fragen aufgegriffen werden:

1. Vor allem in den letzten 10 Jahren wird in Deutschland intensiv über die gesteuerte Integration von Migrantinnen und Migranten und über die gezielte Öffnung von Institutionen diskutiert. Integrationspolitische Gesamtkonzepte wurden erarbeitet und Aktivitäten gebündelt. Wie kann erreicht werden, dass daraus systematische Umsetzungsprozesse entstehen, die langfristig und nachhaltig wirken?

2. Wirkliche Veränderung von Verwaltungspraxis bringt einen kulturellen Wandel in der Organisation mit sich. Übliche Vorgehensweisen werden in Frage gestellt, neue Ziele gesetzt und Änderungsmaßnahmen vorgeschlagen. Dabei treten bei den Beteiligten Widerstände auf. Was trägt dazu bei, diese abzubauen und echte Anpassung an geänderte gesellschaftliche Rahmenbedingungen herbeizuführen?

3. Öffentlichen Verwaltungen fällt es schwer, Einwohnerinnen und Einwohner mit Migrationshintergrund an Öffnungsprozessen zu beteiligen. Welche sind geeignete Verfahren, um Migrantinnen und Migranten zu erreichen? Was fördert das Verwaltungsinteresse, konkrete Bedarfe *aller* gesellschaftlichen Gruppen in Planungen einzubeziehen und dafür die Betroffenen selbst zu Wort kommen zu lassen?

4. Den Akteuren der Integrationspolitik in Deutschland ist es weder gelungen, die breite Masse der sogenannten Mehrheitsgesellschaft von den in einer Einwanderungsgesellschaft notwendigen Veränderungen zu überzeugen, noch haben sie ausreichend über Erfolge informiert. Dies zeigte die Integrationsdebatte, die im Sommer 2010 in Deutschland intensiv und überwiegend polarisierend geführt wurde. Wie kann die Mehrheitsgesellschaft für die Notwendigkeit gesellschaftlichen und institutionellen, also kulturellen Wandels sensibilisiert und überzeugt werden?

10.6 Literatur

Barwig, K. und W. Hinz-Rommel [Hrsg.] (1995): Interkulturelle Öffnung sozialer Dienste. Freiburg.
Beauftragte der Bundesregierung für die Belange der Ausländer (1994): Empfehlungen zur interkulturellen Öffnung sozialer Dienste. Bonn.

Bertelsmann Stiftung, Bundesministerium des Innern [Hrsg.] (2005): Erfolgreiche Integration ist kein Zufall. Strategien kommunaler Integrationspolitik. Gütersloh. Bertelsmann Stiftung (2006): Interkulturelle Kompetenz – Schlüsselkompetenz des 21. Jahrhunderts? Thesenpapier der Bertelsmann Stiftung auf Basis der Interkulturellen-Kompetenz-Modelle von Dr. Darla K. Deardorff. Gütersloh.

Bielefeld, Hamm und Münster (2011): Interkulturelle Personalentwicklung – Ein Gemeinschaftsprojekt der Städte Bielefeld, Hamm und Münster.

Bundesregierung (2007): Der Nationale Integrationsplan. Neue Wege – Neue Chancen. Berlin.

Deutscher Städtetag (2007): Integration von Zuwanderern. Erfahrungen und Anregungen aus der Praxis in den Städten. Berlin und Köln.

Filsinger, D. (2009): Entwicklung, Konzepte und Strategien der kommunalen Integrationspolitik. In: Gesemann, F. und R. Roth [Hrsg.]: Lokale Integrationspolitik in der Einwanderungsgesellschaft. Migration und Integration als Herausforderung von Kommunen. Wiesbaden, S. 279–296.

Gaitanides, S. (2006): Interkulturelle Öffnung sozialer Dienste. In: Otto, H.-U. und M. Schrödter [Hrsg]: Soziale Arbeit in der Einwanderungsgesellschaft. Multikulturalismus – Neo-Assimilation – Transnationalität. Lahnstein, S. 222–234.

Gesemann, F. und R. Roth [Hrsg] (2009): Lokale Integrationspolitik in der Einwanderungsgesellschaft. Migration und Integration als Herausforderung von Kommunen. Wiesbaden.

Handschuck, S. und H. Schröer (1997): Interkulturelle Kompetenz und Jugendhilfe. In: Migration und Soziale Arbeit (3/4), S. 42–46.

Handschuck, S. und H. Schröer (2002): Interkulturelle Orientierung und Öffnung von Organisationen. Strategische Ansätze und Beispiele der Umsetzung. In: neue praxis (2), S. 511–521.

Handschuck, S. und W. Klawe (2004): Interkulturelle Verständigung der Sozialen Arbeit. Ein Erfahrungs-, Lern- und Übungsprogramm zum Erwerb interkultureller Kompetenz. Weinheim und München.

Heinz, R. (2000): Kommunales Management. Überlegungen zu einem KGSt-Ansatz. Stuttgart.

Hinz-Rommel (1994): Interkulturelle Kompetenz. Ein neues Anforderungsprofil für die soziale Arbeit. Münster/New York.

Kommunale Gemeinschaftsstelle für Verwaltungsmanagement (KGSt) (2005): Management kommunaler Integrationspolitik – Strategien und Organisation. Bericht Nr. 7, Köln.

Kommunale Gemeinschaftsstelle für Verwaltungsmanagement (KGSt) (2008): Interkulturelle Öffnung. In sieben Schritten zur Interkulturellen Öffnung der Verwaltung. Materialien Nr. 5, Köln.

Kommunale Gemeinschaftsstelle für Verwaltungsmanagement (KGSt) (2011): Interkulturelles Personalmanagement (Bericht 2). Köln.

Landeshauptstadt München, Personal- und Organisationsreferat (2005). Vereinbarung für Chancengleichheit und gegen Diskriminierung in der Arbeitswelt. Online in Internet: http://www.muenchen.de/cms/prod2/mde/_de/rubriken/Rathaus/60_por/12_broschueren/antidiskrimini erungsvereinbarung2.pdf.

Landeshauptstadt München, Sozialreferat/ Stelle für Interkulturelle Arbeit (2008): Interkulturelles Integrationskonzept. Grundsätze und Strukturen der Integrationspolitik der Landeshauptstadt München. München.

Landeshauptstadt München, Sozialreferat/ Stelle für interkulturelle Arbeit & Personal und Organisationsreferat (2009) Qualitätsstandards für interkulturelle Fortbildungen. Online in Internet: http://www.muenchen.de/Rathaus/soz/wohnenmigration/interkulti/publikation.html.

Landeshauptstadt München, Personal- und Organisationsreferat (2009): Arbeitgebermarke. Online in Internet unter: „Landeshauptstadt München als Arbeitgeberin": http://www.muenchen.de/Rathaus/por/bewerbungscenter/37890/index.html

Landeshauptstadt München, Sozialreferat/ Stelle für interkulturelle Arbeit (2011): Interkultureller Integrationsbericht. München lebt Vielfalt. München. Online in Internet: http://www.muenchen.de/interkult.

Lima Curvello, T. und M. Pelkhofer-Stamm (2003): Interkulturelles Wissen und Handeln. Neue Ansätze zur Öffnung Sozialer Dienste. Dokumentation des Modellprojektes „Transfer interkultureller Kompetenz". Berlin.

Lima Curvello, T. (2009): Für einen Paradigmenwechsel in der Praxis der Interkulturellen Öffnung. In: Gesemann, F. und R. Roth [Hrsg.]: Lokale Integrationspolitik in der Einwanderungsgesellschaft. Migration und Integration als Herausforderung von Kommunen. Wiesbaden, 247–263.

Nationaler Integrationsplan (2007). Neue Wege – Neue Chancen. Bundesregierung. Online in Internet: http://www.bundesregierung.de/Content/DE/Archiv16/Artikel/2007/07/Anlage/2007-10-18-nationaler-integrations-plan.pdf;jsessionid=9BF9FF54E1C4A36E209E932B8ED7CD75.s4t2?__blob=publicationFile&v=2.

Nestmann, F. und F. Tiedt, (1988): Quantitative und qualitative Analyse des Nachfrage-, Leistungs- und Kooperationsprofils sozialer Dienste für Ausländer. Gutachten im Auftrag des Bundesministeriums für Arbeit und Sozialordnung und der Minister und Senatoren für Arbeit und Soziales der Länder. Bonn.

Oltmer, J. (2009): Zuwanderung und Integration in Deutschland seit dem Zweiten Weltkrieg. In: Gesemann, F. und R. Roth [Hrsg.]: Lokale Integrationspolitik in der Einwanderungsgesellschaft. Migration und Integration als Herausforderung von Kommunen. Wiesbaden.

Pavkovic, G. (2011): Kommunale Diversitätspolitik in Stuttgart – eine Zwischenbilanz. In: Heinrich Boell Stiftung. Online in Internet: http://www.migration-boell.de/web/diversity/48_2824.asp.

Schröer, H. (2007): Interkulturelle Öffnung und Diversity Management. Konzepte und Handlungsstrategien zur Arbeitsmarktintegration von Migrantinnen und Migranten. Erstellt im Auftrag des Netzwerk „Integration durch Qualifizierung – IQ". Zentralstelle für die Weiterbildung im Handwerk e.V. [Hrsg.] Schriftenreihe IQ Band I. Düsseldorf.

Schröer, H. und F. Szoldatits (2010): Interkulturelle Öffnung des Personalmanagements. Beispiel Landeshauptstadt München. In: Heinrich Boell Stiftung: Dossier Positive Maßnahmen – Von Antidiskriminierung zu Diversity. Berlin. Online in Internet: http://www.migration-boell.de/web/diversity/48_2628.asp.

Sorg, U. und F. Szoldatits (2009): Umsetzung des Interkulturellen Integrationskonzeptes der Landeshauptstadt München. In: Migration und Soziale Arbeit (3/4),179–182.

11 Gesundheitsvorsorge und medizinische Versorgung

Christiane Griese und Karin Rothe

11.1 Grundlegendes: Strukturen, Aufgaben, Akteure

Das Gesundheitssystem der Bundesrepublik umfasst Organisationen und Institutionen, gesetzliche Regelungen und standardisierte Prozesse sowie die Gesamtheit an Personal, die der Gesundheitsversorgung dienen. Gesundheitsversorgung umfasst dabei folgende Bereiche:

- Prävention (Gesundheitsförderung und Krankheitsvermeidung)
- Primärversorgung (ambulante Versorgung durch niedergelassene Ärzte)
- Akutversorgung (stationär in Krankenhäusern)
- Rehabilitation (Nachsorge, Wiederherstellung, Förderung)
- Pflege (stationäre und ambulante Versorgung).

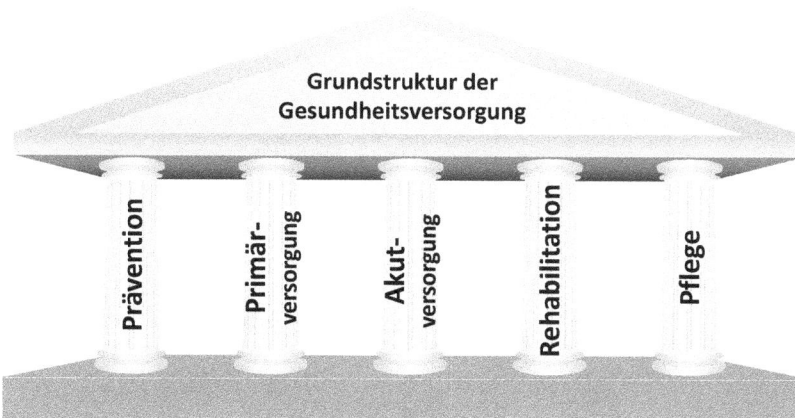

Grundstruktur der Gesundheitsversorgung

Prävention · Primär-versorgung · Akut-versorgung · Rehabilitation · Pflege

Abb. 11.1: Grundstruktur der Gesundheitsversorgung

Aktuelle Daten zum Handlungsfeld „Gesundheitswesen" werden u. a. im jährlichen Bericht des Bundesgesundheitsministeriums erfasst und der Allgemeinheit zugänglich gemacht. Diese umfassen folgende Kategorien (2011): Bevölkerungsstruktur, Morbidität (u. a. Zahl der Erkrankungen z. B. von Tuberkulose, AIDS, Krebs; dazu gehören auch Verhaltensrisiken für Erkrankung und Unfallverletzungen, außerdem Körpermaße und -index sowie Genuss- und Lebensmittelkonsum), Mortalität (Sterbefälle, Todesursachen nach Altersgruppen, Säuglings- und Müttersterblichkeit), Arzneimittel (Produktion, Preise, Verbrauchsmengen), Berufe im Gesundheitswesen, stationäre Versorgung (wie Bettenbelegung, Krankhauskosten, Personal), Versicherungsschutz (in Kranken- und Pflegeversicherung), wirtschaftliche Daten und Finanzierung.

Die Perspektive auf dieses Handlungsfeld kann erweitert werden durch den Begriff der Gesundheitswirtschaft, der dann neben der Versorgung Kranker bzw. der Krankheitsvorbeugung auch die Herstellung von Arzneimitteln und Medizinprodukten, den Gesundheitstourismus, die Wellness- sowie die Fitnessbranche umfasst (Goldschmidt, Hilbert 2009).

Die in diesem System erbrachten (Gesundheits)leistungen werden über ein Versicherungssystem finanziert, an dem gesetzlich Versicherte, freiwillig Versicherte in der gesetzlichen (abhängig von der Höhe des Einkommens) oder privaten (ca. 10 % der Bevölkerung) Krankversicherung, Direktzahler und Arbeitgeber (in der Regel paritätisch zur Beitragshöhe des versicherten Arbeitnehmers) beteiligt sind. Bezahlt wird dann die jeweils erbrachte Leistung von den Kranken-, Unfall-, Pflege- und Rentenversicherungen oder auch kassenärztlichen Vereinigungen und staatlichen Beihilfestellen. Leistungsempfänger sind alle Versicherten. Erbracht wird die Leistung im Handlungsfeld von Ärzten, Pflegepersonal, Personal der sozialen Dienste in Kliniken, Apothekern, Therapeuten und sonstigen Heilberufen.

Der Staat bzw. seine gesetzgebenden Körperschaften wie der Bund, die Länder und Kommunen und seine Regulierungs- und Überwachungsstellen, wie z. B. Gesundheitsämter, außerdem weitere im Gesundheitswesen tätige Interessenverbände z. B. Patientenverbände und Selbsthilfeorganisationen sind regulierende sowie Interessen und die Qualität der Leistung gewährleistende Akteure.

Nach den Versicherungsleistungen machen Selbstbeteiligungen oder Zuzahlungen von Patienten einen wachsenden Anteil an der Finanzierung des Gesundheitssystems aus. In einigen Bereichen werden Zuschüsse oder Kostenbeteiligungen durch den Staat oder durch gemeinnützige Organisationen erbracht. Daneben hat sich außerhalb der Versicherungsleistungen ein erheblicher Gesundheitsmarkt für „individuelle Gesundheitsleistungen", wie Fitness und Wellness, kosmetische Anwendungen (Anti-Aging-Therapien, Schönheitsoperationen), nicht erstattungsfähige Medikamente, alternative Heilverfahren und therapeutische Praktiken, entwickelt.

Im Vergleich der Gesundheitsausgaben in den OECD-Ländern lag Deutschland 2008 mit einem Anteil von 10,5 % des BIP an fünfter Stelle (OECD-Gesundheitsdaten 2010). 2008 trugen die Krankenkassen 58 % bzw. 151,5 Mrd. Euro der Gesamtkosten (Statistisches Bundesamt 2010). Im Jahr 2009 arbeiteten 4,4 Millionen Menschen in der Gesundheitswirtschaft. Das waren etwa 10 % aller Beschäftigten in Deutschland (Statistisches Bundesamt 2010). Im Jahr 2010 waren es 90.000 Beschäftigte mehr als im Vorjahr (a. a. O.).

Daten zum Gesundheitssystem der BRD (Stand 2009)[33]:

- Ärztliches Personal in den Kliniken: 131.227
- Nichtärztliches Personal in den Kliniken: 676.647; davon Pflegepersonal: 303.656
- Gesamtpersonal in den Krankenhäusern: 1,111 Millionen Beschäftigte
- Gesamtumsatz der Krankenhäuser: 62,1 Milliarden € pro Jahr
- Zahl der Krankenhausbetten: 503.300 (in 2084 Kliniken)
- Behandelte Fälle in Krankenhäusern: 17,8 Millionen
- Durchschnittliche Verweildauer im Krankenhaus: 8 Tage
- Beschäftigte in Arztpraxen: 687.000

Da es sich bei den im Gesundheitssystem erbrachten Leistungen um solche handelt, die im Sinne der Gesamtgesellschaft, im Sinne des „Volkswohles" zu erbringen sind, stehen Staat und Gesundheitspolitik in besonderer Verantwortung, Chancengleichheit beim Zugang zu den Angeboten des Systems (unabhängig von Einkommen und Status) zu sichern. Daneben und durchaus in Konkurrenz zu dieser Zielstellung werden für das Gesundheitswesen noch folgende Ziele formuliert:

- Leistungsfähigkeit (schnelle und wirksame Behandlung),
- Bedarfsgerechtigkeit (Problem der Beeinflussung der Nachfrage durch die Anbieter),
- Wirtschaftlichkeit (Verhältnis von Kosten und Nutzen) sowie
- Finanzierbarkeit (Preisbildung und Inanspruchnahme von Leistungen) (Oggier 2001).

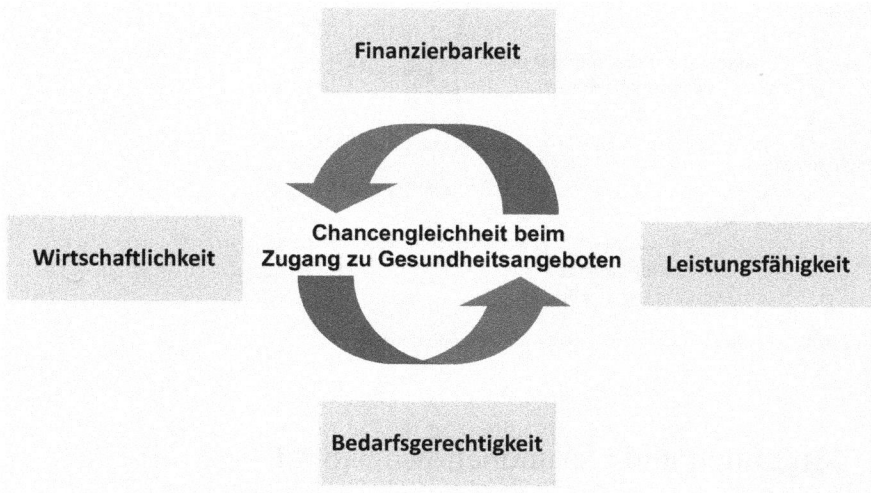

Finanzierbarkeit

Wirtschaftlichkeit   **Chancengleichheit beim Zugang zu Gesundheitsangeboten**   **Leistungsfähigkeit**

Bedarfsgerechtigkeit

Abb. 11.2:   Chancengleichheit beim Zugang zu Gesundheitsangeboten

---

[33]   Diese Zahlen sind zur Veranschaulichung beispielhaft zusammengestellt aus dem Datenreport 2011, Kapitel 9. Gesundheit und soziale Versicherung. Online in Internet: https://www.destatis.de/DE/Publikationen/Datenreport/Downloads/Datenreport2011Kap9.pdf?__blob=publicationFile, [Stand 11. 6. 2012].

Diese auf Rentabilität und dauerhafte Existenz des Gesundheitswesens als Dienstleistungsunternehmen für alle Gesellschaftsmitglieder abzielenden Richtlinien werden außerdem inhaltlich-richtungsweisend durch die Formulierung von „nationalen Gesundheitszielen" fokussiert bzw. regelmäßig aktualisiert, die sich auf aktuelle Entwicklungen des Gesundheitszustandes der Gesamtbevölkerung bzw. Trends in der Identifikation von Erkrankungslagen beziehen.

Diese umfassen aktuell:

- „Diabetes mellitus Typ 2: Erkrankungsrisiko senken, Erkrankte früh erkennen und behandeln
- Brustkrebs: Mortalität vermindern, Lebensqualität erhöhen
- Tabakkonsum reduzieren
- Gesund aufwachsen: Lebenskompetenz, Bewegung, Ernährung
- Gesundheitliche Kompetenz erhöhen, Patient(inn)ensouveränität stärken
- Depressive Erkrankungen: verhindern, früh erkennen, nachhaltig behandeln
- Gesund älter werden" (Bundesministerium für Gesundheit 2012).

Damit werden dem Gesundheitsvorsorgesystem spezifische Aufgaben von Seiten der „öffentlichen Hand" zugewiesen.

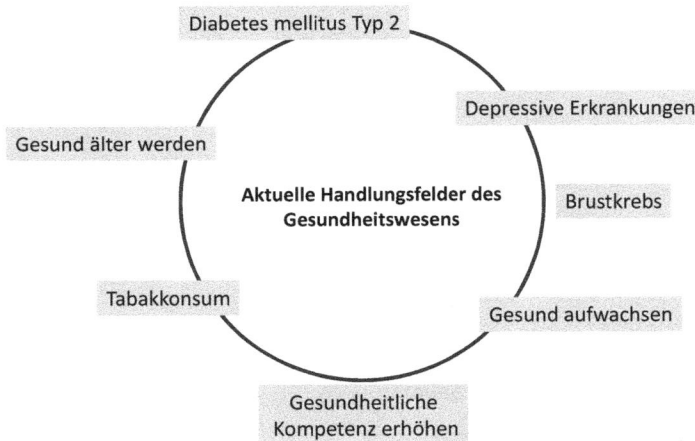

Abb. 11.3:   Übersicht der aktuellen Handlungsfelder im Gesundheitswesen

11.2   Migranten und Gesundheit/Morbidität

Dass Migranten bzw. Menschen mit Migrationshintergrund erst in den letzten Jahren als spezifische Patientengruppe mit eigenen herkunftskulturell geprägten Vorstellungen zu Krankheit, Sterben und Tod sowie entsprechenden Behandlungsbedarfen identifiziert wurden, hat wohl im wesentlichen drei Ursachen. Vorerst musste die erste Generation der Migranten, die „Gastarbeiter", kaum medizinische Betreuung in Anspruch nehmen: Dies waren junge, körperlich fitte, arbeitsfähige Männer und Frauen. Erst mit zunehmendem Alter stieg ihre Morbidität an. Zum anderen kann auch die Grundstruktur der Sicherung von medizinischer Versorgung über eine Pflichtversicherung den Blick auf Probleme des Zugangs und der Art der Nutzung medizinischer Einrichtungen verstellt haben. Immerhin öffnet die (Pflicht)Mitgliedschaft prinzipiell den Zugang zu Gesundheitsmaßnahmen. Es kann der Eindruck von „Barrierefreiheit" entstehen.

Ein dritter Aspekt ist die naturwissenschaftliche sowie ethische Fundierung des Handlungsfeldes und der dort professionell Tätigen. Einerseits scheinen – vom naturwissenschaftlichen Standpunkt aus – die Behandlung einer nekrotischen Niere, einer Tumorerkrankung oder von Verletzungen als Folgen eines Unfalles auf den ersten Blick von (herkunfts)kulturellen Bedingungen unabhängig zu sein. Andererseits ist die Ethik der Profession vom Bewusstsein des Hippokratischen Eides geprägt. Insofern sei Medizin „in ihrem Wesenskern ‚anthropologisch' ausgerichtet"; „ausschließlich das Menschsein verpflichtet zur Hilfe. Es gibt keine Freunde oder Feinde, keine In- oder Ausländer, … kein bevorzugtes Geschlecht" (Wehkamp 2009, 23).

Dieser „Geist" bzw. die entsprechenden Handlungskonzepte sind jedoch eingebettet in ein je gesellschaftlich, ökonomisch und politisch verankertes Gesundheitssystem: „Die Rahmenbedingungen aus rechtlichen, ethischen und wirtschaftlichen Elementen beeinflussen die Medizin zunehmend in ihrem Kern" (Wehkamp 2009, 23).

Für Gesundheitsfachkräfte gehört die Betreuung und Behandlung von Migranten und Migrantinnen seit Langem zum Arbeitsalltag. Jedoch können die drei genannten Faktoren als Ursache dafür gelten, dass im Gesundheitswesen die Beschäftigung mit kulturspezifischen Denk- und Handlungskonzepten in Bezug auf Krankheit und Pflege, Sterben und Tod bzw. mit Aspekten kultursensibler Kommunikation darüber zwischen Arzt/Pflegepersonal und Patienten erst mit Verzögerung im Handlungsfeld einsetzte. Will man den Stand des Prozesses der Interkulturellen Öffnung des Gesundheitswesens markieren, so hat mit Beginn des 21. Jahrhunderts in vielen Bereichen zuerst einmal eine Problemsondierung begonnen, die darauf abzielt, die (gruppen)spezifische Gesundheitssituation von Menschen mit Migrationshintergrund bezogen auf einen kulturspezifischen Referenzrahmen zu erfassen, also zu verstehen, dass auch physiologische, biologische, anthropologische Phänomene kulturspezifisch sich präsentieren und artikulieren können. Andererseits ist damit auch die Grundlage für eine patientengruppenadressierte Bedarfsanalyse für eine bedarfsgemäße Angebotsstruktur bzw. für kultursensible Handlungskonzepte und deren Umsetzung in Arztpraxen und Kliniken, bei der Notfallhilfe und im Hausarztgespräch, in Beratungseinrichtungen der Gesundheitsvorsorge etc. gegeben.

Initiiert wurden solche Sichtweisen in besonderer Weise auch von Debatten über und Maßnahmen zur Effizienzsteigerung von medizinischer Dienstleistung. Kliniken, Therapiezentren, Arztpraxen und Labore sind seit Beginn der 2000er Jahre in marktorientierte Ökonomisierungs- und Budgetierungsprozesse mithin in Wettbewerb eingebunden.

Sondierung über Datenerhebungen und Studien

In Datenerhebungen zum allgemeinen Gesundheitszustand bzw. zu Erkrankungsraten der Gesamtbevölkerung wird zunehmend auch die Gruppe der Migranten (Menschen mit Migrationshintergrund) separat bzw. im Verhältnis zur deutschen Bevölkerung betrachtet. Neben den Berichten des Bundesgesundheitsministeriums nimmt im Integrationsbericht der Bundesregierung (2010) das Thema „Migration und Gesundheit" breiten Raum ein; auch der

Deutsche Ethikrat hat sich 2010 das erste Mal mit den damit verbundenen Problemlagen und ihrer Identifizierung befasst. Seit einigen Jahren gibt die Bundeszentrale für gesundheitliche Aufklärung (BZgA) einen vierteljährlich erscheinenden Informationsdienst „Migration und öffentliche Gesundheit" heraus. Aber auch einzelne Parameter der Bevölkerungsstatistik, wie z. B. der (wachsende) Schwangerenanteil von Migrantinnen, sind aussagekräftige Daten, die die Gruppe der Migranten als Adressaten von medizinischer Versorgung (in diesem Fall Geburtshilfe) identifizieren (Studien des Bremer Instituts für Präventivforschung und Sozialmedizin: Falge 2009, 100).

Ohne detailliertes Datenmaterial hier präsentieren zu können, soll kurz aufgezeigt werden, dass inzwischen vielfältige Forschungsergebnisse dazu vorliegen, dass sich die Gruppe der Migranten/Menschen mit Migrationshintergrund durch eine insgesamt schlechtere Gesundheitsbilanz im Vergleich zur deutschen Bevölkerung auszeichnet:

„Wenn man sich typische Parameter für Volksgesundheit wie Säuglingssterblichkeit, Vorsorgeuntersuchungen, Zahngesundheit, Durchimpfungsrate, Unfallraten, Inanspruchnahme von Rehabilitationsleistungen und Arbeitsunfälle anschaut, schneiden Migranten deutlich schlechter ab. Die Säuglingssterblichkeit ... ist erhöht, denn Migrantinnen nehmen Vorsorgeuntersuchungen in der Schwangerschaft deutlich später und seltener in Anspruch. Zuwandererkinder haben einen größeren Kariesbefall. Sie nehmen (im Vergleich zu 90 Prozent deutscher Schulanfänger) nur zu 50 Prozent bei den Untersuchungen ... teil. Während 84,2 Prozent der deutschen Schulanfänger nach Impfplan geimpft sind, sind es nur 57,5 Prozent der Zuwanderer ... Migranten nehmen weniger häufig Rehabilitationsleistungen (5,6 zu 10,6 Prozent) in Anspruch. Dabei erleiden Einwanderer bei geringerem Risikobewusstsein häufiger Arbeitsunfälle. Auch sind sie mehr an Verkehrsunfällen beteiligt. 17,5 Prozent der unfallbeteiligten Kinder unter sechs Jahren sind türkischen Ursprungs ..." (Cindik 2008, 336).

Insgesamt zeigen verschiedene Datenerhebungen und Studien, dass Menschen mit Migrationshintergrund im Vergleich zur einheimischen Bevölkerung in Deutschland geringere Gesundheitschancen und höhere Risiken für bestimmte Erkrankungen haben. Sie weisen auf einen insgesamt schlechteren objektiven und subjektiven Gesundheitsstatus im gesamten Lebenszyklus hin. Internationale Studien belegen den Zusammenhang zwischen sozialer und gesundheitlicher Benachteiligung und identifizieren neben sozioökonomischen Faktoren, Migrationsfaktoren, kulturelle Faktoren und auch Rassismus. Spezifische Gesundheitsbelastungen und -risiken werden für Kinder und Jugendliche aus Familien mit Migrationshintergrund, Migrantinnen und Migranten ohne regulären Aufenthaltsstatus, ältere Menschen mit Migrationshintergrund sowie für Migrantinnen und ihre Kinder im Zusammenhang mit Schwangerschaft und Geburt festgestellt (Razum 2008). Der Kinder- und Jugendgesundheitssurvey (KIGGS 2003-2006) bestätigte, dass gerade die Nutzung von Präventionsmaßnahmen durch Familien mit Migrationshintergrund noch problematisch ist, z. B. bei Impfungen von Jugendlichen mit beidseitigem Migrationshintergrund und konkreten Maßnahmen der Unfallprävention.

Eine Metaanalyse von Daten des statistischen Bundesamtes ergab, dass thermische Verletzungen im Haushalt bei nichtdeutschen Kindern im Alter zwischen 0 bis 4 Jahren (Ellsäßer und Böhmann 2004) sowie tödliche Verletzungen und Vergiftungen im Säuglingsalter bei ausländischen Säuglingen deutlich häufiger als bei deutschen vorkommen (Statistisches Bundesamt 2010). In ähnlicher Weise eruierten Märzheuser und Giest (2011), ob und inwieweit Unterschiede zwischen deutschen und migrantischen Kindern und Jugendlichen hinsichtlich der Unfallhäufigkeit, des Unfallgeschehens und Unfallverhaltens bestehen. Damit werden migrationsspezifische Verletzungsrisiken identifiziert, mit dem Ziel die Effektivität von Präventionsprogrammen und -maßnahmen zur Etablierung sicherheitsfördernder Verhaltensweisen zu erhöhen. Außerdem liegen bereits seit fast 15 Jahren erste Daten zur Analyse migrantischer Patientengruppen vor, wie z. B. einer Befragung von Patienten der Gynäkologie zu ihrem Wissen über den weiblichen Körper oder über Sprachkompetenzen in der sog. Berliner Notfallambulanzstudie (David, Borde 2009, 30,31). Für den Bereich der Kinder- und Jugendpsychiatrie dagegen wurde erst kürzlich eine Dissertation mit der Analyse von Krankenakten vorgelegt, die auf einen Zusammenhang zwischen Erkrankung, Krankheitsverlauf und -intensität, Dauer des Klinikaufenthaltes u. a. Faktoren einerseits und migrantischen Sozialisationsbedingungen und Problemlagen andererseits verweisen (Thiele 2012).

11.3 Problemlagen im Gesundheitssystem

Zugangsbarrieren

Verschiedene Studien zur Gesundheitsversorgung von Migrantinnen der Forschergruppe Borde (2010) konnten zeigen, dass die Versorgungssituation von Migrantinnen und Migranten in Klinik und Praxis häufig von Zugangsbarrieren und Kommunikationsproblemen gekennzeichnet ist. Hinzu kommen Informationslücken und Diskrepanzen zwischen Versorgungs- und Informationsbedürfnissen und tatsächlichen Angeboten und Leistungen; Information und Patientenaufklärung erreichen Migrantinnen bisher nicht ausreichend; im Aufklärungsprozess bei Migrantinnen kann es sogar zu Informationsverlusten kommen.

Ähnlich wie in allen gesellschaftlichen Bereichen/Institutionen wird auch in Bezug auf die Gesundheitsversorgung die „Sprache … als größte Zugangsbarriere zu unserem Gesundheitssystem beschrieben" (Stülb, Adam 2009, 41).

Eine Besonderheit des infrastrukturellen Zugangs zu ärztlicher Versorgung artikuliert sich in einer inadäquaten Inanspruchnahme von Gesundheitsdienstleistungen: *„In der Prävention und Gesundheitsaufklärung sind sie eindeutig unterrepräsentiert. Wohingegen in der Akutmedizin eine qualitativ fragwürdige Überversorgung stattfindet, was hohe Patientenzahlen in Notfallambulanzen widerspiegeln"* (Cindik 2008, 336). Klinikpersonal spricht von sogenannten „Mitternachtstürken" (Wehkamp 2009, 26): *„Diese Klinikfixierung aber erweist sich in Deutschland als Falle. Denn in hiesigen Institutionen wird den Migranten nicht so gut geholfen. Die Berliner Gesundheitswissenschaftlerin Theda Borde hat bei einer Befragung türkischstämmiger Patientinnen in Berliner Kliniken herausgefunden, dass die Migrantinnen – auch die mit sehr guten Deutschkenntnissen – deutlich schlechter über ihren Zustand und die erforderlichen Therapien unterrichtet waren als deutschstämmige Frauen … Diese Informationsmängel nahmen während des Krankenhausaufenthaltes sogar noch zu. Borde verglich die Aussagen der Frauen über deren Diagnose und Therapie mit dem, was dazu in der Krankenakte stand, und prüfte dann, ob sich da etwas veränderte, nachdem die Frauen durch die Klinikärzte aufgeklärt worden waren. Während aber bei deutschen Frauen der Anteil korrekt informierter Patientinnen nach dem Aufklärungsgespräch höher war als vorher, verhielt es sich bei den Türkinnen umgekehrt: Bei ihnen wussten hinterher weniger Frauen über ihre Krankheiten und die Therapien Bescheid als vorher. Entsprechend weniger* *können die Frauen bei der weiteren Diagnose und der Therapie mitwirken, entsprechend geringer können die Heilungsaussichten sein".*[34]

Kommunikationsprobleme und ihre Folgen

Wenn auch Belege dafür existieren, dass dieser Zugang erschwert ist, so sind die Barrieren in vielen Bereichen des Gesundheitssystems, vor allem dort, wo es sich um eine akute Erkrankung handelt, nicht unüberwindbar. Eine Einlieferung in eine stationäre Behandlung z. B. nach einem Unfall oder in Folge eines Herzinfarktes wird in jedem Fall „barrierefrei" verlaufen. Die sowohl aus der Praxis verlautbarte als auch in Untersuchungen bestätigte zentrale – kulturell verursachte – Problematik entsteht erst in der kulturellen Überschneidungssituation im Zusammentreffen von (deutschem) Arzt/Pflegepersonal und (migrantischem) Patient und seinen Angehörigen. Grundsätzlich wird von Ärzten und Gesundheitsexperten die hauptsächliche Ursache für solche Fehler in der Kommunikation zwischen Arzt und Patient gesehen: *„Deutsche fragen: , Was habe ich?' – Türken fragen: , Warum habe ich das?'" So umschreibt der türkischstämmige Allgemeinmediziner Ufuk Balimuhac, der in seiner Praxis am Kottbusser Tor in Berlin-Kreuzberg Patienten aus 29 Nationen betreut, einen charakteristischen Unterschied im Krankheitserleben von Einheimischen und Migranten. Der Unterschied hat Folgen. Wenn der türkische Patient keine befriedigende Antwort auf seine Warum-Frage erhält, verliert er das Vertrauen in den Arzt. Und geht zu einem anderen, dem er die Diagnose des ersten Mediziners verschweigt".*[35]

Daraus folgend wurden von Gesundheitsexperten zwei grundlegende Probleme in der Versorgung von Migranten identifiziert:

• Überproportional häufigere Verordnung von diagnostischen Untersuchungen sowie eine höhere Anzahl von Arzneimittelverschreibungen.

• Häufigeres Vorkommen von Fehldiagnosen.

Migranten machen die Erfahrung, nicht verstanden zu werden: „sprachlich und körpersprachlich, wenn ihre Gesundheits- und Krankheitsvorstellungen nicht denen der Behandelnden und Pflegenden entsprechen, religiöse Bedürfnisse den Mitarbeitern fremd sind; wenn sie spüren, dass der Zugang zum Gesundheitswesen für sie nur begrenzt möglich ist" (Zimmermann, Falge 2009, 9). Bereits seit ca. 15 Jahren wird deshalb die Problematik von „kulturellen Missverständnissen in der Medizin" oder „Kommunikationsproblemen in der Arzt-Patienten-Beziehung" thematisiert (Stülb, Adam 2009, 42). Dabei geht es vor allem um Bereiche der Schmerzsymptomatik wie

• Multimorbidität (medizinische Zustandsbeschreibung des sogenannten „Alles tut weh" Befindens), aus dem sich schwer ein Befund ermitteln lässt, die Patienten zum „doctor shopping" führt und sich später schwere Erkrankungen manifestieren;

• Somatisierung (Zuordnung diffuser physischer Schmerzen zu bestimmten Körperteilen) (Stülb, Adam 2009, 42).

---

[34] Migranten hadern mit deutschem Gesundheitssystem. Informationsmängel, Sprachbarrieren und Mentalitäts-unterschiede: Die ärztliche Versorgung für Zuwanderer hat viele Schwächen. Von Matthias Kamann. Online in Internet: http://www.welt.de/politik/deutschland/article8688822/Migranten-hadern-mit-deutschem-Gesundheitssystem.html, [Stand 8. 6. 2011].

[35] Ebd.

Es gilt also für den Bereich der medizinischen Versorgung, neben infrastrukturellen Veränderungen zur Beseitigung von Zugangsbarrieren vor allem die Begegnung, d. h. die Kommunikation zwischen Arzt/Pflegpersonal und Patienten/Patientinnen mit Migrationshintergrund in seinen kulturspezifischen Bezügen und Codes zu identifizieren. Dabei geht es zentral um Behandlungserwartungen, Heilungskonzepte, unterschiedliche Bedürfnisse „in Hinblick auf Ernährung, Hygiene, Nutzung von Raum, Familienzentriertheit usw. in besonders sensiblen Lebens- oder auch Übergangsphasen (Geburt, Krankheit, Genesung, Sterben und Tod)" (Zimmermann, Falge 2007, 9). Konkreter gehören dazu auch Aspekte des Klinikaufenthaltes wie:

- Besuchsgewohnheiten im Krankenhaus (gewohnte Lautstärke, Verhältnis von Nähe und Distanz)

- Art, Umfang und Akzeptanz von konkreten pflegerischen Tätigkeiten (Hygiene, Scham)

- Umgang mit dem Leichnam (Zeit und Raum für Riten der Totenwache, Aufbahrung und Beerdigung).

11.4 Interkulturelle Ausrichtung von gesundheitlichen Diensten und Einrichtungen

Anders als in anderen Handlungsfeldern sozialer Dienste hat sich im Bereich der Medizin ein fachdisziplinärer verorteter Referenzrahmen mit der – bereits seit mindestens 30 Jahren – etablierten Medizinethnologie entwickelt. Auf deren Erkenntnisse kann bei der Ausarbeitung der Interkulturellen Öffnung von medizinischer Versorgung zurückgegriffen werden (Ettling 2007). Die Medizinethnologie geht den kulturellen Konstruktionen von „illness" und „disease nach (Stülb, Adam 2009, 42): *„Im gleichen Sinne, in dem wir von Religion, Sprache oder Verwandtschaft als kulturellen Systemen sprechen, können wir auch Medizin als kulturelles System sehen, eines Systems symbolischer Bedeutungen, die auf dem zusammenwirken sozialer Institutionen und Formen zwischenmenschlicher Beziehungen fußen. In jeder Kultur sehen Kranksein, die Antworten auf Kranksein, die Individuen, dies sie fühlen und behandeln, und die sozialen Institutionen, die mit ihr in Verbindung stehen, alle zusammen in systematischen Beziehungen zu einander"* (Greifeld 1995, 12, zit. nach Stülb, Adam 2009, 44).

Nach einer überblicksartigen Internetrecherche setzen vielfältige Aktivitäten zur Interkulturellen Öffnung des Gesundheitswesens erst ab ca. 2005 ein. Das zeigt sich u. v. a. an der Bildung von „Runden Tischen", Auftaktveranstaltungen oder Gründung von Arbeitsgemeinschaften zur Interkulturellen Öffnung auf Länderebene (Niedersächsisches Ministerium für Jugend und Sport 2008), auf kommunaler Ebene (Frankfurt a. M. als Teil der Stadtentwicklung) und innerhalb von Kliniken (Bremen). Auch Veröffentlichungen weisen inzwischen Best Practice-Erfahrungen aus (Behrens 2011).

Eine gewisse Impulswirkung hatte die Bremer Tagung 2007 zu „Grenzerfahrungen und -begegnungen" im Gesundheitssystem. Sie markierte den Stand der Initiativen, Maßnahmen und Erfolge von interkultureller Öffnung im Gesundheitswesen. Aus den oben skizzierten Problemlagen der Verständigung/Kommunikation wurden inzwischen verschiedene Wege zur „interkulturellen Ausrichtung … der gesundheitlichen Dienste und Einrichtungen" beschritten: „Bildungsangebote, Qualifizierungen, Vernetzungen, Dolmetscherdienste und Gesundheitsmentoren" (Heintze 2007, 7).

Personalentwicklung

Für alle Berufsgruppen, die in der Gesundheitsversorgung tätig sind, gewinnen neben fach-spezifischen Qualifikationen Kompetenzen beim Erkennen von Differenzen und unterschied-lichen Bedürfnissen verschiedener Menschen an Bedeutung, damit eine bedarfsgerechte Versorgung gewährleistet werden kann. Sowohl differenzsensible Kompetenzen als auch die strukturelle Ausrichtung der Versorgungseinrichtungen und -angebote auf die Bedürfnisse der Nutzerinnen sowie Nutzer und die Mobilisierung von Gesundheitspotenzialen von Men-schen mit Migrationshintergrund sind zentrale Handlungsfelder für die nahe Zukunft.

Voraussetzungen für eine verbesserte Teilhabe und Integration von Menschen mit Migrati-onshintergrund sind mit dem Gesetz zur Regelung von Partizipation und Integration in Berlin vom 29. 09. 2010 vorgegeben. Es wurde gesetzlich geregelt, dass interkulturelle Kompetenz für alle Beschäftigten in Gesundheitseinrichtungen durch Fortbildungsangebote und Qualifi-zierungsmaßnahmen gewährleistet und diese bei der Beurteilung der Eignung, Befähigung und der fachlichen Leistung im Rahmen von Einstellungen und Aufstiegen der Beschäftigen im öffentlichen Dienst positive Berücksichtigung findet. Darüber hinaus werden Maßnahmen zur Erhöhung des Anteils der Beschäftigten mit Migrationshintergrund eingeleitet. Die Hochschulen sind gefordert, den Anteil von bisher wenig repräsentierten Bevölkerungsgrup-pen zu erhöhen.

Die Bestrebungen zur interkulturellen Personalentwicklung finden davon ausgehend auf drei Ebenen statt:

Erstausbildung von medizinischem Personal, insbesondere von Ärzten

Seit mehreren Jahren findet eine kultursensible Medizin bzw. migrantensensible Gesund-heitsversorgung Eingang in die Erstausbildung von medizinischem Personal: An der Univers-ität Bremen wird im Rahmen des Studiengangs Pflegewissenschaften das Thema Migration behandelt (www.dbs.uni-bremen.de). Im internationalen Studiengang „Health and Society" an der Berliner Charité liegt ein Schwerpunkt auf der Thematik „Reproduktive Gesundheit im interkulturellen Kontext", das fast 20% des einjährigen Studienganges einnimmt (www. charite.de/health-society). Am Institut für Geschichte der Medizin der Universität Gießen kann seit einigen Semestern das Klinische Wahlfach „Medizin und Migration" (www.med.uni-giessen.de), das interdisziplinäre Aspekte der medizinischen Versorgung von Patienten mit Migrationshintergrund in den Mittelpunkt stellt, belegt werden.

Beispiel: Wahlfach „Pädiatrie, Gynäkologie, Geburtshilfe und Infektiologie als Fach- und Lehrgebiete für Interkulturelle Kompetenz" am Universitätsklinikum Hamburg-Eppendorf.

Das Wahlfach soll Grundkenntnisse zum Thema Migration und Gesundheit als Basiswissen für Interkulturelle Kompetenz vermitteln und die in der Migrantenversorgung der beteiligten Fachgebiete häufigsten Symptome und Krankheitsbilder, sowie deren Diagnostik und Thera-pie näher bringen.

Die Studierenden sollen die Grundstrukturen und Probleme von in Deutschland lebenden Migranten kennen lernen, wobei medizinische Differenzen berücksichtigt, aber auch psychi-sche und soziale Aspekte einbezogen werden sollen. Somit sollen die Studierenden befähigt werden, in Zukunft auf die speziellen Bedürfnisse von Migranten kompetent einzugehen und Lösungswege für problematische Situationen zu beherrschen. Hierfür werden Theorie und Praxis der Interkulturellen Kommunikation und Interaktion im Gesundheitswesen vermittelt.

Das Wahlfach umfasst neben 109 strukturierten Unterrichtsstunden klinische Tätigkeit sowie die wissenschaftliche Auseinandersetzung mit dem Themengebiet.

Mit diesem Lehrkonzept zum Themenkomplex „Migration und Gesundheit" wird für die klinische Ausbildung eine neue Thematik in die Curricula der deutschsprachigen medizinischen Fakultäten eingebracht. (www.uke.de)

Das Beispiel Charité

In dem von der Charité neu konzeptionierten Modellstudiengang Medizin wird in der Ausbildung der angehenden Ärztinnen und Ärzte besonderer Fokus auf die Kommunikations- und Interaktionskompetenz gelegt, was sowohl den Studentinnen und Studenten als auch den Patientinnen und Patienten mit Migrationshintergrund zugute kommt und damit den aktuellen gesellschaftlichen Veränderungen Rechnung trägt. Darüber hinaus bietet die Charité den Masterstudiengang „Health and Society: Gender and Diversity Studies" an, der sich speziell mit dem globalen Gesundheitsmarkt auseinandersetzt. Mit der Ausrichtung der jährlichen European Students Conference fördert die Charité den Austausch zwischen Medizinstudentinnen und Medizinstudenten auf der ganzen Welt.

Die Charité unterhält zusätzlich zu ihrem sehr gut entwickelten Angebot an internationalen Studiengängen mit der Charité International Academy eine Einrichtung, die Ärztinnen und Ärzte aus dem Ausland gezielt auf eine Tätigkeit an einer der Charité-Kliniken vorbereitet und ärztliches Personal der Charité im Gegenzug die interkulturelle Qualifikation für eine medizinische Tätigkeit im Ausland vermittelt. Die Charité hat das durch die Europäische Kommission geförderte Projekt „International Medical School 2020 – IMS 2020" initiiert, in dem es um die Internationalisierung von Medizinischen Universitäten und Fakultäten geht. Im Rahmen des Projektes befasst sich eine Arbeitsgruppe – unter der Leitung der Charité – explizit mit „Personaltraining und Management". Da die Charité eine besondere Expertise zum Thema „Sprachtraining und interkulturelle Sensibilisierung in der Medizin" vorzuweisen hat, wird die Charité „train the trainer" Seminare durchführen und dazu beitragen, dass an den internationalen Partnereinrichtungen ähnliche Institutionen wie die Charité International Academy etabliert werden können. (www.charite.de)

Weiterbildung der Fachkräfte

Weiterbildung der Fachkräfte und Coaching von Fachkräften z. B. durch externe Beratungs- und Coachingexperten, aber auch die Etablierung von kollegialer Supervision sind inzwischen feste Bestandteile im Klinikalltag.

Im Rahmen von Weiterbildungsangeboten zur Herausbildung von Interkultureller Kompetenz geht es u. a. um interkulturelle Kommunikation, Sterben, Tod, Trauer in verschiedenen Kulturen, Schmerzwahrnehmung, Schwangerschaft, Geburt, Wochenbett, Notfallhilfe, aber auch Migration und Migrationsbiografien, Kulturstandards allgemein und im Krankenhausalltag. So fanden im Klinikum Neukölln/Berlin innerbetriebliche Fortbildungen zum Thema „Islamische Patienten und deren Bedürfnisse" statt. Die Ärztekammer Hamburg nahm 2008 in das Fortbildungsprogramm einen Kurs mit dem Titel „Islam am Krankenbett" auf.[36]

Außerdem ist die Weiterbildung gerichtet auf die Befähigung für entsprechende (interkulturell ausgerichtete) Organisationsentwicklungsaufgaben z. B. in Stationsleitungskursen oder

---

36   www.aerztekammer-hamburg.de/fortbildung/index_aerztlichefortbildung.htm#programm, [Stand 11.06.2012].

eher fachbezogen in Weiterbildungsveranstaltungen zur Intensivpflege und Anästhesie, Palliativen Pflege und Onkologie. *„Im Vivantes-Klinikum Am Urban werden für den Bereich der Gynäkologie/Geburtshilfe Fortbildungen für Pflegende im Umgang mit Migrantinnen und Migranten, Diabetes-Fortbildungen in türkischer und arabischer Sprache sowie Fortbildungsveranstaltungen der Türkischen Gemeinde (z. B. für pflegende Angehörige) angeboten. Darüber hinaus fanden ... Veranstaltungen zum Thema transkulturelle Psychiatrie statt. Auch über die aktive Teilnahme am Arbeitskreis „Migration und Gesundheit" werden Fortbildungsveranstaltungen organisiert, um mit Migrantenorganisationen in Kontakt zu kommen. Im Rahmen einer Veranstaltung zum Thema „Tod und Trauer im Krankenhaus aus Sicht verschiedener Religionen" referierten Geistliche christlichen, muslimischen, buddhistischen und jüdischen Glaubens"* (Hoff 2011).

Das Beispiel: Vivantes GmbH

„In Zusammenarbeit zwischen Ärztinnen und Ärzten und den Pflegekräften der Psychiatrie des Klinikums Am Urban sowie dem Vivantes Institut für Fort- und Weiterbildung wird zurzeit ein Angebot zum Thema Medizin und Pflege im interkulturellen Kontext erstellt. Zielgruppe sind dabei alle klinischen Mitarbeiterinnen und Mitarbeiter. Das Thema wird regional an allen Standorten angeboten.

Im Rahmen einer Kooperation zwischen dem IbBG und dem Türkischen Bund Deutschland wird eine Fortbildungsreihe für Vivantes Praxisanleiterinnen und Praxisanleiter mit folgenden Themenschwerpunkten durchgeführt: Diversity-Training, Kommunikation, Gesundheit und Krankheit, Konfliktmanagement im interkulturellen Kontext, Bildungs- und Ausbildungssituation von Jugendlichen mit Migrationshintergrund u. v. m.

Ziel dieser Fortbildung ist die Förderung und Unterstützung von Auszubildenden mit Migrationshintergrund. Das Projekt wird im Rahmen des XENOS-Programms „Integration und Vielfalt" durch das Bundesministerium für Arbeit und Soziales gefördert" (Hoff 2011).

Dabei ist vor allem darauf zu achten, dass die teilnehmenden Pflegekräfte, Therapeuten, Mitarbeiter der sozialen, sozialpsychologischen und seelsorgerischen Dienste und Hebammen ihren Klinikalltag zum Ausgangspunkt für eine solche Weiterbildung machen können: *„Im klinischen Alltag kommt es zu einer Vielzahl von kulturellen Überschneidungssituationen, von denen das Pflegepersonal viele als sehr ‚belastend' beschreibt. Dazu zählen besonders der viele Besuch, wenn Patientinnen und Patienten mit Migrationshintergrund ihren Schmerz sehr stark äußern, Sterbe- und Trauerrituale, die im Stationsalltag sehr laut und emotional erscheinen, und in der Notfallversorgung"* (Zimmermann 2009, 77).

Gewinnung von migrantischem Personal

Es wird z. B. angestrebt, den Anteil der Auszubildenden mit Migrationshintergrund im Institut für Berufliche Bildung im Gesundheitswesen (IbBG) auf 25 % zu steigern. In diesem Zusammenhang besteht eine Kooperation des IbBG mit dem Zentrum für Flüchtlingshilfe und Migrationsdienste und dem Interkulturellen Beratungs- und Begegnungszentrum. Den Teilnehmerinnen und Teilnehmern wird ein Praktikum im Pflegebereich, verbunden mit der Möglichkeit einer späteren Ausbildung im Bereich Gesundheits- und Krankenpflege, Altenpflege, Kindergesundheits- und -krankenpflege, Sozialassistenz Pflege, Operationstechnische Assistent-Ausbildung und Hebammenausbildung angeboten (Hoff 2011).

Ziel ist dabei die Etablierung von interkulturellen Pflegeteams.

Das Beispiel: Gesundheitsfachberufe in Berlin

„Im Jahr 2007 hat die Senatsverwaltung für Gesundheit, Umwelt und Verbraucherschutz mit mehreren anderen Partnern das mit EU-Mitteln geförderte Projekt ACTIVE HEALTH durchgeführt. Es hatte Maßnahmen zur Erhöhung des Anteils von Schulabgängerinnen und Schulabgängern mit Migrationshintergrund in den Ausbildungsgängen für Gesundheitsfachberufe zum Ziel.

Zur Erreichung des Projektziels wurden vielfältige Maßnahmen und Aktionen durchgeführt; sie wendeten sich insbesondere an Personalverantwortliche und Schulträger, um sie für die Potenziale von Bewerberinnen und Bewerbern mit Migrationshintergrund zu sensibilisieren. Sie wendeten sich zudem an Schülerinnen und Schüler mit Migrationshintergrund sowie deren Eltern, um sie auf die unterschiedlichen Berufe im Gesundheitswesen aufmerksam zu machen und sie für die Ausbildung in diesen Berufen zu motivieren. Neben einer Informationskampagne wurden auch Fachkonferenzen und Veranstaltungen zu interkulturellen Fragen (u. a. zu interkulturellem Profiling, Cultural Fair Tests) durchgeführt, an denen sich eine Vielzahl der Schulen des Gesundheitswesens beteiligt haben.

Der Berliner Integrationsbeauftragte führt die Kampagne Berlin braucht dich! durch, mit der Schülerinnen und Schüler aus Einwandererfamilien für eine Ausbildung im Berliner Öffentlichen Dienst oder in einem öffentlichen Unternehmen geworben werden. Unter den 46 an der Kampagne beteiligten Unternehmen befindet sich auch die Vivantes GmbH. Damit ist auch das Berufsfeld Gesundheits- und Pflegeberufe abgedeckt. Berlin braucht dich! wird aus Mitteln des Landes und der EU (ESF Land) finanziert.

Das ebenfalls vom Integrationsbeauftragten gesteuerte Berliner Netzwerk für Bleiberecht – bridge kooperiert gezielt mit Unternehmen zur Erhöhung des Anteils an Flüchtlingen und anderen Migrantinnen und Migranten am Gesamtpersonal größerer Unternehmen. Für den Gesundheitsbereich wurde seit 2006 ein Tandemmodell zwischen der Vivantes GmbH und dem Zentrum für Migrationsdienste bzfo-zfm entwickelt. Neben Fachunterricht, berufsspezifischer Sprachförderung und Praktika werden die potenziellen Mitarbeiterinnen und Mitarbeiter individuell auf die Einstellung vorbereitet.

Bei Bedarf werden die Jugendlichen nach einer Übernahme ausbildungsbegleitend u. a. aus Mitteln des Aktionsprogramms Ausbildung sichern des Senats unterstützt. 70 % der Teilnehmerinnen und Teilnehmer finden im Anschluss an die Vorbereitung eine Beschäftigung im Gesundheitssektor, 20 % unter ihnen werden von Vivantes direkt in Ausbildung übernommen. Aktuell befinden sich in Berlin 54 Jugendliche über das Tandemmodell allein bei Vivantes in Ausbildung, 14 haben sie bereits abgeschlossen. Das Berliner Netzwerk für Bleiberecht – bridge wird aus Mitteln der EU (ESF Bund) gefördert und aus Landesmitteln kofinanziert" (Hoff 2011).

Organisationsentwicklung

Ein erster Schritt auf dem Weg zu einer migrantensensiblen medizinischen Versorgung bzw. zur Aufhebung von Zugangsbarrieren war und ist die auch organisatorisch vom Regeldienst getrennt etablierte „Abteilung", so wie sich das am Beispiel von „Migrantenambulanzen" z. B. in der psychiatrisch-psychotherapeutischen Versorgung dokumentieren lässt (u. a. als eine der ersten der Rheinischen Klinik Langenfeld). Wird dies auch als „Insellösung" oder „Migrantenghetto" kritisiert, können doch solche organisationalen Zusatzeinrichtungen eine Brückenfunktion in die jeweilige Regeleinrichtung und -versorgung hinein übernehmen: *„Die Migrantenambulanz der Rheinischen Klinik Langenfeld arbeitet als Spezialambulanz auf eine Integration zu. Sie stellt eine Institution dar, die durch Vermittlung innerhalb der Institutionen des Gesundheits- und Sozialwesens eine Brücke im Netzwerk der Versorgungsinstitutionen bildet. Indem sie für eine spezielle Zielgruppe den Zugang ins Versorgungssystem öffnet, schließt sich eine Bedarfslücke. Es geht dabei nicht um die einseitige Anpassung der Migranten an das Gesundheitssystem, sondern um die Öffnung und Qualifizierung des Systems für die Bedürfnisse und psychohygienischen Erfordernisse der Migrantenpopulation"* (Ozankan, Atik, Kudaschkin 2009, 145). Außerdem sollen solche Zwischenlösungen rasch Zugangsbarrieren abbauen und Hilfe ermöglichen, ehe es zu Chronifizierungen in der Erkrankung kommt; dies hat Vorrang gegenüber dem *„Warten auf die Integration"* (a. a. O.).

Vor dem Hintergrund der strategischen Ausrichtung „Interkulturelle Öffnung" des Gesundheitswesens – d. h. von Arztpraxen, Kliniken, Rehabilitationseinrichtungen, Therapiezentren, Beratungsinstitutionen – ist ein wichtiger Schritt, einen organisationseigenen Maßnahmeplan (Unternehmensleitbild, personalpolitische Grundsätze, Etablierung von Förderkonzepten, Stellenausschreibungen, Weiterbildungsangebote …) zu erarbeiten, um entsprechende Gesetze zur Partizipation und Integration im Betrieb zu verstetigen. Ein wichtiges Instrument stellt dabei die Konzeptionalisierung und Durchführung entsprechender Weiterbildungsveranstaltungen für das Fachpersonal aller Hierarchieebenen – vom Chefarzt bis zur Pflegekraft – dar.

Eine interkulturelle Organisationskultur kann nur etabliert werden auf der Grundlage einer vorausgehenden Markt- und Bedarfsanalyse (Oft ist gar nicht bekannt, in welcher Größenordnung und welche Gruppe von Migranten behandelt werden; oft werden die Zahlen unter- oder überschätzt). Als Instrument bietet sich hier eine organisationsinterne Erhebung mit Hilfe von „Checklisten zur interkulturellen Öffnung von Gesundheits- und Sozialeinrichtungen" (David, Borde 2009, 34) an.

Außerdem gilt als eine wesentliche Voraussetzung, dass eine Interkulturelle Öffnung vom Management, also top down, initiiert und getragen wird.

Als Teil des Qualitätssicherungskreislaufes einer lernenden Organisation muss immer auch ein Controlling etabliert werden. Hier bietet sich z. B. ein in Großbritannien eingeführtes auf die Integration von ethnischen Minderheiten (sowohl als Abnehmer/Adressaten als auch als Anbieter/Mitarbeiter) ausgerichtetes Instrument – das „Ethnic Monitoring" – an (a.a.O., 35).

Auf der Ebene der Organisation von medizinischer Versorgung gilt es im Einzelnen, folgende Maßnahmen umzusetzen:

- Ausgestaltung von Netzwerken (z. B. mit migrantischen Gemeinden z. B. für die Zurverfügungstellung von Dolmetschern, spezifischen Behandlungszentren z. B. für Folteropfer, Sozialen Diensten wie Flüchtlingshilfe oder AIDS-Hilfe, Ausbildungsstätten des Gesundheitswesens, Fakultäten, Caritas).

- Etablierung von professionellen Dolmetscherdiensten z. B. über kommunale Gesundheitsämter (Immer noch werden bei der Anamneseerhebung und Therapieplanung zum Übersetzen komplizierter medizinischer Inhalte unqualifiziertes Hilfspersonal oder Angehörige herangezogen.).

- Nutzung von Fördermitteln aus EU-Schwerpunkten wie das EU-Projekt „Migranten-freundliches Krankenhaus".

- Konzipierung von Beratungs- und Hilfsangeboten für kulturelle Gruppen (z. B. Telefon-hotline „Suizidprävention" für Frauen mit türkischem Migrationshintergrund).

- Verstetigung von Themen der Interkulturellen Öffnung in Gremien, Arbeitsgruppen, Qualitätszirkeln und Planung bzw. Kontrolle entsprechender Maßnahmen (Chefarztsit-zungen, Leitungssitzungen der Pflegedienste, Regionalkonferenzen der Klinikstandort-vertreter, Arbeitskreis Migration, Patientenfürsprecher, Supervision).

- Benennung von Integrationsbeauftragten als wichtigen Funktionsträger als Bestandteil der Regeldienste (Gün 2009, 159).

- Schaffung neuer Organisationsstruktureinheiten bzw. deren integrative Ausrichtung (Aufbau eines Dolmetschernetzwerkes bzw. interne Fremdsprachenliste, Stationen bezo-gene Konzepte, Qualitätszirkel „Integration", Sprechstunde für interkulturelle Fragen).

- Organisation von Austausch im internationalen Fachkreis, aber auch mit Betroffenen und Angehörigen in Unterstützung- und Beratungsangeboten.

- Erarbeitung und Bereitstellung von fremdsprachlichen Informations- und Beratungsma-terialien (zur allgemeinen gesundheitlichen Aufklärung, Vorsorgemaßnahmen, Diabetes, Neugeborenen-Screening, Merkblätter, Patientenbefragungen).

- Zusätzliche Ausstattungen (Räume für verschiedene religiöse Wünsche, Familien- und Abschiedszimmer, Speisenangebot, mehrsprachige Wegweiser, Türaufschriften etc.).

- Etablierung von Forschung in der Organisation (z. B. „Zentrum für interkulturelle Psy-chiatrie, Psychotherapie und Supervision", Charité)

Aufgaben des „Zentrum für interkulturelle Psychiatrie, Psychotherapie und Supervision" (Charité)

„Mit der Etablierung des Zentrums für interkulturelle Psychiatrie, Psychotherapie und Su-pervision (ZIPP) stellt sich die Charité hinsichtlich folgender Inhalte den gesellschaftlichen Herausforderungen, die aus der zunehmenden Globalisierung und Migration entstehen:

Interdisziplinäre, interkulturelle Forschungsgruppe: Die Forschungsgruppe besteht aus Eth-nologen/innen, Psychologen/innen, Kulturwissenschaftlern/innen und Psychiatern/innen aus diversen kulturellen Kontexten. Ein besonderer Forschungsschwerpunkt erforscht den Um-gang mit psychischen Störungen in verschiedenen Heilungskulturen und geht der Frage nach, wie dieses Wissen als Ressource in Ansätze einer transkulturellen Praxis einfließen kann.

Ethnopsychiatrische Ambulanz: Die interkulturellen Behandlungsansätze basieren auf ethno-psychiatrischen/ ethnopsychoanalytischen Konzepten. Das interdisziplinäre Behandlungs-team besteht aus Psychiatern/innen, Psychologen/innen, Ethnologen/innen und Sozialwissen-schaftlern/innen unterschiedlicher Herkunft sowie Dolmetschern/innen als Sprach- und Kul-turmittler. Das Ziel ist die Integration von Patientinnen und Patienten aus diversen kulturel-len Kontexten in die Regelversorgung und die Interkulturelle Öffnung durch Kultursensivi-tät und -kompetenz, die Bildung multikultureller Behandlungsteams, der Einsatz von Sprach- und Kulturmediatoren/innen, die Kooperation mit Migrantengruppen sowie die Verbesserung mehrsprachiger Information über das Versorgungssystem ebenso wie die Fort- und Weiter-bildungsnotwendigkeit auf diesem Gebiet.

Weiterbildung und Supervision: Dieser Bereich dient zur Weitergabe von Kompetenzen und Erkenntnissen aus der interdisziplinären Forschung und transkulturellen Praxis. Zu diesem Zweck wurde in Kooperation mit dem Bereich Kulturelle Psychologie der FU Berlin die ‚Akademie für Interkulturelle Supervision, Weiterbildung und Forschung' gegründet, die ebenfalls unter dem Dach der Charité beheimatet ist" (Nähere Informationen unter: (http://www.transkulturellepsychiatrie.de).

So etablierten sich in den letzten 10 Jahren z. B. an Universitätskliniken (wie in Hamburg-Eppendorf) Arbeitsgruppen zum Thema „Migration und Gesundheit". Solche agieren nicht ausschließlich im eigenen Klinikum oder innerhalb der Bundesrepublik, sondern sie sind Teil internationaler Forschungs- und (Politik)Beratungs-(Evaluierungs)netzwerke. Dabei geht es einerseits um die Konzeptionalisierung und Konzipierung von migrantenorientierter Gesundheitsversorgung, andererseits um die in diese Richtung zu verändernde Ausbildung.

Personalentwicklung

- Erstausbildung der Ärzte
- Weiterbildung der Fachkräfte
- Gewinnung von migrantischem Personal

Organisationsentwicklung

- Netzwerke schaffen
- Dolmetscherdienste
- Fördermittel aus EU-Schwerpunkten
- Gremien, Arbeitsgruppen, Qualitätszirkel
- Integrationsbeauftragte
- Organisationsstruktureinheiten bilden
- Austausch in internationalen Fachkreisen
- Fremdsprachliche Informations- und Beratungsmaterialien
- Zus. Ausstattung (z.B. Räume für religiöse Wünsche, mehrsprachige Wegweiser, Türaufschriften, ...)
- Etablierung von Forschung

Abb. 11.4:   Personal- und Organisationsentwicklung im Überblick

11.5   Fazit

Kommunikationsprobleme, Missverständnisse und Klagen über „irrationales Verhalten" auf der einen und mangelhaftes „Verständnis" auf der anderen Seite sind an der Tagesordnung. Gleichzeitig ist die gesundheitliche Situation vieler Migranten aus diesen und einer Vielfalt anderer Gründe (soziale Situation, Aufenthaltsstatus, regionalspezifische Infektionskrankheiten etc.) oft schlechter als die der einheimischen Bevölkerung.

Abgesehen von den Zugangsbarrieren zum Gesundheitssystem, die womöglich weniger hoch sind als in Bezug auf andere Organisationen der Mehrheitsgesellschaft, treten die kulturbedingten Schwierigkeiten erst (gegebenenfalls dramatisch) im Prozess der Diagnose, Anamnese und Behandlung zu Tage. In allen Quellen werden in erster Linie Verständnis-, also Kommunikationsprobleme thematisiert bzw. erfahren. Es handelt sich in der Begegnung zwischen Patient (mit Migrationshintergrund) und Arzt/Pflegepersonal (ohne Migrationshintergrund) um eine kulturelle Überschneidungssituation in zweifacher Hinsicht: Es treffen sich nicht nur Laien und Fachvertreter/Professionelle, sondern auch Vertreter unterschiedlicher (national)kultureller Codesysteme.

Der Wunsch nach einer kompetenten und respektvollen Betreuung aller Patienten ist eine anspruchsvolle Aufgabe, die mehr bedarf, als alleinige medizinische Fachkompetenz, sondern auch das Wissen um andere Konzepte von Gesundheit und Krankheit, die Fähigkeit, unvoreingenommen zu kommunizieren und die Bereitschaft zur kritischen Selbstreflexion eigener (kulturbedingter) Verhaltensweisen. Die diesbezügliche Erwartung der Patientinnen und Patienten ist nicht teilbar und legitim.

Unter-, Über- und Fehlversorgung von Migrantinnen und Migranten verursachen erhöhte Kosten z. B. für aufwändige Operationen, stationäre Therapie und Pflege. Aus ökonomisch-volkswirtschaftlicher Sicht sind solche Versorgungsfehler zu vermeiden; aber auch aus der Sicht eines Sozial- und Krankenversicherungssystems, das nachhaltig mit Ressourcen umzugehen hat, da es auf dem Solidarprinzip ruhend auch weiterhin lebensfähig bleiben muss, um für zukünftige Generationen Leistungen der Gesundheitsfürsorge zur Verfügung stellen zu können.

Letztlich trägt eine Interkulturelle Öffnung der Krankenversorgung in einem ganzheitlichen Sinne auch zur Qualitätssicherung der Regelversorgung insgesamt bei, indem dem Bedürfnis der Patienten nach individueller Zuwendung durch das medizinische Personal mehr professionell basierte Aufmerksamkeit entgegengebracht wird. Auch hier wie in anderen Handlungsfeldern geht es letztlich um eine „Biografieorientierung" (Laux 2009, 19) im Sinne eines Diversity-Ansatzes, der kulturelle Herkunfts- und Einstellungsmuster einbezieht, ohne eine „kulturelle Festschreibung" des jeweiligen Patienten auf eine bestimmte Herkunftsgruppe vorzunehmen. Auch (so ältere) deutsche Patienten und deutsche Ärzte reden in unterschiedlichen Codesystemen geht es um Krankheitssymptome und -ursachen. Auch deutsche Patientinnen und Patienten beklagen inzwischen nicht als „Mensch", sondern im Klinikbetrieb nur als „Magendurchbruch" wahrgenommen zu werden, auch ein deutscher (männlicher) Patient oder eine deutsche (weibliche) Patientin empfinden Scham und Ekel vor Pflegetätigkeiten an ihrem Körper durch das jeweils andere Geschlecht.

Insofern kann die Interkulturelle Öffnung eine Strategie im Rahmen des Qualitätsmanagements von Gesundheitsunternehmen sein. Im Kontext von stärkerer Ökonomisierung von medizinischen Dienstleistungen und damit von Wettbewerb zwischen Praxen, Kliniken und Therapie- und Pflegeeinrichtungen ist eine individuelle Kunden- und Patientenadressierung bzw. die Orientierung und Ausrichtung der Angebotsstruktur auf den „Komplex ‚Patientenerwartungen-Zufriedenheit-Annehmbarkeit'" (David, Borde 2009, 29) von hoher Bedeutung: „Konzentriert man sich aber auf die zunehmend wichtiger werdenden ‚weichen Parameter' Qualitätssicherung, Patientenzufriedenheit und Annehmbarkeit der Angebote, so ist die Interkulturelle Öffnung medizinischer Einrichtungen durchaus erstrebenswert, insbesondere dann, wenn hiermit neben der Stärkung der Patientenautonomie und Partizipation eine Verbesserung der Qualifizierung und auch der Motivation der beteiligen Mitarbeiterinnen und Mitarbeiter von Pflege und ärztlichem Personal verbunden ist" (David, Borde 2009, 35).

11.6   Vertiefungsaufgaben und -fragen

1. Tragen Sie Informationen über kulturspezifische Vorstellungen von Gesundheit und Krankheit, Geburt und Wochenbett, Sterben und Tod zusammen. Nutzen Sie als Quelle einschlägige Fachliteratur aus der Kultur- und Religionswissenschaft, außerdem der Ethnologie bzw. Medizinethnologie.

2. Informieren Sie sich über den Stand der Interkulturellen Öffnung verschiedener Einrichtungen des Gesundheitswesens Ihrer Stadt oder Ihres Landkreises. Erarbeiten Sie einen zusammenfassenden Überblick, in dem Sie auch die Maßnahmen, Initiativen und Aktivitäten nach den Ansprüchen an ein Organisationsentwicklungskonzept bewerten.

3. Bereiten Sie sich auf ein Beratungsgespräch mit Vertretern des Managements eines Ärztezentrums vor, das seit einem Jahr mit einer wachsenden Anzahl an Patienten mit Migrationshintergrund konfrontiert ist. Stellen Sie eine Agenda zusammen, die Voraussetzungen, Möglichkeiten, Abläufe, Vorschläge für Maßnahmen etc. enthält, aber auch auf Schwierigkeiten aufmerksam macht.

11.7   Literatur

Behrens, B. (2011): Interkulturelle Öffnung im Gesundheitswesen. Überblick – Strategie – Praxis. Oldenburg.

Borde T. (2010): Frauengesundheit und Migration: Bedürfnisse – Versorgungsrealität – Perspektiven. In: Deutscher Ethikrat [Hrsg.] Migration und Gesundheit. Kulturelle Vielfalt als Herausforderung für die medizinische Versorgung. Vorlage der Jahrestagung des Deutschen Ethikrates. Berlin, S. 41–52.

Bundesministerium für Gesundheit: Nationale Gesundheitsziele, unter http://www.bmg.bund.de/gesundheitssystem/gesundheitsziele.html [Stand 12. 6. 2012].

Cindik, E. D.: Besonderheiten in der medizinischen Versorgung von Patienten mit Migrationshintergrund. In: Bayerisches Ärzteblatt 5/2008, S. 336.

David, M. und Borde, T. (2009): Interkulturelle Öffnung von Krankenhäusern – Lohnt sich das? In: Falge, Ch., Zimmermann, G. [Hrsg.]: Interkulturelle Öffnung des Gesundheitssystems. Baden-Baden, S. 29–36.

Ellsäßer, G. und J. Böhmann (2004): Bevölkerungsbezogenes Unfallmonitoring von Kinderunfällen in einer deutschen Stadt. Monatsschrift Kinderheilkunde 152, S. 299–306.

Ettling, S. (2007): Interkulturelle Kompetenz im Gesundheitswesen aus der Perspektive der Medizinethnologie. In: Otten, M., Scheitza, A. und A. Cnyrim [Hrsg.]: Interkulturelle Kompetenz im Wandel. Band 2: Ausbildung, Training und Beratung. Frankfurt a. M., S. 129–145.

Falge, Ch. (2009): Deutschland ein Einwanderungsland? Die interkulturelle Öffnung der Bremer Krankenhäuser als kritischer Testfall. In: Falge, Ch. und G. Zimmermann [Hrsg.]: Interkulturelle Öffnung des Gesundheitssystems. Baden-Baden, S. 85–111.

Goldschmidt, A. J. W. und J. Hilbert (2009): Von der Last zur Chance – Der Paradigmenwechsel vom Gesundheitswesen zur Gesundheitswirtschaft. In: A. J. W. Goldschmidt und J. Hilbert [Hrsg.]: Gesundheitswirtschaft in Deutschland. Die Zukunftsbranche. Band 1 der Schriftenreihe: Gesundheitswirtschaft und Management. kma-Reader – Die Bibliothek für Manager. Wegscheid, S. 20–40.

Greifeld, K. (1995): Einführung in die Medizinethnologie. In: Pfleiderer, B., Greifeld, K. und W. Bichmann: Ritual und Heilung. Eine Einführung in die Ethnomedizin. Berlin, S. 11–31.

Heintze, E. (2009): Vorwort. In: Falge, Ch. und G. Zimmermann [Hrsg.]: Interkulturelle Öffnung des Gesundheitssystems. Baden-Baden, S. 7–8.

Hoff, B. (2011): Integrationsgerechte Gesundheit in Berlin: Interkulturelle Öffnung der Kliniken. Antwort der Senatsverwaltung für Gesundheit, Umwelt und Verbraucherschutz auf die Kleine Anfrage der Abgeordneten Canan Bayram (Bündnis 90/Die Grünen). Unter: http://www.benjaminhoff.de/article/3729.integrationsgerechte-gesundheit-in-berlin-interkulturelle-oeffnung-der-kliniken.html. [Stand 25. 5. 2012].

Jiménez Laux, R. M. (2009): Gesundheit in der Einwanderungsgesellschaft. In: Falge, Ch. und G. Zimmermann [Hrsg.]: Interkulturelle Öffnung des Gesundheitssystems. Baden-Baden, S. 15–21

Kemal Gün, A. (2009): Erfordernis und Aufgaben von Integrationsbeauftragten in der stationären Versorgung. In: Falge, Ch. und G. Zimmermann [Hrsg.]: Interkulturelle Öffnung des Gesundheitssystems. Baden-Baden, S. 157–170

KIGGS 2003-2006. Studie zur Gesundheit von Kindern und Jugendlichen in Deutschland des Robert-Koch-Instituts. Unter: www.kiggs.de [Stand 06. 06. 2012]

Märzheuser, S. und H. Giest (2011): Unfälle bei Kindern benachteiligter Eltern. In: Wolff, H. [Hrsg]. 16. Teupitzer Gespräche: Das Anliegen der Chirurgen bei sozial benachteiligten Patienten. Heidelberg.

Oggier W. (2001): Vorteile einer Einheitskasse. Schlussbericht im Auftrag des Bundesamtes für Sozialversicherung.

Ozankan, M., Atik, Z. und I. Kudaschkin (2009): Migrantenspezifische psychiatrisch-psychotherapeutische Versorgung in der Regelversorgung am Beispiel der Langenfelder Migrantenambulanz. In: Falge, Ch. und G. Zimmermann [Hrsg.]: Interkulturelle Öffnung des Gesundheitssystems. Baden-Baden, S. 145–156.

Razum D., Zeeb, H. et al (2008): Migration und Gesundheit. Schwerpunktbericht der Gesundheitsberichterstattung des Bundes. Robert-Koch-Institut, 2008.

Statistischen Bundesamtes (2010): https://www.destatis.de/DE/ZahlenFakten/GesellschaftStaat/Gesundheit/Gesundheitsausgaben/Aktuell.html [Stand 7. 6. 2012]

Statistischen Bundesamtes (2010): https://www.destatis.de/DE/ZahlenFakten/GesellschaftStaat/Gesundheit/Gesundheitspersonal/Gesundheitspersonal.html [Stand 7.6.2012].

Statistisches Bundesamt (2005). Sonderauswertung Tödliche Kinderunfälle 2003 nach Unfallkategorie, äußeren Ursachen und Altersgruppen, Bonn.

Statistisches Bundesamt Gesundheitswesen (2002). Diagnosedaten der Krankenhauspatienten Fachserie 12, Reihe 6.2. Wiesbaden.

Stülb, M. und Y. Adam (2009): Die Sicht der Patient/-innen – medizinethnologische Ansätze in der interkulturellen Kommunikation im Gesundheitswesen. In: Falge, Ch. und G. Zimmermann [Hrsg.]: Interkulturelle Öffnung des Gesundheitssystems. Baden-Baden, S. 41–55.

Thiele, A. (2012): Kinder und Jugendliche mit Migrationshintergrund in der Kinder- und Jugendpsychiatrie. Eine vergleichende Patientenanalyse zur Sondierung von Differenzen in der Pathogenese, Ätiologie und psychiatrischen Versorgung von Kindern und Jugendlichen mit bzw. ohne Migrationshintergrund (Diss. TU Berlin).

Wehkamp, K.-H.: Gleichbehandlung, Ökonomie und medizinischer Krankheitsbegriff. In: Falge, Ch. und G. Zimmermann [Hrsg.]: Interkulturelle Öffnung des Gesundheitssystems. Baden-Baden, 23–28.

Zimmermann, G. und Ch. Falge (2009): Einführung. In: Falge, Ch. und G. Zimmermann [Hrsg.]: Interkulturelle Öffnung des Gesundheitssystems. Baden-Baden, S. 9–14.

Zimmermann, G. (2009): Interkulturelle Erfahrungen von Pflegekräften. In: Falge, Ch. und G. Zimmermann [Hrsg.]: Interkulturelle Öffnung des Gesundheitssystems. Baden-Baden, S. 75–84.

12   Interkulturelle Öffnung in der ambulanten und stationären Altenpflege/-hilfe

Michael Schilder

Dieser Beitrag beleuchtet zuerst die Handlungsfelder der ambulanten und stationären Altenpflege/-hilfe. Der Bedarf nach interkultureller Öffnung dieser Handlungsfelder wird anhand der aktuellen und zukünftig zu erwartenden Situation von Zuwanderungszahlen bestimmt. Vor diesem Hintergrund wird deren notwendiges Entwicklungspotenzial in den Blick genommen. Hieran schließen sich fachliche Konzepte zur Entwicklung einer kultursensiblen Pflege auf der Verhaltens- und Verhältnisebene an, bevor einige ausgewählte Projekte im Handlungsfeld skizziert werden. Der Beitrag schließt mit einigen sich aus der Betrachtung ergebenden Entwicklungsbedarfen und Fragen zur Festigung des Lernerfolgs.

12.1   Allgemeine Rahmenbedingungen des Handlungsfelds der ambulanten und stationären Altenpflege/-hilfe

Der Begriff der *Altenhilfe* bezeichnet im weitesten Sinne Interventionen zur Verbesserung der Lebensqualität alter Menschen, die von formellen und informellen Akteuren, wie Familien, Nachbarn, Staat, Wohlfahrtsverbänden und Privatunternehmen gestaltet werden (Köther 2005, 662). Von den 2,34 Millionen pflegebedürftigen Menschen im Jahr 2009 in Deutschland wurden 749.000 stationär sowie weitere 555.000 ambulant versorgt. Der Rest erhielt Pflegegeld, was bedeutet, dass Pflege informell zumeist in Familien geleistet wird (Augurzky u. a. 2011, 5). Neuesten statistischen Berechnungen zufolge wächst der Pflegemarkt aufgrund der demografischen Alterung, was sich zukünftig in Deutschland fortsetzen wird mit 2,9 Millionen Pflegebedürftigen bis 2020 und 3,4 Millionen bis 2030 (a. a. O., 7).

Das Handlungsfeld der *ambulanten und stationären Altenpflege/-hilfe* umfasst nach dem Pflegeversicherungsgesetz als zentrale Akteure ambulante und stationäre Einrichtungen. Ambulante Pflegedienste in privater, freigemeinnütziger oder öffentlicher Trägerschaft pflegen pflegebedürftige Personen in ihrer Wohnung und versorgen sie hauswirtschaftlich. Diese Leistungen werden neben der Pflegeversicherung (SGB XI) auch nach der Krankenversicherung (SGB V) erbracht und umfassen neben medizinischen Leistungen der Behandlungspflege „Leistungen im Zusammenhang mit Alltagsverrichtungen aus den Bereichen der Mobilität, Körperpflege, Ernährung und hauswirtschaftlichen Versorgung" (Büscher 2011, 496, Gerlinger, Röber 2009). Für Menschen mit kognitiven Beeinträchtigungen und demenziellen und psychischen Erkrankungen sind im Zuge des Pflegeweiterentwicklungsgesetzes die

Leistungen u. a. in den Bereichen der Alltagsbewältigung und der Tagesstrukturierung ausgeweitet worden (Büscher 2011, 498).

Das formelle System der professionellen Pflege ergänzt das informelle System der häuslichen Pflege, welches hauptsächlich von pflegenden Angehörigen, aber auch von nicht verwandten Personen, ehrenamtlichen Helfern und auch zunehmend von osteuropäischen Haushalts- und Pflegehilfen, gestaltet wird. Die ambulante pflegerische Versorgung wird daneben von weiteren Akteuren beeinflusst, wie niedergelassenen Ärzten und Krankenhäusern und komplementären Anbietern, etwa für haushaltsnahe Dienstleistungen oder Betreuungs- und Begleitdienste (a. a. O., 504).

Angesichts gesellschaftlicher und demografischer Entwicklungen, wie dem Wandel des Krankheitsspektrums hin zu mehr chronischen Erkrankungen, der demografischen Alterung, der Abnahme informeller Pflegemöglichkeiten angesichts sich verändernder familiärer Strukturen, sozialer Ungleichheiten mit Zugangsproblemen vor allem sozioökonomisch schlechter gestellter Nutzer, dem gestiegenen Anspruchsverhalten von Nutzern und medizinischer und technischer Fortschritte mit der Folge der Ambulantisierung, sieht sich die ambulante Altenpflege /-hilfe der zentralen Herausforderung ausgesetzt, die derzeit unzureichende Deckung vorhandener Problem- und Bedarfslagen durch die momentan in den einschlägigen Gesetzgebungen verankerten Leistungen der ambulanten Pflege mit der Folge der mangelnden Ausrichtung auf die oben dargestellten Entwicklungen zu bewältigen (a. a. O., 498, 507).

Dies trifft auch für die Nutzergruppe der pflegebedürftigen Menschen mit Migrationshintergrund zu, die formelle Pflege etwa durch ambulante Pflegedienste kaum nutzen. Somit stellt sich die häusliche Altenpflege/ -hilfe als „hochkomplexes Gebilde" im Spannungsfeld unterschiedlicher Logiken der Gesundheits- und der Sozialpolitik stehend dar, in dem mehrere Berufsgruppen im formellen System mit einer größeren Gruppe informell Pflegender interagieren (a. a. O., 506).

Stationäre Pflegeeinrichtungen hingegen umfassen die nach dem SGB XI zugelassenen Pflegeheime, in denen Menschen mit Pflegebedarf im Rahmen vollstationärer (Dauer- und Kurzzeitpflege) oder teilstationärer Pflege (Tages-/ Nachtpflege) gepflegt werden (Gerlinger, Röber 2009, 61, Büscher 2011, 491, Statistisches Bundesamt 2011, Sowinski, Ivanova 2011, 536). Die Rahmenbedingungen stationärer Einrichtungen der Altenhilfe werden zum einen vom Pflegeversicherungsgesetz und zum anderen von der Heimgesetzgebung definiert (Sowinski, Ivanova 2011, 539).

Kennzeichnend für die stationäre Altenpflege ist, dass rund ein Drittel der pflegebedürftigen Personen dauerhaft in stationären Pflegeeinrichtungen lebt. Noch dazu hat die Anzahl der Heimbewohner und deren Versorgungskapazität trotz des Bedeutungszuwachses ambulanter Versorgungsformen zugenommen. Bei ihnen handelt es sich überwiegend um schwer- und schwerstpflegebedürftige Personen in hohem Alter (Brandenburg, Huneke 2006, 370, Sowinski, Ivanova 2011, 534, Statistisches Bundesamt 2011, 7).

Weiter wird die stationäre Altenpflege vermehrt von Menschen mit Demenz und mit kognitiven Störungen genutzt. Die Arbeitsbedingungen hingegen sind von Personalmangel und daraus resultierendem Zeitmangel geprägt, die die konzeptionell angedachte individuelle Betreuung der Bewohner behindert (Sowinski, Ivanova 2011, 534, 537, Augurzky u. a. 2011, 5). Neuere Alternativen zur vollstationären Pflege stellen Hausgemeinschaften und ambulant betreute Wohngruppen dar (Sowinski, Ivanova 2011, 540).

Insgesamt ist ein Trend zur Institutionalisierung im Bereich der Altenhilfe festzustellen. Deren Hintergründe bilden auch hier die demografische Entwicklung, die Grenzen informeller familiärer Pflege, aber auch die geringe Nutzung ambulanter Dienste trotz zunehmender Anzahl der Pflegedienste und die zu einer Übernahme subakuter behandlungsintensiver Tätigkeiten im Pflegeheim führenden Veränderungen im Krankenhaus (Brandenburg, Huneke 2006, 370-371, Statistisches Bundesamt 2011, 7).

12.2 Zuwanderung und deren Implikationen für die ambulante und stationäre Altenpflege/-hilfe

Zielgruppe einer kultursensiblen Pflege in der ambulanten und stationären Altenpflege/-hilfe sind Menschen mit Migrationshintergrund. Dies sowohl als Empfänger von Pflegeleistungen wie auch als Leistungserbringer im Rahmen der formellen Pflege (Schilder 2009). Zu den Personen mit Migrationshintergrund zählen nach dem Statistischen Bundesamt *„alle nach 1949 auf das heutige Gebiet der Bundesrepublik Deutschland Zugewanderten, sowie alle in Deutschland geborenen Ausländer und alle in Deutschland als Deutsche Geborenen mit zumindest einem zugewanderten oder als Ausländer in Deutschland geborenen Elternteil"* (BAMF 2011, 241). Laut BAMF (2011) beläuft sich der Anteil der Personen mit Migrationshintergrund auf 19,2% an der Gesamtbevölkerung Deutschlands. Etwa zwei Drittel der Personen mit Migrationshintergrund sind selbst Migranten und bilden die erste Generation, während knapp ein Drittel von ihnen bereits in Deutschland geboren wurde und damit die zweite oder dritte Generation dieser Personengruppe repräsentiert. Die Differenzierung der Personengruppen mit Migrationshintergrund im Hinblick auf die jeweilige Generation und die Erfahrung, selbst gewandert zu sein, ist für kultursensible Pflegekonzepte bedeutsam, da der Migrationsprozess mit gesundheitlichen Belastungen und Implikationen für die Pflegebedürftigkeit verbunden ist. Aber auch diejenigen ohne eigene Migrationserfahrung sind spezifischen Belastungen mit gesundheitlichen Folgen ausgesetzt (Loncarevic 2007, Robert-Koch-Institut 2008).

Die größten Gruppen innerhalb der Bevölkerung mit Migrationshintergrund in Deutschland stellen mit 2,502 Millionen Personen türkischer Herkunft (15,9 %), dann polnischer Herkunft mit 8,3% bzw. 1,298 Millionen und Personen russischen Hintergrunds mit 6,8% bzw. 1,060 Millionen Personen (BAMF 2011, 247). Hinsichtlich der Altersstruktur zeigt sich, dass sich die Personen mit Migrationshintergrund deutlich stärker auf die jüngeren Jahrgänge verteilen als Personen ohne Migrationshintergrund, wohingegen der Migrantenanteil in der Altersgruppe über 65 Jahre bei lediglich 8,6% liegt (BAMF 2011). Prognostisch jedoch wird der Anteil der älteren Ausländer an der Gesamtzahl der Ausländer bis 2030 auf 24% exponentiell ansteigen. Somit ist zukünftig eine Zunahme älterer pflegebedürftiger Menschen mit Migrationshintergrund mit einem damit einhergehenden Anstieg von Pflegebedürftigkeit zu erwarten (Landtag NRW 2005, 92, Okken u. a. 2008, 396, Ulusoy, Gräßel 2010, 330, Brzoska, Razum 2011, 430).

Zu den für die ambulante und stationäre Altenpflege/-hilfe relevanten Migrantenpopulationen zählen angesichts deren Anteil an der Gesamtpopulation neben den Arbeitsmigranten aus den ehemaligen Anwerbeländern wie Italien, Spanien, Griechenland, Türkei, Marokko, Tunesien und dem ehemaligen Jugoslawien auch (Spät)Aussiedler aus osteuropäischen Staaten und

Flüchtlinge inklusive Asylbewerbern und Asylberechtigten (Schilder 1998, 26, Okken u. a. 2008, 396).

Auch wenn konkrete statistische Zahlen fehlen, finden sich bei Menschen mit Migrationshintergrund in der Literatur Hinweise auf stärkere gesundheitliche Belastungen mit einer erwartbaren hohen Pflegebedürftigkeit (Robert-Koch-Institut 2008, 129). So kommen Okken u. a. (2008, 404) in Bezug auf die soziale Lage älterer türkischer Migranten zu dem Schluss, dass diese „in Bezug auf ihre gesundheitliche Situation bedingt durch z.T. unterschiedliche Krankheitsrisiken und niedrigere – vor allem materielle – Ressourcen und im Lebenslauf oftmals schlechtere Arbeits- und Wohnbedingungen eine besondere, vulnerable Gruppe dar(stellen), die verstärkter Aufmerksamkeit bedarf."

Auch wenn in der Pflegestatistik keine hinreichende Differenzierung nach Menschen mit Migrationshintergrund möglich ist, gibt es Hinweise darauf, dass bei den Türken und (Spät-) Aussiedlern derzeit informelle Pflege überwiegt und Unterstützungsangebote professioneller Pflege nur in geringem Umfang genutzt werden (Okken u. a. 2008, 406, Ulusoy, Gräßel 2010, 332-333, Brzoska, Razum 2011, 431). Doch ist zukünftig mit einer vermehrten Inanspruchnahme formeller Pflege zu rechnen, was der Veränderung familiärer Strukturen mit abnehmender Pflegebereitschaft, der Notwendigkeit angesichts der sozioökonomischen Situation vermehrter Erwerbstätigkeit auch von Frauen und der bereits oben angeführten demografischen Entwicklungen geschuldet ist (Schilder 1998, Landtag NRW 2005, 92, 94, Ulusoy, Gräßel 2010, 333, Okken u. a. 2008, 419, Brzoska, Razum 2011, 432-433).

Doch angesichts des zu erwartenden Bedarfs ist die stationäre und ambulante Altenhilfe aufgrund mangelnder spezifischer Pflegekonzepte „unzureichend auf die kultursensible Pflege und Versorgung pflegebedürftiger Migranten vorbereitet" (Ulusoy, Gräßel 2010, 336). Zur Entwicklung kultursensibler Pflege im formellen System soll die Analyse der gegenwärtigen Nutzungsbedingungen weiteren Aufschluss geben.

12.3   Nutzungsverhalten und Zugangsbarrieren in der stationären und ambulanten Altenpflege/-hilfe

Menschen mit Migrationshintergrund haben infolge von kulturellen, sozialen und religiösen Zugangsbarrieren in ähnlicher Weise wie andere sozioökonomisch schlechter gestellte Zielgruppen in Deutschland Schwierigkeiten an der Gesundheits- und Pflegeversorgung zu partizipieren, was darin zum Ausdruck kommt, dass formelle Pflege wenig genutzt wird (Domenig 2001, Uzarewicz 2005, Büscher 2011, 499, Brzoska, Razum 2011, 433-435, 441). Zudem zeigen sie im Vergleich zu Deutschen ein anderes Nutzungsverhalten von Gesundheitsleistungen und -diensten. So nehmen sie anders als deutsche Patienten als erste Anlaufstelle häufiger Rettungsstellen statt Hausärzte in Anspruch, dies zudem öfter in den Abend- und Nachtstunden sowie an den Wochenenden. Auch Früherkennungsuntersuchungen für Kinder und ambulante Pflegedienste werden von Menschen mit Migrationshintergrund vergleichsweise seltener genutzt als von Deutschen (RKI 2008, 110-111).

Zugangsbarrieren zur Gesundheitsversorgung verstellen den Weg zur formellen Pflege in beiden Richtungen: sie erschweren auf der Seite der Migranten die Akzeptanz und die Inanspruchnahme bestehender Angebote. Die Regelversorgungsdienste des Gesundheitswesens hingegen sind konzeptionell unzureichend auf sie eingestellt mit der Folge der Unterentwicklung eines migrationssensiblen Angebots (Landtag NRW 2005, Okken u. a. 2008, Büscher 2011, 498-499). Alte Migranten und Personen türkischer Herkunft lehnen in der Tendenz vollstationäre Pflege ab oder nehmen sie zu spät in Anspruch und sind dann nach der Übersiedlung weniger integriert (Landtag NRW 2005, 94). Praxiserfahrungen verdeutlichen, dass deutsche Einrichtungen Probleme haben, bei Migranten „Fuß zu fassen" (Bischof 2005). Aber auch seitens ambulanter Pflegedienste wird diese Zielgruppe vernachlässigt (Ulusoy, Gräßel 2010, 336). Hasseler und Görres stellen in ihrem Gutachten fest, dass die pflegerische Infrastruktur in NRW für Migranten durchgehend als „eher schlecht" zu beurteilen ist (Landtag NRW 2005, 94).

Mit Domenig (2001) und Uzarewicz (2005) sind *Zugangsbarrieren* zu unterscheiden in:

1. primäre, die bereits vor dem eigentlichen Kontakt mit dem Versorgungssystem den Zugang zu diesem behindern und gewissermaßen als vorgeschaltete Barriere wirken,

2. sekundäre, die aus der Sicht der betroffenen Migranten nach „schlecht" verlaufenden Interaktionen das erneute Wiederaufsuchen einer Institution verhindern und Folge bereits gemachter Erfahrungen sind, die zudem an Mitglieder der Community weitergegeben werden.

Primäre Zugangsbarrieren

Ein wesentlicher den *primären* Zugang zu Einrichtungen der Gesundheits- und Pflegeversorgung erschwerender Faktor stellt der generell mangelhafte Zugang zu Informationen und damit einhergehend Informationsdefizite über die Leistungen der Pflegeversorgung bzw. das differenzierte Versorgungssystem Deutschlands dar (Domenig 2001, 202, Landtag NRW 2005, 96, Czycholl 2009, 112). Die Ursachen auf Seiten der Anbieter liegen vor allem in fehlendem Informationsmaterial in der jeweiligen Sprache und in migrationsspezifisch nicht angepassten Informationsinhalten. Auf Seiten des Personals sind Informationsdefizite über die Situation älterer Migranten festzustellen (Domenig 2001, Landtag NRW 2005, 96, Ulusoy, Gräßel 2010, 335).

Auf der Seite der Personen mit Migrationshintergrund halten vor allem Sprachbarrieren von einer Nutzung ab, die unter anderem darauf zurückzuführen sind, dass insbesondere ältere Personen ihre oft geringen deutschen Sprachkenntnisse infolge ihrer im Alter zunehmenden Orientierung auf das familiäre und ethnische Netzwerk verlieren, weil dieses Netzwerk kaum den aktiven Gebrauch der deutschen Sprache fordert (Geiger 1998, Hinz-Rommel 1998, Okken u. a. 2008, 404, Robert-Koch-Institut 2008, 111). Da aber nur wenige Einrichtungen über muttersprachliches Fachpersonal verfügen oder kaum Übersetzer einbinden, werden bereits telefonische Informationsgespräche erschwert oder verhindert (Geiger 1998, 172, Hinz-Rommel 1998, Domenig 2001, Uzarewicz 2005).

Neben Sprachbarrieren sind aus der Sicht der Personen mit Migrationshintergrund weitere *sozialkulturelle* und *religiöse* Einflüsse, wie eine hohe Akzeptanz innerfamiliärer mit gleichzeitig geringer Akzeptanz außerfamiliärer Unterstützung, familienbezogene Pflegevorstellungen und -erwartungen, eher an Nachbarschaftshilfe und muttersprachliche Sozialdienste der Wohlfahrtsverbände gerichtete Hilfs- und Unterstützungserwartungen und Schwellenängste zu nennen (Hinz-Rommel 1998, Brzoska, Razum 2011, 433-435, 441). Das ausdifferenzierte System der Regelversorgung führt zur Verunsicherung und Misstrauen deren interkulturellen Verständigungsmöglichkeiten gegenüber, so dass eher Landsleute auch bei geringerer Qualifizierung zur Deckung des Unterstützungsbedarfs nachgesucht werden (Hinz-

Rommel 1998, 92). Erfahrungen mit dem Hilfssystem des Herkunftslandes vor der Emigration mit einer kaum ausgebauten psychosozialen Gesundheitsversorgung verstärken die Strategie, primär im eigenen familiären und sozialen Netz Hilfe zu suchen (Domenig 2001).

Die Diskrepanz zwischen der höheren Bedeutung der Familie bzw. Vereinen der Migrantengemeinschaft gegenüber der geringeren Bedeutung offizieller Stellen der Aufnahmegesellschaft führt zunächst zum Versuch der Selbsthilfe. Erst bei Dekompensation werden offizielle Stellen angefragt, weil sie zudem mit der Konnotation sozialer Kontrolle verbunden sind. Aufgrund von negativen Erfahrungen mit staatlichen Einrichtungen besteht diesen gegenüber oftmals ein generelles Misstrauen. Schwellenängste schließen die Angst vor repressiven Folgen ein und können mit der Scham, als Ausländer „versagt" zu haben, einhergehen (Hinz-Rommel 1998, Geiger 1998). Den Erfahrungen von Pflegenden in der ambulanten Pflege zufolge ist es von vordergründiger Bedeutung, türkischen Familien das deutsche Pflegesystem erst einmal näher zu bringen, indem möglicherweise bestehende Zugangsbarrieren wie die Angst vor dem Erstkontakt bearbeitet werden. Dazu muss über die Bedeutung, die Rolle und Aufgaben fachlicher Pflege informiert werden, da dies zu Beginn der Versorgung unbekannt sein kann (Schilder 1998, 80, Kutschke 2001). Weitere Gründe für die Dominanz informeller Pflege sind das Gefühl der Verpflichtung zur Pflege, aber auch Selbstüberschätzung, Scham und die Ablehnung von Fremdhilfe aus Angst vor gesellschaftlichen Sanktionen (Ulusoy, Gräßel 2010, 335). Auch eine geringe formale Bildung einschließlich Analphabetismus können auf Seiten der Migranten eine weitere Zugangsbarriere darstellen (Razum, Geiger 2002). Nicht zuletzt können auch monetäre Gründe durch die Pflegegeldzahlungen der Pflegeversicherung mit der Motivation der Übernahme der Angehörigenpflege verbunden sein (Okken u. a. 2008, 406).

Sekundäre Zugangsbarrieren

Sekundäre Zugangsbarrieren sind zum einen auf strukturelle sowie konzeptionelle mangelnde interkulturelle Ausrichtungen der Einrichtungen der Gesundheitsversorgung und zum anderen auf mangelnde oder fehlende transkulturelle Kompetenzen der in ihnen tätigen Mitarbeiter zurückzuführen. Auf der Seite des Versorgungssystems verfügen nur wenige Einrichtungen über muttersprachliches Fachpersonal oder setzen kaum Dolmetscher ein (Geiger 1998, 172, Domenig 2001, Uzarewicz 2005, Landtag NRW 2005, 96).

So werden *Sprachbarrieren* von Fachpersonen als größte Schwierigkeit in der Versorgung von Menschen mit Migrationshintergrund angesehen (Schilder 1998, Domenig 2007a). Werden diese nicht kompensiert, hat dies Auswirkungen auf die Beziehungsgestaltung, insbesondere wenn Alltagsgespräche auf wenige Inhalte beschränkt sind und das Erleben der eigenen Pflegebedürftigkeit nicht bzw. unzureichend thematisiert werden kann. Verständigungsversuche vom Fachpersonal werden mitunter schnell abgebrochen und Sprachschwierigkeiten als Vorwand genutzt, sich nicht weiter mit Personen mit Migrationshintergrund abgeben zu müssen (Dreißig 2005).

Aus derlei Interaktionen resultieren Erfahrungen von Hilflosigkeit, Ausgeliefertsein, Autonomieverlust, Unsicherheit, Angst, Resignation und Fremdheit. Kommunikationsprobleme können sich in dann in einer über- oder unterdurchschnittlichen Inanspruchnahme von Gesundheitsleistungen zeigen (Razum, Geiger 2002). Sprachliche Lücken können klinische Auswirkungen in der Patientenbetreuung und in der Pflege haben „mit der Folge von Fehldiagnosen, Mehrfachuntersuchungen mit Drehtüreffekt und Chronifizierung der Erkrankung"

(Tolsdorf 2008, 110). So wird die diagnostische Abklärung erschwert, wenn Symptome nur schwer von Betroffenen vermittelt werden können (Saladin 2009, 28).

Weiter kann auch die Therapietreue beeinträchtigt sein, wenn Patienten mit Migrationshintergrund trotz einer bestehenden medizinischen Krankheitsdiagnose medizinische Interventionen nicht nachvollzogen können, da sie sich in Ermangelung von Symptomen nicht unbedingt als krank empfinden (Zielke-Nadkarni 2007, Sich u. a. 1993). Nicht zuletzt können auch Fehler bei der Einnahme von Medikamenten auftreten. Ungünstige Kompensationsversuche seitens des Pflegepersonals in der Überbrückung sprachlicher Barrieren bestehen in der Einbindung der über bessere Deutschkenntnisse verfügenden jüngeren türkischen Generationen, was jedoch mit der Gefahr der verzerrten Übersetzung aufgrund der eigenen emotionalen Beteiligung und dem fehlenden fachlichen Wissenshintergrund verbunden ist.

Sekundäre Zugangsbarrieren können weiter Folge *unterschiedlicher und unreflektierter Erklärungsmodelle in Bezug auf Krankheit, Kranksein und Pflege oder Körperwahrnehmungen* zwischen Praktikern und Pflegebedürftigen sein (Domenig 2001, 203-204, Uzarewicz 2005, 9, Tolsdorf 2008, 111). So ist das Verständnis von Gesundheit und Krankheit untrennbar mit der Kultur des Menschen verbunden. Da aber in Deutschland die Gesundheitsversorgung vor allem naturwissenschaftlich fundiert ist und auf entsprechendem medizinischen Wissen aufbaut, treten Probleme auf, wenn medizinisch geschultes Personal vom biomedizinischen Paradigma abweichende Gesundheitsvorstellungen oder einer für sie ungewohnten Interpretation und Präsentation von Symptomen mit Unverständnis begegnen (Razum, Geiger 2002, 690, RKI 2008, 110). Die Rate von Fehldiagnosen ist aufgrund differierender Scham-Schwellen sowie sprachlicher und körpersprachlicher Kommunikationsstörungen zwischen Klienten und Helfern hoch.

Anstatt Symptome etwa als sozial bedingt zu deuten, scheinen sie vom Personal einseitig biomedizinisch ausgelegt und angegangen zu werden (Geiger 1998). Eine „monokulturell ausgerichtete Heilstrategie" verfehlt damit anderskulturell ausgerichtete Vorstellungen zu der Art, wie Krankheit erklärt, gedeutet, erlebt und ausgedrückt wird. So wird Krankheit von Migranten eher „ganzheitlich" wahrgenommen, befällt somit den ganzen Körper und so werden auch die Symptome ganzheitlich präsentiert. Dies kann zu dramatischen, körpernahen und schmerzbetonten Symptompräsentationen führen, die vom biomedizinisch geprägten Medizinsystem auf Unverständnis stößt. Folgen können neben einer Unter-, Über- oder Fehlversorgung „Pingpong-Überweisungen", „Doctor-Hopping", Endlosdiagnostik, ein erhöhtes Risiko zur Fehlbehandlung und „Einverständnis im Missverständnis" zwischen den an der Pflege beteiligten Personen sein (Razum, Geiger 2002, RKI 2008, Schilder 2009).

Weitere sekundäre Zugangsbarrieren können *unterschiedliche soziale Praktiken und Vorstellungen bezüglich der sozialen Struktur und deren Berücksichtigung im fachlichen Zusammenhang* darstellen. So stehen einer erfolgreichen Interaktion immer auch seitens der Fachpersonen nicht berücksichtigte Vorstellungen in Bezug auf den Einbezug der Familie versus der auf Individualität ausgerichteten Versorgungsstruktur, Fragen der Autonomie und nicht übereinstimmender Erwartungen an die Beratung oder Therapie im Wege (Domenig 2001, Uzarewicz 2005, 9). In der Praxis zeigen sich vor allem aus Interaktionsbrüchen resultierende gegenseitige Missverständnisse. Für die Fachpersonen ergeben sich diese häufig aus den ungewohnten Reaktionen dieser Patienten mit der Folge, dass die im pflegerischen Alltag bewährten Handlungsschemata auf einmal nicht mehr die richtigen zu sein scheinen (de Jong, 2003).

Migranten fühlen sich von Praktikern der Regelversorgung oft nicht ernst genommen, dis-kriminiert und abgewertet. Dies scheint das Gefühl, von offiziellen Stellen keine „echte" Hilfe zu erhalten, zu verstärken (Domenig 2001, 204).

In den Einrichtungen der Gesundheitsversorgung verfehlt zudem ein oftmals mittel-schichtorientierter Beratungsansatz aufgrund dessen nondirektiver Ausrichtung den Bedarf von Migranten nach eher direkten Ansätze, da diese es weniger gewohnt sind, selbst die Verantwortung für das Gelingen des Beratungsprozesses zu übernehmen.

12.4 Interkulturelle Öffnung durch Entwicklung transkultureller Kompetenz im Rahmen transkultureller Organisationsentwicklung

Die Interkulturelle Öffnung des Handlungsfeldes der stationären und ambulanten Altenpflege und -hilfe bedarf einerseits der Personalentwicklung auf der Verhaltensebene in Form der Ausbildung transkultureller Kompetenz bei Mitarbeitern in der Pflege, Betreuung, im haus-wirtschaftlichen Bereich, in der Haustechnik sowie in der Verwaltung. Andererseits sind auf der Verhältnisebene Strukturen zu etablieren, in deren Rahmen eine kultur- und migrations-sensible Pflege auf der Mikro-Ebene der Pflegepraxis stattfinden kann (Domenig 2007b, Schilder 2009). Die Interkulturelle Öffnung basiert auf der Grundhaltung der Kultursensibili-tät, die zunächst ausgeführt wird, bevor die Bestandteile der transkulturellen Kompetenz und schließlich Aspekte der transkulturellen Organisationentwicklung dargelegt werden.

Kultursensibilität als Grundhaltung

In der Pflegewissenschaft wird eine gegenüber kulturellen Einflüssen offene Pflege unter anderem als transkulturell oder kultursensibel bezeichnet (AK Charta für eine kultursensible Altenpflege 2002). Der Grundgedanke des transkulturellen Ansatzes ist, dass Menschen mit Migrationshintergrund in einer spezifischen Weise in ihrem Umgang mit Phänomenen wie Krankheit, Gesundheit und Pflegebedürftigkeit geprägt sind. Eine solcherlei individuelle Pflege als Zieldimension kultursensibler Pflege verlangt die Bezugnahme auf diese Prägung.

Doch eine einseitig an der kulturellen Prägung orientierte Pflege, wie sie in „kulturenorien-tierten" pflegetheoretischen Ansätzen wie der Pflegetheorie Leiningers (1991) zum Tragen kommt, enthält das Risiko an Patientenbezogenheit zu verlieren. Folge wäre keine individu-ell ausgerichtete Pflege, sondern die Festlegung des Menschen auf Merkmale der Zugehörig-keit zu einer spezifischen kulturellen Gruppe. Dornheim (2007, 38) warnt in dieser Hinsicht vor der Kulturalisierung von Sozialem, da *„eben nicht nur die Gefahr (besteht), sich unre-flektiert von dem als ‚fremd' Empfundenen abzugrenzen und die jeweiligen Trägerinnen dieses ‚Fremden' auszugrenzen, sondern vor allem auch die Gefahr, alle Konflikte, die es in einer Gesellschaft gibt und die aus vielerlei Gründen – ökonomischen, sozialen, politischen, religiösen usw. – entstehen, einfach mit kulturellen Unterschieden zwischen den Konfliktpar-teien zu erklären".*

Eine solche Vereinfachung ist auch die Gleichsetzung von Kultur und Nationalität. Im Zuge dieser Kulturalisierung wäre Pflege der Gefahr ausgesetzt, dem individuellen Patienten oder Bewohner mit stereotypisierenden Bildern z. B. des türkischen Patienten oder Bewohners zu begegnen, was keinen Raum mehr für das Individuum selbst ließe. Kultursensible Pflege sollte solcherlei Kulturalisierung vermeiden, sondern vielmehr entschlüsseln, wie sich Menschen zu ihren kulturellen Bezügen ins Verhältnis setzen.

Letztendlich erschöpft sich kultursensible Pflege nicht in der Versorgung von Menschen mit Migrationshintergrund, da alle Menschen unabhängig ihrer nationalen Herkunft kulturelle Wesen sind und die Akzeptanz fachlicher Pflege vom Ausmaß der Berücksichtigung kulturell geprägter Vorstellungen von Pflege als Maßstab „guter Pflege" abhängt (Herberg 1995). Die an die beruflich Pflegenden gerichteten Erwartungen sind somit immer kulturell beeinflusst. Die Zufriedenheit mit der fachlichen Pflege hängt also auch immer davon ab, ob und inwieweit Pflegende diese an sie gerichteten Erwartungen in ihr pflegerisches Handeln einbeziehen. Im Rahmen kultursensibler Pflege ist dann etwa nachzuvollziehen, was Krankheit und Pflegebedürftigkeit für den Menschen bedeuten und welche Erwartung im Umgang damit bestehen. Basierend auf dieser Grundhaltung der Kultursensibilität wird im Folgenden die Verhaltensebene in Form der Bedeutung transkultureller Kompetenz in den Blick genommen.

Transkulturelle Kompetenz

Auf der *Mikro-Ebene* der Altenpflege/-hilfe ist auf Seiten der Mitarbeiter und Fachkräfte eine *Transkulturelle Kompetenz* zu entwickeln, da Interkulturelle Öffnung neue Anforderungen an die Qualifikation des Personals stellt. In der Pflegewissenschaft wird transkulturelle Kompetenz als Bestandteil professionellen pflegerischen Handelns und als Erweiterung sozialer Kompetenzen konzeptualisiert (Domenig 2007a, Habermann 2003, Uzarewicz 2003). Sie basiert auf der dargestellten Grundhaltung der Kultursensibilität. Allen Schlüsselqualifikationen in der Pflege ist eine transkulturelle Dimension inhärent, weswegen transkulturelle Kompetenz weniger als eine zusätzliche auf Migranten spezialisierte Kompetenz aufzufassen ist, sondern „professionelles kompetentes Handeln auch im Migrationskontext" darstellt (Domenig 2007a, 172).

Domenig (174) definiert transkulturelle Kompetenz wie folgt: *„Transkulturelle Kompetenz ist die Fähigkeit, individuelle Lebenswelten in der besonderen Situation und in unterschiedlichen Kontexten zu erfassen, zu verstehen und entsprechende, angepasste Handlungsweisen daraus abzuleiten. Transkulturell kompetente Fachpersonen reflektieren eigene lebensweltliche Prägungen und Vorurteile, haben die Fähigkeit die Perspektive anderer zu erfassen und zu deuten und vermeiden Kulturalisierungen und Stereotypisierungen von bestimmten Zielgruppen".*

Diese dynamische Fähigkeit soll in pflegerischen Interaktionen zur kontext- und situationsspezifischen Bezugnahme auf das einzigartige Individuum befähigen und zielt auf die gleichwertige Behandlung von Patienten oder Bewohnern, indem Differenz wahrgenommen wird, „ohne jedoch den Einzelnen darauf festzulegen" (AK Charta für eine kultursensible Altenpflege, 2002, 20).

Das Ziel der transkulturellen Kompetenz ist die situationsspezifische Entschlüsselung und das Einfangen der jeweils an das Individuum gebundenen Wissens- und Sinnordnungen sowie die Ausrichtung und Vermittlung auf damit zusammenhängende Erwartungen in der Pflegesituation (Schilder, 2006). Wie in der Abbildung 1.1 auf folgender Seite ersichtlich, bildet somit die Interaktionsfähigkeit der Fachperson den Kernpunkt der transkulturellen Kompetenz, die sich wiederum auf die Säulen Selbstreflexion, Wissen und Erfahrung sowie Empathie stützt (Domenig 2007a, Uzarewicz 2003).

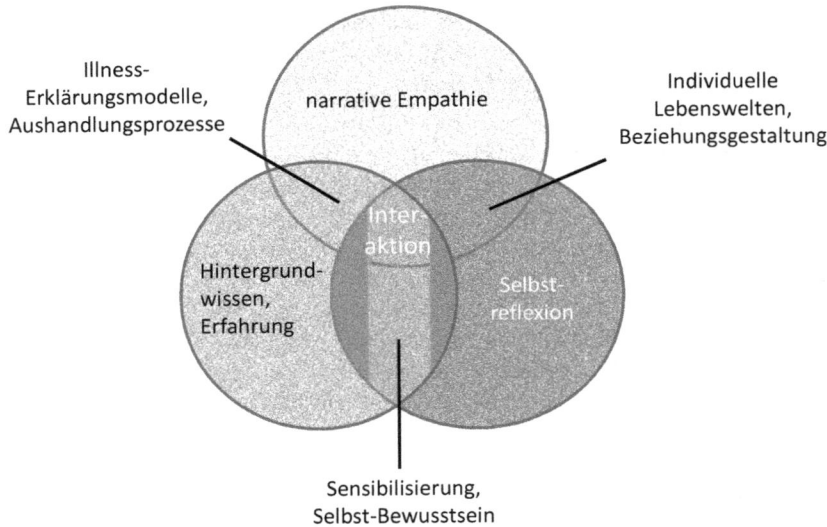

Selbstreflexion als Komponente Transkultureller Kompetenz

Selbstreflexiv gilt es, die „eigene Lebenswelt in einem selbstreflexiven Prozess wahrzuneh-men", somit eigene Selbstverständlichkeiten in der Wahrnehmung anderer Menschen zu erkennen und ihre Einflüsse in zukünftigen Interaktionen zu berücksichtigen (Domenig 2007a, 174, Schilder 2006). Somit bedarf es der Bewusstwerdung über eigene Projektionen in der Bezugnahme auf die Perspektive des zu pflegenden Menschen. Diese Projektionen können u. a. gesellschaftlicher, berufsspezifischer und individueller Natur sein. Für Pflegen-de bedeutet Selbstreflexivität in beruflicher Hinsicht unter anderem die Bewusstwerdung darüber, welches Menschenbild dem eigenen Handeln zugrunde liegt. Wird der zu pflegende Mensch und dessen lebensweltlich geprägte Erwartungshaltung als gleichberechtigter Akteur in der Pflegesituation wahrgenommen, so dass seine Anliegen die gleichen Chancen auf Bearbeitung bzw. Verwirklichung haben wie der Handlungsplan der Pflegenden?

Subtiler erscheinen die der eigenen Lebenswelt inhärenten Selbstverständlichkeiten, deren Bewusstmachung durch Selbstreflexion weit in die eigene Persönlichkeit hineingreift. Selbst-reflexivität bedarf daher der Bereitschaft, sich gegenüber den eigenen Projektionen im Hin-blick auf die Perspektive des anderen Menschen öffnen zu wollen, auch wenn dies angesichts der unbewussten Natur des Vorgangs der Wertung eines anderen Menschen im eigenen Hori-zont als anspruchsvolles Projekt erscheint (Domenig 2007a, Habermann 2003, Uzarewicz 2003, Schilder 2006, 2007). Wenn Pflegende in der Interaktion mit Patienten bzw. Bewoh-nern mit Migrationshintergrund neuartige Erfahrungen machen, die nicht so recht in Ein-klang mit ihrem eigenen Wissensvorrat zu bringen sind, bedeutet Transkulturelle Kompetenz in dieser Hinsicht, mit den damit einhergehenden kognitiven und affektiven Spannungen konstruktiv umgehen zu können (Domenig 2007a, 176). Entscheidend für die Selbstreflexivi-tät ist zu erkennen, „was" „warum" „wie" als fremd in Relation zum eigenen lebensweltli-chen Wissensvorrat wahrgenommen wird, wie also „das Fremde in der Begegnung konstru-iert wird" (Habermann 1996, 131). Die Relativität der eigenen Position, die unhinterfragt als einzig richtige Deutung wirkt, kann ohne Bewusstmachung durch Selbstreflexion zur Abwertung anderer Personen führen. Auf Seiten der Pflegenden bedarf es im Hinblick auf diesen Vorgang der Selbstbefragung Persönlichkeitsmerkmale wie Respekt, Offenheit, Ambiguitätstoleranz, Geduld und Motivation zur Personorientierung.

Hintergrundwissen und Erfahrung als Komponenten Transkultureller Kompetenz

Eine wesentliche weitere Komponente transkultureller Kompetenz bildet das für das Verstehen von Patienten und Bewohnern mit Migrationshintergrund erforderliche *Hintergrundwissen*. Dieses sollte nicht auf Kulturrezepten basieren, sondern sich etwa auf die Bedeutungen und Restriktionen von Kulturbegriffen, auf das Phänomen der Migration und Migrationsprozesse im Hinblick auf die für das Handlungsfeld relevanten Wanderungstypen, Krankheits-, Gesundheits-, Pflegekonzepte und Zugangsbarrieren sowie auch auf Möglichkeiten ihrer Überwindung beziehen. Die Nutzung dieser Wissensbestände erfolgt im Hinblick auf die Vermeidung einer Kulturalisierung und Stereotypisierung von Patienten und Bewohnern. Daher darf dieses Wissen nicht zu festen Zuschreibungen führen, indessen die Ambivalenz der Information in dem Bestreben zu überwinden ist, allgemeines Wissen nicht absolut zu setzen (Schilder 2006, 2007).

Idealerweise vermitteln diese allgemeinen Wissensbestände Pflegenden in heuristischer Funktion Orientierung in der Pflegesituation, ohne die Perspektive der pflegebedürftigen Person zu überblenden. Allgemeine Kategorien wie Migrationsprozess oder Pflegeverständnis sollen in der Pflegesituation auf mögliche Entsprechungen sensibilisieren, indem sie weitgehend empirisch gehaltlos erst im Verlauf des Verstehensprozesses mit den individuellen Bedeutungen des jeweiligen Pflegeempfängers empirisch aufgeladen werden (Kelle, Kluge 2010).

Allgemeines Wissen z. B. über die Lebenssituation in Deutschland lebender türkischer Migranten ist somit mit speziellem einzelfallbezogenen Wissen zu vermitteln. Es kann insofern heuristisch – entdeckend – Einsatz finden, als es Pflegende in der Entschlüsselung der Wissens- und Sinnordnung der zu Pflegenden auf die Spur führt. Dabei darf die Sicht auf den Einzelfall nicht verstellt werden. Auch Informationen neuer Art, zu denen es also keine Kategorien gibt, müssen erfasst und auf ihre Bedeutung für den Pflegeempfänger befragt werden. Neben dem Hintergrundwissen sind auch konkrete Erfahrungen in der Pflege von Patienten und Bewohner mit Migrationshintergrund wesentlich, da diese eine Reflexionsfläche darstellen, die in weiteren Situationen auf der Basis von Selbstreflexion personenorientiert nutzbar gemacht werden kann (Domenig, 2007a).

Am Beispiel des *Disease-Illness-Konzepts* soll nachfolgend eine mögliche Strategie der Entschlüsselung individueller Krankheitskonzepte in der Anwendung von Hintergrundwissen veranschaulicht werden.

Das Disease-Illness-Konzept

Für den Umgang mit Gesundheitsproblemen in Alltag und Lebenswelt stellt das Krankheits-verständnis der Personen mit Migrationshintergrund ein zentrales Element dar. Das Krank-heitsverständnis bedeutet vor allem das Konstrukt Krankheit *„wie es im Bedeutungssystem einer Kultur codiert ist. Krankheit hat mitunter für Menschen anderer Kulturen eine völlig andere Realität, als es das moderne Gesundheitspersonal überhaupt für möglich hält. (So ist) bereits die Art und Häufigkeit der Wahrnehmung von Symptomen, von der Art der in dieser Kultur als Krankheit betrachteten Phänomene abhängig (...). Dies kann den Erwartungen des modernen Arztes völlig widersprechen"* (Sich 1993, 22). So unterscheidet das medizin-ethnologische *Disease-Illness-Konzept* zwei Aspekte einer Erkrankung. *Disease* bzw. *Krank-heit* ist nach Zielke-Nadkarni (2007, 193-194) eine Kategorie der modernden Medizin, die im Allgemeinen „einen typischen Verlauf mit charakteristischen Symptomen" beschreibt, wie etwa die medizinische Diagnose Alzheimer-Krankheit. Sie wird aufgrund der Krankenge-schichte bzw. der Anamnese sowie mittels diverser diagnostischer Verfahren von Mediziner diagnostiziert. Demgegenüber bezeichnet illness das Kranksein des Menschen und ist „die persönliche, soziale und kulturelle Antwort auf eine Erkrankung. Es ist somit auch Reaktion aus dem Raum der kulturellen Symbole, Normen und Werte. Das Kranksein gibt dem Ge-schehen Bedeutung, macht es erklär- und behandelbar" (Sich 1993, 22). Für den von einer Erkrankung betroffenen Menschen ist sein Kranksein von vordergründiger Bedeutung, da sich Menschen so lange nicht als krank erleben, wie Symptome in ihrem subjektiven Erleben fehlen. In diesem Sinne nicht fühlbare Krankheiten sind auch bei Vorliegen einer medizini-schen Diagnose im subjektiven Erleben zunächst nicht wahrnehmbar. Demgegenüber können sich Menschen jedoch subjektiv krank fühlen, obgleich objektiv keine abweichenden Para-meter vom Mediziner festgestellt werden können. Disease besteht unabhängig von der indi-viduellen Illness-Erfahrung der einzelnen Patienten (Zielke-Nadkarni 2007).

Wird das *Disease-Illness-Konzept* als allgemeines Wissen in den Pflegeprozess einbezogen, steht nicht allein die medizinische Diagnose, wie z. B. Schlaganfall und entsprechende Symptome, wie etwa Halbseitenlähmung, im Vordergrund der Betrachtung, sondern mit der Illness-Perspektive rücken nun weitere Phänomene ins Blickfeld. Diese können sich auf die Deutung der Ursache der Krankheit etwa als Strafe Allahs, auf die soziale Dimension in Form der gemeinsamen Bewältigung der Krankheit und Pflegebedürftigkeit im Familienver-bund aber auch auf psychische Reaktionen beziehen, wie die Angst, nie wieder unabhängig von fremder Hilfe im eigenen Haushalt leben zu können. Damit wäre auch der Zuständig-keitsbereich fachlicher Pflege bezeichnet. Dieser bezieht sich nach dem amerikanischen Berufsverband ANA auf die gegenwärtigen oder potenziellen menschlichen Reaktionen in den Lebensaktivitäten, die infolge von Krankheit, Behinderung oder Entwicklungen in der Lebenssituation beim Individuum, der Familie oder Gemeinschaft auftreten (NANDA Inter-national 2010, 433). Dies ist zugleich der Geltungsbereich von Pflegediagnosen als Aus-gangspunkt der Strategiefindung im Rahmen des Pflegeprozesses.

Das nachfolgende Erklärungsmodell kann einen Beitrag zur Ermittlung der Illness- Perspek-tive leisten:

„Wie bezeichnen Sie Ihr Problem?

Welchen Namen geben Sie Ihrer Krankheit?

Was, denken Sie, ist die Ursache Ihres Problems?

Warum begann es zu dem Zeitpunkt, als es begann?

Was verändert die Krankheit bei Ihnen? Wie funktioniert sie?

Wie schwerwiegend ist sie? Wird sie einen langen oder kurzen Verlauf haben?

Was befürchten Sie am meisten bei dieser Krankheit?

Was sind die Hauptsymptome, welche Ihnen die Krankheit beschert hat? Welche Art Behandlung sollten Sie erhalten? Welches sind die wichtigsten Resultate, die Sie von der Behandlung erhoffen?" (Zielke-Nadkarni 2007, 194-195)

Ein weiteres Beispiel zu relevanten Wissensbeständen bilden die *Kulturdimensionen* der Kulturforscher Edward Hall, Gert Hofstede und Föns Trompenaars, deren Kategoriensysteme zur Einordnung von weltweit unterschiedlichen Wertesystemen dienen und kulturelle Aspekte im Umgang mit Problemen des Alltags beschreiben (Berninghausen, Hecht-El Minshawi 2009).

Kulturdimensionen als empirisch gehaltlose Kategorien

Kulturdimensionen basieren auf der Vorstellung, dass „Menschen gerade in Konfliktsituationen dazu neigen, sich gemäß ihrer jeweiligen kulturellen Prägung und der verinnerlichten Wertvorstellungen zu verhalten" (Berninghausen, Hecht-El Minshawi 2009, 31). Wie generell andere pflegerelevante kultursensible Wissensbestände auch, müssen auch sie reflektiert Anwendung finden. Sie können dann ebenso in einer empirisch gehaltlosen Form als Koordinatensystem Anwendung in dem Bestreben finden, individuell kulturprägende Momente eines Menschen aufzuspüren. „High-Low-Kontext", die „Beziehung zum Raum" und „Individualismus versus Kollektivismus" geben Beispiele für auch für die Pflege relevante Kulturdimensionen. Wo „High-Low-Kontext" die in einer Kultur vorherrschenden und als stimmig erachteten Kommunikationsmuster im Hinblick auf das Verhältnis nonverbaler (Kontext) und verbaler Kommunikationsanteile beschreibt, bezeichnet die „Beziehung zum Raum" u. a. die räumlichen Abstände, die die Kulturteilnehmer in der Interaktion mit anderen unter Berücksichtigung der jeweiligen Distanzzone und weiterer Faktoren wie bestehender Vertrautheit als angemessen erachten und einzuhalten versuchen. Treffen Menschen mit unterschiedlichen Vorstellungen zu den Kulturdimensionen aufeinander, können Irritationen, Konflikte und Missverstände das Erreichen außerkommunikativer Pflegeziele verhindern (a. a. O., 32).

Die Kulturdimension „Individualismus versus Kollektivismus" soll dazu nun näher ausgeführt werden. Wo in individualistischen Gesellschaften die eigene Selbstverwirklichung wichtiger als die Berücksichtigung der Bedürfnisse der Gemeinschaft ist, verhält sich dies in kollektivistischen Gesellschaften anders, in denen Menschen sich auf der Basis gegenseitiger Loyalität um ihre Mitglieder kümmern und das „Wir" gegenüber dem „Ich" dominiert. Die kleinste gesellschaftliche Einheit bildet hier die Familie bzw. das soziale Kollektiv (a. a. O., 33, Domenig 2007a, 207).

Diese Form der sozialen Organisierung hat auch Auswirkungen auf die Pflege, in dessen Rollen und Aufgabenverteilungen in informellen Pflegesystemen variieren können. Entgegen den in deutschen Familien dominierenden Mustern sollte sich eine Pflegende in der Versorgung einer russlanddeutschen Familie weniger auf eine Hauptpflegeperson allein, sondern auf das Familienkollektiv konzentrieren, wenngleich die Mutter häufig als die zentrale Entscheidungsträgerin in Bezug auf die familiäre Pflege einbezogen werden muss (Schnepp u. a. 2005). So darf auch diese Kulturdimension nicht in dichotomer Weise missverstanden werden. Sie steht wie auch die anderen Kulturdimensionen in der Kritik, da „Menschen (...)

sowohl individualistisch als auch kollektivistisch orientiert sein (können), je nachdem mit wem, in welchem Lebensbereich und in welcher Situation sie (inter)agieren" (Domenig 2007a, 208). Domenig (a. a. O., 208-209) rät daher, diese Kulturdimension eher als „intra-individuelles Konzept" zu verstehen, da „Individuen (…) unterschiedliche Kombinationen von individualistischen und kollektivistischen Anteilen" aufweisen können.

Narrative Empathie als Komponente Transkultureller Kompetenz

Als letzten Baustein Domenigs (2007a, 178) Konzept der Transkulturellen Kompetenz bezeichnet die *Narrative Empathie* „die Fähigkeit eines Menschen, sich kognitiv in einen anderen Menschen hineinzuversetzen, seine Gefühle zu teilen und sich damit über sein Verstehen und Handeln klar zu werden." In der Bewältigung chronischer Krankheiten sind Narrationen bzw. Erzählungen wesentlich zur Verarbeitung der damit einhergehenden Veränderungen. Sich im Idealfall eigener Werthaltungen bewusst, fühlt sich die Pflegende in die pflegebedürftige Person ein und erlangt ein punktuell selektives Verständnis deren situations- und pflegerelevanten Wissens- und Sinnordnungen (Schilder, 2006). Bischoff-Wanner (2002) betont in ihrem kognitiv ausgerichteten Empathiebegriff, dass die selektive Perspektivenübernahme nicht durch affektive Momente wie Sympathie, Zuneigung und Nähe überblendet werden sollte, um sie potenziell allen Klienten gegenüber verwerten zu können.

Letztlich geht es dann in der konkreten Interaktion um die Verschränkung beider Perspektiven, die zu einem gemeinsamen Situationsverständnis als Grundlage für die Bewältigung der Pflegesituation führt (Uzarewicz 2003). Da allein transkulturelle Kompetenz auf Seiten der Mitarbeiter jedoch nicht ausreicht, um den Bedarf nach kultursensibler Pflege dauerhaft und nachhaltig zu decken, muss die Verhältnisebene in die Betrachtung mit einbezogen werden (Habermann 2003, Domenig 2007a).

12.5 Institutioneller und struktureller Wandel zur Interkulturellen Öffnung

Transkulturelle Kompetenz bedarf der Verankerung auf *institutioneller* und *struktureller* Ebene im Sinne eines transkulturellen Wandels der gesamten Pflegeinstitution. Dieser sollte alle Mitarbeiter mit dem Ziel umfassen, Chancengleichheit in der Erbringung qualitativ hochwertiger Dienstleistungen für die Pflegeempfänger einerseits und die Integration von Mitarbeitern mit Migrationshintergrund andererseits herzustellen (Hinz-Rommel 1998, AK Charta für eine kultursensible Altenpflege 2002, Domenig 2001, 2007b, 343). Der Prozess der Interkulturellen Öffnung von Einrichtungen der Altenpflege/-hilfe ist als langfristiger und umfassender Prozess der Organisationsentwicklung zu verstehen, der sich als integrativer Ansatz auf die Öffnung der Regelinstitution auch gegenüber den Pflegebedarfen von Personen mit Migrationshintergrund bezieht (AK Charta für eine kultursensible Altenpflege 2002, Domenig 2007b, 352). Wie die Betrachtung der Zugangsbarrieren gezeigt hat, sind die Einrichtungen der Altenpflege/-hilfe diesen derzeit gegenüber eher als verschlossen zu betrachten. Interkulturelle Öffnung sollte sich zudem auch auf die Öffnung in das Gemeinwesen einer Einrichtung und in politische Strukturen erstrecken (AK Charta für eine kultursensible Altenpflege 2002, Hinz-Rommel 1998). Basis der Organisationsentwicklung bzw. des transkulturellen Wandels kann das Prinzip des Diversity sein. Diversity bedeutet Vielfalt und bezieht sich auf die personelle Vielfalt und Heterogenität sowohl von Klientengruppen als auch Mitarbeitern. Es verspricht das Potenzial kultureller Vielfalt für die Personal- und Organisationsentwicklung zu nutzen (Herrmann, Kätker 2007, Domenig 2007b, 346, Berninghausen, Hecht-El Minshawi 2009, 83). Der gegen die Diskriminierung gesellschaftlicher Gruppen wie Menschen mit Migrationshintergrund gerichtete Ansatz des Diversity-Managements bedeutet „den Umgang mit Vielfalt in einer Organisation" (Domenig 2007b, 344). In dessen Rahmen wird diese Vielfalt gezielt gefördert und genutzt, um sowohl interne wie externe unternehmerische Nutzen wie die Steigerung der langfristigen Wettbewerbsfähigkeit zu erzielen (a. a. O., 343-346).

Der Prozess des kulturellen Wandels von Pflegeeinrichtungen umfasst eine systematische Veränderungsstrategie, die mit einer Bedarfsanalyse innerhalb und außerhalb der Institution beginnt. Auf dieser Basis wird der Veränderungsprozess innerhalb der Institution von der Leitungsebene über eine Projektgruppe in Zusammenarbeit mit den praktisch tätigen Fachpersonen initiiert (AK Charta für eine kultursensible Altenpflege 2002, Hinz-Rommel 1998, Domenig 2001, 2007b). Der Impuls zur Veränderung sollte von der Leitungsebene im Rahmen einer Top-Down-Strategie ausgehen, damit die Veränderungen auch in der Gesamtorganisation greifen und von allen Mitarbeiterebenen mitgetragen werden. Zugleich sollte diese Initiative von einer Bottum-Up-Strategie flankiert werden, die die direkt von der Veränderung betroffenen Mitarbeiter von Anfang an mit einbindet, um zu erwartende Widerstände und Barrieren gegenüber dieser Veränderung zu vermeiden oder abzumildern (Berninghausen, Hecht-El Minshawi 2009, 87, Domenig 2007b, 355). Neben der Leitungsebene wird ein für den Migrationsbereich verantwortlicher Mitarbeiter zur Integration der transkulturellen Perspektive in die Institution empfohlen (Domenig 2007b, 355). Bei der Bildung einer für den Veränderungsprozess zuständigen Arbeitsgruppe sollten wichtige Migrantengruppen auch aus dem Umfeld der Einrichtung repräsentiert sein. Da ein breit angelegtes systemisches Diversity-Management einem „Interkulturalisierungsprozess des Unternehmens" gleichkommt, kann dies zudem durch Beratung, Coaching und Training von außen begleitet werden (Berninghausen, Hecht-El Minshawi 2009, 87).

Der erste Schritt im Prozess der Organisationsentwicklung beinhaltet die Analyse der externen und internen Situation der Pflegeeinrichtung.

Zur Erhöhung der Akzeptanz und Transparenz für potenzielle Nutzer und Helfer sollten bereits zu Beginn des Veränderungsprozesses auch Kooperationen mit im sozialen Bereich der Migranten verankerten Personen im kommunalen Umfeld angestrebt werden.

Externe Analyse des Standortes der Pflegeeinrichtung und Strategien der kultursensiblen Ausrichtung

Die *externe Analyse* sollte eine Bedarfs- und Bestandsanalyse des Standortes im Einzugsgebiet der Pflegeeinrichtung beinhalten. So sollten im Einzugsgebiet vorhandene Migrantengruppen und bereits bestehende Angebote für die Zielgruppe und Einrichtungen der ethnischen Infrastruktur, wie z. B. Ärzte mit Migrationshintergrund, Vereine, religiöse Instanzen wie Moscheen, Beratungsstellen und Migrationsdienste als externe Ressourcen für den Veränderungsprozess identifiziert werden. Im Sinne einer Öffnung in das Gemeinwesen hinein sollten frühzeitig Kontakte mit wichtigen „Schlüsselpersonen" aus den Migrantengruppen geknüpft werden, um diese idealerweise als Multiplikatoren oder Kulturübersetzer zu gewinnen, um Kenntnisse über die Situation und Bedarfe der Zielgruppe zu erhalten. Auch bei den neu zu entwickelnden Konzeptionen sollten diese mit ihrer Expertise einbezogen werden. Entscheidend ist vor allem auch ihre „Brückenfunktion" zur Erhöhung der Akzeptanz der Einrichtung in der Community, indem diesen die Konzepte und Institutionen der Altenhilfe nahegebracht werden. Zudem sollten auch Begegnungen auf informeller Ebene genutzt werden (Bischof 2005, 35, AK Charta für eine kultursensible Altenpflege 2002, Hinz-Rommel 1998). Primäre Zugangsbarrieren sollten durch aufsuchende Arbeitsformen und den Einsatz von Multiplikatoren überwunden werden. Gegenüber schriftlichem mehrsprachigen Informationsmaterial haben sich insbesondere bei bildungsfernen Gruppen auch Informationsveranstaltungen z. B. über das Gesundheitssystem zu deren Erreichung bewährt (Domenig 2007b, 358). Weiterhin erfordert die Interkulturelle Öffnung eine interne und externe Öffentlichkeit in Form einer Marketing-Strategie, die die Neuausrichtung der Organisation für die neuen Nutzergruppen transparent macht. Nach außen sollte sich die Einrichtung offen für die Beachtung der Bedürfnisse und Anliegen von Migranten zeigen, was durch äußere Zeichen und Symbole, wie etwa Bilder, Hinweisschilder in mehreren Sprachen, mehrsprachige Prospekte, fremdsprachige Literatur im Wartezimmer, Vermeidung einer monokulturellen Ausrichtung der Öffentlichkeitsarbeit, Gegenstände bis hin zum Gebetsraum für ältere Migranten verwirklicht werden kann (Hinz-Rommel 1998, AK Charta für eine kultursensible Altenpflege 2002, 54).

Interne Analyse und Strategien der kultursensiblen Ausrichtung

Die *interne Analyse* richtet sich in Form einer Ist-Analyse auf die Angebote der Organisation selbst. Deren Organisations- und Handlungsabläufe in den Bereichen der Pflege, Betreuung, Verwaltung, Haustechnik und hauswirtschaftlichen Versorgung sind im Hinblick auf den vorhandenen Bedarf von Personen mit Migrationshintergrund zu reflektieren und auf ihre Angemessenheit und Flexibilität zu überprüfen (AK Charta für eine kultursensible Altenpflege 2002, Hinz-Rommel 1998, Domenig 2007b). Wie bereits verdeutlicht, stellen Sprachbarrieren häufige und für die Zielerreichung im Pflegeprozess notwendig zu überbrückende Zugangsbarrieren dar. Je nach Aufgabe, Planbarkeit, Komplexität, Dringlichkeit und klinischer Konsequenz der Situation sollten verschiedene Strategien zur sprachlichen Verständigung seitens des Pflegepersonals zur Anwendung gebracht werden. Dies reicht vom reflektierten Einsatz körpersprachlicher Mittel und Zeichensprache, der Nutzung von bebildertem Informationsmaterial, wie Piktogrammen, Fotos und Zeichnungen, dem Lernen und dem Gebrauch einzelner fremdsprachiger Wörter oder Sätze, der Nutzung schriftlicher Übersetzungen und Informationsmaterial bis hin zur Beteiligung interner ad-hoc oder externer Übersetzer in sprachlich anspruchsvollen Pflegesituationen, wie im Rahmen von Assessments, Beratungs- und Aufklärungsgesprächen (Stuker 2007, Rommelspacher 2008, 213, Saladin 2009).

„Bei planbaren und komplexen Gesprächen, die durch emotionale und/oder kulturelle Aspekte geprägt sind, sind eher externe Dolmetschende geeignet. Bei einmaligen, dringlichen Gesprächen mit einfachem, konkretem Inhalt und kurzer Dauer, sind dagegen Ad-hoc-Dolmetschende zu bevorzugen" (Saladin 2009, 66). Zur Ermöglichung eines differenzierten sprachlichen Austausches, welcher in Pflegesituationen von entscheidender Bedeutung ist, sollten Übersetzer nach Möglichkeiten ausgebildet und fachlich versiert sein. Auf Familienmitglieder oder fachlich nicht qualifizierte Mitarbeiter wie fremdsprachiges Reinigungspersonal sollte aufgrund der erhöhten Gefahr der verzerrten Übersetzung eher nicht oder nur in Ausnahmesituationen wie in Notfällen oder in unbelasteten Gesprächssituationen zurückgegriffen werden. Im Rahmen der kultursensiblen Ausrichtung von Organisations- und Handlungsabläufen sollten interne Mitarbeiter sprachlich geschult und entsprechend der Bedarfslage in der Region Fachpersonen mit Migrationshintergrund eingestellt werden. Die besondere Kompetenz muttersprachlicher Mitarbeiter ist für die Vertrauensbildung für potenzielle Nutzer wesentlich. In dieser Hinsicht können aber auch bereits geringe Fremdsprachenkenntnisse von Mitarbeitern Türöffner sein. Zudem sollte intern – je nach der Größe einer Pflegeeinrichtung – ein professioneller Übersetzungsdienst aus dem Mitarbeiterstamm aufgebaut werden. Neben der Etablierung von Kontakten etwa zu Migrantenvereinen oder Moscheen sollte die Kooperation mit professionellen Dolmetscherdiensten gesucht werden. Das Telefondolmetschen stellt eine Alternative zum direkten Übersetzungsgespräch bzw. dem persönlichen face-to-face-Dolmetschen dar (Stuker 2007, Domenig 2007b, Saladin 2009).

In Bezug auf die Erhebung der Pflegebedürftigkeit sollten gesundheits- und pflegerelevante Kategorien etwa aus Konzeptualisierungen des Phänomens der Migration als Prozess in das Pflegeassessment aufgenommen werden. Diesbezüglich könnten bestehende Assessmentbögen um Fragen zur Bedeutung des Migrationsmotivs und -ziels im Sinne einer Bilanzierung, zu den Erfahrungen während der Migration und in der Einreisezeit sowie in den weiteren Phasen der Anpassung an die neue Lebenssituation im Aufnahmeland ergänzt werden, was erfolgreiche Vertrauensarbeit im Rahmen der Beziehungsgestaltung voraussetzt (Loncarevic 2007, Domenig 2001).

Des Weiteren sind Instrumente und Dokumente, wie „Strategien, Leitbilder, Standards, Behandlungs- und Pflegekonzepte" migrationsspezifisch anzupassen (Domenig 2007b, 356). So sollte die Interkulturelle Öffnung im Leitbild und der Konzeption der Organisation verankert werden, die damit zum Auftrag der Institution wird (Hinz-Rommel 1998, 93).

Pflegekonzepte sollten in diesem Sinne offen für transkulturelle Variationen sein. Wichtig erscheint vor allem die Hinterfragung, was Pflege im Horizont des Pflegebedürftigen und dessen Bezugssystem bedeutet. Dies sollte mit dem Aufgabenbereich fachlicher Pflege in der Altenpflege/-hilfe abgeglichen werden. Dazu sollte aus der Sicht der Pflegeempfänger eruiert werden, welche Aufgaben in der Pflege von welcher Person übernommen werden sollten und ob jeweils die dafür erforderliche Kompetenz vorhanden ist. Pflegende sollten dann etwa nach Maßgabe gesundheitsförderlicher Erwägungen entscheiden, inwiefern die Erwartungshaltung original berücksichtigt, an fachliche Pflege angepasst oder unter großer Vorsicht und Sensibilität verändert werden muss, insofern ansonsten eine gesundheitliche Verschlechterung oder Zunahme von Pflegebedürftigkeit droht (Leininger 1991).

12.6   Ausgewählte Projekte zur kultursensiblen Pflege und Interkulturellen Öffnung

In Bezug auf konkrete Entwicklungen und Projekte zur Interkulturellen Öffnung in der ambulanten und stationären Altenpflege/-hilfe zeichnet sich angesichts von Praxisberichten ein vielfältiges und heterogenes Bild ab (BBMFI 2007). Die nachfolgende Betrachtung ist exemplarisch, notgedrungen unvollständig und als momentane Skizze einer sich rasch verändernden Situation zu verstehen, die durch weitere Forschung sichtbar gemacht werden sollte. Eine wichtige Initiative bildete die Kampagne für eine kultursensible Altenhilfe eines Anfang 2000 von verschiedenen Verbänden und Institutionen aus dem Bereich der Altenhilfe gegründeten Arbeitskreises mit dem politischen Ziel, die Öffentlichkeit für die Notwendigkeit einer kultursensiblen Altenpflege /-hilfe zu sensibilisieren und entsprechende Rahmenbedingungen in Politik und Gesellschaft zu etablieren (BBMFI 2007, 148-152).

Aus dieser politischen Initiative entstand das „Forum für eine kultursensible Altenhilfe", welches sich die kultursensible Ausrichtung der Altenhilfe auf verschiedenen Ebenen zum Ziel gesetzt hat (www.kultursensible-altenhilfe.de). Im Rahmen dieser Initiativen sind verschiedene Publikationen und auch konzeptionelle Arbeitshilfen entstanden (AK Charta für eine kultursensible Altenpflege 2002), die zudem auch im Internet zur Verfügung stehen und z. B. für Aus-, Fort- und Weiterbildungen zur kultursensiblen Pflege und Organisationsentwicklung mit dem Ziel der Interkulturellen Öffnung von Einrichtungen und Bildungsträgern genutzt werden können. Das Forum versteht sich als Plattform und Vernetzungsinitiative für verschiedene an der Interkulturellen Öffnung des Handlungsfelds beteiligte Akteure.

Die Versorgungssituation in stationären Altenpflegeeinrichtungen ist seit jeher eher unsystematisch integrativ geprägt, indem Bewohner mit Migrationshintergrund vereinzelt zusammen mit Deutschen untergebracht sind. Ohne dass diese – wie die Darstellung der Zugangsbarrieren zeigte konzeptionell auf sie vorbereitet wären, ist allerdings eher von einer „Nebenherversorgung" auszugehen, die weniger systematisch doch allenfalls auf der Basis einzelner Initiativen auf deren spezifische Pflegebedarfe bezogen bleibt. Daneben scheint es in Deutschland erst einige wenige Einrichtungen zu geben, die einen mehr *segregativen Ansatz* verfolgen. So bieten z. B. Altenpflegeeinrichtungen in Ballungsgebieten und Großstädten mit hohem Migrantenanteil wie Berlin, Duisburg und Frankfurt am Main spezifische kultursensible Angebote für ältere Migranten an. Diese segregativen Ansätze könnten in einer ersten Kategorisierung als Spezialisierung auf bestimmte Wanderungstypen entweder der ganzen Institution oder einzelner Wohnbereiche oder -gruppen gekennzeichnet werden.

Als ein Beispiel bietet das „Victor Gollancz-Haus" des Frankfurter Verbands für Alten- und Behindertenhilfe e. V. in Frankfurt am Main als interkulturelles Altenhilfezentrum eine spezifisch für ältere Menschen muslimischen Glaubens ausgerichtete Wohngruppe im Rahmen der allgemeinen Angebote an (www.victor-gollancz-haus.de). Explizit konzeptionell auf diese Zielgruppe ausgerichtet, arbeiten vermehrt Pflegende mit Migrationshintergrund in dieser Wohngruppe. Zudem findet eine intensive Vernetzung mit den Mitgliedern muslimischer Gemeinden durch einen hausintern aktiven Sozialarbeiter ebenfalls mit Migrationshintergrund statt. Außerdem verfügt die Einrichtung über einen eigenen Gebetsraum.

Ein weiteres Beispiel bildet das Multikulturelle Seniorenzentrum „Haus am Sandberg" in Duisburg als ein internationales Altenheim des Deutschen Roten Kreuzes, in dem Mitarbeiter mit verschiedenem Migrationshintergrund im Einsatz sind (www.drk-haus-am-sandberg.de). Besondere multikulturelle Angebote richten sich einerseits an die Mitarbeiter selbst in Form von Fortbildungen, Sprach- und landeskundlichen Kursen sowie Supervisionen. Andererseits werden für Bewohner ein interkultureller Besuchsdienst, Gebetsräume für Christen und Muslime, eine internationale Bibliothek und auch ein wöchentlicher mediterraner Markt sowie internationale Feste angeboten.

Das „Internationale Pflegehaus Kreuzberg" als Einrichtung der Marseille-Kliniken AG, ehemals „Türk Bakim Evi", bietet in Berlin-Kreuzberg spezielle Angebote mit Schwerpunkt auf ältere Menschen mit Pflegebedarf aus dem muslimischen Kulturkreis mittels mehrsprachigem Pflegepersonal, gleichgeschlechtlicher Pflege, internationaler Küche und Gebetsräumen nunmehr nicht nur für ältere Pflegebedürftige türkischen Hintergrunds an (Vgl.

www.pflegehaus-kreuzberg.de). Als letztes Beispiel ist die Demenz-Wohngemeinschaft „Nascha Kwarthira" für russischstämmige Demenzkranke in Köln zu erwähnen, welche aus der Kooperation mit dem russischen Kultur- und Integrationszentrum Phönix und den Angehörigen der WG-Mitglieder entstand und u. a. russischsprachiges Personal vorhält (Siehe hierzu www.nascha-kwartihra.de).

Im Bereich der ambulanten Altenpflege haben sich ambulante Pflegedienste etwa in Frankfurt am Main, in Berlin und auch in Hannover auf die Pflege von Menschen mit Migrationshintergrund spezialisiert. Häufig wird mit dem Zusatz „Interkulturell" auf diese konzeptionelle Ausrichtung hingewiesen. So haben in Berlin bereits zehn ambulante Dienste mit türkischstämmigem Personal die Arbeit aufgenommen (Weitere Informationen unter (http://www.suite101.de/content/interkulturelle-altenpflege-fuer-migranten-a51873.   Stand 11.08.2011). In Frankfurt am Main bietet z. B. der Verein „Grüner Halbmond" konfessionsübergreifend mit dem Schwerpunkt auf Muslime bezogene Pflege und Sozialarbeit an. Weitere Projekte zielen auf die Qualifizierung von Personen mit Migrationshintergrund für den Pflegeberuf oder als Multiplikatoren z. B. als „Interkulturelle Pflegelotsen" zur Verbesserung des Zugangs zum Gesundheitssystem. So ist der Caritasverband für Schleswig-Holstein e.V. Träger des XENOS-Projektes INTRANT, der u. a. auf die Integration junger Menschen mit Migrationshintergrund in den Pflegeberuf zielt (http://www.caritas-sh.de/71578.html. Abruf: 12.08.2011). Projekte, wie z. B. das des Malteser Hilfsdienst und der Sprachschule Berlitz, das Projekt „KultIQ" in München, das DRK-Projekt „Berufliche Vorqualifikation für Migranten in Pflege und Betreuungsberufen" in Bremen und des Zentrums für Flüchtlingshilfen und Migrationsdienste in Berlin, zielen auf die Ausbildung von Migranten zur „Fachkraft für Gesundheits- und Sozialdienstleistungen in der kultursensiblen Pflege" bzw. zu „interkulturellen Pflege- und Betreuungsassistent/-innen" oder zum Pflegeassistenten, da diese Zielgruppe zumeist nicht über die notwendigen Voraussetzungen für die Aufnahme des Pflegeberufs verfügt. Im Rahmen dieser Projekte können Migranten über erste Qualifizierungsmaßnahmen in den Pflegeberuf einsteigen, die wiederum als Plattformen für weitere Qualifikationen in den Pflegeberufen fungieren können (z. B. www.malteser-flensburg.de; www.migrationsdienste.org/projekte/migranten.html; www.drk-lv-bremen.de). Diesem Anliegen widmete sich auch das Forschungsprojekt „MigA" (Migrant/inn/en in der Altenpflege) des Deutschen Instituts für Erwachsenenbildung (DIE) (http://www.die-bonn.de).

12.7   Anforderungen und Perspektiven hinsichtlich künftiger Entwicklungsdynamiken

Wie aus den vorangegangenen Ausführungen deutlich wurde, bedarf die Interkulturelle Öffnung der ambulanten und stationären Altenpflege/-hilfe synergetischer Initiativen auf verschiedenen Ebenen. Auf der politischen Ebene sollte im Anschluss an die bereits geleistete Arbeit weiter auf die Notwendigkeit der Entwicklung von Verhältnissen hingewirkt werden, die die Integration von Menschen mit Migrationshintergrund auch im Gesundheitswesen und angesichts der zu erwartenden Zunahme älterer Pflegebedürftiger vor allem in den Bereichen der Altenpflege/-hilfe vorantreiben. Hierzu scheint eine weitere Sensibilisierung der Öffentlichkeit auf der gesellschaftlichen Ebene gefordert. Zugleich ist seitens der Pflegewissenschaft weitere vor allem klinische Forschung auf der Ebene der Pflegepraxis über die derzeitige Versorgung von Menschen mit Migrationshintergrund gefordert. Zentral scheint zu sein,

Menschen mit Migrationshintergrund nicht als neue Zielgruppe mit ganz neuartigen Anforderungen zu begreifen, sondern vielmehr Verhältnisse und Kompetenzen auf der Verhaltensebene zu etablieren, die insgesamt einer individuellen Pflege zuträglich sind. Vor allem sind die notwendigen Ressourcen einer solchen individuellen Pflege zu bestimmen und mit dem sich aus ihr ergebenden Nutzen abzugleichen.

Ein solcher Kosten-Nutzen-Vergleich – so zumindest in der Theorie – wird vermutlich deutlich machen, dass die Etablierung und Verankerung einer individuellen Pflege nicht nur in menschlich ethischer Hinsicht gefordert ist, sondern auch zu einer kostengünstigeren Versorgung beiträgt. Dies nachzuweisen scheint ein wesentliches zukünftiges Projekt der Pflegeforschung zu werden, da grundlegende politische Veränderungen wohl nicht anders als mit Evidenz zu erwirken sind. Die Notwendigkeit dieser Veränderung deutet sich heutzutage schon über die prognostizierte Zunahme pflegebedürftiger Menschen in der Zukunft und die gleichzeitige Verringerung potenziell Pflegender ab, was deutlich macht, dass die enorme zu erwartende Bedarfslage nicht anders als zusammen mit dem zunehmenden Anteil der Menschen mit Migrationshintergrund zu bewältigen sein wird. Es bleibt zu hoffen, dass die Politik die Zeichen der Zeit erkennen wird.

12.8   Vertiefungsaufgaben und -fragen

1. Identifizieren Sie anhand regionaler statistischer Daten und über eine Befragung von Experten wie Ausländerbeauftragte, Interkulturelle Büros oder in der Migrantenarbeit tätige Wohlfahrtsverbänden einer Gemeinde die häufigsten Migrantengruppen in ihrer Region mit pflegebedürftigkeitsrelevanten Merkmalen wie Alter, Familienstand und sozioökonomische Situation. Erfassen Sie auf dieser Basis im Rahmen eines Community Health Assessments die spezifischen Angebote in den Handlungsfeldern der Altenpflege/-hilfe. Leiten Sie aus dieser Gegenüberstellung die Notwendigkeit der Etablierung zielgruppenspezifischer Angebote und die Interkulturelle Öffnung bestehender Einrichtungen ab.

2. Recherchieren Sie mögliche sich aus der Zugehörigkeit zu einem Wanderungstyp oder einer Religion ergebende gesundheitsbezogene und pflegerelevante Bedürfnisse und Erwartungen an das Pflege- und Betreuungspersonal in der Altenpflege/-hilfe

3. Befragen Sie Leitungspersonal, Pflegende oder weitere Mitarbeiter in einer Einrichtung der Altenpflege/-hilfe hinsichtlich ihrer Erfahrungen in der Pflege und Betreuung von Menschen mit Migrationshintergründen. Welcher Bedarf zur Einleitung eines Interkulturellen Wandels dieser Institution lässt sich hieraus ableiten? Konzipieren Sie daraufhin eine Fortbildung für die Entscheidungsträger dieser Einrichtung, die Argumente für eine Interkulturelle Öffnung plausibilisiert.

4. Konzipieren Sie eine Unterrichtseinheit für Pflegende zur kultursensiblen Ausrichtungen von Pflegeangeboten in den Aktivitäten des täglichen Lebens wie der Kommunikation, der sozialen Beziehung, der Körperpflege/Kleiden usw. für die folgenden Wanderungstypen: a) Muslimische Patienten oder Bewohner und deren Bezugssystem, b) (Spät)Aussiedler aus osteuropäischen Staaten oder c) Flüchtlingen.

12.9   Literatur

Arbeitskreis Charta für eine kultursensible Altenpflege (2002): Für eine kultursensible Altenpflege. Köln.

Augurzky, B., Krolop, S., Mennicken, R., Schmidt, H., Schmitz, H. und S. Terkatz (2011): Pflegeheim Rating Report 2011. Boom ohne Arbeitskräfte? In: Rheinisch-Westfälisches Institut für Wirtschaftsforschung [Hrsg.]. Essen.

Beauftragte der Bundesregierung für Migration, Flüchtlinge und Integration (2007): Gesundheit und Integration. Ein Handbuch für Modelle guter Praxis. 3. Aufl. Berlin.

Berninghausen, J. und B. Hecht-El Minshawi (2009): Interkulturelle Kompetenz – Managing Cultural Diversity. Bremen.

Bischof, C. (2005) in: Deutsches Rotes Kreuz (2005) Kampagne für eine kultursensible Altenhilfe. Aufeinander zugehen voneinander lernen. Berlin.

Bischoff-Wanner, C. (2002): Empathie in der Pflege. Bern.

Brandenburg, H. und M. Huneke (2006): Professionelle Pflege alter Menschen. Stuttgart.

Brzoska, P., und O. Razum (2011): Migration und Pflege. In: Schaeffer, D. und K. Wingenfeld [Hrsg.]: Handbuch Pflegewissenschaft. Weinheim.

Büscher, A. (2011): Ambulante Pflege. In: Schaeffer, D. und K. Wingenfeld [Hrsg.]: Handbuch Pflegewissenschaft. Weinheim.

Bundesamt für Migration und Flüchtlinge (2011): Migrationsbericht 2009 des Bundesamtes für Migration und Flüchtlinge im Auftrag der Bundesregierung. Berlin.

Czycholl, D. (2009): Prozesse interkultureller Öffnung in der Altenhilfe. In: Schaefer, J.-E. [Hrsg.]: Alter und Migration. Frankfurt am Main.

De Jong, A. (2003): Kulturelle Werte im Spannungsfeld zwischen Pflegekundige und Patienten. In: Ziele-Nadkarni, A. und W. Schnepp [Hrsg.]: Pflege im kulturellen Kontext. Bern.

Domenig, D. (2001): Migration, Drogen, Transkulturelle Kompetenz. Bern.

Domenig, D. (2007a): Das Konzept der transkulturellen Kompetenz. In: Domenig, D. [Hrsg.]: Transkulturelle Kompetenz. Bern.

Domenig, D. (2007b): Transkulturelle Organisationsentwicklung. In: Domenig, D. [Hrsg.]: Transkulturelle Kompetenz. Bern.

Dornheim, J. (2007): Kultur als Begriff und als Ideologie – historisch und aktuell. In: Domenig, D. [Hrsg.]: Transkulturelle Kompetenz. Bern.

Dreißig, V. (2005): Interkulturelle Kommunikation im Krankenhaus. Bielefeld.

Geiger, I. (1998): Altern in der Fremde – zukunftsweisende Herausforderungen für Forschung und Versorgung. In: David, M., Borde, T. und H. Kentenich [Hrsg.]: Migration und Gesundheit. Zustandsbeschreibung und Zukunftsmodelle. Frankfurt am Main.

Gerlinger, T. und M. Röber (2009): Die Pflegeversicherung. Bern.

Habermann, M. (1996): Vom Umgang mit dem Fremden – der Beitrag der Ethnologie zur Pflege, Pflege, 9 (2), S. 127–133

Habermann, M. (2003): „Interkulturelle Kompetenz" – Schlagwort oder handlungsleitende Zielvorstellung in der Altenpflege? Pflege & Gesellschaft 8 (1), S. 11–16.

Herberg, P. (1995): Theoretical Foundations of Transcultural Nursing. In: Andrews, M. M. und J. S. Boyle [Eds.]: Transcultural Concepts in Nursing Care. Philadelphia.

Hermann, E. und S. Kätker (2007): Diversity Management. Bern.

Hinz-Rommel, W. (1998): Interkulturelle Öffnung – ein Prozess, Hindernisse und Ansatzpunkte. In: Ertl, A. [Hrsg.]: Angeworben, Hiergeblieben, Altgeworden. Darmstadt.

Kelle, U. und S. Kluge (2010): Vom Einzelfall zum Typus. Opladen.

Köther, I. [Hrsg.] (2005): Altenpflege. Zeitgemäß und zukunftsweisend. Stuttgart.

Kutschke, T. (2001): „Aber eben sind wir verschieden". Pflege 14 (2), S. 92 – 97.

Landtag NRW (2005): Situation und Zukunft der Pflege in NRW. Bericht der Enquête-Kommission des Landtags von Nordrhein-Westfalen. Düsseldorf.

Leininger, M. M. [Editor] (1991): Culture Care Diversity & Universality. A Theory of Nursing. New York.

Loncarevic, M. (2007): Migration und Gesundheit. In: Domenig, D. [Hrsg.]: Transkulturelle Kompetenz. Bern.

NANDA International (2010): Pflegediagnosen. 2009–2011. Kassel.

Okken, P.-K., Spallek, J. und O. Razum (2008): Pflege türkischer Migranten. In: Bauer, U., und A. Büscher [Hrsg.]: Soziale Ungleichheit und Pflege. Wiesbaden.

Razum, O. und I. Geiger (2002): Migranten. In: Schwartz, F. W., Badura, B., Busse, R. [Hrsg.]: Das Public Health Buch. Gesundheit und Gesundheitswesen. München.

Robert Koch Institut (2008): Migration und Gesundheit. Berlin.

Rommelsbacher, B. (2008): Pflege in einem multikulturellen Umfeld. In: Rommelsbacher, B. und I. Kollak [Hrsg.]: Interkulturelle Perspektiven für das Sozial- und Gesundheitswesen. Frankfurt am Main.

Saladin, P. [Hrsg.] (2009): Diversität und Chancengleichheit. Grundlagen für erfolgreiches Handeln im Mikrokosmos der Gesundheitsinstitutionen. Bern.

Schilder, M. (1998): Türkische Patienten pflegen. Stuttgart.

Schilder, M. (2006): Bedeutungsflexibilität im Rahmen einer transkulturellen stationären Altenpflege. In: Götzelmann, A., Schwendemann, W., Köhler-Offierski, A. und H.-E. Opdenhoff [Hrsg.] Inter-Kulturalität. Freiburg i. Breisgau.

Schilder, M. (2007): Lebensgeschichtliche Erfahrungen in der stationären Altenpflege. Bern.

Schilder, M. (2009): Zur Begründung von Kultursensibilität in der Pflege. In: Flieder, M., und J.-P. Jansen [Hrsg.]: Praxishandbuch Palliativpflege und Schmerzmanagement. Merching.

Schnepp, W. Duijnstee, M., und M. Grypdonck (2005): Migrationsspezifische Transitionen und Angehörigenpflege. Pflege 18 (5), S. 305–312.

Sich, D., Diesfeld, H. J., Deigner, A. und M. Habermann [Hrsg.] [1993]: Medizin und Kultur. Frankfurt.

Sowinski, C. und G. Ivanova (2011): Stationäre Langzeitpflege. In: Schaeffer, D. & K. Wingenfeld [Hrsg.]: Handbuch Pflegewissenschaft. Weinheim.

Statistisches Bundesamt (2011): Pflegestatistik 2009. Pflege im Rahmen der Pflegeversicherung. 4. Bericht: Ländervergleich – Pflegeheime. Wiesbaden.

Stuker, R. (2007): Professionelles Dolmetschen. In: Domenig, D. [Hrsg.]: Transkulturelle Kompetenz. Bern.

Tolsdorf, M. (2008): Verborgen. Gesundheitssituation und -versorgung versteckt lebender MigrantInnen in Deutschland und in der Schweiz. Bern.

Ulusoy, N. und E. Gräßel, E (2010): Türkische Migranten in Deutschland. Zeitschrift für Gerontologie und Geriatrie (43) 5, S. 330–338.

Uzarewicz, C. (2003): Überlegungen zur Entwicklung transkultureller Kompetenz in der Altenpflege. In: Friebe, J. und M. Zalucki [Hrsg.]: Interkulturelle Bildung in der Pflege. Bielefeld.

Uzarewicz, C. (2005): Warum kultursensible Pflege? In: Arbeitskreis „Alt werden in der Fremde" [Hrsg.]: Fachtagung für Führungskräfte in der Altenpflege. München.

Zielke-Nadkarni, A. (2007): Gesundheits- und Krankheitskonzepte. In: Domenig, D. [Hrsg.]: Transkulturelle Kompetenz. Bern.

13   Frauenhäuser und Interkulturelle Öffnung

Bernd Benikowski und Rita Willeke

Frauen, die Schutz oder Beratung in einem Frauenhaus suchen, befinden sich in einer elementaren Krise, die Folge von physischer oder psychischer Gewalt der Lebenspartner oder der Familie ist. Das Phänomen der häuslichen Gewalt lässt sich in Deutschland in allen Bevölkerungsgruppen und -schichten finden. 1976 wurden die ersten Frauenhäuser in Berlin und Köln gegründet, mittlerweile gibt es über 350 Frauenhäuser im gesamten Bundesgebiet. Die Arbeit mit Migrantinnen ist ein wichtiger Teil der Arbeit von Frauenhäusern. Etwa 40% der Schutz suchenden Frauen sind Migrantinnen. Es handelt sich also nicht um ein Randphänomen, vielmehr müssen sich Frauenhäuser mit den besonderen Anforderungen der Beratung von Migrantinnen auseinandersetzen. Dabei spielt das krisenhafte Erleben der Gewalterfahrung eine zentrale Rolle. Wenn Krise verstanden wird als ein Zerbrechen bestehender und altvertrauter Muster und Rituale, als ein infrage Stellen der vertrauten Handlungsmuster und als ein Fehlen neuer Strategien zur Lösung der akuten Belastungssituation, dann kann für Migrantinnen eine solche Krise noch existenzieller sein, da sich der eigene Lebensraum oftmals in vielen Widersprüchen zur deutschen Lebens- und Alltagswirklichkeit befindet.

13.1   Allgemeine Rahmenbedingungen des Handlungsfeldes

Das Problem der häuslichen Gewalt war bis in die 1970er Jahre sehr stark tabuisiert und wurde in der Öffentlichkeit nur wenig diskutiert. Ausgelöst durch die Frauenbewegung und Gründung der ersten Frauenhäuser wurde deutlich, dass häusliche Gewalt ein gesellschaftliches Problem ist, das sich in allen Teilen der Bevölkerung finden lässt. Mit dem Begriff der strukturellen Gewalt wird verdeutlicht, dass es hier nicht um individuell verursachtes Verhalten geht, sondern dass es in der modernen Gesellschaft aufgrund von ungleichen Machtverhältnissen zwischen Männern und Frauen an vielen Stellen zu Gewalterfahrungen kommen kann. Das Ausmaß wird allein an den Zahlen für das Bundesland Nordrhein-Westfalen deutlich: „ Ein Blick auf die Fallzahlen verdeutlicht das noch immer erschreckende Ausmaß der Gewalt gegen Frauen: Im vergangenen Jahr gab es 22.971 polizeiliche Einsätze wegen häuslicher Gewalt. In 10.950 Fällen wurde der Täter der Wohnung verwiesen und ihm verboten, diese innerhalb der nächsten zehn Tage wieder zu betreten. 7.555 Frauen wurde nahegelegt, eine Beratungsstelle aufzusuchen. 5.430 Frauen wandten sich nach erlittener sexualisierter Gewalt hilfesuchend an eine Beratungseinrichtung. 4.235 Frauen fanden Schutz in einem Frauenhaus" (MGEPA 2011).

Gewalt ist meist kein einmaliges Ereignis, sie wiederholt sich. Häufigkeit und Intensität eskalieren oftmals mit der Zeit. Die betroffenen Frauen fühlen sich häufig allein und schä-

men sich für das, was ihnen angetan wird. Zur Angst vor dem Partner und der Sorge um die
Kinder kommt häufig noch das Gefühl von Schuld und Ohnmacht hinzu. Gewalt beeinträchtigt die persönlichen sozialen Strukturen, Lebensentwürfe, die Erwerbstätigkeit sowie die
finanzielle Situation. Häusliche Gewalt kann körperlich und seelisch krank machen. Häusliche Gewalt zählt zu den persönlich gravierendsten Erlebnissen. Sie geschieht durch naheste-
hende Menschen und findet häufig über einen längeren Zeitraum statt. Viele Frauen leiden
als Folge der erlebten Gewalt an einer posttraumatischen Belastungsstörung.

Angebotsstruktur der Frauenhäuser

Frauenhäuser bieten Schutz bei akuter oder drohender Gewalt. Innerhalb kurzer Zeit kann
eine Frau aufgenommen werden und sich vor den Auswirkungen der häuslichen Gewalt
schützen. Die Adressen von Frauenhäusern werden in der Regel nicht bekannt gegeben, um
weder die Bewohnerinnen noch die Mitarbeiterinnen zu gefährden.

Neben der primären Funktion von Frauenhäusern werden noch weitere Leistungen angeboten. Diese beziehen sich in der Regel auf die Verarbeitung der teilweise jahrelangen Gewalterfahrung in einer Paarbeziehung und auf die Entwicklung einer neuen Lebensperspektive
außerhalb der belastenden sozialen Situation. Die meisten Frauenhäuser bieten ein intensives
Hilfsangebot bestehend aus Einzel- und Gruppenberatungen an. Hier geht es um die Verarbeitung der teilweise traumatischen Erfahrungen, die Reflexion der Paarbeziehung, die Auf-
arbeitung gesundheitlicher Belastungen, aber letztlich auch um Themen wie Trennung oder
Scheidung. Weitere wichtige Themen in der Beratungsarbeit sind die finanzielle Situation,
die Vorbereitung von Behördengängen sowie die Unterstützung bei der beruflichen Neufin-
dung oder Anmietung einer Wohnung.

Ein weiterer sehr wichtiger Bereich der Arbeit in Frauenhäusern ist den Kindern gewidmet,
die unmittelbar oder als passive Beobachter Opfer der häuslichen Gewalt geworden sind. Die
Hilfe reicht dabei von pädagogischen und sozialtherapeutischen Angeboten zur Gewaltverar-
beitung, Unterstützung bei der Suche nach Therapieplätzen oder Jugendhilfemaßnahmen bis
zur Beratung bei Schulwechsel oder Problemen mit Besuchsregelungen.

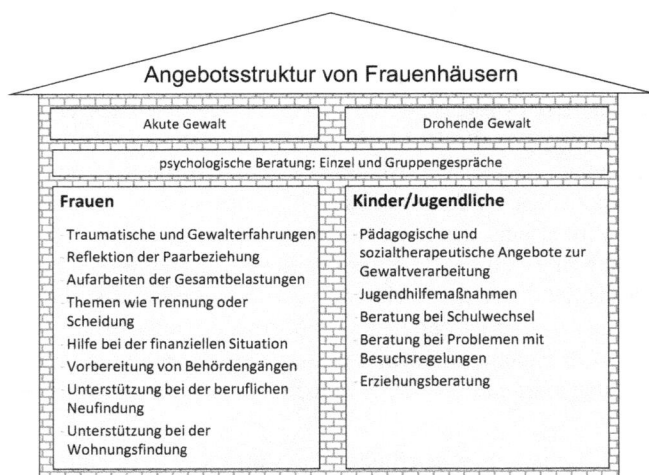

Abb. 13.1:   Angebot von Frauenhäusern

Darüber hinaus wird oftmals eine Erziehungsberatung angeboten, die die Frauen unterstützt, eine neue und tragfähige Beziehung zu den eigenen Kindern zu entwickeln, um den erzieherischen Aufgaben besser nachzukommen.

Frauenhäuser arbeiten in der Regel ressourcenorientiert. Damit ist gemeint, dass es nicht nur darum geht, bestehende Probleme zu bearbeiten, sondern vor allem auch darum, vorhandene Stärken und Kompetenzen zu erkennen und weiter zu entwickeln. Das Erleben von struktureller Gewalt führt sehr oft zu Hilflosigkeit, Ohnmacht und Passivität, die durch das Erkennen der eigenen Ressourcen und Handlungsmöglichkeiten aufgebrochen werden kann. Dieser ressourcenorientierte Ansatz wird noch in den Überlegungen zur Arbeit mit Migrantinnen eine besondere Rolle spielen.

Trägerschaft

Die über 350 Frauenhäuser in Deutschland werden von verschiedenen Trägern betrieben. Zum einen sind dies die großen Wohlfahrtsverbände, zum anderen aber eine große Gruppe von 135 Einrichtungen, die als autonome Frauenhäuser ihre parteipolitische und konfessionelle Unabhängigkeit besonders zum Ausdruck bringen. Anders als in vielen anderen Bereichen der sozialen Arbeit steht bei den Frauenhäusern nicht nur das Leistungsangebot im Vordergrund, sondern ihre grundlegende Einstellung gegenüber der gesellschaftlichen Problematik der strukturellen Gewalt in Deutschland. Sowohl autonome Frauenhäuser als auch andere Einrichtungen in sonstiger Trägerschaft verstehen sich als parteilich gegenüber den Belangen der Frau. So schreibt etwa die zentrale Informationsstelle autonomer Frauenhäuser: *„Frauenhäuser sind Orte von Frauen für Frauen. Die Vereine arbeiten in Selbstverwaltung mit basisdemokratischen Elementen, wozu auch das Mitspracherecht der Bewohnerin der Frauenhäuser zählt. Die Arbeit erfolgt nach dem Hilfe zur Selbsthilfe-Prinzip und dem Prinzip der Parteilichkeit für von Gewalt betroffene Frauen, Mädchen und Jungen. Mitarbeiterinnen der autonomen Frauenhäuser arbeiten und entscheiden in der Regel in gleichberechtigten Teams ohne Geschäftsleitung und ohne Chefin. Autonome Frauenhäuser haben ihre Ursprünge in und ihre Konzeptions-Inspiration aus der Frauenbewegung der 70er Jahre des vergangenen Jahrhunderts. Sie sehen die patriarchalen Gesellschaftsstrukturen und Hierarchien als wichtige Ursachen der bestehenden Gewalt- und Machtverhältnisse. Ihre Arbeit basiert auf den politischen Grundsätzen von feministischem und antirassistischem Denken und Handeln"* (ZIF 2011).

Auch in den Prinzipien der Frauenarbeit der Arbeiterwohlfahrt in Düsseldorf wird die politische und gesellschaftskritische Ausrichtung vieler Frauenhäuser deutlich. Es werden Prinzipien formuliert, die auf Parteilichkeit, Solidarität, Autonomie beruhen: *„Parteilichkeit bezeichnet die gewollte und offene Parteinahme für die Bedürfnisse und Interessen der von Gewalt betroffenen Frauen und Kinder. Parteilichkeit bedeutet Akzeptanz und Unterstützung des Selbstbestimmungsrechtes der Frau und vermeidet Einflussnahme und Handlungsweisen, die an der Lebenslage, der Lebensplanung und den Bedürfnissen der Frau (und ihrer Kinder) vorbeigehen. Parteiliche Frauenarbeit bedeutet, die durch die jeweilige Lebenssituation der Frauen geprägten Probleme und Interessen ernst zu nehmen. Hier bedeutet es, sich mit den Opfern von Gewalt zu solidarisieren und sich von Tätern zu distanzieren"* (AWO 2011).

Die Finanzierung der Frauenhäuser ist in Deutschland nicht einheitlich geregelt. In den einzelnen Bundesländern existieren unterschiedliche Finanzierungsmodelle. So werden etwa in Nordrhein-Westfalen in jedem der 62 bestehenden Frauenhäuser vier Mitarbeiterinnen gefördert. Allen Finanzierungskonzepten der Bundesländer ist gemein, dass es sich nicht um Regelfinanzierungen handelt, die die langfristige Existenz der Frauenhäuser absichern.

13.2   Migrantinnen in Frauenhäusern

Etwa 40% der Bewohnerinnen in Frauenhäusern sind Migrantinnen. Wenngleich die statistischen Materialien zur Situation der Frauenhäuser nicht immer sicher sind, wird doch diese Zahl in verschiedenen Auswertungen bestätigt. Eine umfassende Statistik wird durch den Verein „Frauenhaus Koordinierung e.V." erhoben (Wichmann 2011). Diese Daten werden im Folgenden vorgestellt. Einschränkend muss darauf hingewiesen werden, dass sich an den Erhebungen nur 160 Frauenhäuser beteiligt haben. Da sich aber in dem Sample verschiedene Trägerschaften und Regionen wiederfinden, sind die Ergebnisse aber auf jeden Fall aussagefähig. Von den an der Befragung beteiligten Frauenhäusern wurden 2010 insgesamt 7.565 Frauen betreut, davon waren 3.842 Frauen mit Migrationshintergrund.

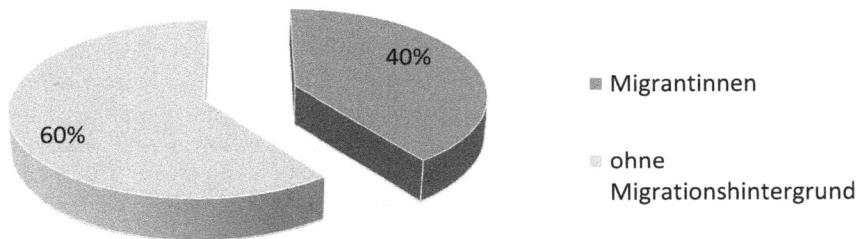

n= 160 Frauenhäuser (7565 Frauen)

Abb. 13.2:   Anteil der Migrantinnen in Frauenhäusern

Die Verteilung der Herkunftsländer und -regionen verdeutlicht sehr gut, dass es sich bei den Frauenhäusern tatsächlich um multikulturelle Einrichtungen handelt. 15,3% der Frauen kommen aus der EU, 26,3% aus Osteuropa inklusive Russland, 16% aus der Türkei, 12% aus Afrika und 14,5% aus Asien. Eine solche Verteilung verschiedener Herkunftsregionen und Geburtsländer findet sich im konkreten Lebensalltag aller Frauenhäuser wieder. Es treffen also unterschiedliche religiöse Hintergründe, soziale Erfahrungen und nationale Eigenheiten aufeinander.

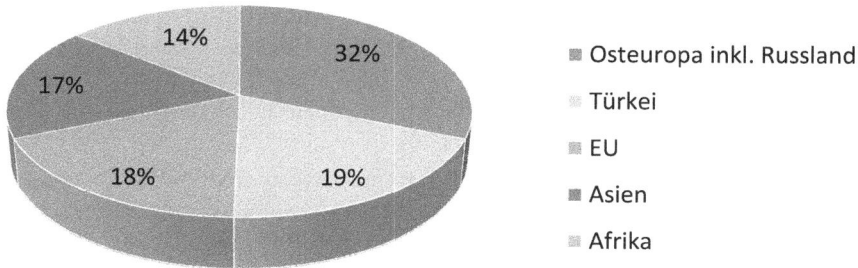

n= 160 Frauenhäuser (7565 Frauen)

Abb. 13.3:   Verteilung der Herkunftsländer von Migrantinnen in Frauenhäusern

Frauen in Frauenhäusern verbringen einen großen Teil des Alltags miteinander. Zur Alltagsbewältigung gehören die Organisation der Hausarbeit, die Erziehungsarbeit und die Reini-
gung der individuellen und gemeinschaftlichen Wohnräume. Außerdem übernehmen viele
Frauen während bestimmter Zeiten den Telefondienst bei Anfragen neuer betroffener Frauen.
Das Aufeinandertreffen der unterschiedlichsten Kulturen in Frauenhäusern ist oftmals eine
Chance zur Entwicklung neuer Lebensperspektiven, da es hier eine andere Sichtweise als die
eigene gibt, führt aber oft auch zu Konflikten und Irritationen.

Frauen mit Migrationshintergrund können generell in zwei Gruppen unterschieden werden:

1. Die Gruppe der Frauen, die nicht in Deutschland geboren und erst im jungen Erwachse-
    nenalter nach Deutschland zugereist ist. Der Grund dafür ist häufig eine Hochzeit oder
    eine Familienzusammenführung aus anderen Gründen, wie etwa der Aufnahme einer
    Arbeit. Diese Frauen sind in einer anderen Kultur aufgewachsen, haben ein anderes
    Schulsystem durchlaufen und sprechen meist kaum die deutsche Sprache. In Deutsch-
    land befinden sie sich in einer fremden Welt, deren Werte und Normen sie kaum kennen
    und in ihrem Heimatland gar nicht oder nur verzerrt vermittelt bekommen haben. Ihr
    einziger sozialer Bezugspunkt ist die Familie, für die sie ihr Heimatland verlassen ha-
    ben. Sie haben in der Regel wenige Kontakte außerhalb dieses sozialen Systems und be-
    finden sich in einer sehr starken Abhängigkeit zu den anderen Familienmitgliedern.

2. Frauen mit Migrationshintergrund, die in Deutschland geboren sind oder bereits als
    Kinder nach Deutschland zugezogen sind. Sie sprechen die deutsche Sprache und haben
    das deutsche Schulsystem ganz oder teilweise durchlaufen. Sie besitzen Kontakte auch
    außerhalb des familiären Bezugsfeldes. Konflikte entstehen oftmals durch die Wider-
    sprüche zwischen den in der Familie noch gelebten traditionellen Normen und Werten
    und den gelebten Erfahrungen in der deutschen Alltagswirklichkeit.

Ähnlich wie bei Frauen ohne Migrationshintergrund ist die finanzielle Abhängigkeit vom
Lebenspartner sehr groß. Da in der Regel durch den Weg ins Frauenhaus die finanzielle Unterstützung durch den Lebenspartner wegfällt, bekommen etwa dreiviertel der Migrantinnen
eine Ersatzleistung wie Hartz IV oder Arbeitslosengeld. Interessant sind auch die Zahlen bei
der Auswertung der Schulabschlüsse von Frauen mit Migrationshintergrund: „Beim Vergleich der Schulbildung aufgeschlüsselt nach Geburtsländern bestätigt sich, dass die Gruppe
der Frauen mit Migrationshintergrund sich in sehr unterschiedliche Untergruppen aufteilt.
Unter den Frauen mit Migrationshintergrund, die in Deutschland geboren wurden, ist der
Anteil an Frauen ohne Schulabschluss am geringsten (17%). Die Frauen, die in der Türkei

geboren wurden, haben dagegen zu einem vielfach größeren Anteil (43%) keinen Schulabschluss. Die Frauen, die in Osteuropa und Asien geboren sind, haben etwa zu gleichem Anteil keinen Schulabschluss (28%), die Frauen aus Asien haben jedoch im Vergleich eher hö-
herwertige Schulabschlüsse: 26% der Asiatinnen haben Fachhochschulreife oder Abitur, 21%
einen mittleren Schulabschluss" (Wichmann 2011, 12).

Auch diese Zahlen machen deutlich, dass sich bei der Entwicklung einer neuen Lebensperspektive von Frauen mit Migrationshintergrund heterogene Anforderungen und Aufgaben
ergeben. Während bei türkischen Migrantinnen überhaupt erst ein Berufseinstieg gefunden
und entwickelt werden muss, ist bei den in Asien geborenen Frauen eine Problematik zu
finden, in der es um Anerkennung ihrer im Ausland erworbenen Schulabschlüsse geht.

In verschiedenen Studien wird darauf hingewiesen, dass Migrantinnen in höherem Maße
häuslicher Gewalt ausgesetzt sind als deutsche Frauen: *„40% der in der in 2004 veröffent-
lichten Studie ‚Lebenssituation, Sicherheit und Gesundheit von Frauen in Deutschland' befragten Frauen gaben an, seit dem 16. Lebensjahr mindestens einmal Opfer körperlicher
oder sexueller Gewalt geworden zu sein. Eine Zusatzbefragung gibt Hinweise darauf, dass
die Quote von Gewalterfahrungen bei Migrantinnen noch höher und die erlittene Gewalt
auch öfter mit Verletzungen verbunden ist als bei deutschen Frauen. Besonders häufig erleben Flüchtlingsfrauen Gewalt. Die Ergebnisse der Zusatzbefragung sind aufgrund der kleinen Stichproben nicht repräsentativ, spiegeln aber dennoch Tendenzen der Gewaltbetroffen-
heit wider"* (BMFSFJ 2010).

Das niedersächsische Ministerium für Soziales, Frauen, Familie, Gesundheit und Integration
ergänzt: *„Migrantinnen werden nicht nur Opfer von Misshandlungen, sondern zum Teil ergeben sich auch kulturelle und rechtliche Barrieren bei der Suche nach Hilfe. Ein Teil der
Frauen lebt in Deutschland völlig isoliert vom deutschen Umfeld; sprachliche Schwierigkeiten behindern ihre Suche nach Informationen und Hilfe. Durch negative Erfahrungen in
ihrem Heimatland kann ihnen auch das Vertrauen zur Polizei und Gerichten fehlen. Hinzukommen kann, dass auch der Grund für die Migration – insbesondere bei Asylsuchenden und
Bürgerkriegsflüchtlingen – schwierige oder gar dramatische Folgen haben kann. Viele Migrantinnen haben ihr familiäres Unterstützungsnetz zurückgelassen. Hier in Deutschland
treffen sie auf ein unbekanntes neues Leben und vielfach auf Vorurteile oder Diskrimini-
rung. Darüber hinaus wird Gewalt gegen Frauen in einigen Herkunftsstaaten nicht als Straf-
tat oder Unrecht gewertet"* (MSFFGI 2011).

13.3   Zugangsbarrieren

Zunächst einmal ist es wichtig, dass Frauen mit Migrationshintergrund über die Schutzfunktion in Frauenhäusern ausreichend informiert sind. Für die Gruppe der Migrantinnen, die erst
im Erwachsenenalter nach Deutschland gezogen sind, sind auch sprachliche Probleme zu
berücksichtigen. In der Regel sind die Internetseiten als auch Flyer und weiteres Informationsmaterial in mehreren Sprachen erhältlich. Es ist also weniger eine Frage des vorhandenen
Informationsmaterials, als vielmehr die Erreichbarkeit in einer konkreten bedrohenden Situation. *„Eine Untersuchung von Interventionsprojekten gegen häusliche Gewalt in Deutschland zeigt, dass Migrantinnen durch Frauenhäuser und durch zugehende Beratungsangebote
besser als durch andere Hilfsangebote erreicht werden. Vor allem das stationäre Schutzan-*

gebot in Frauenhäusern wird von Migrantinnen stark genutzt; für sie scheinen sich selten andere Möglichkeiten zu bieten als für deutsche Frauen" (BMFSFJ 2010).

Migrantinnen werden sehr häufig durch professionelle Dienste oder die Polizei an ein Frauenhaus vermittelt. 63 % der in der Bewohnerinnenstatistik 2010 befragten Frauen mit Migrationshintergrund gaben an, über diesen Weg ins Frauenhaus gefunden zu haben. Weitaus weniger, aber mit 18 % immer noch von großer Bedeutung, gaben die Migrantinnen an, Informationen aus ihrem sozialen Netzwerk erhalten zu haben. Damit sind auch die beiden zentralen Informationsstrategien für Frauen mit Migrationshintergrund benannt:

Zum einen müssen andere Dienste und auch die Polizei ausreichend über das konkrete Angebot informiert und idealerweise auch mit Materialien ausgestattet sein. Zweitens ist es wichtig, dass in der jeweiligen Migrantinnengruppe ausreichend über die Existenz von Frauenhäusern berichtet wird. Wenn auch im Vergleich zu Frauen ohne Migrationshintergrund geringer, so nutzen doch 24 % der Migrantinnen das Internet, um sich einen Ausweg aus der gewaltbesetzten Lebenssituation zu suchen.

Weitaus schwieriger als die Information über die Schutzfunktion des Frauenhauses ist die Kommunikation über die konkreten Leistungsangebote. „Die bestehenden Hilfe- und Unterstützungsmöglichkeiten sind nach Erkenntnissen aus den Studien gewaltbetroffenen Migrantinnen nur unzureichend bekannt. Fehlen Sprachkenntnisse, können die Angebote zudem von den betroffenen Migrantinnen nicht ausreichend genutzt werden" (a. a. O.).

Während die primäre Schutzfunktion des Frauenhauses von Migrantinnen verstanden und genutzt werden kann, ist doch die Zielsetzung des Beratungsangebotes deutlich schwerer zu vermitteln. Frauenhäuser vermitteln deutschen Frauen wie auch Migrantinnen das Gefühl, an einem Ort zu sein, an dem sie nicht von der Gewalt ihres Lebenspartners oder ihrer Familie bedroht werden. Die Adresse ist nicht bekannt, Frauen können einen ersten Abstand zum alltäglichen Gewalterleben aufbauen und damit beginnen, eine eigene Lebensperspektive aufzubauen. Genau in diesem Punkt wird die Beratungssituation mit Frauen mit Migrationshintergrund deutlich schwerer. Anders als die Schutzfunktion des Frauenhauses ist ein Beratungsprozess fast immer mit dem Einleiten von Veränderungsprozessen verbunden.

Die Lebenssituation von Frauen mit Migrationshintergrund ist auch ohne Gewalterfahrung durch zahlreiche Widersprüche und kulturelle Unvereinbarkeiten geprägt. Migrantinnen haben möglicherweise Verfolgungen und Ausgrenzungen in ihrem Herkunftsland erlebt oder sind auch in ihrer aktuellen Lebenssituation vielen und sehr unterschiedlichen Diskriminierungen ausgesetzt. Die Gewalterfahrungen, die häufiger auch schon länger andauern, sind nicht selbstverständlich etwas, was geändert werden sollte, sondern eher Teil einer belastenden, instabilen und bedrohlichen Lebenswirklichkeit. Für viele Migrantinnen kann also eine Beratungssituation, die ausgesprochen oder unausgesprochen auf Veränderung der Lebensführung abzielt, selber als eine Gefährdung oder Verunsicherung wahrgenommen werden.

Es ist eine wichtige Aufgabe der Mitarbeiterinnen der Frauenhäuser, über die Schutzfunktion hinaus das Beratungs- und Unterstützungsangebot so zu vermitteln, dass es mit der subjektiven Lebenswirklichkeit der Migrantinnen übereinstimmt. Dabei kann schon an dieser Stelle gesagt werden, dass im Rahmen von Gesprächen oder Gruppenangeboten gerade die Vermittlung von Sicherheit und Stabilität im Vordergrund steht, bevor über die Entwicklung einer neuen oder alternativen Lebensperspektive nachgedacht werden kann.

Oftmals sind auch die Methoden moderner, westlicher Beratungsverfahren für Frauen mit Migrationshintergrund fremd und nicht wirklich nachvollziehbar. Ansprechpartner und Ansprechpartnerinnen bei Problemen waren, abhängig vom kulturellen Hintergrund, Personen, die über Familienhierarchien oder Religionen autorisiert und ausgewählt waren. Westliche Beratungsmodelle sind in der Regel partnerschaftlich ausgerichtet, versuchen, den Klienten zur Mitarbeit und zur Lösung seiner eigenen Probleme zu bewegen, und sind bei der Erteilung konkreter Handlungsanweisungen sehr zurückhaltend. Selbst wenn es gelungen ist, einen tatsächlichen Beratungsprozess mit Frauen mit Migrationshintergrund in Gang zu setzen, werden bei der Entwicklung von geeigneten Lebensperspektiven neue Schwierigkeiten sichtbar. Die Ausgangslage von Migrantinnen unterscheidet sich deutlich von der deutscher Frauen. Dies beginnt bei der Entwicklung einer beruflichen und wirtschaftlich unabhängigen Perspektive, geht über die Schaffung eines sozialen Netzes bis zum Aufbau einer sozialen und religiösen, selbstbestimmten Identität. Es sind also insgesamt drei Bereiche, die den Frauen mit Migrationshintergrund Zugang zu den Leistungen der Frauenhäuser besonders erschweren:

1. Vermittlung eines migrantenspezifischen Verständnisses für Beratungsleistungen,

2. Aufbau einer Veränderungsbereitschaft ohne Bedrohungspotenzial,

3. Entwicklung einer individuellen Lebensperspektive im Widerspruch sozialer und kultureller Lebenswirklichkeiten.

13.4   Handlungsbedarfe und Lösungskonzepte in Bezug auf Interkulturelle Öffnung des Handlungsfeldes

Vermittlung eines migrantinnenspezifischen Verständnisses von Beratungsleistungen

Anders als die Schutzfunktion des Frauenhauses ist vielen Migrantinnen die Bedeutung und Zielsetzung der Beratungsangebote nicht immer ausreichend nachvollziehbar. „Eng damit verbunden, aber dennoch hervorzuheben sind die Wissensbestände über andere Kulturen und deren Wertestrukturen, vor allem in Bezug auf die Vorstellungen von Hilfeleistungen, Vertrauen, Gesprächsführung sowie auch beratungsrelevante Lebensbereiche" (Cindik-Jungermann 1993, 86). Während deutsche Frauen mit einem Beratungsangebot bestimmte individuelle Erwartungen verbinden, ist für viele Migrantinnen das ganze Vorgehen fremd und unverständlich.

In der ersten Kontaktphase der Beratung ist daher vor allem eine Arbeitsbasis herzustellen, die ein gemeinsames Verständnis von Beraterin und Migrantin ermöglicht. Dies ist ein Annäherungsprozess, der von beiden beteiligten Personen geleistet werden muss. Es ist dabei nicht das Ziel, Frauen mit Migrationshintergrund zu erklären, was unter einer Beratungssituation zu verstehen ist. Hier würde es sich nicht um einen Annäherungsprozess handeln, da letztlich die Definition des „richtigen Verständnisses" ausschließlich von der Beraterin erfolgen würde. Es kann durchaus in einer Beratung Phasen geben, in denen der Klientin ein Sachverhalt erklärt wird, auch bezogen auf kulturelle Unterschiede oder Widersprüche. Ein gemeinsam entwickeltes Verständnis der Beratung ist aber nicht weniger als die Grundlage für den Erfolg und die Wirksamkeit der konkreten methodischen Arbeit. *„Professionelle Helferinnen neigen dazu, Veränderungen bei Türkinnen ganz zu negieren, weil sie ihre Klientinnen bestenfalls als hilflose Opfer ihrer Familien, Ehemänner bzw. Väter betrachten oder sie fordern mit einem fast missionarischen Eifer die Aufgabe eines vermeintlichen kulturspe-*

zifischen und in der Bewertung rückständigen Geschlechtsrollenverhaltens der Türkinnen" (a. a. O., 73). Nach fast zwei Jahrzehnten und umfassender Professionalisierung trifft diese Aussage aktuell kaum noch zu. Sie verweist aber doch darauf, dass auch die eigenen Positionen, Erfahrungen und Perspektiven nicht unreflektiert verallgemeinert werden dürfen.

Annäherung in der Beratung bedeutet, den individuellen Kontext der einzelnen Person nachzuvollziehen und die besondere Bedeutung soziokultureller Faktoren zu berücksichtigen. Beratung wird also nicht erklärt, sondern gemeinsam entwickelt. Besonders eignen sich Beratungsanlässe, die sich auf konkrete Probleme der aktuellen Lebenssituation im Frauenhaus beziehen. Dies kann etwa die Suche nach einer neuen Schule für die Kinder oder die Unterstützung bei Kontaktaufnahme zur Arbeitsagentur sein. Diese Anlässe ermöglichen es zu verdeutlichen, dass es in einer Beratung konkrete Hilfeleistungen und Ergebnisse geben kann. In der Art und Weise, wie bei diesem Problem Hilfe von der Beraterin angeboten wird, wird das methodische Vorgehen ersichtlich, das dann auch auf andere Problembereiche übertragen werden kann. Dies ist eine wichtige Phase für den fortlaufenden Beratungsprozess. Annäherung auf der Seite der Beraterin bedeutet, die aktuellen und wichtigen Bereiche zu erkennen und aufzugreifen, die aus Sicht der Migrantin hilfreich sind. Auf der Seite der Klientin bedeutet Annäherung zu erkennen, dass nicht die Beraterin stellvertretend ein Problem löst, sondern dass sie dabei unterstützt wird, selber für eine Lösung zu sorgen.

Im Ergebnis der ersten Beratungsphase im Frauenhaus ist ein persönliches Vertrauen zwischen Beraterin und Klientin aufgebaut worden. Unverzichtbare Grundlage der Beratung ist der Annäherungs- und Aushandlungsprozess, der zu einem gemeinsamen Verständnis von Beratung, Zielen und Vorgehensweisen führt.

Aufbau einer Veränderungsbereitschaft ohne Bedrohungspotenzial

Wenn Frauen Zuflucht in einem Frauenhaus suchen, befinden sie sich in einer fundamentalen Krise. Die Gewalterfahrung erschüttert das Vertrauen in die aktuelle Lebensform in existenzieller Weise. Die Familie, die Beziehung zum Lebenspartner und die Reaktionen des sozialen und gesellschaftlichen Umfeldes sind infrage gestellt und die eigenen Handlungsmuster können nicht einfach fortgesetzt werden. Lösungsmuster scheinen nicht zu existieren, die Gewalterfahrung kann nicht eingeordnet oder verarbeitet werden, so dass die aktuelle Lebenslage als Irritation erlebt wird. Frauen mit und ohne Migrationshintergrund befinden sich in einer Lebenskrise, die zur tatsächlichen Bewältigung eine individuelle und oftmals radikale Neuorientierung fordert. Dies gelingt nicht allen Frauen, die in einem Frauenhaus Schutz suchen. Viele Frauen kehren wieder in die alte Lebenssituation zurück. Eine anhaltende Veränderung der Lebenssituation gelingt oftmals erst nach mehreren Aufenthalten in einem Frauenhaus und ist ein Prozess, der lange Zeit in Anspruch nimmt. 23% der Frauen kehren unmittelbar nach einem Aufenthalt in einem Frauenhaus in die gewaltgeprägte Lebenssituation zurück (Wichmann 2010). Die Bewältigung einer Lebenskrise und die Entwicklung einer neuen Perspektive ist das Angebot der Beratung in Frauenhäusern und verlangt von den Frauen eine große Kraftanstrengung zur Veränderung ihrer bisherigen Lebensform.

Für Frauen mit Migrationshintergrund stellt sich diese Aufgabe im Widerspruch zwischen der Kultur des Herkunftslandes und des neuen Lebensbereiches. Während es für deutsche Frauen um eine Alternative zur bisherigen Lebensform geht, stellt sich für viele Migrantinnen die Frage, wie eine Alternative aussehen kann. Es gibt nur wenig Stabilität und Kontinuität. Traditionelle Werte, Normen und Vorstellungen sind zu einem großen Teil nicht vereinbar mit der Lebensführung in Deutschland. Viele Biographien von Migrantinnen sind von Verfolgung und Diskriminierung in ihren Herkunftsländern geprägt. Die Ausreise nach Deutschland ist ein Neuanfang, der aber auch eine Verarbeitung dieser schmerzhaften Erfahrungen verlangt. Die durch die Ausreise erhoffte positive Alternative zum Leben im Herkunftsland ist durch die aktuellen Gewalterfahrungen in Deutschland nicht mehr vorhanden. Die Familien in Deutschland, oft die einzigen Instanzen, die Sicherheit und Stabilität vermitteln können, befinden sich in der kulturellen Auseinandersetzung in einem labilen Prozess.

„Die Veränderungen in der Familie beziehen sich auf:

- Generationskonflikte (Entfremdung der Kinder, Autoritätsverlust, Rückkehrproblematik, wenn Eltern zurückkehren möchten, aber die Kinder bleiben wollen).
- Paarkonflikte (Veränderung der Rollen, z. B. bei chronischer Erkrankung oder Arbeitslosigkeit des Mannes, bei finanziellen Ansprüchen der Ursprungsfamilien).
- Veränderung der Frauenrolle durch die Migration (eingeengt sein durch Familie und Haushalt, Einsamkeit und Isolation, weil es kein Netz tragender sozialer Kontakte gibt, Verrichtung von Hausarbeit und Handarbeiten allein in der Wohnung)" (Cindik-Jungermann 1993, 79).

Migrantinnen in Frauenhäusern befinden sich also nicht nur in einer Krise zu einer vorhandenen Situation, sondern in einer Krise zu einer labilen und widersprüchlichen Welt, in der es noch nicht gelungen ist, stabile Eckpfeiler eines zukunftsgerichteten Lebenskonzeptes aufzubauen. In der Beratung der Migrantinnen gewinnt damit die Entwicklung einer stabilen Bewertung der Gegenwart und die Suche nach unterstützenden Ressourcen eine zentrale Rolle. Diese können zu-nächst nur in bisherigen Erfahrungen, religiösen Bezügen oder den bestehenden familiären, sozialen Beziehungen identifiziert werden.

Um tatsächlich eine Veränderungsbereitschaft aufzubauen, ist es erforderlich, zunächst einmal den Übergangszustand zwischen den Kulturen zu ordnen und angemessen zu bewerten, um das Vertrauen in neue Perspektiven zu stärken. Eine Veränderungsbereitschaft benötigt bei Migrantinnen eine verstärkte Beschäftigung mit ihrer Tradition und Herkunft. Im Vordergrund steht dabei allerdings vor allem die Frage nach den Elementen, die weiter eine positive Rolle im Leben spielen sollen und können. Diese Ressourcen können Erinnerungen, Personen oder Rituale sein, die wieder aktiv genutzt werden. („Ich denke gern an …, ich mache das genauso wie …, ich führe einen inneren Dialog mit …").

In gleicher Weise wird herausgearbeitet, welche positiven Erfahrungen in Deutschland gemacht wurden und wie darauf wieder stärker zurückgegriffen werden kann. Hier spielt vor allem das soziale Netzwerk (in und außerhalb der Herkunftsfamilie) und stabilisierende Beziehungen eine herausragende Rolle.

Entwicklung einer individuellen Lebensperspektive

Um eine langfristige Perspektive für ein Leben in Deutschland zu entwickeln, ist eine konstruktive Auseinandersetzung mit den verschiedenen Kulturen unverzichtbar. Dazu kann in der Beratungsarbeit der Frauenhäuser nur der Anstoß gegeben werden. Letztlich ist ein solcher Prozess eine Aufgabe, die nicht selten von mehreren Generationen bewältigt werden muss. Frauenhäuser sind multikulturelle Einrichtungen, in denen verschiedene ethnische Gruppen für Wochen oder Monate zusammenleben und ihren Alltag gestalten. Afrikanische, osteuropäische und arabisch-islamische Lebenswelten stoßen aufeinander und die Bewohnerinnen müssen sich über unterschiedliche Anschauungen auseinandersetzen.

Eine wichtige Lernerfahrung dabei ist es zu erkennen, dass es verschiedene Kulturen nebeneinander geben kann und Menschen mit unterschiedlichen Lebensformen in einem Lebensraum wie Deutschland aufeinandertreffen. Wer aus seinem Herkunftsland andere Erfahrungen, eine andere Religion oder Denkweise mitbringt, kann Respekt vor diesen kulturellen Merkmalen verlangen, muss sich aber in Toleranz gegenüber anderen ethnischen Gruppen üben. Auf der Grundlage einer stabilen und ressourcenorientierten Beziehung zur eigenen Biographie und Tradition ist ein wichtiger Entwicklungsschritt der Umgang mit Unterschiedlichkeiten. Auch dies betrifft in der Frauenhausarbeit vor allem Migrantinnen, da sie sich selber als anders erleben und subjektiv einer allgemeingültigen Kultur gegenüberstehend fühlen. Der daraus entstehende Anpassungsdruck führt entweder zur Assimilation oder Ausgrenzung, noch zu selten zu einer Integration mit Rückbesinnung auf eigene Werte und Traditionen. In dem gruppenbezogenen Beratungsangebot der Frauenhäuser bietet sich Raum für Angebote zur interkulturellen Auseinandersetzung. Diese sind nicht selten von Konflikten begleitet, wenn die jeweiligen kulturellen Hintergründe zur Abgrenzung führen und die eigene Anschauung über die der Anderen gestellt wird.

13.5 Best Practice in der Migrantinnenarbeit im Frauenhaus Dortmund

Die methodischen und konzeptuellen Ansätze der Arbeit mit Migrantinnen in Frauenhäusern sind sehr unterschiedlich. Insgesamt besteht gegenüber der interkulturellen Öffnung eine hohe Sensibilität und Bereitschaft, die Angebote anzupassen und weiterzuentwickeln. Die Ansätze reichen von spezifischen Beratungsmodellen bis zur Einrichtung von Frauenhäusern, die speziell für die Bedarfe von Frauen mit Migrationshintergrund betrieben werden. So betreibt der Verein „Interkulturelle Initiative e.V." in Berlin ein Frauenhaus für Migrantinnen.

Eine besondere Frage, die alle Angebote und Konzepte betrifft, ist die Beschäftigung von Mitarbeiterinnen, die selber einen Migrationshintergrund aufweisen. Beraterinnen mit Migrationshintergrund kennen teilweise aus eigener Erfahrung die Lebenswirklichkeit ihrer Klientinnen. Sie haben die kulturellen Widersprüche erlebt und sich mit ihnen auseinandergesetzt. Diese biographischen Erlebnisse können das Verständnis für die Problematik der Frauenhausbewohnerinnen erhöhen. Spezielle Belastungsfaktoren, die mit der Migrationsgeschichte zusammenhängen, werden wahrgenommen und eher in der Beratung berücksichtigt.

Auf der anderen Seite kann natürlich gerade die Perspektive der eigenen Betroffenheit den Beratungsfokus einengen und in gleicher Weise zur Ausgrenzung einzelner Beratungsthemen führen. Die im Folgenden dargestellten Beratungsverfahren des Frauenhauses Dortmund sind sowohl für deutsche, als auch für Mitarbeiterinnen mit Migrationshintergrund anwendbar. Im Vordergrund steht die Sensibilität für inter-kulturelle Unterschiede, Gemeinsamkeiten und Übergänge. „Der persönliche Aspekt der interkulturellen Kompetenz … setzt im Kontext eines sozialpädagogischen Beratungsgespräches die Fähigkeit zur Reflexion von eigenkulturellen Vorstellungen und Erwartungen über den Ablauf der Beratung voraus. Die Fähigkeit zur Empathie ermöglicht es, die Problem- und Gefühlslage des Klienten nachzuvollziehen, auch wenn sie von den eigenkulturellen Vorstellungen des Beraters abweichen" (Cindik-Jungermann 1993, 86).

In den letzten Jahren haben die Ergebnisse der Traumaforschung, der Traumatherapie und der Traumpädagogik die Arbeit vieler Frauenhäuser stark beeinflusst (Sack 2010; Sauter 2009; Reddemann, Dehner-Rau, Bleick 2007). Wenngleich nicht bei jeder Frauenhausbewohnerin eine so genannte „posttraumatische Belastungsstörung" klinisch diagnostiziert werden kann, grenzen allemal die psychischen Verarbeitungsmechanismen nach Gewalterfahrungen an traumatische Zustände. Im Frauenhaus Dortmund werden insbesondere die Stabilisierungsmethoden der Traumatherapie in der Beratungsarbeit eingesetzt.

Die Symptomatik einer traumatischen Belastung zeigt sich in der spezifischen Form der Verarbeitung der Gewalterfahrungen. Das Alltagserleben und die Lebensbewältigung werden immer wieder durch akute Emotionen, die an das Gewalterlebnis erinnern, beeinflusst. In der Traumatherapie wird hier vom Trauma-Gedächtnis gesprochen. Die Ängste der Gewalterfahrung, die Erniedrigungen in der Beziehung oder der Verlust der Würde sind nicht durch den geschützten Raum des Frauenhauses ausgeräumt. Die traumatischen Erinnerungen überlagern die akute Situation, auch wenn diese nichts mit der eigentlichen Gewalterfahrung zu tun hat, die Gewalterfahrung wird ständig „wiedererinnert".

Dies belastet die Bewohnerinnen in hohem Maß, Effekte sind erhöhte Reizbarkeit und Erregung. Besonders gravierend sind aber vor allem die durch die Gewalterfahrungen ausgelösten Vermeidungshaltungen. Manche vermeintliche einfachen Termine oder Aufgaben werden nicht angegangen, was wiederum die Bewältigung der Krisensituation und die notwendige Neuorientierung erheblich erschwert. Auch hier ist die Belastungssituation für Frauen mit Migrationshintergrund besonders hoch. Das Psychosoziale Zentrum für Migrantinnen und Migranten bezeichnet den „Kulturschock" (PSZ 2011) selbst als eine traumatisierende Erfahrung. Demnach sind Migrantinnen im Frauenhaus doppelt traumatisiert: Neben der Gewalterfahrung kann auch das Kulturerleben traumatisierende Wirkung haben.

In der Trauma-Arbeit sind verschiedene Methoden entwickelt worden, die eine stabilisierende Wirkung auslösen können. Das Dortmunder Konzept der Arbeit mit Migrantinnen beinhaltet drei Ebenen:

1. Psychische Stabilisierung: Es werden psychische Zustände erarbeitet, die positive Emotionen beinhalten. Dies können Erinnerungen, Imaginationen oder reale Personen oder Gegenstände sein. Im Rahmen der Beratung werden Verfahren entwickelt, die es ermöglichen, diese positiven Emotionen selber zu aktivieren.

2. Physische Stabilisierung: Traumatisierende Erlebnisse wirken sich auch körperlich aus (Schmerzerleben, Schlafstörungen, Herzrhythmusstörungen etc.). Die körperliche Integrität wird durch körperorientierte Entspannungs- und Bewegungsverfahren wiederhergestellt. In Dortmund wird hier vor allem auf verschiedene Methoden aus der Yoga-Lehre zurückgegriffen. Schwerpunkt ist dabei, ein bewusstes und positives Körperbild zu entwickeln und auch den eigenen Körper als stabilen Ort wahrzunehmen.

3. Kulturelle Stabilisierung: In der Beratungsarbeit mit Migrantinnen werden positive Erlebniswelten, die in der eigenen Kultur oder Tradition begründet sind, identifiziert. Dies ist ein nicht einfacher Prozess, weil die kulturelle Zerrissenheit zu einer generellen Unsicherheit gegenüber eigenen Erfahrungen geführt hat. Es benötigt nicht selten mehrere Gespräche, um den positiven Charakter einzelner Situationen, Personen oder Gegen-

stände wieder zu entdecken. Im zweiten Schritt wird dann ein aktiver Zugang zu den positiven Ressourcen der eigenen Kultur aufgebaut.

Erst auf dieser Grundlage ist die Verarbeitung der traumatischen Gewalterfahrungen und die Entwicklung einer neuen Lebensperspektive möglich. Das Frauenhaus Dortmund nutzt traumatherapeutische und traumapädagogische Methoden insbesondere auch in der Arbeit mit Migrantinnen. Die stabilisierende Wirkung mancher einfachen Übung ist unmittelbar zu erleben und wird daher schnell als hilfreiches Angebot von Frauen mit Migrationshintergrund akzeptiert.

13.6 Anforderungen und Perspektiven hinsichtlich künftiger Entwicklungsdynamiken

Frauenhäuser werden auch in Zukunft ein Angebot für Migrantinnen bereithalten müssen. In der konzeptuellen Entwicklung wird es vor allem darum gehen, die Beratungsangebote hinsichtlich konkreter Methoden und Verfahren zu erweitern, die den Frauen mit Migrationshintergrund einen schnellen und nachvollziehbaren Zugang ermöglichen.

Weitere Perspektiven werden vor allem eine Vernetzung mit den sozialen Gruppen und Verantwortlichen sein. Frauenhäuser in Deutschland haben sich in der Regel als parteiliche Vertreter der Interessen von Frauen verstanden und daher keine Beratungsangebote entwickelt, in denen die Partner oder Familien mit einbezogen werden. Seit einiger Zeit sind hier neue Modelle in der Diskussion, die bereits unmittelbar nach der Gewaltsituation Beratungsleistungen für den Lebenspartner oder die Familien beinhalten. Insbesondere aus den Niederlanden gibt es hier neue Impulse. In den so genannten „Oranje Huis" in Amsterdam und Alkmar wird das gesamte soziale System in die Arbeit mit einbezogen. Dabei sind diese Frauenhäuser auch nicht mehr „geheim", sondern die Adresse ist bekannt. Unmittelbar nach der Aufnahme in das Frauenhaus werden verschiedene Beratungsprozesse ausgelöst, in die auch Lebenspartner oder Familie integriert werden. Diese neuen Frauenhäuser gehen weit über ihre Schutzfunktion hinaus und versuchen im konkreten Umfeld, im realen sozialen System nachhaltige Veränderungen zu erreichen.

Ein solches Modell ist auch für die Arbeit mit Frauen mit Migrationshintergrund sehr interessant. In der kulturellen Auseinandersetzung der Migrantinnen spielen die Familien eine bedeutsame Rolle. Normen und Werte werden von einzelnen, meist patriarchalischen Strukturen bestimmt. Es ist für viele Frauen nicht einfach, sich diesen Werten zu widersetzen, ohne in eine neue innere Zerrissenheit zu geraten. Wenn es gelingt, in Migrantenfamilien an Prozessen zu arbeiten, die Frauen mehr Freiräume ermöglichen, ohne mit ihren Traditionen und Wurzeln brechen zu müssen, gewinnt die systemische Beratung eine neue Qualität.

Aktuell wird diese neue Form von lebensweltorientierten, nicht geheimen Frauenhäusern vielfach diskutiert und könnte, besonders für Migrantinnen, die Entwicklung neuer Lebensperspektiven im realen Milieu stattfinden lassen.

13.7   Vertiefungsaufgaben und -fragen

1. Was sind die Zugangsbarrieren der Migrantinnenarbeit in Frauenhäusern? Was muss in der konkreten praktischen Arbeit berücksichtigt werden?
2. Was sind die besonderen Vorteile von traumapädagogischen und tramatherapeutischen Methoden in der Beratungsarbeit?
3. Welche Auswirkungen haben neue Ansätze der Frauenhausarbeit, wie etwa das „Oranje Huis", auf die bisherige Organisation der Frauenhäuser in Deutschland?

13.8   Literatur

AWO Kreisverband Düsseldorf (2011): Prinzipien der Frauenhausarbeit. Online in Internet: www.awo-duesseldorf.de [Stand 18.12.2011].

BMFSFJ Bundesministerium für Familie, Senioren, Frauen und Jugend (2010): Gewalt gegen Migrantinnen. Online in Internet: http://www.bmfsfj.de/BMFSFJ/gleichstellung,did=73032.html [Stand 27.05.2010].

Cindik-Jungermann, Z. (1993): Psychosoziale Arbeit mit ausländischen Frauen in einem sozial-psychiatrischen Dienst. In: Nestmann, F.: Beratung von Migranten. Verlag für Wissenschaft und Bildung, Berlin. S. 72–91.

MGEPA-Ministerium für Gesundheit, Emanzipation, Pflege und Alter des Landes NRW (2011): Landesregierung zeigt Flagge – Bessere Hilfe für von Gewalt betroffene Frauen, Presseerklärung vom 24.11.2011.

MSFFGI Niedersächsische Ministerium für Soziales, Frauen, Familie, Gesundheit und Integration (2011): Migrantinnen und häusliche Gewalt. Online in Internet: www.ms.niedersachsen.de [Stand 20.12.2011].

PSZ Psychosoziales Zentrum für Migrantinnen und Migranten in Sachsen-Anhalt (2011): Trauma, http://www.jw-bauhof.de/index.php?id=50 [Stand 19.12.2011].

Reddemann, L., Dehner-Rau, C. und A. Bleick (2007): Trauma: Folgen erkennen, überwinden und an ihnen wachsen, Verlag Trias, Stuttgart.

Sack, M. (2010) Schonende Traumatherapie – ressourcenorientierte Behandlung von Traumafolgestörungen, Verlag Schattauer, Stuttgart.

Sautter, Ch. (2009): Wenn die Seele verletzt ist: Trauma – Ursachen und Auswirkungen, Verlag für systemische Konzepte, Wolfegg.

Wichmann, T. (2011): Statistik Frauenhäuser und ihre Bewohnerinnen, Bewohnerinnenstatistik 2010, Eigenverlag Frauenhauskoordinierung e. V., Berlin.

ZIF-Zentrale Informationsstelle autonomer Frauenhäuser (2011): Die ZIF. Online in Internet: www.autonome-frauenhaeuser-zif.de [Stand 18.12.2011].

Autorinnen und Autoren

Dr. Bernd Benikowski, Bildungswissenschaftler und Geschäftsführer der gaus gmbh in Dortmund. Schwerpunkte: modellhafte Entwicklung und Umsetzung von neuen Bildungskonzepten und Lernarchitekturen.

Dr. Ergin Focali, Diplom-Pädagoge, Gastprofessor und Dozent u. a. an der TU Berlin, Alice-Salomon Hochschule Berlin, FH Potsdam, im Pestalozzi-Fröbel-Haus Berlin. Langjährige Tätigkeiten in unterschiedlichen Bereichen der Sozialen Arbeit (u. a. beim SOS Kinderdorfverein e. V.) und als GmbH-Geschäftsführer im Privatschulbereich.

apl. Prof. Dr. Christiane Griese, Akademische Rätin am Institut für Erziehungswissenschaft der Technischen Universität Berlin. Schwerpunkte: Interkulturelle Pädagogik und Schulentwicklung.

Prof. Dr. Tim Hagemann, Fachhochschule der Diakonie Bielefeld, Lehrstuhl für Arbeits-, Organisations- und Gesundheitspsychologie.

Prof. Dr. Steffen Höhne, Kulturwissenschaftler, Leiter der M.A. Programme „Kulturmanagement" und „Intermediale Kulturwissenschaft" an der Hochschule für Musik „Franz Liszt" Weimar. Schwerpunkte: Kulturpolitik, historische und systematische Kulturwissenschaft.

Prof. Dr. Yasemin Karakaşoğlu, Professorin für Interkulturelle Bildung an der Universität Bremen. Forschungsschwerpunkte: Interkulturelle Öffnung von Schule und Hochschule, Islam im Kontext von Bildung, Migration und Geschlecht.

Prof. Dr. Helga Marburger, Professorin für Interkulturelle Erziehung und Bildung am Institut für Erziehungswissenschaft der TU Berlin. Schwerpunkte: Interkulturelle Kommunikation und Kooperation, Interkulturelle Qualifizierung.

Prof. Dr. Karl-Heinz Meier-Braun, Leiter der Fachredaktion SWR International beim Südwestrundfunk in Stuttgart und Integrationsbeauftragter des Senders, Honorarprofessor für Politikwissenschaft an der Eberhard Karls Universität Tübingen und Vorstandsmitglied im Rat für Migration (RfM).

Prof. Dr. Karin Rothe, Direktorin der Klinik für Kinderchirurgie der Charité – Universitätsmedizin Berlin, Campus Virchow-Klinikum im Centrum für Frauen-, Kinder- und Jugendmedizin mit Perinatalzentrum und Humangenetik.

Prof. Dr. Martin Sauer, Diplom-Pädagoge, M. A. S. für Sozialmanagement, Professor für Sozialmanagement und Personalarbeit und Rektor der Fachhochschule der Diakonie (FHdD) in Bielefeld.

Prof. Dr. Michael Schilder, Krankenpfleger und Pflegewissenschaftler, Professor für klinische Pflegewissenschaft an der Evangelischen Hochschule Darmstadt. Schwerpunkte: klinische Pflegekonzepte, Pflegeprozess, Pflegediagnostik und Pflege von Menschen mit Migrationshintergründen.

Prof. Dr. Andrea Schmidt, Diplom-Pädagogin, M. A. in Personalentwicklung, Professorin für Sozialpädagogische Handlungskonzepte an der Fachhochschule Potsdam. Schwerpunkte: Theorie und Methoden Sozialer Arbeit, Jugendarbeit, Personalentwicklung und Soziale Arbeit, Gender und Diversity.

Franziska Szoldatits, Diplom Sozialpädagogin, M. A. in Interkultureller Kommunikation und Europastudien, Mitarbeiterin der Stelle für interkulturelle Arbeit der Landeshauptstadt München. Schwerpunkte: interkulturelle Öffnung der Sozialverwaltung und des Personalmanagements, Interkulturelle Qualifizierung.

Prof. Dr. Haci-Halil Uslucan, Professor für Moderne Türkeistudien und Integrationsforschung an der Universität Duisburg-Essen. Forschungsschwerpunkte: Intellektuelle Entwicklung im Kindesalter, Jugendgewalt und Jugendentwicklung im kulturellen und interkulturellen Kontext, Interkulturelle Familien- und Erziehungsforschung, Islam und Integration, Gesundheit und Migration.

Prof. Dr. Susanne Vaudt, Fachhochschule der Diakonie Bielefeld, Lehrstuhl für Betriebswirtschaftslehre im Sozial- und Gesundheitswesen. Schwerpunkte: Finanzierungssysteme in unterschiedlichen Hilfefeldern, Sozialmarketing, Outcome- und prozessorientiertes Controlling.

Rita Willeke, Erziehungswissenschaftlerin und Familien- und Traumatherapeutin. Langjährige Verantwortung im Leitungsteam des Frauenhaues Dortmund.

www.ingramcontent.com/pod-product-compliance
Lightning Source LLC
Chambersburg PA
CBHW081737270326
41932CB00020B/3308